# Klinische Psychologie
Trends in Forschung und Praxis: 2

# Klinische Psychologie

# Trends in Forschung und Praxis

## 2

herausgegeben von
Urs Baumann
Heinrich Berbalk
Gerhard Seidenstücker

Verlag Hans Huber
Bern Stuttgart Wien

CIP-Kurztitelaufnahme der Deutschen Bibliothek

*Klinische Psychologie:* Trends in Forschung u. Praxis / hrsg. von Urs Baumann ... - Bern, Stuttgart, Wien: Huber.

NE: Baumann, Urs [Hrsg.]

2. - 1979.

ISBN 3-456-80700-7

© 1979 Verlag Hans Huber Bern
Herstellung: Satzatelier Paul Stegmann Bern
Druck: Lang Druck AG Liebefeld-Bern
Printed in Switzerland

# Inhaltsverzeichnis

Mitarbeiterverzeichnis .................................... 13

Einleitung der Herausgeber .............................. 15

## A. Grundlagen

*I.* *Biochemische Aspekte psychischer Störungen* ........ 20
E. FÄHNDRICH, M. LINDEN, B. MÜLLER-OERLINGHAUSEN

| | | |
|---|---|---|
| 1. | Einleitung ..................................... | 20 |
| 2. | Endogene Depression ........................... | 25 |
| 2.1 | Gehirngewebe ................................. | 26 |
| 2.2 | Liquor ........................................ | 26 |
| 2.3 | Serum ........................................ | 28 |
| 2.4 | Urin .......................................... | 29 |
| 2.5 | Wirkung von antidepressiven und antimanischen Substanzen auf den zentralen Aminstoffwechsel .......... | 30 |
| 2.6 | Diskussion der bisher dargestellten Befunde .......... | 31 |
| 2.7 | Rhythmik ..................................... | 31 |
| 2.7.1 | Nivellierung von normalerweise vorhandenen rhythmischen Abläufen .............................. | 32 |
| 2.7.2 | Abwandlung des Rhythmus ...................... | 33 |
| 2.7.3 | Gegensätzlicher Verlauf rhythmischer Prozesse ....... | 33 |
| 3. | Schizophrene Psychosen ........................ | 34 |
| 4. | Schwachsinn, Demenz........................... | 38 |
| 5. | Neurotisches Verhalten und Biochemie .............. | 39 |
| 6. | Schlussbemerkungen ............................ | 43 |
| Literatur | ................................................. | 44 |

## B. Methodik

| | | |
|---|---|---|
| *II.* | *Bioelektronik* | 52 |
| | H.-J. KENKMANN | |
| 1. | Vorbemerkungen | 52 |
| 2. | Biosignalaufnahme | 54 |
| 3. | Biosignalverstärkung | 56 |
| 4. | Biosignalverarbeitung | 59 |
| 4.1 | EEG-Verarbeitung durch Filter | 60 |
| 4.2 | EMG-Verarbeitung | 62 |
| 4.3 | Cardiotachometer | 64 |
| 5. | Biofeeddback | 66 |
| 6. | Mikroprozessoren | 67 |
| Literatur | | 70 |

| | | |
|---|---|---|
| *III.* | *Zur Systematisierung von Methodenkriterien für Psychotherapiestudien* | 72 |
| | G. KÖHNKEN, G. SEIDENSTÜCKER, U. BAUMANN | |
| 1. | Einleitung | 72 |
| 2. | Zur Validität empirischer Untersuchungen | 74 |
| 3. | Ableitung und Begründung der methodologischen Kriterien | 78 |
| 3.1 | Operationalisierung der Variablen: unabhängige Variablen | 78 |
| 3.1.1 | Treatmentvariablen | 79 |
| 3.1.1.1 | Beschreibung der Operationalisierungen | 79 |
| 3.1.1.2 | Kontrolle der mit der Behandlung zusammenhängenden Störvariablen | 80 |
| 3.1.1.2.1 | Art der Kontrollstrategien | 81 |
| 3.1.1.2.2 | Instruktion der Patienten | 85 |

| | | |
|---|---|---|
| 3.1.1.2.3 | Setting/zeitlicher Ablauf | 87 |
| 3.1.1.2.4 | Zwischenzeitliches Geschehen | 88 |
| 3.1.2 | Klassifikationsvariablen | 89 |
| 3.2 | Abhängige Variablen | 90 |
| 3.2.1 | Multimethodale Operationalisierung | 90 |
| 3.2.2 | Breite der abhängigen Variablen | 92 |
| 3.2.3 | Analyse der Messinstrumente | 92 |
| 3.2.4 | Diagnostikereffekte | 93 |
| 3.2.4.1 | Datenerhebung | 94 |
| 3.2.4.2 | Datenauswertung | 95 |
| 3.2.5 | Situation der Datenerhebung | 96 |
| 3.2.6 | Katamnese | 97 |
| 3.3 | Versuchsleiter/Therapeut | 98 |
| 3.3.1 | Zuordnung von Therapeuten zu Treatments | 99 |
| 3.3.2 | Einfluss der Therapeutenmerkmale | 99 |
| 3.3.2.1 | Personenmerkmale der Therapeuten | 100 |
| 3.3.2.2 | Kontrolle der Realisierung der Behandlung | 101 |
| 3.3.2.3 | Persönlichkeitsmerkmale und Therapeutenqualifikation | 102 |
| 3.3.3 | Versuchsleitereffekte | 103 |
| 3.4 | Versuchsperson/Patient | 104 |
| 3.4.1 | Rekrutierung/Selektion | 104 |
| 3.4.2 | Klinischer Status der Vpn/Ptn | 106 |
| 3.4.3 | Freiwilligkeit | 107 |
| 3.4.4 | Beschreibung der Vpn/Ptn | 108 |
| 3.4.5 | Zuordnung der Vpn/Ptn zu Treatments | 108 |
| 3.5 | Verlauf der Untersuchung | 109 |
| 3.5.1 | Ausfall von Vpn/Ptn | 109 |
| 3.5.2 | Ausschluss von Vpn/Ptn | 111 |
| 3.6 | Datenanalyse | 111 |
| 4. | Vergleich mit anderen Kriterienkatalogen | 112 |
| 5. | Diskussion der Methodenkriterien | 116 |
| Literatur | | 121 |

## C. Diagnostik

| | | |
|---|---|---|
| *IV.* | *Klinisch-psychiatrische Selbstbeurteilungs-Fragebögen*<br>D. von Zerssen | 130 |
| 1. | Einleitung | 130 |
| 2. | Symptom-orientierte Fragebögen | 136 |
| 3. | Skalen zur Erfassung der prämorbiden Persönlichkeit | 146 |
| Literatur | | 154 |

## D. Therapie

| | | |
|---|---|---|
| *V.* | *Partnertherapie*<br>S. Hessdörfer | 162 |
| 1. | Die Tendenz zur Integration | 163 |
| 1.1 | Das Modell der ehelichen Kollusion bei Willi | 164 |
| 1.2 | Der integrative Ansatz der Kommunikationstherapie bei K.H. Mandel und A. Mandel | 167 |
| 2. | Das strategische Therapieverständnis | 168 |
| 2.1 | Therapie als lenkendes Eingreifen | 169 |
| 2.2 | Überlegungen zum Therapieziel | 171 |
| 2.3 | Strategien der Änderung | 174 |
| 3. | Die Sprache des Therapeuten | 176 |
| 3.1 | Die Umdeutung | 178 |
| 3.2 | Die Kunst strategischer Gesprächsführung | 180 |
| 4. | Die «Rehabilitation» des Individuums | 184 |
| 4.1 | Die anthropologische Dimension der Partnertherapie | 185 |
| 4.2 | Gefühl und zwischenmenschliche Kompetenz | 186 |
| 4.3 | Das Einzelgespräch | 187 |
| 5. | Ausblick | 191 |
| Literatur | | 191 |

## E. Klinische Gruppen

| | | |
|---|---|---|
| *VI.* | *Psychologische Aspekte des Alkoholismus* .......... | 196 |
| | I. DEMEL | |
| 1. | Problemstellung ............................... | 196 |
| 2. | Theorien zur Entstehung und Definition des Alkoholismus ......................................... | 196 |
| 2.1 | Krankheitsbegriff ............................. | 196 |
| 2.2 | Psychologische Theorien zur Entstehung des Alkoholismus ........................................ | 197 |
| 2.2.1 | Das psychoanalytische Modell .................... | 197 |
| 2.2.2 | Lerntheoretisches Konzept ....................... | 198 |
| 2.3 | Sozialpsychologische Aspekte .................... | 200 |
| 2.4 | Die angeborene psychische und physische Disposition .. | 202 |
| 3. | Verlaufsformen des Alkoholismus und Konsumverhalten ......................................... | 204 |
| 3.1 | Verlaufsformen des Alkoholismus ................. | 204 |
| 3.2 | Konsumverhalten ............................. | 205 |
| 4. | Ergebnisse aus experimentalpsychologischen Untersuchungen und Fragebogenverfahren ................ | 206 |
| 4.1 | Leistung von Alkoholikern ...................... | 207 |
| 4.1.1 | Intelligenz .................................... | 207 |
| 4.1.2 | Aufmerksamkeit, Konzentration, Merkfähigkeit, Motorik ........................................ | 207 |
| 4.1.3 | Lernfähigkeit ................................. | 209 |
| 4.2 | Untersuchungen zur Persönlichkeit Alkoholkranker ... | 209 |
| 4.2.1 | Die «Alkoholikerpersönlichkeit» .................. | 209 |
| 4.2.2 | Längsschnittstudien ........................... | 210 |
| 4.2.3 | Alkoholismusfragebogen und Fragebogen zur Erfassung von Alkoholgefährdeten .................... | 212 |
| 4.3 | Experimentelle Alkoholisierung bei Alkoholikern ..... | 212 |
| 5. | Psychotherapeutische Massnahmen ................ | 214 |
| 6. | Abstinenz und kontrolliertes Trinken ............... | 218 |

| | | |
|---|---|---|
| 7. | Diskussion des Begriffs «Alkoholismus» | 220 |
| Literatur | | 221 |

## VII. *Altersstörungen* 227
U. LEHR, H. THOMAE

| | | |
|---|---|---|
| 1. | Zur Epidemiologie und Klassifikation psychischer Störungen im Alter | 227 |
| 2. | Diagnostische Probleme | 229 |
| 3. | Klinisch-psychologische Beurteilung des Älteren | 232 |
| 3.1 | Explorationstechniken | 232 |
| 3.2 | Persönlichkeitsfragebögen und Skalen | 233 |
| 3.3 | Skalen zur Beurteilung von «Lebenszufriedenheit», «Moral», «Ich-Stärke» | 234 |
| 3.4 | Beurteilung von kognitiver Kompetenz | 234 |
| | | |
| 4. | Intervention in der klinischen Gerontologie | 236 |
| 4.1 | Zum Begriff der Intervention | 236 |
| 4.2 | Konsequenzen der Erkenntnisse psychologischer Grundlagenforschung für Interventionsmassnahmen | 240 |
| 4.3 | Intervention im Sinne einer Optimierung | 241 |
| 4.4 | Intervention im Sinne von Rehabilitation und «Management von Problemsituationen» | 242 |
| | | |
| 5. | Probleme und Strategien der Interventionsforschung | 244 |
| 5.1 | Das Dilemma in bezug auf die Evaluationskontrolle | 244 |
| 5.2 | Interventionsstrategien | 245 |
| 5.2.1 | Gruppentherapeutische Ansätze | 246 |
| 5.2.2 | Realitätsorientierungs-Therapie | 247 |
| 5.2.3 | Resensibilisierung | 249 |
| 5.2.4 | Remotivation | 250 |
| 5.2.5 | Resozialisierung | 252 |
| 5.2.6 | Revitalisierung: Musiktherapie, Tanztherapie | 252 |
| 5.2.7 | Selbstbildtherapie | 253 |
| 5.2.8 | Milieu-Therapie | 254 |
| 5.2.9 | Operantes Konditionieren/Verstärkungstechniken | 255 |
| 5.2.10 | Interventionsstrategien im Sinne eines «Managements von Problemsituationen» | 257 |

6. Zusammenfassung ................................. 258

Literatur ................................................. 259

VIII. Schulische Lernstörungen als normendiskrepante
Lernprozesse ...................................... 267
D. EGGERT, I. TITZE

1. Zur Mehrdeutigkeit des Forschungsgegenstandes ...... 267
1.1 Zur Begriffsbildung ............................... 267
1.2 Theoretische Grundstrukturen .................... 268
1.2.1 Individualpsychologisches Paradigma ............. 268
1.2.2 Interaktionistisches Paradigma ................... 270
1.2.3 Handlungstheoretische Konzepte zur Erfassung von Störungen und Behinderungen ..................... 270
2. Bedingungen schulischer Lernprozesse und Modelle der Entstehung normendiskrepanter Lernprozesse ........ 274
2.1 Bedingungsfaktoren der Schulleistung ............. 275
2.2 Das Bedingungsgefüge schulischer Schwierigkeiten ... 275
2.3 Soziologische Ansätze zur Erklärung abweichenden Verhaltens ........................................ 277
2.4 Lernstörungen als normendiskrepante Lernprozesse in Interaktionssystemen ............................ 277
2.4.1 Der Prozess der Festlegung von Erwartungen und Forderungen an den Schüler ......................... 280
2.4.2 Anforderungen durch die Familie .................. 280
2.4.3 Schulische Anforderungen ........................ 281
2.4.4 Verhaltensnormen aus Arbeit und Beruf ............ 282
2.4.5 Gesellschaftliche Verhaltenserwartungen ........... 282
2.4.6 Die altersgemässe Entwicklung als Verhaltensnorm ... 285

3. Formen von Lernstörungen ....................... 286
3.1 Lernstörungen im epochalen Wandel ............... 286
3.2 Lernstörungen aufgrund abweichender Aneignungsprozesse ........................................... 286
3.2.1 Deviationen der kognitiven Entwicklung ........... 287
3.2.2 Verbale Kompetenz und Lernstörungen ............ 288
3.2.3 Lernstörungen aufgrund motorischer Deviationen ... 291
3.2.4 Affektive und soziale Verhaltensweisen ............. 293

| | | |
|---|---|---|
| 3.2.4.1 | Angst | 293 |
| 3.2.4.2 | Aggressivität | 294 |
| 4. | Diagnostische Strategien im funktionalen Zusammenhang mit der Intervention bei Lernstörungen | 296 |
| 5. | Interventionsmodelle und -strategien bei normendiskrepanten Lernprozessen | 298 |
| 5.1 | Pädagogische Interventionsformen | 298 |
| 5.1.1 | Remedialer Unterricht | 299 |
| 5.1.2 | Kommunikativer und offener Unterricht | 300 |
| 5.1.3 | Therapeutischer Unterricht | 301 |
| 5.1.4 | Psychomotorische Interventionen | 302 |
| 5.1.5 | Lernstörungen, Schulversagen und Schulorganisation | 302 |
| 5.2 | Konsequenzen des interaktionistischen Modells für psychologische Intervention bei Lernstörungen | 303 |
| 5.2.1 | Tiefenpsychologische Interventionen | 305 |
| 5.2.2 | Gruppentherapie | 306 |
| 5.2.3 | Die psychoanalytische Familientherapie | 306 |
| 5.3 | Klientenzentrierte Gesprächspsychotherapie | 306 |
| 5.3.1 | Die nicht-direktive Spieltherapie | 307 |
| 5.3.2 | Mediatoren in der klientenzentrierten Therapie | 307 |
| 5.4 | Entwicklung und Veränderung der Verhaltenstherapie | 308 |
| 5.4.1 | Elternarbeit in der Verhaltenstherapie | 308 |
| 5.4.2 | Ko-Therapeuten | 309 |
| 5.5 | Zur Rolle der Prävention | 310 |
| 5.6 | Die Ziele therapeutischer Intervention | 311 |
| Literatur | | 312 |
| Sachregister | | 319 |

# Mitarbeiterverzeichnis

BAUMANN, U., Prof. Dr. phil., Dipl.-Psych.
Institut für Psychologie der Universität Kiel
Olshausenstrasse 40/60, D-2300-Kiel
BERBALK, H., Dr. phil., Dipl.-Psych.
Institut für Psychologie der Universität Kiel
Olshausenstrasse 40/60, D-2300-Kiel
DEMEL, ILSE, Dr. phil., Dipl.-Psych.
Universitätsklinik für Psychiatrie
Anichstr. 35, A-6020-Innsbruck
EGGERT, D., Prof. Dr. phil., Dipl.-Psych.
Universität Hannover,
Fachbereich Erziehungswissenschaften
Bismarckstr. 2, D-3000-Hannover
FÄHNDRICH, E., Dr. med.
Psychiatrische Klinik der Freien Universität Berlin
Nussbaumallee 36, D-1000-Berlin 19
HESSDÖRFER, SUSANNE, Dipl.-Psych.
Institut für Forschung und Ausbildung in
Kommunikationstherapie e. V.
Rückertstr. 9, D-8000-München 2
KENKMANN, H. J., Dipl.-Psych., Arzt
Klinikum Minden, Neurologische Klinik
Bismarckstr. 6, D-4950-Minden
KÖHNKEN, G., Dipl.-Psych.
Institut für Psychologie der Universität Kiel
Olshausenstrasse 40/60, D-2300-Kiel
LEHR, URSULA, Prof. Dr. phil., Dipl.-Psych.
Psychologisches Institut der Universität Bonn
An der Schlosskirche 1, D-5300-Bonn 1
LINDEN, M., Dr. med., Dipl.-Psych.
Psychiatrische Klinik der Freien Universität Berlin
Nussbaumallee 36, D-1000-Berlin 19
MÜLLER-OERLINGHAUSEN, B., Prof. Dr. med.
Psychiatrische Klinik der Freien Universität Berlin
Nussbaumallee 36, D-1000-Berlin 19

SEIDENSTÜCKER, G., Dr. phil., Dipl.-Psych.
Institut für Psychologie der Universität Kiel
Olshausenstrasse 40/60, D-2300-Kiel
THOMAE, H., Prof. Dr. phil., Dr. h. c.
Psychologisches Institut der Universität Bonn
An der Schlosskirche 1, D-5300-Bonn 1
TITZE, INGEBORG, Dipl.-Päd.
Universität Hannover,
Fachbereich Erziehungswissenschaften
Bismarckstr. 2, D-3000-Hannover
ZERSSEN, D. VON, Prof. Dr. med., Dipl.-Psych.
Max-Planck-Institut für Psychiatrie München
Kraepelinstrasse 2, D-8000-München 40

# Einleitung

Das Konzept der Reihe «Klinische Psychologie – Trends in Forschung und Praxis» wurde in Band 1[1] ausführlich dargestellt und begründet. Danach werden neuere Entwicklungen auf dem Gebiet der Klinischen Psychologie auf zwei verschiedene Arten vorgestellt: die eine Betrachtungsweise ist gruppenübergreifend und teilt sich auf in Grundlagen, Methodik, Diagnostik und Therapie; die andere Perspektive bezieht sich auf klinische Gruppen und berührt dabei Fragen der Ätiologie, Diagnostik und Therapie.

In Abschnitt A der gruppenübergreifenden Themen (Grundlagen) befassen sich FÄHNDRICH, LINDEN und MÜLLER-OERLINGHAUSEN mit *biochemischen Aspekten psychischer Störungen* (Kap. I). Diese Thematik scheint uns besonders wichtig zu sein, da viele Modellvorstellungen zur Ätiologie von Störungen, aber auch zur Pharmakotherapie in der biochemischen Betrachtungsebene formuliert werden. Die Autoren legen ihrer Darstellung die Annahme zugrunde, dass jedes Erleben und Verhalten ein zerebrales biochemisches Substrat besitzt, ohne freilich auf dieses reduziert werden zu können. Die Autoren zeigen die heute als wichtig geltenden Forschungsstrategien auf und verdeutlichen diese anhand von Beispielen. Gleichzeitig erörtern sie dabei das Problem der Analogieschlüsse, das sich bei der Generalisierung von Laborbefunden an Versuchstieren auf den humanpsychologischen Bereich stellt. Der Schwerpunkt der Ergebnisdarstellung liegt bei den endogen-depressiven Störungen, da bei deren theoretischen und empirischen Klärungen in den letzten 10 Jahren vergleichsweise die grössten Fortschritte zu verzeichnen waren. Ergänzend werden weitere klinische Gruppen behandelt.

Die psychophysiologische Forschung gewinnt zunehmend an Bedeutung für klinisch-psychologische Fragestellungen in Forschung und Praxis. Vielfach fehlen aber dem Benützer psychophysiologischer Geräte und Apparaturen die wichtigsten Grundkenntnisse der Bioelektronik. Im Kapitel II «*Bioelektronik*» (Abschnitt B: Methodik) gibt KENKMANN einen Einblick in ein für die Klinische Psychologie wichtiges Nachbargebiet. Es sollen in diesem Abschnitt Grundkenntnisse dargestellt werden, deren weitere Vertiefung erst eine verantwortungsvolle und kritische Anwendung bioelektronischer Geräte möglich macht. KENKMANN orientiert sich

---

[1] BAUMANN, U., BERBALK, H., SEIDENSTÜCKER, G. (Hrsg.): Klinische Psychologie – Trends in Forschung und Praxis, Band 1. Bern/Stuttgart: Huber, 1978.

bei der Gliederung seines Artikels am Aufbau einer Signalverarbeitungskette: Biosignalaufnahme, Biosignalverstärkung, Biosignalverarbeitung; beim letzten Punkt geht der Verfasser vor allem auf EEG-Verarbeitung durch Filter, EMG-Verarbeitung und Cardiotachometer ein. Im weiteren werden einige Grundbegriffe zum Biofeedback und Möglichkeiten von Mikroprozessoren dargestellt.

Während in der Testliteratur Richtlinien zur Testkonstruktion und Darstellung von Testmanuals vorliegen, fehlen entsprechend allgemein anerkannte Hinweise für Therapiestudien. KÖHNKEN, SEIDENSTÜCKER UND BAUMANN befassen sich in Kapitel III *«Zur Systematisierung von Methodenkriterien für Therapiestudien»* (Abschnitt B: Methodik) mit dieser Frage. Ausgehend von dem revidierten Konzept der internen, statistischen, externen und Konstruktvalidität, der allgemeinen Methodik und den Ergebnissen der neueren Therapieforschung, werden Kriterien der Konklusivität und der Generalisierbarkeit von Therapiestudien erarbeitet. Diese sind für die Durchführung und für die Bewertung von empirischen Therapiestudien von Bedeutung. Der Katalog der Methodenkriterien ist unterteilt in die Bereiche unabhängige Variablen, Versuchsleiter/Therapeut, Patient/Versuchspersonen, Verlauf der Untersuchung und Datenanalyse. Die Vollständigkeit des Kriterienkataloges wird durch Vergleich mit anderen Kriteriumsdiskussionen aus dem Gebiet der Therapieforschung bestimmt. Abschliessend wird auf einige allgemeine Gesichtspunkte der Methodenkriterien eingegangen.

In der klinisch-psychiatrischen Forschung und Praxis sind Fremdbeurteilungsverfahren (Ratings) schon lange von grosser Bedeutung; Selbstbeurteilungsverfahren (Befindlichkeitsskalen, Beschwerdelisten, Symptom-Skalen) dagegen haben erst in neuerer Zeit im deutschen Sprachbereich grösseren Stellenwert erhalten. VON ZERSSEN befasst sich in Abschnitt C «Diagnostik» mit dieser Thematik unter dem Titel *«Klinisch-psychiatrische Selbstbeurteilungs-Fragebögen»* (Kap.IV). Ausführlich geht der Autor auf die Vor- und Nachteile von Fragebögen im klinisch-psychiatrischen Bereich ein und begründet ein Indikationsschema für deren Einsatz. In einem weiteren Teil werden die gebräuchlichsten deutschsprachigen Fragebögen dargestellt. Dabei arbeitet der Autor auch die vorhandenen Überlappungsbereiche der einzelnen Verfahren heraus. Eine spezielle Verwendungsart von Fragebögen ergibt sich bei der Untersuchung der prämorbiden Persönlichkeit. Die damit zusammenhängenden Probleme werden im letzten Abschnitt behandelt.

Ein in den letzten Jahren aktuell gewordenes Gebiet greift HESSDÖRFER in ihrem Beitrag (Kap. V) zur *«Partnertherapie»* (Abschnitt D: Therapie) auf. Ihre Ausführungen zu den neuesten Entwicklungsrichtungen stützen sich vor allem auf das Erfahrungsgut aus Einzelfallstudien, da breit angelegte Gruppenuntersuchungen in diesem Gebiet noch fehlen. Besonderen Stellenwert haben in ihrem Artikel Konzepte und Behandlungstechniken, die in der Arbeitsgruppe um K. H. MANDEL und ANITA MANDEL entwickelt worden sind. Folgende vier Tendenzen charakterisieren nach HESSDÖRFER den Bereich Partnertherapie: (1) eine Tendenz zur Integration, wie sie sich im Kollusionsmodell von WILLI und in der Kommunikationstherapie von K. H. MANDEL und ANITA MANDEL abzeichnet; (2) ein strategisches Therapieverständnis, das aus der Sicht der Systemtheorie und Verhaltenstherapie nahegelegt wird; (3) ein neuakzentuiertes Sprachverständnis des Therapeuten, der sich primär in die Lebens- und Sprachwelt des Klienten einfühlen soll; (4) neben dem systemaren Aspekt eine Betonung des Individuums mit seinen aktiven selbst- und fremdregulierenden Kräften.

In Abschnitt E (Klinische Gruppen) wird deutlich, dass die Auseinandersetzung mit einzelnen Störungen pluralistisch vor sich gehen muss und das Verfechten von einzelnen Theorien oder Behandlungsmethoden der Komplexität der klinischen Aufgaben kaum gerecht werden kann. DEMEL belegt dies deutlich in ihrer Arbeit zum *Alkoholismus* (Kap. VI). Sie betont die multifaktorielle Genese des Alkoholismus, der keine homogene Störungsform darstellt. Im Vordergrund ihrer Ausführungen zur Ätiologie stehen psychoanalytische, lerntheoretische, soziologisch-sozialpsychologische und biologische Konzepte. Neben Überlegungen zur Klassifikation und zum Konsumverhalten der Alkoholiker, befasst sich DEMEL ausführlich mit experimentalpsychologischen Untersuchungen zur Leistung von Alkoholikern und zu deren Persönlichkeit, wie sie sich im Quer- und Längsschnitt zeigt. Bei den therapeutischen Massnahmen betont die Autorin die Wichtigkeit einer multimethodalen Betrachtungsweise, da keine Methode für sich allein imstande ist, einen hinreichend breiten und nachhaltigen Effekt zu erzielen. Neben tiefenpsychologischen und gesprächstherapeutischen Methoden, Familientherapie und Entspannungsverfahren nehmen verhaltenstherapeutische Massnahmen aufgrund ihrer Vielfalt und Spezifität einen besonders breiten Raum ein. Das Oberziel der Behandlung – kontrolliertes Trinken versus Abstinenz – wird in der Abstinenz gesehen. In der Arbeit wird die Wichtigkeit des interdisziplinären Ansatzes bei der Erforschung und Behandlung des Alkoholismus betont. Erst diese Betrachtungsweise lässt differenzierte, schulenübergreifende Indikationsüberlegungen bei der Behandlung zu.

In den letzten Jahren hat die Psychologie des Alterns immer mehr an Bedeutung gewonnen (vgl. das Konzept der «life span developmental psychology»). Damit eröffnen sich auch Möglichkeiten für ein neues Verständnis der klinisch-psychologischen Probleme des Alterns. LEHR und

THOMAE befassen sich in Kapitel VII mit «*Altersstörungen*» und zeigen, dass – ähnlich wie im vorherigen Kapitel zum Alkoholismus – die klinisch-psychologische Betrachtungsweise ätiologisch breit und therapeutisch integrativ sein sollte. Intervention dient bei den Autoren der Optimierung von Entwicklung, der Prävention im engeren Sinn, der Therapie und der Rehabilitation. Aus diesem Konzept heraus wird eine Vielfalt von Interventionsstrategien abgeleitet: klassische Ansätze und Ziele (Gruppentherapie, Verhaltenstherapie usw.) ergänzen sich mit Bemühungen zur Resensibilisierung, Remotivation, Revitalisierung usw., wie sie teilweise im Sektor der Rehabilitation entwickelt worden sind. Neben den Problemen der Intervention gehen die Autoren auch auf die Epidemiologie, Klassifikation und Diagnostik der Störungen im Alter ein.

EGGERT und TITZE beschreiben *schulische Lernstörungen* (Kap. VIII) als normendiskrepante Lernprozesse. Sie entwickeln ihre Auffassung aus der Gegenüberstellung von dispositionstheoretischen und interaktionistischen Interpretationen von Lernstörungen. Diese werden nicht als ein individuelles Defizit betrachtet, sondern als Anzeichen gesehen für Störungen einzelner oder mangelnde Ausgewogenheit verschiedener Interaktionssysteme wie zum Beispiel Schüler – Lehrer, Schüler – Schulform, Schüler – Familie. Die ätiologische Bedeutung kognitiver und motorischer Funktionen, affektiver Reaktionen und des auf soziale Interaktion bezogenen Verhaltensrepertoires für schulische Lernstörungen wird exemplarisch abgehandelt. Kritik erfährt die herkömmliche Form der Diagnose von Lernstörungen. Nach der Auffassung der Autoren sind diagnostische Beiträge weder zur individuellen Prognose noch für Intervention geeignet.

An dem Zustandekommen dieses Bandes waren viele beteiligt. Besonders möchten wir an dieser Stelle den Autorinnen und Autoren danken, die sich zur Mitarbeit bereit erklärt haben und mit ihren Sachkenntnissen und Erfahrungen zum Gelingen des Bandes beigetragen haben. Ebenso sei den Damen des Sekretariates des Instituts für Psychologie der Universität Kiel (Frau Gentzen, Frau Rinza, Frau Sinn) gedankt, die trotz anderweitiger Arbeitsüberlastung immer freundlich und zuvorkommend mitgeholfen haben. Dem Verlag Hans Huber, insbesondere dem Verlagsleiter Herrn H. Weder, danken wir für die angenehme Zusammenarbeit und für sein Verständnis, das er unseren Anliegen entgegenbrachte.

Kiel, April 1979
URS BAUMANN
HEINRICH BERBALK
GERHARD SEIDENSTÜCKER

# A. Grundlagen

# I. Biochemische Aspekte psychischer Störungen

E. FÄHNDRICH, M. LINDEN, B. MÜLLER-OERLINGHAUSEN

## 1. Einleitung

Der Geist schwebt nicht mehr über den Wassern. Vielmehr ist schon in der idealistischen deutschen Philosophie die Natur als Geist, der sich nicht selbst als Geist erkennt, dargestellt worden. Diese Definition spiegelt das einzigartige Humanum, dass der Mensch gleichzeitig Erkennender und Erkannter ist, dass er subjektiv erlebt und sein Handeln vorwegnehmend oder im Handeln selbst erlebt und gleichzeitig dieses sein Erleben und Handeln auf dem Boden der physikalischen Gesetze interpretieren kann, und zwar in einer Weise, die zu Handlungsentwürfen, zu Alternativen, also, im Sinne von VON WEIZSÄCKER [105], zu Informationsgewinn und damit zu vermehrter Macht führt. Die philosophischen Probleme, die sich hier aus erkenntnistheoretischer Sicht ergeben und die ihren Ausdruck z.b. im psychophysischen Dualismus FECHNERs oder in der Identitätstheorie FEIGLs gefunden haben, können an dieser Stelle nicht behandelt werden. – Im Nachfolgenden wird davon ausgegangen, dass jedes subjektive Erleben und jedes beobachtbare Verhalten ein biochemisches, zerebrales «Substrat», haben muss, wobei natürlich die Frage im Hintergrund steht, ob sich die Form der möglichen Aussagen im Gegenstandsbereich «Biochemie» dazu eignet, die *Struktur* menschlichen Erlebens und Verhaltens in einer sinnvollen Weise «abzubilden» bzw. ob sich zwischen beiden Gegenstandsbereichen relevante Bezüge herstellen lassen. Grundlegende methodische Probleme ergeben sich z.b. schon daraus, dass wir bislang kaum in der Lage sind, am Tier oder gar am Menschen schnelle Veränderungen auf der biochemischen Ebene überhaupt zu erfassen. Hierzu eignen sich neurophysiologische Methoden weit eher. Kategorial kann freilich Erleben und Verhalten nicht auf biochemische Prozesse «reduziert» werden [52].

Zur Erforschung möglicher Zusammenhänge im oben angedeuteten Sinne, werden Menschen mit abweichendem Erleben/Verhalten auf biochemische Veränderungen untersucht oder es wird abweichendes Erleben/Verhalten durch chemisch-biochemische Eingriffe erzeugt. Generell

kommen folgende Forschungsstrategien in der biologischen Psychiatrie zur Anwendung:
a) Untersuchung von biochemischen Veränderungen in Gehirnen verstorbener Patienten mit definierten psychiatrischen Krankheiten.
b) Untersuchung biochemischer Veränderungen in Körperflüssigkeiten (z.B. Urin, Blut, Liquor) von psychiatrischen Patienten während und nach einer Krankheitsepisode oder im Vergleich zu Kontrollpersonen.
c) Neuropharmakologische Manipulation in Verbindung mit biochemischen Studien. Es werden am Menschen oder Versuchstier Veränderungen biochemischer Prozesse untersucht, die durch chemische Substanzen ausgelöst werden, die
   - erwiesenermassen bei bestimmten psychiatrischen Krankheiten therapeutisch wirksam sind, z.B. Antidepressiva, oder die
   - abweichendes Verhalten oder Erleben am Menschen auslösen, z.B. Halluzinogene.
d) Es werden am Versuchstier oder am Menschen biochemische Veränderungen untersucht, die aus einer exakt kontrollierten Verhaltensmanipulation resultieren.
e) Es werden am Menschen oder Tier eventuelle Verhaltensveränderungen unter dem Einfluss von Substanzen untersucht, von denen bekannt ist, dass sie bestimmte biochemische Veränderungen im Gehirn bewirken. – Hierzu gehört auch die Applikation von Vorstufen («precursor») der Synthese bestimmter endogener Substanzen bzw. Stoffwechselprodukte, von denen man im Rahmen gewisser Standard-Hypothesen annimmt, dass sie im Zusammenhang mit der Pathogenese oder dem Verlauf psychischer Störungen stehen.
f) Mit hochentwickelten neurophysiologischen Methoden können auch bestimmte, eng begrenzte Areale im Gehirn von Versuchstieren elektrisch gereizt werden, die eine bekannte biochemische Charakteristik aufweisen. Das resultierende Verhalten wird untersucht.
g) Am Versuchstier werden akute oder chronische Veränderungen erzeugt, die modellhaft entsprechenden Zuständen beim Menschen gleichen, unter denen auch psychische Veränderungen beobachtet wurden (z.B. Schwachsinn bei Unterernährung).

Drei Beispiele sollen die hier in Frage stehende Wissenschaftslogik zunächst erläutern.

Beispiel 1:

WEISSMAN [102, 103] berichtete über folgendes Experiment: Ratten bekamen in einem Käfig einen elektrischen Schlag. Sie konnten diesem Reiz dadurch entweichen, dass sie auf eine im Käfig angebrachte Plattform sprangen. Bevor der Strom einsetzte, ertönte 10 Sekunden lang ein Ton. Unter solchen Bedingungen lernen Ratten sehr schnell, bei Einsetzen des Tons auf die Plattform zu springen und dadurch den elektrischen Schlag zu vermeiden. Es handelt sich hierbei um ein Meideverhalten, das auf den diskriminativen Stimulus «Ton» hin erfolgt. Abzugrenzen davon wäre Fluchtverhalten, was bedeuten würde, dass die Ratte erst dann springt, wenn der elektrische Reiz einsetzt. Injiziert man nun Tieren, die dieses Meideverhalten gut gelernt haben, ein Pharmakon, nämlich Thiothixen (= Orbinamon ®), dann zeigen sie dieses Meideverhalten nicht mehr. Das konditionierte Meideverhalten wird unterdrückt, während das nicht konditionierte Fluchtverhalten weiterhin gezeigt wird.

Es ist eine Selbstverständlichkeit, dass durch die Zufuhr von chemischen Stoffen die Funktionsfähigkeit eines Organismus bis zur Zerstörung herabgesetzt werden kann. Das vorgestellte Experiment zeigt jedoch etwas anderes. Das Pharmakon Thiothixen beeinträchtigt nicht die prinzipielle Funktionsfähigkeit des Organismus bzw. des Zentralnervensystems, denn das Tier flüchtet ja weiterhin! Der Autor weist darauf hin, dass die Wirkung der Substanz sehr selektiv nur das Meideverhalten beeinflusste. Der Effekt ist nicht mittelbar über allgemeine Sedierung, Muskelrelaxation oder herabgesetzte Schmerzempfindung zu erklären. Durch dieses und viele analoge Experimente kann demonstriert werden, dass durch die Gabe von bestimmten chemischen Substanzen spezifisches Verhalten auf spezifische Weise verändert werden kann. Im vorgestellten Experiment bezieht sich das auf die Inhibition vom gelernten Verhalten. Durch die Gabe von anderen Pharmaka, wie beispielsweise Amphetamin, kann auch spezifisches Verhalten provoziert werden, z.B. Zwangsnagen und Putzstereotypien bei Nagetieren.

Beispiel 2:

WEISS, STONE und HARRELL [101] berichteten über folgendes Experiment: Ratten befanden sich in derselben Box, die von WEISSMAN [103] beschrieben wurde. Die Autoren bildeten zwei Versuchsgruppen. Die eine Gruppe der Ratten wurde elektrischen Schlägen ausgesetzt; sie konnten diesen elektrischen Schlägen jedoch durch einen Sprung auf die beschriebene Plattform entgehen. Die zweite Gruppe von Ratten bekam dieselbe Anzahl und Intensität von elektrischen Schlägen wie die erste Gruppe, jedoch mit dem Unterschied, dass sie keine Möglichkeit hatten, durch eigenes Verhalten etwas an der Intensität oder Dauer des elektrischen Schlages zu ändern, d.h. in der zweiten Gruppe bestand keine Kontingenzbeziehung zwischen den elektrischen Schlägen und dem eigenen Verhalten der Versuchstiere. Die zweite Gruppe befand sich damit in einer sogenannten Hilflosigkeitssituation, wie sie von SELIGMAN [95] näher beschrieben worden ist. Nach mehreren Versuchsdurchgängen untersuchten nun WEISS et al. [101] die Gesamtnoradrenalinkonzentration im Zentralnervensystem der Tiere. Verglichen mit einer unbehandelten Kontrollgruppe hatten die Tiere, die den Schock vermeiden konnten, eine signifikant höhere Noradrenalinkonzentration im Gehirn. Die Tiere, die absolut gesehen demselben Stressor ausgesetzt waren, ihn jedoch nicht durch eigenes Verhalten beeinflussen konnten, zeigten im Vergleich zur Normpopulation eine signifikante Verminderung des Noradrenalins. Solche Experimente zeigen, dass durch einen sehr spezifischen psychologischen Faktor wie Kontingenz von Stressor und eigenem Verhalten, sehr spezifische Veränderungen an biochemischen Parametern im Zentralnervensystem hervorgerufen werden können.

Beispiel 3:
BIRKMAYER [8,9] nahm in Gehirnen verstorbener depressiver Patienten biochemische Analysen vor. Er fasst seine Befunde folgendermassen zusammen: «Wir konnten einen Dopaminmangel im Striatum und im Nucleus ruber demonstrieren. Dieser biochemische Verlust erklärt die Symptome der Antriebslosigkeit, der Entschlusslosigkeit wie der schlechten Körperhaltung des Depressiven. Aber auch Serotoninmangel konnte aufgezeigt werden, der am stärksten in der Raphe des Mittelhirns ausgeprägt war, was zwanglos die Schlaflosigkeit des Depressiven erklärt. Die besonders niedrigen Werte im Nucleus amygdalae können als Äquivalent der Appetitlosigkeit, der Obstipation, der sexuellen Störungen des Depressiven aufgefasst werden. Aber auch das Noradrenalin zeigte in einigen Regionen stark abweichende Werte von den Kontrollfällen. So war beispielsweise Noradrenalin im Nucleus amygdalae auf die Hälfte der Normalwerte reduziert, was mit den Symptomen der Lustlosigkeit, Freudlosigkeit, kurz mit der verminderten affektiven Reaktionsfähigkeit in Zusammenhang zu bringen ist. Dagegen fiel eine besondere Anreicherung von Noradrenalin in der Substantia nigra auf, was möglicherweise mit der sehr häufigen Angst des Depressiven zu korrelieren ist» [9].

Nimmt man die vorgestellten Untersuchungen beim Wort, dann zeigen sie,

1. dass durch die Pharmaka sehr spezifisch Erleben/Verhalten verändert werden kann,
2. dass durch Verhalten im weitesten Sinne biochemische Prozesse verändert werden können,
3. dass bei spezifischen Erlebens-/Verhaltensdispositionen wie z.B. De-

pressionen auch normabweichende biochemische Gegebenheiten im Organismus vorliegen.

Damit sind soweit alle logischen Möglichkeiten eines Zusammenhangs zwischen «Biochemie» und «Erleben/Verhalten» aufgezeigt: Verhalten kann biochemische Prozesse beeinflussen, biochemische Prozesse können Erleben/Verhalten beeinflussen, Erlebens-/Verhaltensdispositionen können mit biochemischen Gegebenheiten korrelieren. Die einzige logische Möglichkeit, die in der Aufzählung fehlt, wäre der Nachweis, dass biochemische Parameter nichts mit Erleben/Verhalten zu tun haben. Diese Fragestellung ist jedoch aus wissenschaftlichen Gründen experimentell nicht prüfbar.

Im Zusammenhang mit der entscheidenden Frage nach der Spezifität beobachteter Veränderungen – sei es auf der biochemischen, sei es auf der Verhaltensebene – muss betont werden, dass es im Bereich der biologischen Psychiatrie selten möglich ist, anders als in Form von *Analogieschlüssen* die in Frage stehenden Probleme einzukreisen. Dazu muss eine Forschungslogik entwickelt werden, die sequentielle und oberflächlich koinzidierende Ereignisse in multivariaten, interdisziplinären Strategien miteinander zu verbinden weiss. Analogieschlüsse könnten – etwa nach MANDELL [60] – folgendermassen aussehen:

Das Pharmakon A bewirkt eine neurochemische Änderung B in einer Hirnregion der Ratte, die einer bestimmten Hirnregion des Menschen vergleichbar ist. Das Pharmakon A bewirkt aber auch ein bestimmtes Verhalten C bei einem Versuchstier. Analoges Verhalten D am Menschen ist mit einem bestimmten subjektiv empfundenen Zustand E verknüpft. Daraus lässt sich spekulieren, dass der Zustand E etwas mit der neurochemischen Änderung B zu tun hat. Somit ergeben sich z.B. folgende Fragen:

Wenn wir eventuell auch durch bestimmte *Umwelteinflüsse* den Verhaltenszustand C am Tier erzeugen können, ist dieser dann gesetzmässig mit der neurochemischen Veränderung B verknüpft? Bewirkt ein Pharmakon, das den subjektiven Zustand E am Menschen auslöst, notwendigerweise das Verhalten C und die neurochemische Änderung B am Tier? Erweist sich ein Pharmakon, das den neurochemischen Zustand B bewirkt, als nützlich zur Behandlung eines Menschen mit einem zuviel oder zuwenig des Zustands E?

Je mehr wir in der Lage sind, periphere, biologische Indikatoren für den uns eigentlich interessierenden zentralen Prozess zu finden, umso mehr wird sich die Pathogenese psychischer Erkrankungen im Analogieschluss auch auf der Ebene des Tierexperiments einkreisen lassen. Jedoch wird sich unser Bild immer aus grösseren oder kleineren Wahrscheinlichkeiten zusammensetzen. Das endgültige «experimentum crucis» zur Falsifizierung einer Hypothese wird es im Bereich der Psychiatrie auch unter extrem kontrollierten Bedingungen selten geben, – fast immer bietet sich mehr als nur eine Interpretation eines Versuchsergebnisses an.

Der Zusammenhang zwischen «Biochemie» und «abweichendem Erleben/Verhalten» als einem Untersuchungsgegenstand der Psychiatrie könnte an einer Vielzahl von empirischen Untersuchungsgegenständen exemplifiziert werden. Im Rahmen dieser kurzen Darstellung erscheint es aber ökonomischer, uns schwerpunktmässig auf ein Gebiet zu beschränken, in dem die Erforschung dieses Zusammenhangs in den letzten Jahren sowohl bezüglich der Faktensammlung als auch der Theorienbildung erhebliche Fortschritte gemacht hat, nämlich auf die biologische Depressionsforschung. Ergänzend werden auch einige der wichtigsten biochemischen Befunde und Hypothesen zur Schizophrenie und zum Schwachsinn sowie den biologischen «Korrelaten» von Angst und Neurosen dargestellt werden.

## 2. Endogene Depression

Als in den frühen fünfziger Jahren bei der Hypertoniebehandlung mit Reserpin bei den Patienten Veränderungen auftraten, die phänomenologisch der endogenen Depression sehr ähnlich waren [16,63], und später dann BUNNEY und DAVIS [16] zeigten, dass Reserpin eine Speicherentleerung der sogenannten biogenen Amine im Zentralnervensystem bewirkt, wurde ein Zusammenhang zwischen diesen beiden Faktoren vermutet. Seitdem werden zwei Hypothesen in Zusammenhang mit Depressionen diskutiert: die Katecholaminmangelhypothese (SCHILDKRAUT, 1965) und die Indolaminmangelhypothese (COPPEN, 1965). Diese Hypothesen gehen davon aus, dass der Mangel von Katecholaminen bzw. Indolaminen an entsprechenden Rezeptoren zu dem Bild der endogenen Depression führt.

Die nachweislich antidepressive Wirkung trizyklischer Antidepressiva und von Monoaminoxidase (MAO)-Hemmstoffen stützen diese Hypothesen, denn diese Stoffe führen, wenn auch über unterschiedliche Mechanismen, zu einer Anreicherung der Transmitter an den entsprechenden Synapsen. Da man den Wirkort der Transmitter nicht direkt untersuchen kann, müssen Umwege gegangen werden, um Aufschluss über die Verhältnisse im menschlichen Gehirn zu erlangen. Zur Überprüfung dieser Aminhypothesen kommen die eingangs genannten Methoden in Frage.

Alle diese Forschungsstrategien sind auch angewandt worden. Im folgenden können nicht die zahlreichen Untersuchungen referiert werden, sondern immer nur Beispiele genannt werden.

## 2.1 Gehirngewebe

Aus verständlichen Gründen gibt es keine Befunde über Untersuchungen des Gehirngewebes bei depressiven Patienten. Untersuchungen wurden jedoch durchgeführt an durch Selbstmord Verstorbenen, da durch andere Untersuchungen bekannt ist, dass mindestens 80% aller Menschen die einen Suizid begehen, vorher schwer depressiv waren [19]. Im Gehirn von Selbstmördern fand man sowohl eine erniedrigte Serotonin- [5,28,97] als auch Noradrenalin-Konzentration [28]. Andere Forschungsgruppen fanden auch eine erniedrigte MAO-Aktivität [39]. BIRKMAYER [8] fand bei Depressiven die biogenen Amine (Dopamin, Noradrenalin, Serotonin) in unterschiedlichen Hirnregionen vermindert, während die Vorstufen dieser Amine keine Normabweichung zeigten. Daraus kann abgeleitet werden, dass es sich hier nicht um einen einfachen Aminmangel wie beim Morbus Parkinson handelt, sondern die Störung liegt mit grösster Wahrscheinlichkeit im Enzymbereich und ist reversibel. Der Autor geht so weit, ganz bestimmte depressive Symptome mit den einzelnen biochemischen Veränderungen in Zusammenhang zu bringen. Z.B. den Dopamin-Mangel mit dem Verlust an Antrieb und emotionaler Beweglichkeit, den Noradrenalinmangel im Nucleus ruber mit der typischen Körperhaltung des Depressiven, die «vitale Teilnahmslosigkeit» mit dem 5-HT-Mangel. Alle diese Befunde sind mit den Aminhypothesen in Übereinstimmung zu bringen.

## 2.2 Liquor

Die Untersuchung des Liquor cerebro-spinalis ist eine im Vergleich zu anderen Bestimmungsmethoden schon eingreifende Untersuchung, da eine Lumbalpunktion erfolgen muss. Sie ist jedoch deshalb so wichtig, weil man hier «näher am Ort» ist als im Blut oder Urin. Jedenfalls kann man davon ausgehen, dass ein festes Verhältnis zwischen Liquor- und Gehirnkonzentrationen bei den einzelnen zu bestimmenden Substanzen besteht.

Im Liquor von Depressiven wurde die 5-HIAA[1]-Konzentration, ein Abbauprodukt des Serotonins, erniedrigt gefunden [80]. Auch die MHPG- und HVA-Spiegel waren im Vergleich zu Gesunden im Liquor geringer (vgl. Abb. 1). ASHCROFT [5] fand eine verminderte 5-HIAA-Konzentration nur bei unipolar Depressiven, nicht bei bipolar Depressiven

---
[1] Für Abkürzungen vgl. Tab. I.

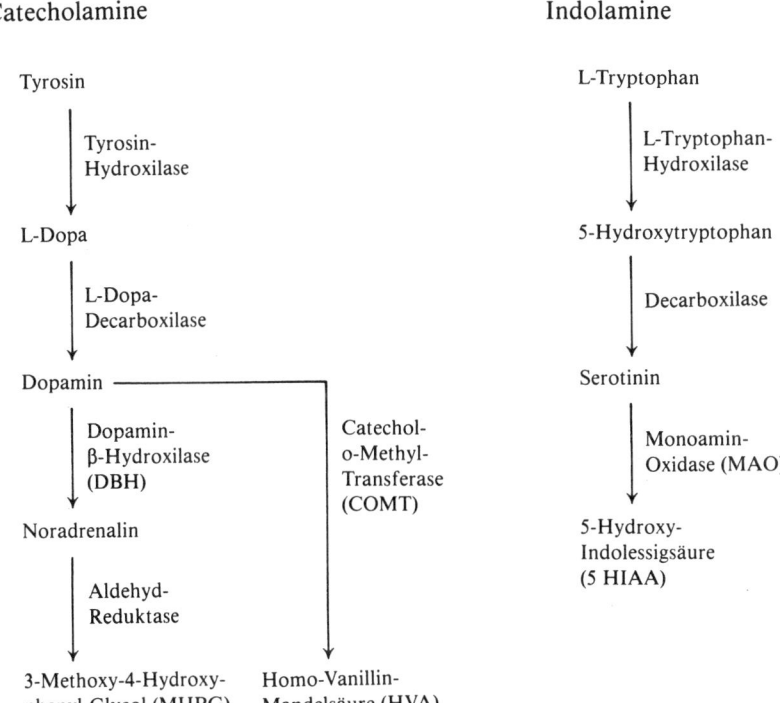

Abb. 1. Synthese und Abbau der biogenen Amine.

Tab. I. Erläuterung der Abkürzungen biochemischer Substanzen.

| | | |
|---|---|---|
| AMPT | = | Alpha-Methyl-para-Tyrosin |
| COMT | = | Catechol-o-Methyl-Transferase |
| DBH | = | Dopamin-Beta-Hydroxilase |
| HVA | = | Homovanillinmandelsäure |
| 5-HIAA | = | 5-Hydroxy-Indolessigsäure |
| 5-HT | = | 5-Hydroxytryptamin (Serotonin) |
| MAO | = | Monoaminoxidase |
| MHPG | = | 3-Methoxy-4-Hydroxyphenyl-Glycol |
| VMA | = | Vanillinmandelsäure |

und Manien. Dies soll als einer unter vielen Hinweisen dafür gelten, dass es sich hier um Untergruppen der endogenen Depression handelt, die sich nicht nur auf der psychopathologischen Verlaufsebene, sondern auch im biochemischen Bereich unterscheiden.

Während mit den üblichen Bestimmungsmethoden nur «Momentaufnahmen» eines dynamischen Geschehens gemacht werden können, erlaubt die sogenannte Probenecid-Methode den Umsatz der biogenen Amine im Gehirn indirekt zu messen. Probenecid verhindert den Abtransport der sauren Metabolite (5-HIAA und HVM) der Monoamine aus dem Liquor in das Blut. Daraus resultiert eine Akkumulation dieser Stoffe. Durch Mehrfachbestimmung lässt sich nun ein Akkumulationsgradient messen, der als Mass für den Umsatz der biogenen Amine Serotonin und Dopamin im Gehirn gilt. Entsprechend der Hypothese müsste der Gradient bei Depressiven niedriger sein als bei Gesunden. 1974 untersuchte VAN PRAAG [80] 38 Depressive und 12 gesunde Kontrollpersonen und fand sowohl für 5-HIAA als auch für HVA eine erniedrigte Akkumulationsrate bei den Depressiven. Diese Befunde stimmen mit denen anderer Arbeitsgruppen überein [25,79].

Es wurden jedoch nicht bei allen endogen depressiven Patienten diese erniedrigte Akkumulationsrate für 5-HIAA gefunden [94]. Diese Patienten unterschieden sich auch nicht phänotypisch. Auch dies ist wieder ein Hinweis dafür, dass sich die Depressionen auf der biochemischen Ebene unterscheiden lassen, was für eine medikamentöse Therapie von grosser Wichtigkeit sein kann: z.B. kann ein Antidepressivum, das vorwiegend serotonerge Neuronen beeinflusst, optimal wirksam sein, wenn Serotoninmangel herrscht, aber wirkungslos, wenn vorzugsweise das adrenerge System gestört ist.

Bei der erwähnten Probenecid-Methode gibt es methodische Probleme, so dass die Befunde häufig nicht eindeutig beurteilbar sind. Z.B. hängt die Akkumulationsrate unter bestimmten Bedingungen von der Probenecid-Menge ab, die vorher gegeben wird, so dass die Befunde der unterschiedlichen Arbeitsgruppen nur schwer miteinander vergleichbar sind. Aus Platzgründen kann eine detaillierte Methodenkritik hier nicht stattfinden. Trotz der nicht immer eindeutigen Befunde kann gesagt werden, dass diese Methode einen Fortschritt darstellt, da mit ihrer Hilfe nachgewiesen werden konnte, dass bei Depressiven tatsächlich der Umsatz von Monoaminen im Gehirn herabgesetzt ist.

## 2.3   Serum

Im Serum von Depressiven sind besonders die in den Stoffwechsel der biogenen Amine eingreifenden Enzyme untersucht worden. 1971 beschrieben NIELS et al. [68] eine Erhöhung der MAO-Aktivität in den Blutplättchen Depressiver. Die gleiche Arbeitsgruppe bestätigte diese Befunde.

KLAIBER et al. stellten bei depressiven Frauen eine höhere MAO-Aktivität im Vergleich zu nicht depressiven Frauen fest [50]. BELMAKER et al. fanden eine höhere MAO-Aktivität bei bipolar Depressiven im Vergleich zu Schizophrenen und gesunden Kontrollpersonen [7].

Andere Arbeitsgruppen fanden gegenteilige Verhältnisse, nämlich eine erniedrigte MAO-Aktivität bei endogen Depressiven [39, 55, 65, 66]. Wiederum andere Arbeitsgruppen fanden überhaupt keinen Zusammenhang zwischen der MAO-Aktivität in den Blutplättchen und depressiver Erkrankung [61]. Eigene Untersuchungen konnten ebenfalls keinen Zusammenhang zwischen MAO-Aktivität in Blutplättchen und endogener Depression nachweisen [24].

REES und seine Arbeitsgruppe untersuchten 1974 die Plasmatryptophankonzentration (Vorstufe des Serotonins) bei bipolar Depressiven, die einen sehr schnellen Phasenwechsel aufwiesen (Rapid-Cycler). Sie fanden eine hohe Korrelation zwischen der Tryptophankonzentration und dem jeweiligen Zustand, d.h. in der Depression war die Tryptophankonzentration erniedrigt, in der Manie erhöht [82].

Die Befunde hinsichtlich der Monoaminoxidase sind nur teilweise mit den Aminhypothesen in Übereinstimmung zu bringen. Der zuletzt referierte Befund hinsichtlich Tryptophan stimmt mit den Hypothesen überein.

## 2.4 Urin

Von zahlreichen Arbeitsgruppen wurden die Abbauprodukte der zentralen Monoamine im Urin untersucht. Im Urin sammeln sich selbstverständlich nicht nur die zentralen Abbauprodukte, sondern auch die der peripheren Amine, so dass die Aussage dieser Untersuchungen sehr eingeschränkt ist. Wenn überhaupt, dann hat nur die Bestimmung des MHPG im Urin Sinn, da es sich hier zu einem erheblichen Teil tatsächlich um das Abbauprodukt des zentralen Noradrenalins handelt [58, 59]. Während MHPG in der Depression erniedrigt ist [11, 36, 59, 92], ist es in der Manie erhöht [11, 16, 40]. Auch die VMA- und HVA-Konzentrationen wurden bei Depressiven signifikant erniedrigt gefunden [84]. BUNNEY et al. [17] untersuchten die Umschlagphase («switch-process») von Manie zur Depression und umgekehrt. Sie fanden die Noradrenalin-Konzentration im Urin schon 24 Stunden vor dem jeweiligen Umschlag in die Manie signifikant erhöht. Die Erhöhung hielt dann auch während der gesamten Manie an.

## 2.5 Wirkung von antidepressiven und antimanischen Substanzen auf den zentralen Aminstoffwechsel

Die drei grossen Substanzgruppen, die einen antimanischen Effekt haben und therapeutisch verwendet werden, sind die Phenothiazine, die Butyrophenone und Lithiumsalze.

Im Tierversuch konnte gezeigt werden, dass Lithium die Freisetzung von Noradrenalin im Gehirn herabsetzt [48]. Die Phenothiazine und Butyrophenone blockieren die Katecholaminrezeptoren. Auch das therapeutisch nicht verwendete Alpha-Methyl-para-Tyrosin (AMPT) blockiert die Synthese von Noradrenalin und Dopamin und hat einen deutlich antimanischen Effekt [63]. Alle diese Befunde sind mit den Aminhypothesen in Übereinstimmung zu bringen.

Akute Depressionen werden heutzutage mit trizyklischen Antidepressiva und MAO-Hemmern, in Ausnahmefällen auch mit der Elektrokrampftherapie (EKT) behandelt. Die Trizyklika hemmen die Wiederaufnahme von biogenen Aminen in die Nervenendigung. Dadurch kommt es zur Vermehrung von Noradrenalin und Serotonin am Rezeptor.

Die MAO-Hemmer blockieren das die Amine abbauende Enzym MAO, so dass es über diesen Mechanismus zu einer Konzentrationssteigerung am Rezeptor kommt. Nach DAVIS [28] bewirkt auch die EKT eine Vermehrung der Noradrenalin-Synthese und eine bessere Utilisation. Alle diese Befunde sind ebenfalls mit der Aminhypothese in Übereinstimmung zu bringen (über die Wirkung der EKT gibt es etwa 50 weitere Hypothesen!).

Wenn die Aminhypothese stimmt, müssten Stoffe, die bekanntermassen depressive Zustände provozieren, zu einer Herabsetzung der biogenen Amine am Rezeptor führen. Von Reserpin, den Phenothiazinen und Butyrophenonen sowie Cortisol sind Depressionsprovokationen bekannt [19]. Reserpin setzt die Verfügbarkeit von gespeicherten Katecholaminen herab (Speicherentleerung). Die Phenothiazine und Butyrophenone blockieren die Rezeptoren, so dass die normale Aminkonzentration nicht ausreicht, um einen ungestörten Erregungsprozess herbeizuführen, und unter erhöhten Cortisolkonzentrationen ist eine Verminderung der Serotoninkonzentration im Gehirn beschrieben worden [28]. Alle diese Wirkungen auf den Aminstoffwechsel stimmen mit den zu diskutierenden Hypothesen überein.

## 2.6 Diskussion der bisher dargestellten Befunde

Es kann aufgrund der bisher dargestellten Befunde als gesichert angesehen werden, dass Substanzen, die den zentralen Aminstoffwechsel auf bestimmte Weise beeinflussen, häufig eine psychotrope Wirkung haben. Man kann auch sagen, dass sowohl Depressionen als auch Manien mit dem Katechol- und Indolaminstoffwechsel im Gehirn im Sinne der o.g. Hypothesen in Zusammenhang stehen. Viele Befunde deuten jedoch darauf hin, dass der Zusammenhang um vieles komplexer ist. MENDELS [63] nennt die Aminhypothesen «oversimplicistic framework», das zwar zum Verständnis der Zusammenhänge zwischen Psychopathologie und zugrundeliegender Biologie sehr brauchbar sei, in Wirklichkeit jedoch um vieles komplizierter sein dürfte. Einige der mit den Hypothesen nicht in Einklang zu bringende Befunde sollen im Folgenden kurz beschrieben werden.

Verschiedene Arbeitsgruppen haben im Gehirn von Selbstmördern im Gegensatz zu den oben zitierten Untersuchungen keine Verminderung der Noradrenalin- oder Dopamin-Konzentration gefunden [12,72]. Die Untersuchungen hinsichtlich der MAO-Aktivität in den Blutplättchen bei Depressiven und Gesunden sind ebenfalls äusserst widersprüchlich. Eine weitere Tatsache, die mit den genannten Hypothesen nur schwer in Einklang zu bringen ist, besteht darin, dass bestimmte Depressionen, z.B. agitierte Formen unter Neuroleptika, die bei Schizophrenen auch depressiogen wirken und zu einer Dopaminrezeptorblockade führen, deutlich gebessert werden. Auch L-Dopa, eine Vorstufe des Noradrenalins und Dopamins, zeigt selbst in hohen Dosen kaum antidepressive Wirkung, ausser bei schwer gehemmten Depressionen [37]. Das AMPT, das noch mehr als Reserpin zu einer Aminverarmung im Gehirn führt [63], ruft keine Depressionen hervor.

Diese doch z.T. recht widersprüchlichen Befunde machen deutlich, wie weit die jeweiligen Untersuchungen noch vom «Ort des Geschehens» entfernt sind. Auf methodische Probleme wie unterschiedliche Strategien in der Diagnosenfindung, unterschiedliche Bestimmungsmethoden der in den einzelnen Kompartimenten untersuchten Amine oder Enzyme usw., kann an dieser Stelle nicht weiter eingegangen werden.

## 2.7 Rhythmik

In neuester Zeit haben rhythmologische Untersuchungen bei Depressiven immer mehr an Bedeutung gewonnen.

Lebensvorgänge laufen auf der Zellebene rhythmisch ab, unabhängig von äusseren Zeitgebern [90]. Diese rhythmischen Vorgänge sind durch Zeitgeber wie hell-dunkel beeinflussbar und führen zu Veränderungen im Sinne von «vorstellen» oder «zurückstellen», «verlangsamen» oder «beschleunigen» [15,106]. Man spricht deshalb auch von der sogenannten «inneren Uhr» [15]. Bei Ausschaltung aller äusseren Zeitgeber, z.b. in Bunkerversuchen [4,35,106] kommt es zum sogenannten «free running» der einzelnen rhythmischen Prozesse. Die sonst koordiniert ablaufenden Funktionen wie z.b. Körpertemperatur und Aktivität sind jetzt nicht mehr in einem bestimmten Verhältnis zueinander «gekoppelt», sondern laufen unabhängig voneinander, jeder in seinem eigenen Rhytmus weiter.

Bei der endogenen Depression stehen rhythmische Phänomene im Mittelpunkt der Psychopathologie (z.B. Tagesschwankungen, Schlafstörungen mit Früherwachen) und auch im Krankheitsverlauf (z.B plötzliches Auftreten, phasenhafter Ablauf der Erkrankung, Erkrankungsgipfel im Frühjahr und Herbst). Diese klinische Beobachtungen legen den Schluss nahe, dass bei dieser Erkrankung rhythmische Phänomene gestört, zumindestens desynchronisiert sind [71]. Die Wirksamkeit der Behandlung mit Schlafentzug für eine Nacht liegt gerade in der vermuteten Resynchronisation derartiger Vorgänge durch den Entzug des Schlafes [75, 76, 77].

Es soll jetzt der Frage nachgegangen werden, ob diese klinischen Phänomene mit vegetativen und biochemischen Parametern, von denen eine bestimmte zirkadiane Rhythmik bekannt ist, korrelieren.

### 2.7.1 Nivellierung von normalerweise vorhandenen rhythmischen Abläufen

Die Plasmareninaktivität zeigt bei Gesunden einen deutlichen 24-Stunden-Rhythmus mit einem Anstieg der Plasmareninaktivität zu Beginn der Schlafphase. Dieser rhythmische Ablauf fehlt bei endogen Depressiven [49]. RIEDERER, BIRKMAYER und NEUMAYER [84] fanden bei Gesunden eine deutliche Tagesrhythmik der HVA und VMA sowie der 5-HIAA-Ausscheidung im Urin im Sinne von höheren Werten während des Tages und signifikant erniedrigten Werten in der Nacht. Bei depressiven Patienten liess sich keine Rhythmik in diesem Sinne nachweisen, man fand jedoch eine deutliche Erniedrigung am Morgen, was zum klinischen Bild des Morgentiefs bei Depressiven passen würde. Der Quotient VMA zu HVA fällt bei Gesunden signifikant von der Morgenphase der Untersuchung zur Nachtphase ab. Bei den Depressiven war das Verhältnis über die gesamte Zeit annähernd konstant. RUDOLF et al. fanden, dass bei Depressiven die tagesrhythmischen Schwankungen von Puls und Blutdruck deutlich geringer ausgeprägt waren als bei Gesunden [87].

Der Cortisolspiegel zeigt normalerweise ebenfalls einen ausgeprägten tagesrhythmischen Verlauf mit einem Minimum um Mitternacht und einem Maximum zwischen 6.00 und 8.00 Uhr morgens [104]. Dieser Verlauf besteht auf einem höheren Ausgangsniveau zwar auch bei Depressiven. Die Amplitude zwischen dem Minimum und dem Maximum ist jedoch deutlich geringer ausgeprägt [88]. Im Zusammenhang mit dem ständig erhöhten Plasmacortisolspiegel wird die Frage diskutiert, ob dies nicht als *Folge* der Depression, z.b. als Ausdruck von Stress anzusehen ist. Gegen diese Annahme sprechen folgende Befunde:

1. die Plasmacortisol-Konzentration ist bei Depressiven auch im Schlaf erhöht;
2. die Plasmacortisol-Konzentration bleibt unter Sedativa weiter erhöht;
3. die «Cortisol-Resistenz» im Dexamethason-Test bei Depressiven.

Es wird deshalb bei Depressiven eine zentrale hypothalamische Funktionsstörung diskutiert.

## 2.7.2 Abwandlung des Rhythmus

Diese zentrale hypothalamische Funktionsstörung wird auch von CAROLL et al. [23] angenommen, die die Cortisol-Ausschüttung nach Dexamethason-Gabe über 24 Stunden untersuchten. Dabei zeigten die Depressiven deutlich vermehrte Sekretionsepisoden ohne jede zirkardiane Organisation. Ausserdem war bei den endogen Depressiven die Suppression nach Dexamethason eindeutig geringer als bei Gesunden.

Die Körpertemperatur verläuft bei gesunden Menschen sehr konstant mit einem Gipfel am Abend gegen 19 Uhr. Bei bipolar depressiven Patienten ist die Körpertemperatur generell höher. Der Temperaturverlauf ist zweigipfelig mit einer Vorverlegung der Gipfel im Vergleich zum normalen Tagesrhythmus [74].

## 2.7.3 Gegensätzlicher Verlauf rhythmischer Prozesse

BIRKMAYER und LINAUER [10] fanden signifikant erniedrigte Morgenwerte und abendlich erhöhte Plasmatyrosinspiegel bei endogen Depressiven. Dies sind genau umgekehrte Verhältnisse zu Gesunden («inverser Verlauf»). Die Autoren fordern, diesen inversen Plasmatyrosinkonzentrationsrhythmus als Diagnosekriterium für endogene Depressionen heranzuziehen. Andere Autoren [48] fanden zwar auch diesen inversen Plasmatyrosinverlauf, und zwar bei 73% aller akut Depressiven, jedoch unabhängig von ihrer nosologischen Zuordnung. Bemerkenswert ist noch, dass die Absolutwerte über 24 Stunden völlig im Normbereich lagen.

WIRZ-JUSTICE et al. [107] fanden bei unipolar Depressiven eine deutlich veränderte 5-HT-Tagesrhythmik. Im Gegensatz zu Gesunden, die ihre höchsten 5-HT-Werte am Morgen und die niedrigsten um 16 Uhr aufweisen, zeigten unipolar Depressive den höchsten 5-HT-Wert um 16 Uhr. Die Gesamtkonzentration über 24 Stunden gemessen wich jedoch von der der Gesunden nicht ab. Die gleiche Arbeitsgruppe beobachtete auch saisonale Schwankungen bei längerfristigen Untersuchungen und zwar in dem Sinne, dass die höchsten 5-HT-Werte im Frühjahr und Herbst gefunden wurden. Ob hier ein Zusammenhang mit der erhöhten Erkrankungsinzidenz zu dieser Zeit besteht, sei dahingestellt. Die Untersuchung der MAO-Rhythmik über 24 Stunden zeigte bei Depressiven und Normalen keine Differenzen.

BIRKMAYER und RIEDERER [8] fanden eine deutliche zirkadiane Dysrhythmie der VMA und HVA-Ausscheidung im Urin bei Depressiven. Sie hatten deutlich erniedrigte Morgenwerte und eine Rückkehr zur Norm am Abend. Diese Befunde stimmen mit dem oben zitierten Bluttyrosin-Spiegel am Morgen überein.

### 3. Schizophrene Psychosen

Schizophrenie ist keine diagnostische Einheit. Wenn überhaupt von «Schizophrenie» sinnvoll gesprochen werden soll, so muss zumindest eine dreidimensionale Betrachtungsweise herangezogen werden, die Symptomatologie, Verlauf und Ätiologie klar voneinander unterscheidet [81]. Unabhängig von der Streitfrage, ob die schizophrene Psychose eine psychogene «Ursache» hat, oder aber bei vorbestehender Disposition psychogen «ausgelöst» wird, kann kein Zweifel daran bestehen, dass die psychopathologische Erscheinungsweise der Psychose mit bestimmten, biochemischen Veränderungen im Gehirn einhergehen muss. Die Unsicherheit über die diagnostische Abgrenzung der Schizophrenie ist ein Grund dafür, dass konsistente und genügend Evidenz schaffende biochemische Befunde für diese Krankheit nicht im gleichen Ausmasse vorliegen wie bei den affektiven Psychosen. Insbesondere hat die Suche nach der Schimäre einer für «die» Schizophrenie «spezifischen» biochemischen Störung sicher viel Widersprüchliches und manche Frustation erzeugt. Es ist sicher VAN PRAAG [81] beizupflichten, dass, wenn man überhaupt von Spezifität spricht, diese zumindest in der oben erwähnten dreidimensionalen Weise bestimmt werden muss.

Bekannte, schon ältere Theorien wie z. B. die Transmethylierungstheorie [67] oder die Hypothesen, die sich um den «Pink Spot» rankten, sollen nicht näher beschrieben werden, da sich hier Beweise und Gegenbeweise zumindest die Waage halten. Am meisten Wahrscheinlichkeit haben zur Zeit diejenigen Vorstellungen, die eine Störung im Bereich des Dopamin-Stoffwechsels bzw. dopaminerger Neuronen in Verbindung mit der schizophrenen Psychose zu bringen versuchen. Diese Theorien haben ihren Ausgang von der vielfach belegten Beobachtung genommen, dass Neuroleptika, d. h. diejenigen Pharmaka, die als einzige in der Lage sind – im Gegensatz zu vielen anderen zentral-dämpfenden Substanzen – die psychotische Symptomatik wirkungsvoll zur Remission zu bringen und über viele Jahre Rezidive zu verhüten, mehr oder minder spezifisch die Funktion dopaminerger Neuronen blockieren. «Spezifisch» bedeutet hier nicht, dass diese Substanzen nicht auch andere, z. T. noch unbekannte, biochemische Wirkungen entfalten, sondern, dass a) andere psychotrope Substanzen diese Wirkung nicht oder nicht im gleichen Masse zeigen und dass es b) mit wenigen Ausnahmen einen deutlichen Zusammenhang zwischen klinischer antipsychotischer Wirkung und der Stärke dieser Hemmwirkung auf den Dopamin-Rezeptor gibt [93].

Es existieren sogar Hinweise darauf, dass ein bestimmtes Enzym, die Dopamin-aktivierbare Adenylatcyklase, deren Aktivität durch Neuroleptika gehemmt wird, die greifbare molekulare Basis dieses «Rezeptors» darstellt, obwohl diese Beziehung nicht für alle neuroleptisch-wirksamen Substanzgruppen in gleicher Weise evident gemacht werden konnte [47]. Diese dopaminergen Neuronensysteme sind vor allem in zwei Hirnarealen gefunden worden, nämlich zum einen im sog. Striatum des Stammhirns, zum anderen im mesolimbischen System, das vom Dach des Zwischenhirns seinen Ausgang nimmt; schliesslich gibt es noch ein dopaminerggesteuertes Neuronensystem, das im vorderen Hypothalamus seinen Ursprung hat. Diese subkortikalen Systeme scheinen im Zusammenhang mit ganz bestimmten Verhaltensmodi zu stehen, z.B. mit konditioniertem Vermeidungsverhalten, mit «Belohnung-, Strafeverhalten», mit bestimmten Stereotypien und eventuell auch mit Gedächtnisprozessen [54]. Zwischen dem mesolimbischen und striatalen System bestehen sowohl morphologisch-anatomisch als auch biochemisch grosse Ähnlichkeiten. Isolierte Läsionen im Striatum können zu Störungen komplexer Verhaltensweisen in Konditionierungsexperimenten führen, während Ausschaltungen im limbischen System eher emotionale Störungen bewirken, u.a. aber auch die Fähigkeit einschränken, mehrere optische Stimuli voneinander zu unterscheiden bzw. zu einem Ganzen zu integrieren (vgl. [100]). Aus Tierversuchen ist auch bekannt, dass das Neostriatum (N. caudatus) eine modulatorische Funktion für die Reizschwelle kortikaler Neuronen gegenüber sensorischen Reizen besitzt. Trotzdem besteht natürlich keine zwingend logische Notwendigkeit, aus der inhibitorischen Wirkung von antipsychotischen Pharmaka auf dopaminerge Neuronenbezirke zu schliessen, dass «der» schizophrenen Psychose bzw. bestimmten, akuten oder chronischen Symptomen eines schizophrenen Patienten eine dopaminerge Übererregung zugrundeliegt. Neuroleptische Pharmaka besitzen auch Wirkungen auf durch andere Transmitter gesteuerte, zerebrale Funktionssysteme. Es ist auch nicht auszuschliessen, dass wir wichtige biochemische Wirkungen der Neuroleptika noch gar nicht kennen oder bislang nicht bemerkenswert gefunden haben. Andererseits ist auch denkbar, dass für die schizophrenen Erkrankungen wesentliche biochemische Störungen primär in anderen Funktionssystemen zu suchen sind, die aber aufgrund der verwirrend vielfältigen Verknüpfungen dieser Funktionskreise miteinander auf dem Wege der antidopaminergen Wirkung der Neuroleptika sekundär beeinflusst werden, bzw. deren Auswirkung auf andere Systeme gedämpft werden kann. Nur im Sinne des eingangs genannten Analogieschlussverfahrens kann die Dopamin-Hypothese der Schizophrenie geprüft werden. Ein einzelner negativer Befund kann diese Art von weitgefassten Hypothesen («dopaminerge Systeme haben etwas mit Schizophrenie zu tun») ohnehin nicht falsifizieren.

Ein wichtiges Argument im Rahmen der Dopamin-Hypothese ist der Befund, dass Amphetamin, insbesondere bei chronischer Gabe, am gesunden Menschen psychotische Symptome auslöst, die denen schizophrener Patienten ausserordentlich ähnlich sein können [62].

Wir wissen andererseits, dass Amphetamin eine Dopamin-agonistische Substanz ist, und die am Tier durch Amphetamin ausgelösten Stereotypien werden üblicherweise als ein Symptom dopaminerger Überstimulation angesehen, somit als eine Art von «Psychose»-Modell, an dem man zumindest die Wirkung von potentiell neuroleptischen Prüfsubstanzen gut untersuchen kann. Obwohl eine Reihe von Befunden dafür sprechen, dass die Dopamin-agonistische Wirkung von Amphetamin eine entscheidende Rolle für die beobachteten Verhaltensänderungen spielt, ist doch eine eindeutige Interpretation der experimentellen und klinischen Ergebnisse sehr schwierig, weil a) Amphetamin auch eine Wirkung auf noradrenerge Neuronen besitzt, und es auch durch Anwendung von l- und d-Stereoisomeren nicht eindeutig geklärt werden konnte, welche der Wirkung für die Amphetamin-Psychose am Menschen verantwortlich ist [44], b) es bis heute nicht klar ist, ob die Amphetamin-Stereotypien am Tier der Wirkung auf das Striatum oder eher auf das limbische System zuzuschreiben sind.

Jedoch ist der Befund festzuhalten, dass Amphetamin sowohl am Menschen schizhophrenieartige Symptome auslösen, wie am schizophrenen Patienten solche Symptome verstärken kann. Dieser Effekt ist offenbar nicht einfach das Resultat einer unspezifischen Erregung; auch die Wirkung von Halluzinogenen wird wohl anders erlebt [43]. Dagegen können amphetaminartige Substanzen wie Methylphenidat ähnlich symptomprovozierend wirken [46]. Eine weitere Unterstützung der Dopamin-Hypothese ist der mehrfach replizierte Befund, dass die Verabreichung von L-DOPA, einer metabolischen Vorstufe von Dopamin, bei Parkinsonkranken zu einer «DOPA-Psychose» und bei schizophrenen Patienten zu einer Verschlimmerung der Symptomatik führen kann [3]. Die durch L-Dopa hervorgerufenen «Psychosen» sind allerdings – im Gegensatz zur Amphetaminpsychose – symptomatisch recht uneinheitlich. Teilweise scheint es sich mehr oder minder nur um eine verstärkte Agitation zu handeln; dies mag auch eine Frage der applizierbaren Dosis sein.

Falls wirklich eine dopaminerge Überstimulation für die Entstehung einer schizophrenen Psychose eine Rolle spielt, erhebt sich die Frage, wie dieses «Überangebot» an Dopamin zustande kommt. In diesem Zusammenhang sind vor allem zwei Enzyme untersucht worden: die MAO (s.o. unter «Depression»), die den Abbau von Dopamin zu unwirksamen Metaboliten katalysiert, und die Dopamin-Beta-Hydroxilase (DBH), die bei der Umwandlung von Dopamin in einen anderen Transmitter, nämlich Noradrenalin, beteiligt ist. Sowohl eine Verminderung der MAO- als der DBH-Aktivität könnte demnach ein Überangebot an Dopamin erklären. Die bisher vorliegenden Untersuchungen machen noch am ehesten eine erniedrigte MAO-Aktivität bei chronisch schizophrenen Patienten wahrscheinlich [81]. Die zunächst behauptete Verminderung der DBH-Aktivität scheint sich dagegen bislang nicht zu bestätigen, womit auch die ansonsten faszinierende Theorie von STEIN [99] unwahrscheinlich wird, dass nämlich der Schizophrenie eine Störung im noradrenerg gesteuerten Reward-Punishment-System durch Bildung eines «falschen» Dopamin-Metaboliten (6-Hydroxidopamin) zugrunde liegt.

In neuester Zeit konnte mehrfach gezeigt werden, dass mit enormen Dosen Propanolol, einem sog. Beta-Rezeptorenblocker, psychotische Symptome schizophrener Patienten verblüffend schnell zum Verschwinden gebracht werden können [22]. Dies spricht wiederum dafür, dass doch möglicherweise auch adrenerge Funktionskreise beim psychotischen Pa-

37

tienten gestört bzw. überstimuliert sind, wie dies schon vor langer Zeit von SELBACH [94] postuliert wurde. Auch andere Autoren weisen in neuester Zeit wieder verstärkt auf die mögliche Beteiligung noradrenerger Systeme an der schizophren-psychotischen Störung hin [33]. Bestimmte noradrenerge Systeme dürften eine Rolle für perzeptive Prozesse besitzen, die sicher beim schizophrenen Patienten beeinträchtigt sind (Filterstörungen, sensorische Überflutung).

## 4. Schwachsinn, Demenz

Der Schwachsinn, d. h. die angeborene geistige Unterentwicklung, müsste eigentlich ein exemplarisches Modell darstellen, um den Zusammenhang zwischen Morphologie, Biochemie und Verhalten aufzuweisen. Dennoch ist gerade bei dieser tragischen Erkrankung unser Unwissen erschreckend und die Forschung auch in den letzten Jahren kaum weitergekommen. Drei Beispiele für die hier interessierende Fragestellung seien genannt.

*Phenylketonurie*

Es handelt sich um einen sog. «inborn error of metabolism». Durch einen Enzymdefekt kommt es zu einer anormal hohen Konzentration von Phenylalanin, einer essentiellen Aminosäure, im Blut, die frei in den Hirnliquorraum übertritt und damit den Zutritt anderer wichtiger Aminosäuren zum Gehirn verhindert. Dies bedingt wahrscheinlich nicht nur Störungen der Proteinsynthese, sondern auch eine zu niedrige Konzentration biogener Amine. Die beobachteten morphologischen Veränderungen gehen wahrscheinlich auf eine Störung sowohl der Protein- als auch der Lipidsynthese im Gehirn zurück. Völlig unklar ist aber, warum nicht alle Kinder, die diese Enzymstörung aufweisen, auch tatsächlich einen Schwachsinn entwickeln [43].

*Unterernährung*

Auch die Unterernährung während der ersten zwei Lebensjahre kann durch das gestörte Gleichgewicht der zugeführten essentiellen Aminosäuren und der dadurch bedingten partiellen Veränderung der DNS-Synthesezeit zu verringerter Hirngrösse und geistiger Unterentwicklung führen [30]. Sonstige neuropathologische Auffälligkeiten sind bislang nicht bewiesen worden.

*Senile Demenz*

Erste Ansätze zu einer biochemischen Erklärung der senilen Demenz, insbesondere vom Alzheimer-Typ, haben sich in jüngster Zeit ergeben. Es sind Veränderungen cholinerger Synapsen beobachtet worden [13,29], was insofern interessant ist, als für kognitive und insbesondere Gedächtnisfunktionen gerade cholinerge Neuronen eine besondere Rolle spielen sollen [31].

## 5. Neurotisches Verhalten und Biochemie

In den vorangehenden Abschnitten wurden biochemische Befunde vorgestellt, die als Hinweise auf eine Stoffwechselstörung im zentralen Nervensystem bei bestimmten psychiatrischen Krankheiten interpretiert werden können. Diese biologische Störung kann theoretisch eine ursächliche Bedingung für die Manifestation z.B. einer Depression darstellen; in aller Regel wird diese Annahme für die endogene Depression gemacht. Bei dieser Patientengruppe wird offensichtlich am ehesten mit eindeutigen biochemischen Befunden gerechnet.

Andererseits gibt es depressive Verstimmungen, die mit neurotischen und situativen Bedingungen in Zusammenhang gesehen werden müssen. In der derzeitigen wissenschaftlichen Diskussion begegnet man häufig einer Dichotomie in «biochemisch begründete» endogene Depressionen und «psychologisch begründete» neurotische Depressionen. Dieses dichotome Denken findet auch in der gängigen Therapie seinen Ausdruck. Endogene Depressionen werden als das primäre Feld der Pharmakotherapie angesehen, neurotische Depressionen als das primäre Feld der Psychotherapie. Diese zunächst sehr einleuchtende Gliederung verliert bei näherer Betrachtung sehr schnell ihre Eindeutigkeit. Einerseits bietet die nosologische Zuordnung eines Patienten zu einer der beiden diagnostischen Gruppen im konkreten Einzelfall oft erhebliche Schwierigkeiten, und zum zweiten ist die Wirkung eines biochemischen Eingriffs, d.h. der medikamentösen Therapie, auf endogene und neurotische Depressionen keineswegs unterschiedlich, wie es das theoretische Konzept vermuten lässt.

PAYKEL et al. [73] berichten über eine Untersuchung, bei der sie 190 neurotisch depressive Patienten längere Zeit mit Antidepressiva, Placebo und Psychotherapie behandelten. Wie sie zeigen konnten, verringerte die Gabe von Amitriptylin die Rückfallquote im Verlauf eines halben Jahres um etwa die Hälfte. Psychotherapie hatte bei diesen neurotisch depressiven Patienten im gleichen Zeitraum keine signifikante Wirkung auf die depressive Symptomatologie. Signifikante Effekte der Psychotherapie zeigten sich erst nach etwa acht Behandlungsmonaten im sozialen Bereich. Zu ähnlichen Ergebnissen kommt eine andere Studie an Patienten mit endogener Depression, Involutionsdepression und neurotischer Depression. Die Behandlungsergebnisse mit Chlorimipramin waren bei allen drei Gruppen gleich gut [83].

RICKELS stellt fest: « Die allgemeine Aussage, dass trizyklische Pharmaka in neurotischen oder reaktiven Depressionen weniger effektiv wirken als in endogenen oder psychotischen Depressionen, oder dass sie bei diesen sogar völlig wirkungslos seien, ist schlicht unwahr.» Diese Feststellung ist auch für die ätiologischen Überlegungen zur Depression nicht ganz uninteressant. MEYENDORF [64] hält prinzipiell an der endogenpsychogen Dichotomie fest und argumentiert, dass es unter den zur Zeit als neurotisch-depressiv bezeichneten Patienten eine Reihe «pseudoneurotisch maskierter» endogener Depressionen gebe, die auf eine pharmakologische Behandlung gut ansprächen. RICKELS drückt sich demgegenüber in der Interpretation der genannten Befunde sehr viel vorsichtiger aus und versucht nicht, aus einer bestimmten Wirkung schon Rückschlüsse auf die Ätiologie zu ziehen: «Solange die Ätiologie psychiatrischer Erkrankungen, einschliesslich der depressiven Erkrankung, nicht völlig geklärt ist, erscheint die Behandlung von Zielsymptomen oder Syndromen das sinnvollste Konzept» [83]. Mit dem Begriff «Zielsymptom» bezieht er sich auf ein von FREYHAN entwickeltes Konzept [34], wonach, etwas verkürzt dargestellt, Psychopharmaka ein kennzeichnendes Wirk*spektrum* haben und entsprechend auf eine Reihe von Zielsymptomen unabhängig von deren Ätiologie wirken.

Die Tatsache, dass psychische Zustände, die zumindest bislang als psychologisch begründet angesehen werden, durch biochemische Eingriffe beeinflusst werden können, zwingt zumindest zu einem sehr vorsichtigen Umgang mit biochemischen wie auch psychologischen Hypothesen zur Ätiologie depressiver Verstimmungen. Diese Vorsicht wird jedoch nicht nur durch pharmakotherapeutische Erfahrung nahegelegt, sondern auch durch eine Reihe von Forschungsbefunden zur Kovariation von biochemischen und psychologischen Parametern. Die einschlägigen Untersuchungen stammen vor allem aus den Bereichen der Emotionspsychologie, der Stress-Psychologie und der Biofeedback-Theorien.

Von seiten der *Emotionsforschung* konnte gezeigt werden, dass es zwischen «normalen Emotionen» wie Angst, Ärger oder Freude und physiologischen und biochemischen Parametern Beziehungen gibt. Das bislang jedoch noch weitgehend ungelöste Problem ist die Spezifität solcher Zusammenhänge; wir hatten hierauf schon oben im Zusammenhang mit biochemischen Befunden bei schizophrenen Patienten hingewiesen. Zum einen scheinen sehr unterschiedliche Emotionen von analogen biochemischen und physiologischen Veränderungen begleitet zu werden. Vergleichbare Adrenalin-Ausscheidungen können durch Kriegsfilme wie durch amüsante Filme provoziert werden [56]. Des weiteren scheinen jedoch auch gewisse Persönlichkeitsvariablen in diesem Zusammenhang eine Rolle zu spielen. DAVIS und DE MONCHAUX [28] untersuchten in einer Forschungsstation mit sehr stabilen Umweltparametern die Kovariation von Vanillinmandelsäure-Ausscheidung und mehreren Stimmungsparametern. Es fand sich für die Gesamtgruppe kein signifikanter Zusammenhang zwischen Stimmung und Vanillinmandelsäure-Ausscheidung im Urin, jedoch ergab sich eine Beziehung zwischen beiden Parametern für eine Untergruppe der Probanden, die als zwanghafte und introvertierte Persönlichkeiten beschrieben wurden. Die Autoren meinen, nur von solchen Persönlichkeiten sei eine ausreichende Stimmungsmodulation zu erwarten, um biochemische Kovariationen überhaupt erfassen zu können. Es bleibt aber offen, ob dieser Persönlichkeitsfaktor, der hier als intervenierende Variable beschrieben wurde, ein psychologisches oder ein biochemisches Konstrukt ist.

Die *Stress-Theorie* gehört sicher zu den ältesten Forschungsbereichen über den Zusammenhang von Biochemie und Verhalten. CANNON und SELYE [20, 96] nahmen in die Definition von Stress und Stress-Antwort physiologische Parameter auf. Hierbei spielte vor allem die Cortisol-Ausschüttung eine bedeutende Rolle. Inzwischen sind jedoch auch weitere biochemische Variablen im Zusammenhang mit Stress untersucht, wie beispielsweise das Wachstumshormon oder die Katecholamine. Trotz zunächst eindeutig scheinender Befunde ist jedoch auch im Bereich der Stress-Forschung eine einfache Korrelation zwischen biochemischen und psychologischen Parametern nicht ohne weiteres herstellbar. Intervenierende Variablen sind beispielsweise die Intensität des Stresses. So konnten WEISS et al. [101] in der eingangs schon zitierten Arbeit zeigen, dass die beschriebenen Veränderungen erst bei einer bestimmten Intensität des Stressors auftraten. Des weiteren spielen auch wieder Persönlichkeitsfaktoren eine Rolle. So bewirkte ein als Stressor ausgelegtes Interview nur bei einem Teil der untersuchten Population eine Erhöhung der Ängstlichkeit [101]. Nur bei diesen Probanden konnte auch ein verändertes Sekretionsmuster für Cortisol und Wachstumshormon nachgewiesen werden. Auch hier bleibt die Frage zunächst unbeantwortet, ob die entscheidende Persönlichkeitsvariable eher biochemisch beschreibbar ist, beispielsweise eine leichte Stimulierbarkeit der Nebennierenrinde widerspiegelt, oder aber in einen «psychologischen» Kontext gehört, d.h. beispielsweise etwas mit möglichen Umgangsformen in einem Gespräch zu tun hat.

Durch die bislang zitierten Untersuchungsansätze werden fraglos wichtige Erkenntnisse über den Zusammenhang von Biochemie und Verhalten gewonnen. Offen bleibt bei solchen Studien jedoch das Problem der kausalen Abhängigkeit und der Spezifität der korrelierten Parameter. Zukunftsträchtiger erscheinen deshalb experimentelle Ansätze, die nicht eine freie Variation beider Parameter zulassen, sondern mindestens einen der Parameter gezielt manipulieren. In der Funktion einer solchen unabhängigen Variablen können sowohl die biochemischen wie die psychologischen Parameter stehen.

Das einfachste Beispiel ist der Zwei-Gruppen-Vergleich. CUPELLO und HYDEN [26] teilten eine Population von Ratten nach dem Zufallsprinzip in zwei Gruppen. Ratten besitzen ebenso wie Menschen eine «Rechts- oder Linkshändigkeit». Die Autoren zwangen nun die Tiere der einen Gruppe, die nicht-dominante Pfote zu trainieren; als abhängige Variable untersuchten sie die Synthese von Ribonucleinsäure (RNS) im Hippocampus. Bei der trainierten Gruppe fand sich eine Erhöhung der Ribonucleinsäure-Synthese. RNS-Veränderungen und damit zusammenhängende spezifische Proteinsynthesen im Hippocampus können bei dieser experimentellen Versuchsanordnung als «Folge des Lernprozesses» interpretiert werden.

Eine andere sehr interessante Versuchsanordnung stellen SILBERGELD et al. vor [98]. Sie haben bei Ehepaaren vor und nach einer Gruppentherapie die Aktivität der Serum-Dopamin-Betahydroxilase (DBH) bestimmt. Dieses Enzym ist an der Synthese von Noradrenalin beteiligt (s. Abb. 1). Seine Konzentration im Serum steigt mit verstärkter Aktivität des sympathischen Nervensystems an. Die Autoren konnten nun zeigen, dass die DBH-Werte nach Therapie signifikant höher lagen als vor der Therapie. Mittels Selbst- und Fremdeinschätzungsinstrumenten wurde noch eine Reihe psychologischer Parameter bestimmt. Die Autoren setzten die DBH-Veränderungen während der Gruppentherapie als abhängige Variable und untersuchten dann durch eine schrittweise lineare Regressionsrechnung, welche psychologischen Variablen den grössten Teil der DBH-Varianz erklärten. Die Autoren kamen so für jeden Probanden zu einer sehr individuellen Liste von psychologischen Variablen, die auf die DBH-Aktivität fördernd oder hemmend wirkten und somit bezüglich ihrer «Stressor-Qualität» für den einzelnen Probanden bestimmt werden konnten. Hier zeichnet sich eine auf den ersten Blick vielleicht überraschende Möglichkeit ab, durch biochemische Studien zu einem besseren Verständnis und einer besseren Validierung psychologischer Parameter zu kommen.

Eines der zur Zeit besten Beispiele für die Fruchtbarkeit solcher Ansätze sind die Untersuchungen von WEISS et al. [101]. Die Untersuchungen basieren auf einem psychologisch sehr genau beschriebenen Phänomen, dem sog. Hilflosigkeitsmodell nach SELIGMAN [1,95]. Dieses Hilflosigkeitsmodell beschreibt ein sehr spezifisches Verhaltenssyndrom, das dadurch hervorgerufen wird, dass ein Proband mehrfach die Erfahrung macht, dass ein noxischer Stimulus in seiner Auftretenswahrscheinlichkeit unabhängig vom eigenen Verhalten ist. Das resultierende Hilflosigkeitssyndrom wurde vielfach auf seine Brauchbarkeit als «Labordepression» diskutiert. WEISS et al. [101] konnten zeigen, dass dieses Syndrom ebenfalls mit einer Katecholaminverarmung im ZNS einhergeht. In einer Serie von Folgeexperimenten wurden inzwischen sowohl die psychologischen wie auch die biochemischen Parameter experimentell manipuliert [36a,101a,101b]. Die Autoren versuchen, die verschiedenen Verhaltensparameter des Hilflosigkeitssyndroms getrennt zu betrachten und postulieren, dass ein zentraler Bestandteil dieses Syndroms, nämlich das Verschwinden von Flucht- und Meideverhalten, nicht durch kognitive Faktoren wie Attribuierung, Lernen und Erwartung bedingt ist, wie es das von SELIGMAN vorgeschlagene Erklärungsmodell besagt. Statt dessen stellen die Autoren die Hypothese auf, dass die Veränderungen im Meide- und Fluchtverhalten nach dem Hilflosigkeitstraining durch ein motorisches Aktivierungsdefizit bedingt sind, das wiederum durch einen Katecholaminmangel im ZNS hervorgerufen sein soll.

Zusammenfassend lässt sich sagen, dass die biologisch-psychiatrische Forschung beim gegenwärtigen Entwicklungsstand nicht darauf fixiert ist, möglicherweise genetisch festgelegte Stoffwechselstörungen als Ursache psychiatrischer Erkrankungen aufzudecken. Ebenso interessant, wenn nicht noch fruchtbarer, ist der Beitrag, den biochemische Forschung zu Erhellung normalen menschlichen Verhaltens leisten kann. Die Gefahr muss freilich gesehen werden, dass der Drang zu monokausaler Betrachtungsweise auch zu wissenschaftstheoretisch unhaltbaren kategorialen Grenzüberschreitungen zwischen verschiedenen Gegenstandsbereichen verführt (vgl.Einleitung).

6. **Schlussbemerkung**

Es konnte in dieser Darstellung nur in exemplarischer Weise auf einige der wichtigsten Befunde der biologischen Psychiatrie, soweit sie sich mit dem Zusammenhang von Biochemie und abweichendem Verhalten beschäftigt, eingegangen werden. Dabei sind Untersuchungen der drei klassischen biogenen Amine, d.h. Noradrenalin, Serotonin, Dopamin, und der durch sie bewirkten neuronalen Prozesse in den Vordergrund gestellt worden. Der Fortschritt in der biologischen Psychiatrie ist in besonderem Masse von dem vorherrschenden Interesse und der Methodenentwicklung in der Biochemie und Neurophysiologie abhängig. Ausreichend empfindliche Methoden zur Bestimmung der extrem niedrigen Konzentrationen der genannten Transmitter-Substanzen sind praktisch erst in der letzten Dekade in breitem Umfang anwendbar geworden.

In der nahen Zukunft wird sich das biologisch-psychiatrische Interesse vor allem dem Zusammenspiel der verschiedenen Transmitter-Systeme, insbesondere auch der vorstehend noch nicht dargestellten, wie z.b. der cholinergen und GABA-ergen Synapsen, zuwenden. Zum anderen werden vor allem neuroendokrinologische Fragestellungen bearbeitet werden, und zwar aus drei Gründen:

1) Wir verfügen inzwischen über extrem empfindliche Nachweismethoden für Hormone; zudem gibt es hier keine Zweifel über den Herkunftsort: Wachstumshormon im Blut kann nur aus der Hypophyse stammen!

2) In den letzten Jahren sind eine Reihe von Befunden bekanntgeworden, die eine psychotrope Wirkung, insbesondere von Sexualhormonen, sehr wahrscheinlich machen [41,86].

3) Die Evidenz hat zugenommen, dass bestimmte einfache hypothalamische Peptid-Hormone als «Transmitter» bzw. Modulatoren der neuronalen Transmission anzusehen sind.

In diesem Zusammenhang ist auch auf die Entdeckung der Endorphine hinzuweisen, – körpereigene Substanzen, die als Liganden des Opiat-Rezeptors fungieren und von deren genaueren Untersuchung wir uns wesentliche Einsichten über den Zusammenhang von biochemischen Prozessen und süchtigem Verhalten, vielleicht aber auch Einblicke in die Pathogenese anderer psychiatrischer Krankheiten versprechen können.

Ausgehend von der erfolgreichen Prophylaxe manisch-depressiver Erkrankungen mit Lithiumsalzen haben eine Reihe von experimentellen Untersuchungen zu neuen, noch hypothetischen Vorstellungen über primäre Membranveränderungen («Pumpendefekte») bei der endogenen Depression geführt, die unter Umständen als den beobachteten Veränderungen im Stoffwechsel der biogenen Amine vorgeschaltete Störungen angesehen werden können.

*Literatur*

[1]   ABRAMSON, L.Y., SELIGMAN, M.E.P., TEASDALE, J.D. (Eds.) Learned helplessness in humans: critique and reformulation. Journal of Abnormal Psychology, 1978, 87, 49–75.

[2]  ABPLANALP, J.M., LIVINGSTON, L., ROSE, R.M., SANDWICH, D. Cortisol and growth hormone response to psychological stress during the menstrual cycle. Psychosomatic Medicine, 1977, 39, 158-177.
[3]  ANGRIST, B.M., SATHANATHAN, G., GERSHON, S. Behavioral effects of L-Dopa in schizophrenic patients. Psychopharmacologia, 1973, 31, 1-12.
[4]  ASCHOFF, J. Tagesrhythmus des Menschen bei völliger Isolation. Umschau, 1966, 66, 378-383.
[5]  ASHCROFT, G.W., CRAWFORD, D., ECCLESTON, D. 5-Hydroxyindole compounds in the cerebrospinal fluid of patients with psychiatric or neurological diseases. The Lancet II, 1966, 1049.
[6]  ASHCROFT, G.W., BLACKBURN, I.M., ECCLESTON, D., GLEN, A.I.M., HARTLEY, W., KINLOCH, N.E., LONERGAN, M., MURRAY, L.G., PULLAR, I.A. Change on recovery in the concentrations of Tryptophan and the biogenic amine metabolites in the cerebrospinal fluid of patients with affective illness. Psychological Medicine, 1973, 3, 319.
[7]  BELMAKER, R.H., EBBESEN, K., EBSTEIN, R., RIMON, R. Platelet monoamine oxidase in schizophrenia and manic depressive illness. British Journal of Psychiatry, 1976, 129, 227-232.
[8]  BIRKMAYER, W., RIEDERER, P. Biochemical post-mortem findings in depressed patients. Journal of Neurological Transmitters, 1975, 37, 95-109.
[9]  BIRKMAYER, W. Mechanismus der Transmittertätigkeit. Der Praktische Arzt, 1977, 14, 3248-3254.
[10] BIRKMAYER, W., LINAUER, W. Störung des Tyrosin- und Tryptophanmetabolismus bei Depression. Archiv für Psychiatrie und Nervenkrankheiten, 1970, 213, 377-387.
[11] BOND, P.A., JENNER, F.A., SAMPSON, G.A. Daily variations of the urine content of 3-Methoxy-4-Hydroxyphenylglycol in two manic-depressive patients. Psychological Medicine, 1972, 2, 81-85.
[12] BOURNE, H.R., BUNNEY, W.E., COLBURN, R.W., DAVIS, J.N., DAVIS, J.M., SHAW, D.N., COPPEN, A.J. Noradrenaline, 5-Hydroxytryptamine and 5-Hydroxynindoleacetic acid in hindbrains of suicidal patients. The Lancet II, 1968, 805-908.
[13] BOWEN, D.M., SMITH, C.B., WHITE, P., DAVISON, A.N. Neurotransmitter-related enzymes and indices of hypoxia in senile dementia and other abiotrophies. Brain, 1976, 99, 459-491.
[14] BUCHSBAUM, M.S., HACER, R.J., MURPHY, D.L. Suicide attemps, platelet monoamine oxidase and the average evoked response. Acta Psychiatrica Scandinavica, 1977, 56, 69-79.
[15] BÜNNING, E. Die physiologische Uhr. Zeitmessung in Organismen mit ungefähr tagesperiodischen Schwingungen. Berlin: Springer, $1963^2$.
[16] BUNNEY, W.E., DAVIS, J.M. Norepinephrine in depressive reactions. Archives of General Psychiatry, 1965, 13, 483.
[17] BUNNY, W.E., MURPHY, D.L., GOODWIN, F.K. The switch process from depression to mania: relationship to drugs which act on brain omines. Lancet, 1970, 1, 1022-1026.
[18] BUNNEY, W.E., GOODWIN, F.K., MURPHY, D.L., HOUSE, K.M., GORDON, E.K. The «switch-process» in manicdepressive illness. Archives of General Psychiatry, 1972, 27, 304-309.
[19] BUNNY, W.E. The current status of research in the catecholamine theories of affective disorders. Psychopharmacology Communications, 1975, 1 (6), 599-609.
[20] CANNON, W.B. The wisdom of the body. Norton, New York, 1939.
[21] CARLSSON, A. Does dopamine play a role in schizophrenia? Psychological Medicine, 1977, 7, 583-597.

[22] CARLSSON, C., ENGEL, J., HANSSON, L. (Eds.) Neuro-psychiatric effects of adrenergic beta-receptor blocking agents. München: Urban & Schwarzenberg, 1976.
[23] CARROL, L., CURTIS, G.C., MENDELS, J. Neuroendocrine regulation in depression. I. Limbic system-adrenocortical dysfunction. Archives of General Psychiatry, 1976, 33, 1039–1044.
[24] COPER, H., FÄHNDRICH, E., GEBERT, A., HELMCHEN, H., HONECKER, H., MÜLLER-OERLINGHAUSEN, B., PIETZCKER, A. Depression and Monoamine Oxidase. (in Vorbereitung).
[25] COPPERN, A. The biochemistry of depression. British Journal of Psychiatry, 1967, 113, 1237–1264.
[26] CUPELLO, A., HYDEN, H. Studies on RNA metabolism in the nerve cells of hippocampus during training iln rats. Experimental Brain Research, 1978, 31, 143–152.
[27] DAVIES, T.W., DE MONCHAUX, C. MAO changes in relation to personality and the excretion of 3-Methoxy-4-Hydroxymandelic acid. Psychosomatic Medicine, 1973, 35, 205–214.
[28] DAVIS, J.M. Theories of biological etiology of affective disorders. International Review of Neurobiology, 1970, 12, 145–175.
[29] DAVIES, P., MALONY, J.F. Selective loss of central cholinergic neurones in Alzheimer's disease. The Lancet II, 1976, 1403.
[30] DAVISON, A.N. The biochemistry of brain development and mental retardation. British Journal of Psychiatry, 1977, 131, 565–574.
[31] DRACHMAN, D.A., LEAVITT, J. Human memory and the cholinergic system. A relationship to aging? Archives of Neurology, 1974, 30, 113–121.
[32] EHRENKRANZ, J., BLISS, E., STEARD, M.H. Plasma testosteron: correlation with aggressive behavior and social dominance in man. Psychosomatic Medicine. 1974, 36, 469–475.
[33] FREEDMANN, R. Interactions of antipsychotic drugs with norepinephrine and cerebellar neuronal circuitry: Implication for the psychobiology of psychosis. Biological Psychiatry, 1977, 12, 181–197.
[34] FREYHAN, F.A. Depressionsforschung; Klärung oder Verdunkelung, In: H. Hippius, H. Selbach (Hrsg.): Das depressive Syndrom. München: Urban & Schwarzenberg, 1969.
[35] FRÖBERG, J.A. Twenty-four hour patterns in human performance, subjective and psychological variables and differences between morning and evening active subjects. Biological Psychology, 1977, 5, 119–134.
[36] GARFINKEL, P.E., WARSH, J.J., STANCER, H.C., GODSE, D.D. CNS monoamine metabolism in bipolar affective disorder. Archives of General Psychiatry, 1977, 34, 735.
[36a] GLAZER, H,I., WEISS, J.M., POHORECKY, L.A., MILLER, N.E., Monoamines as mediators of avoidance-escape behavior. Psychosomatic Medicine 1975, 37, 535–543.
[37] GOODWIN, F.K., DUNNER, D.L., GERSHON, E.S. Effect of L-Dopa treatment on brain serotonin metabolism in depressed patients. Life Science, 1971, 10, 751–759.
[38] GOODWIN, F.K., POST, R.M., DUNNER, D.L., GORDON, E.K. Cerebrospinal fluid amine metabolites in affective illness: the probenecid therapy. American Journal of Psychiatry, 1973, 130, 73.
[39] GOTTFRIES, C.F., ORELAND, L., WIBERG, A., WINBLAD, B. Brain-levels of monoamine oxidase in depression. Lancet 1974, 2, 360–361.
[40] GREENSPAN, J., SCHILDKRAUT, J.J., GORDON, E.K., Baer, L., ADRONOFF, M.S., DURELL, J. Catecholamine metabolism in affective disorders III: MHPG and other catecholamine metabolites in patients treated with lithium carbonate. Journal of Psychiatric Research, 1970, 7, 171–183.

[41] HERMANN, W.M., BEACH, R.C. Psychotropic effects of androgens: a review of clinical observations and new human experimental findings. Pharmakopsychiatrie, 1976, 9, 205-219.
[42] HIMWICH, W.A. Development neurobiology. In: Grenell, R.G. & Galay, S. (Eds.): Biological foundations of psychiatry, New York: Raven Press, 1976.
[43] HOLLISTER, L.E. Drug induced psychoses and schizophrenic reactions: critical comparison. Annals of the New York Academy of Sciences, 1962, 80-92.
[44] HORNYKIEWICZ, O. Psychopharmacological implications of dopamine and dopamine antagonists: a critical evaluation of current evidence. Annual Review of Pharmacology & Toxicology, 1977, 17, 545-559.
[45] JANOWSKY, D.S., EL YOUSEF, M.K., DAVIS, J.M., SEKERKE, H.J. Provocation of schizophrenic symptoms by intravenous administration of methylphenidat. Archives of General Psychiatry, 1973, 28, 185-194.
[46] JONES, F.L., MAAS, J.W. DEKIRMENJIAN, H., FAWCETT, J.A. Urinary catecholamine metabolites during behavioral changes in a patient with manic-depressive cycles. Science, 1973, 179, 300-302.
[47] KAROBATH, M.E. Dopamin-Rezept-Blockade, ein möglicher Wirkungsmechanismus antipsychotisch wirksamer Pharmaka. Pharmakopsychiatrie, 1975, 8, 151-161.
[48] KATZ, R.I., CHASE, T.N., KOPIN, I.J. Evoked release of norepinephrine and serotonin from brain slices: inhibition by lithium. Science, 1968, 162, 466-467.
[49] KAULHAUSEN, H., MÜHLBAUER, W., BREUER, H. Circadianer Rhythmus der Renin-Aktivität im Plasma des Menschen. Klinische Wochenschrift, 1974, 52, 631-636.
[50] KLAIBER, E.L., KOBAYASHI, Y., BROVERMAN, D.M., HALL, F. Plasma monoamine oxidase activity in regulary menstruating women and amenorrheic women receiving cyclic treatment with estrogens and a progestin. Journal of Clinical Endocrinology and Metabolism, 1971, 33, 630-638.
[51] KLEMPEL, K. Orientierende Untersuchung des zirkadianen Plasma-Tyrosin-Rhythmus depressiver Syndrome unterschiedlicher Ätiologie. Archiv für Psychiatrie und Nervenkrankheiten, 1972, 216, 131-151.
[52] KROPF, D., MÜLLER-OERLINGHAUSEN, B. Changes in learning, memory, and mood during lithium treatment. Acta Psychiatrica Scandinavica, 1979, 59, 97-124.
[53] KRÜGER, F.R., LINDEN, M., WEISS, E. Somatische Aspekte der Depression: Befunde und psychologische Erklärungsmodelle: In: N.Hoffmann (Hrsg.) Depressives Verhalten. Salzburg: Otto-Müller-Verlag, 1976.
[54] LAVERTY, R. On the role of Dopamine and Noradrenaline in animal behavior. Progress in Neurobiology, 1974, 3, 31-70.
[55] LECKMANN, J..F., GERSHON, E.S., NICHOLS, A.S., MURPHY, D.L. Reduced Mao-activity in first degree relatives of individuals with bipolar affective disorders. Archives of General Psychiatry, 1977, 34, 601-606.
[56] LEVI, L. The urinary output of adrenaline and noradrenaline during pleasant and unpleasant emotional act. Psychosomatic Medicine, 1965, 27, 80-85
[57] LUND, R. Personality factors and desynchronization of circadian rhythms Psychosomatic Medicine, 1974, 36, 224-228.
[58] MAAS, J.W., FAWCETT, J., DEIRMENJIAN, D. 3 Methoxy-4-IIydroxyphenylglycol (MHPG)- excretion in depressive states. Archives of General Psychiatry, 1968, 19, 129.
[59] MAAS, J.W., DEKIRMENJIAN, H., FAWCETT, J.A. MHPG-excretion by patients with affective disorders. International Pharmacopsychiatry, 1974, 9, 14-27.
[60] MANDELL, A.J. The status of research in biochemical psychiatry. Biological Psychiatry, 1973, 7, 153-159.

[61] MATTSON, B., MJÖRNDAL, T., ORELAND, L., PERRIS, C. Catechol-O-methyltransferase and plasma monoamine oxydase in patients with affective disorders. Acta Psychiatrica Scandinavica, 1974, 255, 187-192.
[62] MATTHYSSE, S. Dopamine and the pharmacology of schizophrenia: the state of the evidence. Journal of Psychiatric Research, 1974, 11, 107-113.
[63] MENDELS, J., FRAZER, A. Brain biogenic amine depletion and mood. Archives of Psychiatry, 1974, 30, 447-451.
[64] MEYENDORF, R. Behandlung neurotischer Depression mit Antidepressiva. Pharmakopsychiatrie, 1971, 6, 318-333.
[65] MURPHY, D.L., WEISS, R. Reduced monoamine oxidase activity in blood platelets from bipolar depressed patients. American Journal of Psychiatry, 1972, 128, 1351-1357.
[66] MURPHY, D.L., BELMAKER, R., WYATT, R.J. Monoamine oxidase in schizophrenia and other behavioral disorders. Journal of Psychiatric Research, 1974, 11, 221-247.
[67] NESTOROS, J.N., BAN, T.A., LEHMANN, H.E. Transmethylation hypothesis of schizophrenia: methionine and nicotinic acid. International Pharmacopsychiatry, 1977, 12, 215-246.
[68] NIES, A., ROBINSON, D.S., RAVARIS, C.L., DAVIS, J.M. Amines and monoamine oxidase in relation to aging and depression in man. Psychosomatic Medicine, 1971, 33, 470.
[69] NIES, A., ROBINSON, D.S., HARRIS, L.S., LAMBORN, K.R. Comparison of monoamine oxidase substrate activities in twins schizophrenics, depressives and controls. Advances in Biochemistry and Psychopharmacology, 1974, 12, 59-70.
[70] PAPESCHI, R., MC CLURE, L. Homovanillic and 5-Hydroxy-indoleacetic acid in cerebrospinal fluid of depressed patients. Archives of General Psychiatry, 1971, 25, 354-358.
[71] PAPOUSEK, M. Chronobiologische Aspekte der Zyklothymie. Fortschritte der Neurologie, Psychiatrie und ihrer Grenzgebiete, 1975, 43, 381-440.
[72] PARE, C.M.B., YEUNG, D.P.B., PRICE, K., STACEY, R.S. 5-Hydroxytryptamine, Noradrenaline, and Dopamine in brainstem, hypothalamus and caudate nucleus of controls and of patients committing suicide by coal-gas poisoning. The Lancet II, 1969, 133.
[73] PAYKEL, E.S., DIMASCIO, A., KLERMAN, G.L., PRUSOFF, B.A., WEISSMANN, M.M. Maintenance therapy of depression. Pharmakopsychiatrie, 1976, 9, 127-136.
[74] PERRIS, C., d'ELIA, G. Mortality, suicide and life-cycles. Acta Psychiatrica Scandinavica, 1966, 194, 172.
[75] PFLUG, B., TOELLE, R. Disturbance of the 24-hour-rhythm in endogenous depression and the treatment of endogenous depression by sleep deprivation. International Pharmacopsychiatry, 1971, 6, 187-196.
[76] PFLUG, B. Depression und Schlafentzug. Habil.-Schrift, 1973. Univ. Tübingen.
[77] PFLUG, B. Methodische Probleme der klinischen Rhythmusforschung bei Depressiven. Arzneimittelforschung, 1976, 26, 1065-1068.
[78] PFLUG, B., ERIKSON, R., JOHNSON, A. Depression and daily temperature: a longterm study. Acta Psychiatrica Scandinavica, 1976, 54, 254-266.
[79] POST, R.M., GORDON, E.K., BUNNY, W.E. Central norepinephrine metabolism in affective illness: MHPG in the cerebrospinal fluid. Science, 1972, 179, 1002.
[80] VAN PRAAG, H.M. Towards a biochemical typology of depression? Pharmakopsychiatrie, 7, 281, 1974.
[81] VAN PRAAG H.M. Depression and schizophrenia. New York: Spectrum Publications, 1977.

[82] REES, J.R., ALLISOPR, M.N.E., HULLIN, R.P. Plasmaconcentrations of tryptophan and other amino-acids in manic-depressive patients. Psychological Medicine, 1974, 3, 334–337.
[83] RICKELS, K. Drug combination therapy in neurotic depression. Pharmakopsychiatrie, 1971, 4, 308–318.
[84] RIEDERER, P., BIRKMAYER, W., NEUMAYER, E. The daily rhythm of HVA, VMA (VA) and 5-HIAA in depression-syndrome. Journal of Neurological Transmitters, 1974, 35, 23–45.
[85] ROOS, B.E., SJÖSTRÖM, R. 5-Hydroxyindolactic acid (and homovanillic acid) levels in the cerebrospinal fluid after probenecid application in patients with manic-depressive psychosis. Pharmacological Clinic, 1969, 1, 153.
[86] ROSE, R.M. Testosteron and aggression in man (editorial). Psychosomatic Medicine, 1974, 36, 467–468.
[87] RUDOLF, G.A., BISCHOFS, W., BLASZKIEWICZ, F. Kreislauffunktionen im unbeeinflussten und modifizierten zirkadianen Rhythmus bei Depressionen: vorläufige Mitteilung. Arzneimittelforschung, 1976, 26, 1174–1177.
[88] SACHAR, E.J. Twenty-four-hour cortisol secretory patterns in depressed and manic patients. Progress in Brain Research, 1975, 42, 81–91.
[89] SACHAR, E.J. (Ed.) Hormones, behavior and psychopathology. New York: Raven Press, 1976.
[90] SAMPSON, G.A., JENNER, F.A. Circadian rhythms and mental illness. Psychological Medicine. 1975, 5, 4–8.
[91] SCHILDKRAUT, J.J. The catecholamine hypothesis of affective disorders: a review of supporting evidence. American Journal of Psychiatry, 1965, 122, 509–522.
[92] SCHILDKRAUT, J.J. Biogenic amines and affective disorders. Annual Review of Medicine, 1974, 25, 333–348.
[93] SEEMAN, P., LEE, T. Antipsychotic drugs: direct correlation between clinical potency and presynaptic action on dopamine neurons. Science, 1975, 188, 1217–1219.
[94] SELBACH, H. Prinzipien der vegetativen Regulation als Vergleichsbasis für medikamentös bedingte Verhaltensänderungen am Tier und Menschen. In: Bradley, P.B., Flügel, F. & Hoch, P.H. (Eds.) Proceedings of the 3rd Meeting of the CINP. Amsterdam: Elsevier Publishing Company, 1964.
[95] SELIGMAN, M.E.P. Helplessness. San Francisco: Freeman, 1975.
[96] SELYE, H. The physiology and pathology of response to stress. Montreal: Acta, 1950.
[97] SHAW, D.M. 5-Hydroxytryptamine in the hindbrain of depressive suicides. British Journal of Psychiatry, 1967, 113, 1407–1411.
[98] SILBERGELD, S., MANDERSCHEID, R.W., O'NEILL, P.H., LAMPRECHT, F., NG, L.K.Y. Changes in Dopamine-B-Hydroxylase activity during group psychotherapy. Psychosomatic Medicine, 1975, 37, 352–367.
[99] STEIN, L. Neurochemistry of reward and punishment: Some implications for the etiology of schizophrenia. Journal of Psychiatric Research, 1971, 8, 345–361.
[100] TORREY, E.F., PETERSON, M.R. Schizophrenia and the limbic system. The Lancet II, 1974, 942–946.
[101] WEISS, J.M., STONE, E.A., HARRELL, N. Coping behavior and brain norepinephrine levels in rats. Journal of Comparative and Physiological Psychology, 1970, 72, 153–160.
[101a] WEISS, J.M., GLAZER, H.I. Effects of acute exposure to stressors on subsequent avoidance-escape behavior. Psychosomatic Medicine 1975, 37, 491–521.
[101b] WEISS, J.M., GLAZER, H.I., POHORECKY, L.A., BRICK, J., MILLER N.E. Effects of

chronic exposure to stressors on avoidance-escape behavior and on brain norepinephrine. Psychosomatic Medicine, 1975, 37, 522-534.
[102] WEISSMANN, A. A pharmacologic comparison of thiothixene, chlorprothixene and clopenthixol in rats. In: F.A.Freyhan, N.Petrilowitch, P.Pichot (Eds.): Modern Problems of pharmacopsychiatry, the thiocanthens. Basel: Karger, 1969.
[103] WEISSMANN, A. The animal pharmacology of thiothixene. In: Denber, H.C.B. (Ed.) Psychopharmacological treatment. New York: Dekker, 1975.
[104] WEITZMANN, E.D., FUKUSHIMA, D., NOGEIRE, C., ROFFWARG, M.P., GALLAGHER, T.F., HELLMANN, L. Twenty-four hour pattern of the episodic secretion of cortisol in normal subjects. Journal of Clinical Endocrinology, 1971, 33, 14-22.
[105] VON WEIZSÄCKER, C.F. Der Garten des Menschlichen. Beiträge zur geschichtlichen Anthropologie. München: C.Hanser, 1977.
[106] WEVER, R. Hat der Mensch nur eine «innere Uhr»? Umschau, 1973, 18, 551-558.
[107] WIRZ-JUSTICE, A., PÜHRINGER, W. Seasonal incidence of an altered diurnal rhythm of platelet serotonin in unipolar depression. Journal of Neurological Transmitters (im Druck).

# B. Methodik

# II. Bioelektronik

H.-J. KENKMANN

## 1. Vorbemerkungen

Psychophysiologische Forschung befasst sich mit den Zusammenhängen zwischen psychologischen und physiologischen Vorgängen. Zum Methodeninventar der Psychophysiologie gehören physiologische Messmethoden und Registriertechniken, die häufig Schwerpunkt eines psychophysiologischen Experimentes sind. Physiologische Daten sind physikalische Erscheinungen, die an Lebensvorgänge von Zellen, Zellverbänden oder Lebewesen gebunden sind; sie werden mit elektronischen Mitteln erfasst, verstärkt, verarbeitet und registriert. Die Aktionspotentiale von Nerven- oder Muskelzellen sind Beispiele derartiger physikalischer Erscheinungen; das Elektrocardiogrammm ist die Summation der Einzelerregungen eines Zellverbandes, der aufgrund eines anatomischen Beziehungsgefüges und einer anatomisch festgelegten Erregungsabfolge der Zellen im Verband zu einem charakteristischen Signal führt. Das Elektroencephalogramm stellt ebenfalls das Summensignal von Zellverbänden dar.

Eine physikalische Grösse, die ihren Betrag in der Zeit ändert, ist als informationstragender Prozess oder Signal aufzufassen; von biologischen Systemen abgeleitete Signale werden als Biosignale bezeichnet. Die für die Psychophysiologie relevanten Biosignale werden auch unter dem Begriff psychophysiologische Indikatoren zusammengefasst. Als Indikatoren sind alle an Lebensvorgänge des Individuums gekoppelten physikalischen Erscheinungen nutzbar, deren Betrag durch psychische Prozesse moduliert wird oder bei denen ein derartiger Zusammenhang vermutet werden kann.

Im folgenden wird ein Überblick über die verwandten Messgrössen gegeben; die Aufstellung ist nicht vollständig, weitere Einzelheiten findet man bei LANC [15], GREENFIELD und STERNBACH [9], VAITL [23][1].

Das *Elektroencephalogramm* (EEG), das *Elektromyogramm* (EMG), und das *Elektrokardiogramm* (EKG) sind die in der Psychophysiologie am häufigsten abgeleiteten elektrischen Potentiale. Das *Elektrooculo-*

---

[1] Dem Leserkreis der vorliegenden Reihe entsprechend wird darauf verzichtet, spezifische Literatur zu Teilbereichen der Elektronik anzugeben. Der interessierte Leser wird die einschlägige Speziallliteratur der angegebenen Basisliteratur entnehmen können.

*gramm* (EOG) oder *Elektronystagmogramm* (ENG) dient zur Registrierung der Augenbewegungen; die abgeleiteten Potentialänderungen sind auf die Polarisation des Augapfels und die bei Augendrehungen bewirkten Änderungen des elektrischen Feldes im umgebenden Gewebe zurückzuführen. Die Aufzeichnung von Potentialänderungen an der Bauchhaut über dem Magen, die auf der bioelektrischen Aktivität des Magens beruhen, nennt man *Elektrogastrogramm* (EGG). Zwischen dem Elektrogastrogramm und dem Druckverlauf im Mageninneren besteht ein enger Zusammenhang.

Die elektrische Leitfähigkeit der Haut wird mit besonderen Messschaltungen ermittelt; für die Leitfähigkeitsänderungen hat sich der Begriff *«Elektrodermale Aktivität (EDA)»* eingebürgert.

Pulsationen von Arterien oder Tremorbewegungen der Finger oder Hände sind mechanische Grössen, die für psychophysiologische Zwecke abgeleitet werden. Ableitung und Registrierung von Schallphänomenen des Herzens wird als *Phonokardiogramm* (PKG) bezeichnet. Tonische oder herzzyklusabhängige Änderungen der peripheren Durchblutungsgrösse werden über die damit verbundene Farbänderung der Haut mit fotosensiblen Elementen registriert (Fingerpuls, Ohrpuls). *Plethysmographie* nennt man die Messung von Volumenänderung im Bereich der Extremitäten, die eine Aussage über die Durchblutungsgrösse der entsprechenden Extremität erlauben. Auch über die Messung der Hauttemperatur ist eine Registrierung der peripheren Durchblutungsgrössen versucht worden. Die Hauttemperatur ist ein wichtiger psychophysiologischer Indikator.

Aufnahme, Ableitung, Verstärkung, Weiterverarbeitung und Registrierung von Biosignalen ist zunächst ein technisches Problem. Die Eigenschaften des technischen Systems, die Beziehung zwischen Eingangs- und Ausgangsgrössen (die Übertragungsfunktion) spielt bei der Analyse der im Experiment erhobenen Daten eine entscheidende Rolle: Psychophysiologische Experimente sind ohne Kenntnis der technischen Voraussetzungen nicht hinreichend zu beurteilen.

«Bioelektronik» ist biologische und medizinische Messtechnik. «Bioelektronik» ist auch «Biosignalverarbeitung», sie erfolgt mit den elektronischen Mitteln der analogen und digitalen Rechentechnik. Die hier beschriebene elementare Biosignalverarbeitung wird ohne eine Darstellung der statistischen Analyse von Biosignalen abgehandelt, über die im dritten Band dieser Buchreihe berichtet wird.

Die Gliederung des folgenden Artikels gibt sich aus dem Aufbau einer Signalverarbeitungskette: Ein Biosignal wird mit Elektroden oder mit Wandlern («Sensoren») aufgenommen. Der Signalaufnahme folgt eine

Signalverstärkung, da die Signale nur in Grössenordnungen von Mikrovolt bis zu 0,1 Volt zur Verfügung stehen. Es wird über wesentliche Kenngrössen biologischer Verstärker berichtet. Die Signalverstärkung bietet im allgemeinen die geringsten Schwierigkeiten, da sie in allen Physiopolygraphen optimal realisiert ist und die verstärkten Rohsignale für eine Weiterverarbeitung in Grössenordnungen von etwa 1 Volt zur Verfügung stehen. Der Signalverstärkung schliesst sich entweder unmittelbar oder nach einer Signalverarbeitung die Registrierung oder Aufzeichnung des gewonnenen Biosignals an. Die Elementarverarbeitung der abgeleiteten Biosignale durch analoge Rechenschaltungen wird an Beispielen erläutert. Ein weiterer Abschnitt wird sich mit der Präsentation von Biosignalen befassen, die zur aktuellen Information über den Zustand des Biosignales oder zur Rückmeldung an die Versuchsperson (Biofeedback) erforderlich ist.

In den letzten Jahren sind in der Elektronik neue Technologien eingeführt worden, die auch im Bereich der Bioelektronik ihre Auswirkungen haben. Neue und preiswerte Bauelemente wie integrierte Digitalschaltungen, Digital-Analogwandler oder Analog-Digitalwandler und Mikroprozessoren erlauben eine Experimentiertechnik, die vor wenigen Jahren noch kostspieligen elektronischen Rechenanlagen vorbehalten war [11, 13]. Die Mikroprozessortechnik ersetzt die festverdrahtete Verarbeitungseinheit durch eine flexible digitale Signalverarbeitung, flexibles Programm (Software) ersetzt fest verdrahtete Logik (Hardware). Die Mikroprozessortechnik ermöglicht erweiterte Real-Time Verarbeitung von Biosignalen mit mobilen Versuchsanlagen. Durch die Unabhängigkeit von ortsfesten Verarbeitungsanlagen wird eine psychophysiologische Feldforschung vereinfacht.

## 2. Biosignalaufnahme

Die Signalaufnahme bildet den Anfang der Signalübertragungskette in der Bioelektronik. Elektrische Grössen werden unmittelbar auf die Verstärker gegeben, andere physikalische Grössen wie Temperaturen, Druck, Extinktionen, Beschleunigungen und ähnliche werden nach Umwandlung in elektrische Grössen verarbeitet.

Bei der Ableitung von Biopotentialen erfolgt ein Ladungsübergang zwischen dem zu messenden, wasserhaltigen System und dem metallisch leitenden Teil des Stromkreises. In beiden Systemen unterscheidet sich die Art des Ladungstransportes: Die Elektronenleitung der metallischen Komponenten (Leiter erster Art) wird umgewandelt in die Ionenleitung des Elektrolyten (Leiter zweiter Art). Die Grenze zwischen metallischem und elektrolytischem Leiter, zwischen flüssiger und fester Phase wird Phasengrenze genannt. An der Phasengrenze entsteht eine Polarisationsspannung. Es bildet sich zudem eine Übergangsimpedanz mit hohen Übergangskapazitäten aus. Fliesst zwischen Elektrolyt und Metall ein Strom, so gehen Metallatome in Lösung, bei umgekehrter Stromrichtung werden Ionen des Elektrolyten entladen und lagern sich in der Elektrodenoberfläche an. Diese Vorgänge sind nicht reversibel, sie führen zu einer Polarisationsspannung, die die Messergebnisse verfälscht. Um das Entstehen von nicht kompensierbaren elektrochemischen Spannungen an der Phasengrenze sowie grosse Übergangskapazitäten, die starkes Rauschen verursachen zu vermeiden, werden unpolarisierbare Elektroden benutzt. Bei diesen Elektroden erhält die metallische Oberfläche eine Schicht von abspaltbaren Ionen, die bei Stromfluss in Lösung gehen oder an der Oberfläche wieder aufgenommen werden können. Die häufigst verwandte Elektrode besteht aus Silber mit einer Auflagerung aus Silberchlorid. Diese wird mittels einer Elektrolytpaste mit der Haut in leitende Verbindung gebracht. Weitere Angaben zum Elektrodenproblem finden sich bei LANC [15], IRNICH [10], MEYER-WAARDEN, [17], MILLER und HARRISON [18] sowie COOPER, OSSELTON und SHAW [6].

In der Physik ist eine Reihe von Effekten bekannt, die in einer Umwandlung von mechanischer in elektrische Energie bestehen. Beim piezoelektrischen Effekt führt eine mechanische Wirkung auf bestimmte Kristalle oder Keramikwerkstoffe zu Potentialänderungen an deren Oberflächen; ein bewegtes Magnetfeld induziert in einer Spule eine Spannung. Beide Effekte werden vielfältig zur Herstellung von Sensoren mechanischer Grösse eingesetzt.

Andere Werkstoffe ändern ihre Leitfähigkeit in Abhängigkeit von der Temperatur. Diese Änderungen können mit Hilfe einer Messbrückenschaltung in elektrische Potentialänderungen umgewandelt werden. Hier ist der Thermistor (aus engl. thermal resistor) zu nennen, im deutschen Heissleiter oder NTC-Widerstand (NTC=negativer Temperaturcoeffizient) genannt, dessen Widerstand bei zunehmender Temperatur abnimmt. Thermistoren werden eingesetzt zur Messung von Temperatur an der Hautoberfläche. Bei der Messung fliesst in einem Thermistor ein Messstrom. Übersteigt dieser einen bestimmten Betrag, so erwärmt sich der Thermistor, und täuscht einen zu hohen Temperaturwert vor. Durch die Wärmeabgabe des Thermistors kann die Störung des umgebenden Mediums gemessen werden; diese ist proportional der Menge des umströmenden Mediums. Bei Hauttemperaturmessungen [2] ist zu beachten, dass bei einer zu starken Erwärmung der Messsonde nicht mehr die Hauttemperatur, sondern die Wärmeaufnahmefähigkeit der Haut und des umgebenden Gewebes bestimmt wird. Eine verbreitete Anwendung des Thermistors ist die Atemregistrierung [24]: der Thermistor wird im Nasenluftstrom angebracht und misst die Temperaturunterschiede zwischen Ein- und Ausatmungsluftstrom.

Änderungen von Helligkeiten werden mit Hilfe von Fotowiderständen, Fotodioden oder Fototransistoren gemessen [24]: z. B. Messung der Helligkeitsveränderung bei unterschiedlicher Durchblutung der Haut.

Längenänderungen werden mit Dehnungsmessstreifen (DMS) bestimmt; das sind dünne Streifen unterschiedlicher Materialien, die bei Dehnung ihren elektrischen Widerstand ändern. Mit Dehnungsmessungsstreifen arbeiten u. a. verschiedene Druckmesseinrichtungen, Beschleunigungsaufnehmer und Längenmesseinrichtungen.

Zur Messung von Drücken werden integrierte Drucksonden angeboten, die ein hohes Mass an Präzision und Reproduzierbarkeit bieten (Firma National Semiconductor).

## 3. Biosignalverstärkung

Physiologische Signale liegen grössenordnungsmässig zwischen 10 μV und etwa 0,1 V, eine Registrierung ist nur bei entsprechender Verstärkung möglich. Der in der biologischen Messtechnik meistverwandte Verstärker ist der Differenzverstärker. Er besitzt zwei Eingänge; eine Spannungsdifferenz zwischen diesen Eingängen wird verstärkt, gleichsinnige Spannungsänderungen (Gleichtaktspannungen) an den Verstärkereingängen beeinflussen die Ausgangsspannung nicht.

Der Aufbau von Verstärkern zur Biosignalverstärkung aus diskreten Bauelementen verlangt einen hohen Aufwand. Inzwischen kann jedoch auf ein grosses Angebot von Verstärkern in integrierter Schaltungstechnik zurückgegriffen werden. Differenzverstärker sind durch eine Reihe von Kenngrössen charakterisiert. Diese Kenngrössen finden sich in den technischen Beschreibungen der Eingangsstufen biologischer Registriergeräte oder auch handelsüblicher Biofeedback-Geräte, die in grosser Anzahl auf dem Markt sind.

*Frequenzbereich:* Ein Verstärkersystem überträgt aus technischen Gründen immer nur einen bestimmten Frequenzbereich. Gleichspannungsverstärker übertragen angefangen von der Frequenz 0 bis zu einer oberen Grenzfrequenz. Sie zeigen Tiefpassverhalten. In besonderen Fällen wie z. B. in Oszillographenverstärkern ist die obere Grenzfrequenz des Gleichspannungsverstärker besonders hoch; in diesem Falle spricht man von Breitbandverstärkern.

*Wechselspannungsverstärker* besitzen eine untere und obere Grenzfrequenz; der Abstand zwischen unterer und oberer Grenzfrequenz wird Bandbreite genannt. Multipliziert man den Frequenzbereich des Signales mit der mittleren benötigten Verstärkung, so erhält man das sogenannte Bandbreitemass. Es gibt die für die Verstärkung des entsprechenden Signals erforderliche Bandbreite des Verstärkers an.

*Verstärkung:* Verstärkung ist das Verhältnis der Ausgangsgrösse zur dimensionsgleichen Eingangsgrösse. Es wird unterschieden zwischen Spannungsverstärkung, Stromverstärkung und Leistungsverstärkung. Üblicherweise wird in der Messtechnik die Spannungsverstärkung angegeben. Bei Differenzverstärkern ist die Eingangsgrösse die Spannungsdifferenz.

*Linearität:* Der Zusammenhang zwischen Ausgangs- und Eingangssignal eines Verstärkers sollte im idealen Falle linear sein. Dieses ist jedoch nur für einen bestimmten Bereich der Ausgangsspannung eines Verstärkers gegeben. Dieser Bereich wird der Aussteuerbereich (die Aussteuerbarkeit) eines Verstärkers genannt. Als Linearität eines Verstärkers wird das Verhältnis der Abweichung der Ausgangsspannung zum idealen Ausgangsspannungswert angegeben. In Datenblättern steht im allgemeinen eine Prozentangabe; sie bedeutet, dass im normalen Aussteuerbereich eine Abweichung kleiner oder höchstens gleich dieser Prozentzahl ist.

*Eingangsoffsetstrom und -spannung:* Der Eingangswiderstand eines idealen Differenzverstärkers ist unendlich: es kann kein Eingangsstrom fliessen. Beim realen Differenzverstärker fliessen jedoch Eingangsströme, die sich zudem noch in ihrem Betrag unterscheiden, wenn ein Ausgangssignal von 0 Volt vorliegt. Diese Eingangsstromdifferenz wird als Eingangsoffsetstrom bezeichnet.

Ebenso können beim realen Verstärker für ein Ausgangssignal von 0 Volt am Verstärkereingang unterschiedliche Eingangsspannungen erforderlich sein. Der Betrag der erforderlichen Spannungsdifferenz für ein Ausgangssignal von 0 Volt wird als Eingangsoffsetspannung bezeichnet.

*Gleichtaktverstärkung:* Legt man an einen Differenzverstärker an beide Eingänge die gleiche Spannung an, so beträgt die theoretische Ausgangsspannung 0 Volt. Beim realen Differenzverstärker ändert sich die Ausgangsspannung in Abhängigkeit von der Gleichtaktspannung. Die

Gleichtaktverstärkung wird definiert als das Verhältnis von Ausgangsspannungsänderung zu Gleichtaktspannungsänderung; sie sollte so klein wie möglich sein. Die Fähigkeit eines Verstärkers, bei Ansteuerung mit Gleichtaktsignalen kein Ausgangssignal aufzuweisen wird als Gleichtaktunterdrückung bezeichnet (CMR = Common Mode Rejection). Das Gleichtaktunterdrückungsverhältnis (CMRR = Common Mode Rejection Ratio) bezeichnet das Verhältnis der Verstärkung des Differenzsignales (Gegentaktverstärkung) zur Gleichtaktverstärkung. Das Verstärkungsverhältnis wird in Dezibel (dB) angegeben.

*Eingangswiderstand:* Reale Differenzverstärker besitzen einen endlichen Eingangswiderstand: es fliesst ein Eingangsstrom. Der Eingangswiderstand belastet die Signalquelle und erzeugt einen Spannungsabfall in ihr. Deshalb ist bei Verstärkern biologischer Signale ein hoher Eingangswiderstand notwendig; dies spielt besonders bei Signalquellen mit hohem Innenwiderstand eine Rolle. Unter Eingangsimpedanz versteht man den dynamischen Eingangswiderstand eines Verstärkers, das heisst der durch Eingangskapazitäten eines Differenzverstärkers entstehende Blindwiderstand bei Eingangswechselspannungen.

*Drift:* Zur Beurteilung von Verstärkern gehört auch die Angabe der Drift, womit Veränderungen der Eigenschaften des Verstärkers während des Betriebes durch Temperatureinflüsse beschrieben werden. Ebenfalls von Wichtigkeit können langfristige Driften über die Lebensdauer eines Verstärkers sein. Driften des Nullpunktes eines Verstärkers wird durch Veränderungen der Eingangsoffsetspannungen bewirkt. In Datenblättern wird entweder eine Drift pro Zeiteinheit oder eine Drift pro Grad Celsius garantiert oder angegeben.

*Rauschen:* Durch statistische Vorgänge beim Ladungstransport in Widerständen kommt es in halbleitenden Elementen zu einem sogenannten Rauschen, das das Nutzsignal überlagert. Dieser störende Effekt macht sich vor allem bei Spannungsmessungen im Mikrovolt-Bereich sehr störend bemerkbar. Die Rauschspannung an einem Widerstand hängt im wesentlichen von der Bandbreite und der Grösse des Widerstandes ab, die Temperatureinflüsse sind bei biologischen Anwendungen zu vernachlässigen. Die Bandbreite der Eingangsverstärker sollte nicht über das unbedingt Notwendige hinaus erhöht werden. Das Rauschen ist auch vom Generatorwiderstand der Signalquelle abhängig. Der Innenwiderstand der Signalquelle sollte deswegen so klein wie möglich gehalten werden.

Dem Rauschen, das im Eingangssignal eines Verstärkers enthalten ist, wird ein weiterer Rauschspannungsanteil beigmischt, der in den elektronischen Bauelementen des Verstärkers entsteht. Daher ist es von Bedeutung, durch besondere «rauscharme Verstärker» den Rauschanteil im Signal niedrig zu halten. Die Verbesserung ist nicht besonders gross, es können jedoch 6 dB Rauschverminderung (= 50%) in ungünstigen Fällen von Bedeutung sein.

## 4. Biosignalverarbeitung

Im Folgenden wird anhand dreier Beispiele paradigmatisch die «elementare» Biosignalverarbeitung dargestellt. Diese Weiterverarbeitung ist erforderlich, wenn unmittelbare Informationen über den aktuellen Zustand des zu untersuchenden Organismus nicht ohne weiteres aus dem Biosignal zu erschliessen sind oder wenn bestimmte quantitative Aussagen gemacht werden sollen. Eine Signalverarbeitung muss auch dann erfolgen, wenn aufgrund des abgeleiteten Biosignales und seiner aktuellen Veränderungen Entscheidungen über den Ablauf eines psychophysiologischen Experimentes getroffen werden sollen. Auch bei Biofeedback-Experimenten ist eine Vorverarbeitung des Signales vor der Rückmeldung erforderlich.

Die elementare Biosignalverarbeitung bedient sich neben der digitalen der analogen Rechentechnik. Bestimmte biologische Grössen werden hier durch analoge Spannungen dargestellt. Mit Hilfe analoger Rechenschaltungen sind diese Spannungen einer Reihe von mathematischen Operationen zu unterziehen; dabei ist der Zahlenbereich begrenzt, da nur eine bestimmte Maximalspannung zur Verfügung steht. Das Grundelement einer analogen Rechenschaltung ist der sogenannte Operationsverstärker, das ist ein Differenzverstärker mit einer besonders hohen Leerlaufverstärkung. Je nach Beschaltung mit passiven Bauelementen lassen sich mit Hilfe von Operationsverstärkern die vier Grundrechenarten realisieren, ebenso Differenzieren, Integrieren, Logarithmieren, Quadrieren und Radizieren.

Funktionsgeneratoren sind Schaltungen, die in Abhängigkeit von einer Eingangsspannung eine Ausgangsspannung gemäss einer mathematischen Funktion herstellen. Auch sind Schaltungen realisiert, deren Ausgangsspannung in Abhängigkeit von der Zeit steht. Ein Speicherelement für analoge Grössen ist die sogenannte «Sample-and-hold» Schaltung, die für einen begrenzten Zeitraum eine Analogspannung am Ausgang halten kann.

Praktische Hinweise für Aufbau von analogen Rechenschaltungen mit

Dimensionierungsbeispielen finden sich bei BERGTOLD [1], GRAEME, TOBEY und HUELSMAN [8], sowie bei TIETZE und SCHENK [22]. Im Gegensatz zu den analogen Schaltungen, bei denen Zahlengrössen auf einem Kontinuum analoger Spannungen dargestellt werden, existieren bei den digitalen Schaltungen nur zwei logische Spannungszustände. Durch binäre Kombination dieser logischen Zustände lassen sich beliebige digitale Zahlenwerte darstellen. Über digitale Grundschaltungen informiert TIETZE und SCHENK [22]. Im Bereich der digitalen Logik gibt es eine Vielzahl von integrierten Schaltungen (IC = integrated circuit), die sich von einfachen Gatterfunktionen über digitale Speicherelemente bis hin zu den Mikroprozessoren erstrecken. Über die Vielfalt der auf dem Markt befindlichen Bauelemente informiert man sich am besten über Typenlisten und Datenblätter der Hersteller.

## 4.1 EEG-Verarbeitung durch Filter

Für die Verarbeitung des Elektroencephalogramms gibt es eine Vielfalt von Verfahren, von denen die meisten nur mit elektronischen Rechenanlagen möglich sind. Einige Verfahren sind mit relativ geringem technischen Aufwand als festverdrahtete Verarbeitungs- oder Analyseeinrichtung zu realisieren; der Einsatz von Mikroprozessoren kann neue Möglichkeiten eröffnen.

Eine der gebräuchlichsten Analysemethoden ist die Filterung relevanter Frequenzen aus dem Gesamtspektrum des EEG. Filter lassen sich mit Operationsverstärker realisieren; durch geeignete Beschaltung und Dimensionierung ist die Konstruktion von Filtern mit nahezu beliebigen Eigenschaften möglich. Zur Beschreibung von Filtern dienen die Kenngrössen Resonanzfrequenz, obere und untere Grenzfrequenz, Bandbreite und Frequenzgang.

Mit Frequenzgang eines Filters wird das Verhältnis der Eingangsspannung zur Ausgangsspannung in Abhängigkeit von der Frequenz bezeichnet. Angaben der Spannungsverhältnisse erfolgen üblicherweise in dB. Mit oberer und unterer Grenzfrequenz wird jener Punkt der Frequenzgangskurve bezeichnet, bei dem das Spannungsverhältnis auf etwa 70% (= -3 dB) abgesunken ist. Unter Flankensteilheit versteht man den Anstieg der Frequenzgangkurve ober- und unterhalb der Grenzfrequenzen im Sperrbereich eines Filters. Der Bereich zwischen oberer und unterer Grenzfrequenz wird Durchlassbereich genannt. Mit Bandbreite wird die Frequenzdifferenz zwischen den beiden Punkten auf der Frequenzgangskurve bezeichnet, bei dem das Spannungsverhältnis auf 50% (= -6 dB) ab-

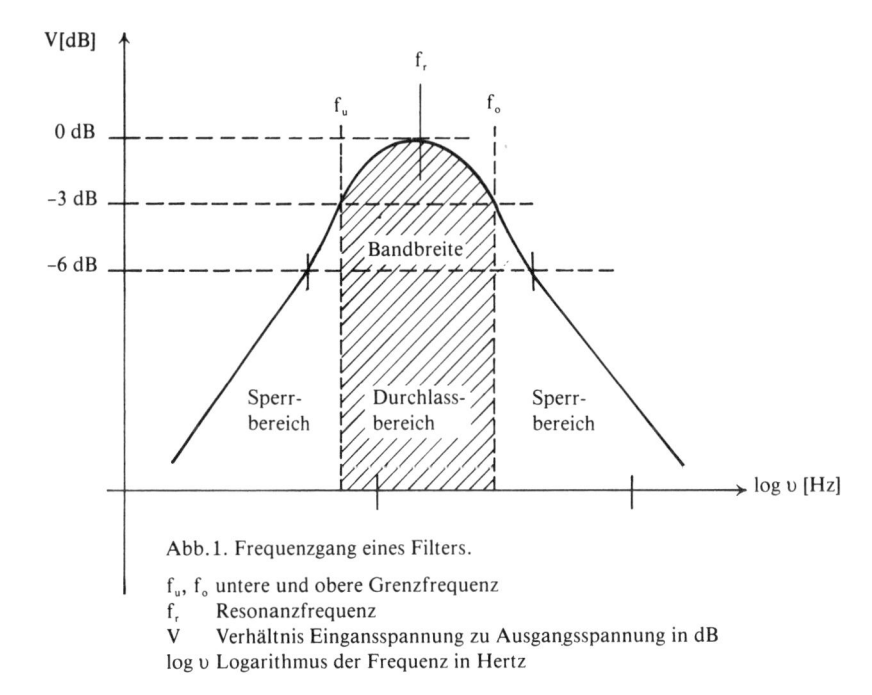

**Abb. 1.** Frequenzgang eines Filters.
$f_u$, $f_o$ untere und obere Grenzfrequenz
$f_r$ Resonanzfrequenz
V  Verhältnis Eingansspannung zu Ausgangsspannung in dB
log υ Logarithmus der Frequenz in Hertz

gesunken ist. Abbildung 1 zeigt den Frequenzgang eines Filters mit den Kennwerten. Weitere Informationen findet man bei IRNICH [10], TIETZE und SCHENK [22].

Die bisherigen Ausführungen über den Frequenzgang eines Filters gelten nur in der Annahme, dass sich das Filter in eingeschwungenem Zustand befindet und die Eingangswechselspannung schon eine längere Zeit anlag. Wird an den Eingang eines schmalbandigen Filters eine sinusförmige Eingangsspannung angelegt und die Ausgangsspannung gemessen, so bedarf es einer bestimmten Zeit, bis diese ihren vollen Wert erreicht; diese Zeit wird Einschwingzeit genannt. Die Zeit, die bei Abschalten der Sinusspannung benötigt wird bis die Ausgangsspannung auf 0 angesunken ist, wird Ausschwingzeit genannt. Kurzdauernde Vorgänge sind aus diesem Grund nicht ohne weiteres mit Bandfiltern zu analysieren. Die Messung ist fehlerbehaftet, solange der zu analysierende Vorgang kürzer als die Einschwingzeit ist. Die Einschwingzeit ist umgekehrt proportional zur Bandbreite: je schmalbandiger das Filter desto grösser die Einschwingzeit. Bei nicht eingeschwungenen Phänomenen, bei stark in der Frequenz wechselnden Signalen ergeben sich hieraus Analyseprobleme; es muss kritisch überprüft werden, ob das analysierte Phänomen die Frequenz besitzt, die am Filterausgang erscheint. Am Filterausgang ist ebenfalls nicht zu unterscheiden, ob es sich um Nutz- oder Störsignale am Filtereingang handelt. Besonders hochamplitudige Störsignale, die bei fehlerhafter Ableitung des EEG auftreten können, beeinflussen das Ausgangssignal. An diese Problematik sollte man sich bei der Beurteilung von handelsüblichen EEG-Feedbackgeräten erinnern, bei denen eine Analyse des Rohsignals wegen der fehlenden Registriermöglichkeit nicht erfolgen kann. Aus dem gleichen Grunde ist eine Überprüfung der Elektrodenlage nicht möglich, es sei denn im Feedback-Gerät ist eine Messmöglichkeit für die Übergangswiderstände zwischen Elektroden und Haut vorgesehen. Zwar ist die Elimination der allfälligen Brummspannungen mittels Filtern in vielen Geräten realisiert, bei fehlender Kontrollmöglichkeit des Rohsignals können jedoch andere mögliche Artefarkte leicht übersehen werden. Über EEG-Artefarkte berichten COOPER, OSSELTON und SHAW [6].

## 4.2   EMG-Verarbeitung

Im psychophysiologischen Experiment wird das Elektromyogramm in der Regel mit Oberflächenelektroden von der Haut über der relevanten Muskulatur abgeleitet. Bei den Oberflächenableitungen handelt es sich um Summenpotentiale der elementaren Aktionspotentiale der einzelnen Muskelfasern. Der Effektivwert der abgeleiteten Spannung ist der motorischen Kraftentfaltung der Muskulatur proportional. Weitere Informationen über Charakteristiken des Signales findet man bei LANC [15], GREENFIELD und STERNBACH [9] sowie LUDIN [16].

Das mit Oberflächenelektroden abgeleitete verstärkte Signal wird im ersten Verarbeitungsschritt gleichgerichtet und geglättet, es läuft über einen Tiefpass (Abbildung 2). Mathematisch entspricht dieses Verfahren einer Mittelwertsbildung; im psychophysiologischen Sprachgebrauch hat sich der Begriff «Averaging» durchgesetzt. Das gemittelte Signal wird für Feedbackzwecke häufig unmittelbar in wahrnehmbare Sinnesqualität umgesetzt (z.B. akustisches Feedback). Die Mittelung des EMG-Signales führt zu Augenblickswerten. Zum Zwecke der Quantifizierung wird das gemittelte Signal weiterverarbeitet. Eine geläufige Methode ist die Intea    ⋯⋯⋯    EMG-Signal (schematisch)

b    ⋯⋯⋯    Gleichrichtung

c    ⋯⋯⋯    Glättung über Tiefpass
              «averaging», Mittelung

d    ⋯⋯⋯ Reset-level    Reset-level «constant-level-reset»
              Integration
e    ⋯⋯⋯    Ausgangsgrösse:
              Resetimpulsdichte

f    ⋯⋯⋯    «constant-time-reset»
              Integration

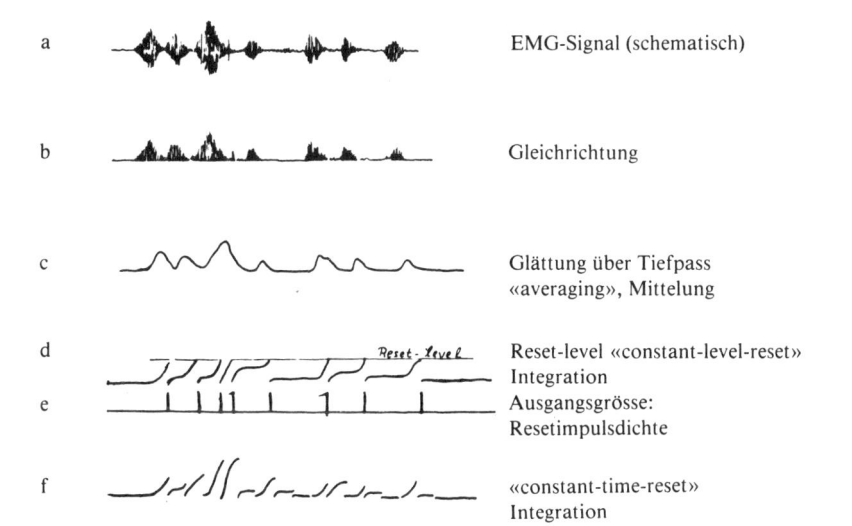

Abb. 2. Möglichkeiten der EMG-Verarbeitung.
Das EMG-Signal (a) wird zunächst gleichgerichtet (b), dann über einen Tiefpass geglättet (c), dieses Verfahren führt zur Mittelung («averaging») des EMG.
Das gemittelte Signal (c) wird integriert, erreicht das Integral den «Reset-level», wird die Integration bei Null neu gestartet (d). Die Zahl oder die Dichte der Resetimpulse ergeben die Ausgangsgrösse (e).
Das gemittelte Signal (c) wird integriert, der Integrationsvorgang wird in konstanten Zeitabschnitten bei Null neu gestartet (f), Ausgangsgrösse ist die am Ende des Integrationsabschnittes verfügbare Ausgangsspannung des Integrators.

gration über die Zeit. Die Integration kann in der analogen Rechentechnik nicht beliebig in eine Richtung fortgeführt werden. Die aufintegrierte Spannung kann einen vorgebenen Wert nicht überschreiten. Aus diesem Grunde wird bei Erreichen einer bestimmten Ausgangsspannung des Integrators die Integration neu gestartet. Jeder Rücksetzvorgang (reset) repräsentiert einen bestimmten Betrag der Integrationsspannung. Dieser Betrag multipliziert mit der Anzahl der resets ergibt das Gesamtintegral. Dieses Verfahren wird mit «constant level reset integration» bezeichnet. Die Anzahl der resets in vorgegebenen Messabschnitten führt mathematisch wiederum zu Mittelwerten. Die zeitliche Dichte der reset-Impulse ist der aktuellen Muskelspannung proportional. Die Integrationszeitkonstante kann so bemessen werden, dass eine relativ rasche Impulsfolge resultiert. Werden diese Impulse über einen Lautsprecher hörbar gemacht so können sie ebenfalls der akustischen Rückmeldung in Biofeedback-Experimenten dienen.

Das gemittelte EMG-Signal kann auch in festgelegten Zeitabschnitten integriert werden: «constant time reset integration». Die am Ende des einzelnen Integrationsabschnittes verfügbare Integratorspannung entspricht ebenfalls dem Mittelwert der in der Messzeit ermittelten Muskelaktivität.

Ein besonderes Problem stellt die Messung der Muskelaktivität im entspannten Zustand des Muskels dar, da hier nur sehr wenige Aktionspotentiale einzelner Muskelfasern zu finden sind. In der Oberflächenableitung sind diese Potentiale so niedrig, dass sie nur wenig über das Rauschen der Elektroden und der Eingangsschaltung hinausgehen. Im Bereich der relativen Muskelentspannung ist das Rausch-Nutzsignal-Verhältnis besonders ungünstig. Dieser Bereich ist aber für Biofeedback-Experimente zur Muskelentspannung besonders wichtig. Dieser Zusammenhang darf bei der Planung von Feedback-Experimenten zur muskulären Entspannung nicht ausser Acht gelassen werden.

### 4.3 Cardiotachometer

Cardiotachometer sind Schaltungen, an deren Ausgang eine Analogspannung zur Verfügung steht, die entweder die Herzfrequenz in Schlägen pro Minute oder die zeitliche Dauer zwischen zwei Herzschlägen (RR-Intervall) repräsentiert. Cardiotachometer können in analoger als auch in digitaler Schaltungstechnik realisiert sein.

Die «klassische» Cardiotachometerschaltung, mit der eine der Periodendauer reziproke Grösse gewonnen werden kann, arbeitet mit einer Schaltung, die den Namen Diodenpumpe trägt. Die R-Zacken des EKG werden in Impulse konstanter Amplitude und Impulsbreite umgesetzt. Ein Kondensator wird über Dioden proportional der Anzahl der einlaufenden Impulse aufgeladen. Eine derartige Schaltung gibt immer den Mittelwert über einen Beobachtungszeitraum an; ist dieser Zeitraum sehr kurz gewählt, so schwankt die Ausgangsspannung des Cardiotachometers sehr stark, bei zu hoher Messzeit werden kurzfristige Änderungen nicht erfasst [10].

Bei der folgenden Schaltung werden die Nachteile der klassischen Cardiotachometerschaltung vermieden. Sie besteht aus zwei analogen Grundschaltungen. Die erste ist eine Funktionsgenerator, der von der R-Zacke des EKG oder durch einen anderen Pulsaufnehmer getriggert wird und der eine hyperbolisch abfallende Spannung generiert. Das zweite Element ist eine «sample-and-hold» Schaltung, die dann die Spannung vom Funktionsgenerator übernimmt, wenn der nächste Herzschlag eintrifft. Der Funktionsgenerator wird zu diesem Zeitpunkt neu gestartet, die vora ⎯⎱⎱⎱⎱⎱⎱⎱⎯ EKG (schematisch)

b ⎯⎱⎱⎱⎱⎱⎱⎯ Aus der R-Zacke des EKG abgeleitetes Rechtecksignal

c ⎯\\\\\\⎯ hyperbolisch abfallende Ausgangsspannung des Funktionsgenerators

d ⎯⎯⎯⎯⎯ herzfrequenzproportionale Ausgangsspannung der «sample-and-hold»-Schaltung

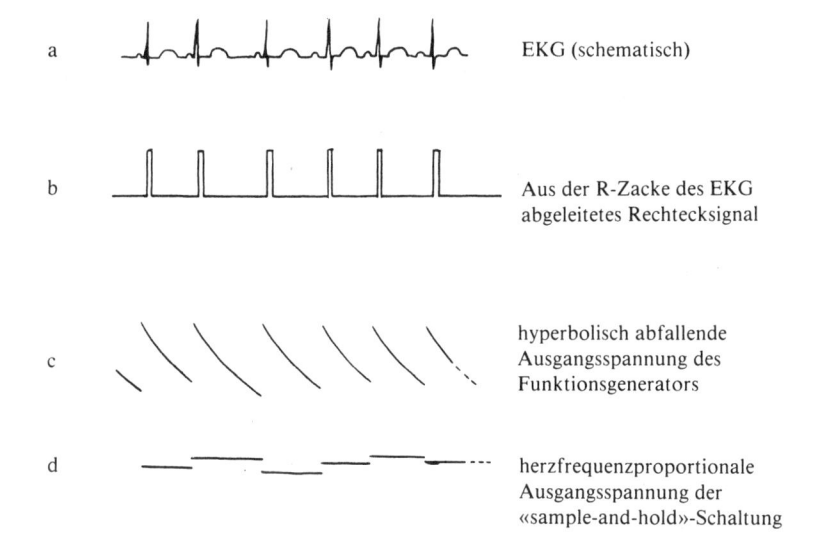

Abb. 3. Arbeitsweise einer Cardiotachometerschaltung.
Aus dem EKG (a) wird durch Triggerung ein Rechtecksignal abgeleitet (b). Ein Funktionsgenerator erzeugt eine hyperbolisch abfallende Ausgangsspannung (c). Bei Eintreffen eines Impulses (b) übernimmt eine «sample-and-hold»-Schaltung die Ausgangsspannung des Funktionsgenerators (d), der danach erneut gestartet wird. Am Ausgang des «sample-and-hold» steht eine herzfrequenzproportionale Spannung zur Verfügung.

herige Ausgangsspannung des Funktionsgenerators für das folgende RR-Intervall gehalten (s. Abbildung 3). Zur Funktion der Schaltung sind weitere Elemente zum Rücksetzen des Funktionsgenerators und zum Schalten des «sample-and-hold» erforderlich. Soll ein Cardiotachometer eine zeitproportionale Ausgangsspannung abgeben, so muss der Funktionsgenerator eine linear ansteigende Spannung liefern.

Die Herzrate kann auch mit digitalen Mitteln bestimmt werden, wobei mit Hilfe digitaler Zähler ein Zeittakt hochgezählt wird und diese gezählte Zeit über entsprechende digitale Anzeigen als Ziffernwert ablesbar ist. Die gezählten Zeiten stehen als binär verschlüsselte Zeichen zur Verfugung; werden sie mit einem Digital-Analog-Converter in analoge Spannungswerte zurück übersetzt, ergibt sich ebenfalls eine zeitproportionale analoge Ausgangsspannung [19].

## 5. Biofeedback

Biofeedback charakterisiert als deskriptiver Begriff eine Versuchsanordnung, bei der einer Versuchsperson nicht wahrnehmbare eigene somatische oder vegetative Vorgänge nach Umsetzung in optische, akustische oder haptische Signale zurückgemeldet werden. Die in der Literatur verzeichneten Formen lassen sich unabhängig von der Sinnesqualität der Darbietung nach unterschiedlichen Gesichtspunkten gruppieren. Erfolgt die Rückmeldung als Darstellung von Reizintensitäten auf einem Kontinuum, die durch Transformation aus dem ursprünglichen Signal hervorgegangen sind, so liegt analoges Feedback vor. Beim sogenannten digitalen Feedback wird bei Überschreiten einer vorgegebenen Schwelle ein Signal dargeboten, das ausschliesslich über Vorhandensein oder Fehlen der rückgemeldeten Grösse Auskunft gibt.

Die Transformation des ursprünglichen Signals in eine wahrnehmbare abgeleitete Grösse erfolgt mit Hilfe der analogen Rechentechnik. Der Zusammenhang zwischen dem angeleiteten Biosignal und dem dargebotenen Signal kann linear oder nichtlinear sein; es können mehrere Verarbeitungsschritte vorausgegangen sein.

Die Art des Feedback, also der Repräsentation des transformierten Biosignals, wird durch Art und Fragestellung des geplanten Experimentes bestimmt. Wesentlich ist, dass die Präsentation neutral ist, also nicht ihrerseits stärkere physiologische Veränderungen induziert. Dies ist z. B. besonders bei der Darbietung des akustischen digitalen Feedback-Signals wichtig, da die Anstiegssteilheit der Lautstärke des Signals von Bedeutung ist. Die optische Anzeige aktueller Analogwerte kann im einfachsten Fall durch Zeigerinstrumente oder Galvanometer erfolgen. Mit Oszillografen kann die Analogspannung als Linie dargestellt werden. Die Darstellung mittels digitaler Anzeigen ist ebenfalls realisierbar, jedoch weniger für Biofeedbackzwecke geeignet.

Neben der Anzeige mit Zeigerinstrumenten ist eine Darstellung mit einer Reihe von lichtemittierenden Dioden (LED) möglich. Von der Industrie werden integrierte Schaltungen angeboten, die direkt eine LED-Zeile ansteuern; je nach Grösse der angelegten Analogspannung wird eine der LEDs angesteuert, so dass die eingespeiste Spannung unmittelbar abzulesen ist.

Die akustische Darstellung von Intensitäten kann entweder durch Änderung der Lautstärke oder durch Änderung der Tonhöhe erfolgen. Die Darstellung durch Lautstärkeänderung setzt einen Verstärker voraus, dessen Verstärkung in Abhängigkeit einer Steuerspannung geändert werden kann. In der analogen Rechentechnik entspricht das Verfahren einer Multiplikation des Tonsignales mit einer Steuerspannung [1].

Spannungsgesteuerte Oszillatoren (VCO = voltage controlled oscillator) liefern ein Tonsignal dessen Frequenz von einer Steuerspannung abhängt. Ein solches Signal kann zum Biofeedback verwandt werden. Auch spannungsgesteuerte Oszillatoren stehen als integrierte Schaltungen zur Verfügung (ICL 8038, XR 2206).

Wird ein akustisches Signal auf einen Verstärker geschaltet, so entsteht ein Schaltknacken, das sich in der Qualität von dem dargebotenen Ton abhebt und ein neues Signal darstellt. In Aktivierungsstudien ist nachgewiesen worden, dass ein derartiger Schaltklick einen aktivierenden Einfluss ausübt, der in unzulässiger Weise die physiologischen Systeme der Versuchspersonen stört. Soll dieser Erffekt vermieden werden, so ist ein langsames Ansteigen des Tonsignales notwendig. Dieses kann durch besonders konstruierte Analogschalter erzielt werden, die ein rampenförmiges Ansteigen des Tonsignales bewirken und so einen weichen Toneinsatz ermöglichen. Ausreichend ist eine Anstiegszeit von etwa 0,1 Sekunde. Entsprechendes gilt für das Abschalten des Tones.

Eine neutrale Möglichkeit akustischen digitalen Feedbacks ist die Darbietung eines Rauschsignales, das sich bei Vorhandensein des Feedbackkriteriums in der Lautstärke ändert. Auch hier jedoch wichtig, dass Schaltklicks vermieden werden.

Sollen im Biofeedback-Experiment zeitliche Verläufe eines Biosignales zurückgemeldet werden, wie beispielsweise der Verlauf der Herzrate in der letzten Minute, so ist man auf technisch aufwendige Verfahren angewiesen. Bei derartigen Biofeedback-Experimenten kommt man im allgemeinen nicht ohne digitale Datenverarbeitung aus. Mit den Möglichkeiten, die durch Mikroprozessoren gegeben sind, lassen sich jedoch derartige Fragestellungen preiswert realisieren.

## 6. Mikroprozessoren

Der Mikroprozessor ist ein miniaturisierter digitaler Rechenautomat, der sich als hochintegrierte elektronische Schaltung auf einem sogenannten Chip befindet. Flexibilität und geringer Preis kennzeichnen die Eignung von Mikroprozessoren auch gerade für bioelektronische Schaltungen. Mikroprozessoren verfügen wie Digitalrechner über einen Befehlsvorrat mit logischen, arithmetischen und programmbezogenen Verzweigungs- und Entscheidungsbefehlen. Die Programmierung eines Mikroprozessors erfolgt maschinenbezogen, d.h. die einzelnen Rechenschritte müssen in binärer Form elementar vorliegen, anders als bei den bekannten problemorientierten Computersprachen, die durch Compiler (Übersetzer) in den Maschinencode übertragen werden.

Der Mikroprozessor ist die zentrale Verarbeitungseinheit eines Kleincomputers weitere Bauelemente sind zu einem vollständigen Kleincomputer erforderlich. Zu seiner Funktion benötigt der Mikroprozessor zunächst Digitalspeicher, in dem Programme und/oder Daten abgespeichert sind. Die Kommunikation mit dem Mikroprozessor erfolgt über Ein- und Ausgabegeräte, in einfachster Form als Tastatur und Digitalanzeige (Ziffern) verwirklicht. Auch eine Ein- und Ausgabe über Fernschreiber oder Videogeräte ist möglich. Schaltungen, die den Kontakt zwischen Mikroprozessor und «Aussenwelt» vermitteln, werden Interfaces genannt. I/O-Ports sind Interfaces, die digitale Informationen aufnehmen oder aussenden können; sie sind als integrierte Schaltungen für die verschiedenen Mikroprozessortypen erhältlich. Über spezielle Interfaces ist es möglich, Daten oder Programme für ein Mikroprozessorsystem mit handelsüblichen Kassettenrecordern auf Magnetkassette zu speichern.

Von der Industrie werden fertig verdrahtete Mikroprozessorkarten angeboten, die die notwendigen Tastaturen, Anzeigen, Interfaces und Speicherelemente enthalten und darüber hinaus auch über ein Basisprogramm verfügen, das diese Funktionen miteinander verknüpft. Für jedes dieser Kartensysteme sind passende Digitalspeichererweiterungen erhältlich. Über Mikroprozessoren informieren BURGHARD [5], DIRKS und KRINN [7], KOBITSCH [12], Firma Texas Instruments [20]. Über jeden von der Industrie angebotenen Mikroprozessortyp stehen ausführliche Handbücher zur Verfügung.

Der Einsatz von Mikroprozessoren im psychophysiologischen Experiment bietet viele Möglichkeiten. Die freie Programmierbarkeit dieser Anlagen erlaubt eine Flexibilität, die bislang nur von grossen digitalen Rechenanlagen bekannt war. Der Preis liegt jedoch um etwa zwei Zehnerpotenzen darunter. Eine sinnvoll konzipierte Mikroprozessoranlage für ein psychophysiologisches Labor ersetzt eine Vielzahl von festen Versuchsaufbauten. Die Benutzung von integrierten Analog-Digital-Wandlern erlaubt eine begrenzte numerische Verarbeitung der im Experiment erhobenen Daten. Mit Hilfe von Digital-Analog-Wandlern sind mit Oszillografen Biofeedbackdisplays und graphische Darstellungen möglich.

Mit Einkarten-Computersystem können kleine Versuchssteueranlagen errichtet werden; die praktische Realisierung eines derartigen Systems wird von KRAUSMAN [13] beschrieben. KRAUSMAN hat mit einem «Do-it-yourself»-Mikrocomputer eine kleine Versuchssteueranlage aufgebaut, die sich für kleinere klinische und wissenschaftliche Biofeedback-Untersuchungen eignet. Das von KRAUSMAN beschriebene System leistet folgendes: Digitales Display der Herzrate, kontinuierliches Feedback der Herzfrequenz als Tonhöhe, sowie eine Darstellung der durchschnittlichen

Herzfrequenz auf einem Oszillografen. Es ist ein Servoschreiber angeschlossen, der in einminütigen Abständen Balkenhistogramme der Herzrate liefert.

Auf dem Mikrocomputer KIM-1 basiert der vom Autor im Jahre 1977 am psychologischen Institut der Universität Giessen erstellte Labor-Kleincomputer µ-LAB [11]. Der Mikrocomputer KIM-1 mit einer Speichererweiterung von 4 K (4096 Datenworte) und einer zusätzlichen peripheren Elektronik bilden ein flexibles System, das z. b. zur Versuchssteuerung, zu Biofeedback-Experimenten oder zur Aufzeichnung von Versuchsdaten mit Teletype-Fernschreiber dienen kann. Realisiert sind beim Labor-Kleincomputer u. a.: 16 digitale Ein- und Ausgänge zum Anschluss des Rechners an eine ZAK-Versuchssteueranlage, XY-Displayansteuerung für graphische Ausgaben auf einem Bildschirm, Eingänge für Zeitmessungen oder Ereignismarken sowie Spannungskomparatoren zur Bestimmung von Spannungsschwellen.

Mit dem beschriebenen System ist es möglich, Cardiotachometer zu programmieren. Die gemessenen Werte können unmittelbar auf Fernschreiber und Lochstreifen ausgegeben werden, ein Feedback als Information über den Verlauf der Pulsfrequenz in der letzten Minute des Experimentes ist möglich.

Die Ausgangsspannung eines Filters, das den Alpha-Bereich des EEG filtert, kann auf den Komparator des Labor-Computers gegeben werden. Per Programm kann gemessen werden wie lange die Ausgangsspannung des Filters einen festgelegten Spannungswert übersteigt. Auf diese Weise kann der Alpha-Index des EEG errechnet werden (Verhältnis der Gesamtzeit zur Zeit, in der Alpha-EEG vorliegt). Auch die Zählung von Reset-Impulsen aus der oben beschriebenen EMG-Verarbeitung nach dem constant level reset Verfahren ist möglich.

Die Kombination des Digital-Analog-Umsetzers mit dem Spannungskomparator zu einem Analog-Digital-Umsetzer soll beschrieben werden, da dieses Beispiel augenfällig das Ersetzen einer elektronischen Schaltung durch geeignetes Programm zeigt.

Verbindet man den Ausgang eines Digital-Analog-Umsetzers mit dem Referenzspannungseingang des Komparators, so können per Programm Referenzspannungen erzeugt werden. Es kann abgefragt werden, ob die Referenzspannung grösser oder kleiner als das Vergleichssignal (Biosignal) ist. Derjenige Digitalwert, bei dem die Referenzspannung die Vergleichsspannung gerade überschritt, entspricht dann dem Spannungswert des Biosignales. Auf diese Weise lassen sich nicht zu schnelle Vorgänge digitalisieren und weiterverarbeiten. Für die Mittelung sensorisch evozierter

Potentiale im EEG ist der Prozessor bei entsprechender Programmierung einzusetzen.

Der Mikroprozessor wird in der psychophysiologischen Forschung eine zunehmende Bedeutung gewinnen. Das erfordert neben der Beschäftigung mit der Technologie auch die Beschäftigung mit der Programmierung und der durch sie formulierten Zusammenhänge; das ist besonders bei fertigen Programmpaketen wichtig.

Die Kenntnis der einzelnen Abschnitte einer bioelektronischen Signalübertragungskette ist notwendig. Nur so kann unterschieden werden, ob ein Versuchsergebnis Eigenschaften des Untersuchungsobjektes widerspiegelt oder durch die Versuchsapparatur bedingt oder zumindest beeinflusst worden ist.

## Literatur

[1] BERGTOLD, F. Schaltungen mit Operationsverstärkern. München: Oldenburg, 1973.
[2] BROWN, C.C. Methods in Psychophysiology. Baltimore: Williams & Wilkins, 1967.
[3] BROWN, C.C. Instruments in psychophysiology. In N. Greenfield & R. Sternbach (Eds.) Handbook of psychophysiology. New York: Holt, Rinehart & Winston, 1972.
[4] BROWN, P.B., MAXFIELD, B.W., MORAFF, H. Electronics for neurologists. Massachussetts: MIT, 1973.
[5] BURGHARD, K. Der Mikroprozessor. Quickborn-Hamburg: A. Neye-Enatechnik GmbH, 1976.
[6] COOPER, R., OSSELTON, I.W., SHAW, I.C. Elektroenzephalographie. Frankfurt: Fischer, 1974.
[7] DIRKS, CH., KRINN, H. Microcomputer. Berlin: Berliner Union, Kohlhammer, 1976.
[8] GRAEME, Ch., TOBEY, G.E., HUELSMAN, L.P. Operational amplifiers, design and applications. New York: Mc Graw-Hill, 1971.
[9] GREENFIELD, N., STERNBACH, R. (Eds.) Handbook of psychophysiology. New York: Holt, Rinehart & Winston, 1972.
[10] IRNICH, W. Einführung in die Bioelektronik. Stuttgart: Thieme. 1975.
[11] KENKMANN, H.-J. µ-Lab Handbuch. Giessen: 1977, unveröffentlicht.
[12] KOBITSCH, W. Mikroprozessoren, Aufbau und Wirkungsweise. München: Oldenburg, 1977.
[13] KRAUSMAN, D.T. The microcomputer kit: An excellent small system development tool. Behavior Reseach Methods and Instrumentation, 1976, 8 (6), 501 – 507.
[14] LADER, M. The psychophysiology of mental illness. London: Routledge & Kegan Paul, 1975.
[15] LANC, O. Psychophysiologische Methoden. Stuttgart: Kohlhammer, 1977.
[16] LUDIN, H. Praktische Elektromygrafie. Stuttgart: Enke, 1976.
[17] MEYER-WAARDEN, K. Einführung in die medizinische und biologische Messtechnik. Stuttgart: Schattauer, 1975.
[18] MILLER, H.A., HARRISON, C.D. (Eds.) Biomedical electrode technology. New York: Acad. Press, 1974.
[19] SHIMIZU, H. Digital cardiac period meter with DA-converter. Psychophysiologie, 1977, 14 (4), 417 – 419.
[20] Texas Instruments, Einführung in die Mikroprozessortechnik. Texas Instruments, 1977.

[21] THOMPSON, R.F., PATTERSON, M. (Eds.) Bioelectric Recording Techniques. Vol. I–III. New York: Academic Press, 1974.
[22] TIETZE, U., SCHENK, Ch. Halbleiter-Schaltungstechnik. Berlin: Springer, 1971, (2. Aufl.).
[23] VAITL, D. Psychophysiologische Messmethoden. In L.R. Schmidt (Ed.) Lehrbuch der klinischen Psychologie. Stuttgart: Enke, 1978.
[24] VENABLES, P.H., CHRISTIE, M.J. Research in psychophysiology. London: Wiley, 1975.
[25] VENABLES, P.H., MARTIN, J. (Eds.) A manual of psychophysiological methods. Amsterdam: North Holland, 1967.

# III. Zur Systematisierung von Methodenkriterien für Psychotherapiestudien

G. KÖHNKEN, G. SEIDENSTÜCKER, U. BAUMANN

## 1. Einleitung

Psychotherapieforschung wird heute überwiegend als empirisch wissenschaftliches Vorgehen verstanden, im Gegensatz zu einem hermeneutischen Verständnis (z.B. 66a), das wir an dieser Stelle nicht diskutieren wollen. Das Ziel der so eingegrenzten empirischen Psychotherapieforschung besteht zumeist in einer Prüfung der Wirksamkeitsbedingungen von umschriebenen Behandlungsmassnahmen. Derartige Prüfungen – seien sie nun experimenteller oder quasi-experimenteller Art – müssen möglichst schlüssig und in umschriebener Weise generalisierbar geplant, durchgeführt und ausgewertet werden. Kriterien zur Beurteilung der Schlüssigkeit und Generalisierbarkeit wurden in der allgemeinen Methodologie und der Methodenlehre der Psychologie ausgearbeitet (z.B. [47, 65, 134]). Mit der Intensivierung der empirischen Therapieforschung seit Mitte der 60er Jahre wurden diese Kriterien auch für die Psychotherapieforschung als bedeutsam anerkannt [6, 38, 44, 51, 100]. Allerdings wurden die Methodenkriterien in der Aufbruchphase – vermutlich aufgrund unzureichender praktischer Erfahrungen – zumeist nur übernommen, ohne den speziellen Randbedingungen des Forschungsfeldes Psychotherapie angepasst zu werden. Erst in jüngster Zeit wurden Überlegungen publiziert, die eine Adaption der Konklusivitäts- und Generalisierbarkeitskriterien auf die speziellen Problemstellungen der Therapieforschung anstreben [30, 57, 65].

Von besonderem Interesse ist dabei die Arbeit von KIRCHNER, KISSEL, PETERMANN und BÖTTGER [65]. Ausgehend von der zuerst von CAMPBELL und STANLEY [28] systematisch entwickelten Validitätstheorie pädagogisch-psychologischer Untersuchungsplanung versuchen sie, ein verändertes Konzept der Beurteilung interner und externer Validität empirischer Untersuchungen zu entwickeln und für den Bereich der Psychotherapieforschung zu konkretisieren. Anstelle von Faktorenlisten schlagen sie fünf Variablenbereiche vor (externe Einflüsse auf den Patienten, Patientenmerkmale, Therapeutenmerkmale, Variablen der therapeutischen Technik, Kriteriumsmessung), aus denen Gefährdungen der internen und Einschränkungen der externen Validität resultieren können. Unsere Überlegungen, die unabhängig von der Arbeit von KIRCHNER et al. [65] entstanden (vgl. [8]), gingen ebenfalls von dieser Validitätstheorie aus. Im Unterschied zu KIRCHNER et al. [65] beziehen wir uns hier auf eine überarbeitete Version der Validitätstheorie von COOK und CAMPBELL [31], in der zwischen interner-, statistischer-, externer- und Konstruktvalidität unterschieden wird (vgl. Kap.2). Im weiteren orientierten wir uns bei der Auswahl der relevanten Beurteilungsmerkmale nicht nur an pragmatischen Gesichtspunkten, sondern wir berücksichtigten vor allem solche Merkmale, deren Bedeutung in der allgemeinen Methodendiskussion begründet wird und in der speziellen Methodenliteratur zur Therapieforschung und verwandter Gebiete (z. B. Sozialpsychologie) empirisch belegt ist. Bei der Konkretisierung gingen wir von den wesentlichen Merkmalsbereichen einer empirischen Untersuchung aus: unabhängige Variablen, abhängige Variablen, Therapeut/Versuchsleiter, Patient/Versuchspersonen, Verlauf der Untersuchung, Datenanalyse. Das von uns daraus entwickelte Beurteilungsraster wurde empirisch hinsichtlich der Beurteilungsübereinstimmung überprüft. Auf diese Ergebnisse kann hier im Detail nicht eingegangen werden (vgl. [8])[1].

Bei unserer Analyse konnten hauptsächlich nur solche Veröffentlichungen berücksichtigt werden, die bis spätestens 1977 veröffentlicht worden sind. Die Identifizierung potentieller Einflussgrössen in der Psychotherapieforschung ist jedoch ein kontinuierlich fortschreitender Prozess, der nicht irgendwann als abgeschlossen gelten kann. Unser Kriterienkatalog ist daher nicht absolut zu sehen, sondern als ein Raster, das die zur Zeit als relevant angesehenen Einflussgrössen enthält. Weiterhin beschränkt sich unser Kriterienkatalog auf die Analyse von Gruppenuntersuchungen; Einzelfalluntersuchungen werden nicht berücksichtigt. Zusätzlich wurden zur Begründung der Störquellen und Kriterien nur solche Therapieuntersuchungen herangezogen, auf die folgende Merkmale zutrafen: Patienten-Population: Erwachsene – keine Kinder; Therapieform: Psychotherapie (z.B. GT, PA, VT, u.ä.) – keine somatischen Therapien wie Psychopharmakotherapie; Therapieanordnung: nur Einzeltherapie – keine Studien zur Gruppentherapie, nur ambulante Therapie – keine Studien im Rahmen stationärer Behandlung. Für Einzelfallstudien, Kindertherapiestudien, Studien zu somatisch ansetzenden Therapie-

---

[1] Die empirische Überprüfung des Beurteilungsrasters wurde mit finanzieller Unterstützung durch die DFG durchgeführt.

verfahren, Gruppentherapieuntersuchungen und Therapiestudien im stationären Bereich müsste der Kriterienkatalog demnach ggf. erweitert werden. In seiner vorliegenden Form kann er für derartige Studien keine Gültigkeit beanspruchen.

Bei der Zusammenstellung der Kriterien gehen wir hier von der Modellannahme aus, dass in der Psychotherapieforschung die gleichen wissenschaftslogischen Prinzipien gelten wie in anderen Bereichen der experimentellen Psychologie. Dabei muss allerdings berücksichtigt werden, dass aufgrund bestimmter charakteristischer Eigenheiten in der Therapieforschung spezifische Schwierigkeiten auftreten. So sind z.b. hier die Interaktionen zwischen den Versuchspersonen/Patienten (Vpn/Ptn) und den Versuchsleitern im allgemeinen erheblich intensiver und erstrecken sich über einen längeren Zeitraum als z.B. in allgemein- oder sozialpsychologischen Untersuchungen, was die Gefahr unbeabsichtigter Kommunikation (bias) erhöhen kann. Ausserdem kann eine grössere emotionale Involvierung der beteiligten Therapeuten vermutet werden, da sie in der Regel viel Zeit in die Behandlung investieren, Misserfolge u.U. eher auf eigenes Unvermögen zurückführen usw. Hinzu kommt, dass die Vpn/Ptn selten unbeteiligte Personen sind, sondern häufig Hilfesuchende, die unter Leidensdruck stehen und daher möglicherweise für scheinbar minimale Einflüsse sensibler sind als andere. Aus diesen Gründen müssen an die experimentelle Kontrolle in der Psychotherapieforschung weitergehende Massstäbe angelegt werden als evtl. in anderen Teildisziplinen der Psychologie, da z.T. andere Alternativhypothesen plausibel sind.

Diese und weitere Abweichungen von unserer oben angesprochenen Modellannahme eines methodologischen Behaviorismus können in ihren Konsequenzen durchdacht u.U. auch ein Abrücken von der Annahme motivieren und andere Modellannahmen klinischer Methodologie in den Vordergrund treten lassen (vgl. z.B. [55, 58a, 66a, 87, 89]).

Wir verstehen die folgenden Methodenkriterien als vorläufige Leitgesichtspunkte. Ihre systematische Prüfung unter den Randbedingungen der Praxis in den verschiedenen Feldern der Therapieforschung steht noch weitgehend aus (vgl. aber [57]). Ähnliches gilt für eine Bewertung dieser Leitgesichtspunkte unter dem Blickwinkel ethischer Prinzipien [53, 55]. Inwieweit derartige Prüfungen und die oben exemplarisch angeführten Modellabweichungen zu einer Liberalisierung bzw. zu prinzipiellem Kriterienwandel führen können (z.B. [89]), lässt sich für uns z.Z. noch nicht hinreichend begründet entscheiden.

## 2. Zur Validität empirischer Untersuchungen

Die beiden Hauptgesichtspunkte zur Beurteilung der Validität eines Experiments stellen die Konklusivität (Schlüssigkeit) und die Generalisierbarkeit (Verallgemeinerungsfähigkeit) der Befunde dar. In der Diskussion um die Formulierung und Präzisierung von Kriterien der Konklusivität und Generalisierbarkeit empirischer Untersuchungen sind bisher die Bei-

träge von CAMPBELL [26, 27, 28, 31] richtungsweisend gewesen. Das lässt sich u. a. daran ablesen, dass nachfolgende Arbeiten die Kriterien und Begründungen CAMPBELLS (z.T. modifiziert) übernommen haben (z.B. [6, 9, 23, 44, 51, 110, 137]), bzw. aus einer eingehenden Kritik der Arbeit von CAMPBELL und STANLEY [28] zu einer Neuformulierung und Konkretisierung der Kriterien für die Psychotherapieforschung gekommen sind [65]. Wir wollen hier auf die älteren Varianten der Kriterienkataloge nicht eingehen, sondern den revidierten Kriterienkatalog von COOK und CAMPBELL [31] zugrundelegen. Die wesentliche Neuerung in dieser Revision besteht in einer Auffächerung der Validitätskonzepte – neben der internen und externen Validität werden die Konzepte der statistischen und Konstruktvalidität eingeführt – und in der Ergänzung der Faktorenlisten.
Im einzelnen sind die Validitätskonzepte wie folgt definiert:

Tab. I. Störfaktoren der internen Validität (zusätzliche Faktoren nach COOK und CAMPBELL [31]).

| Faktoren | Erläuterung |
| --- | --- |
| 1. Unklarheit über die Richtung kausaler Abhängigkeit | Unklarheit über das Bedingungs-Wirkungsverhältnis von Variablen in Korrelationsstudien |
| 2. Bekanntheit oder Nachahmung eines Treatments von Vpn/Ptn | Vpn/Ptn in Kontrollgruppen kennen Behandlunselemente der Experimentalgruppen und führen diese selber aus. |
| 3. Kompensatorischer Ausgleich der Bedingungen in den Behandlungsgruppen | Bei Unterschieden in der sozialen Bewertung der Behandlungsbedingungen in Kontroll- und Experimentalgruppen schaffen z.B. administrative Stellen oder Forschungspersonal einen Ausgleich für die benachteiligten Gruppen. |
| 4. Kompensatorische Rivalität der Vpn/Ptn in Kontrollgruppen | Wenn die Behandlungszuweisung bekannt ist und für Vpn/Ptn etwas auf dem Spiel steht, versuchen die sich benachteiligt erlebenden Gruppen die erwarteten Unterschiede durch eigene Anstrengungen auszugleichen oder umzukehren. |
| 5. Motivationsverlust der Vpn/Ptn in Kontrollgruppen | Wenn Kontrollgruppen sich als benachteiligt erleben, keinen Ausgleich bekommen und auch nicht zu kompensatorischer Rivalität motiviert sind, verlieren sie die Motivation zur Mitarbeit oder Teilnahme an der Behandlung. |
| 6. Lokal begrenzte zwischenzeitliche Einflüsse | Ereignisse, die – lokal begrenzt – nur bei Behandlung oder Testung *einer* Gruppe auftreten |

*Interne und statistische Validität:* eine Untersuchung kann insoweit als intern valide betrachtet werden, wie es gelingt, die Variation der abhängigen Variablen möglichst zweifelsfrei auf die Variation der unabhängigen Variablen zurückzuführen. Alle plausiblen Alternativhypothesen, die die behaupteten Effekte durch andere systematische Einflüsse als die Variation der unabhängigen Variablen erklären können, stellen die interne Validität einer Untersuchung in Frage. Alle plausiblen Alternativhypothesen, die die behaupteten Effekte auf unterschiedlichen Formen von Zufallsfehlern bzw. auf die Verwendung unangemessener Statistiken oder statistischer Analyseverfahren zurückführen können, stellen die statistische Validität von Untersuchungen in Frage. In Tabelle I sind die Faktoren der internen Validität aufgeführt, die *zusätzlich* zu den andernorts bereits beschriebenen Faktoren hinzukommen [6], in Tabelle II diejenigen der statistischen Validität.

*Externe Validität:* eine Untersuchung kann insofern als extern valide gelten, als sie auf andere Personen, Bedingungen und Zeitpunkte übertragbar ist. Ihre externe Validität ist insoweit eingeschränkt, als sich Personen und Bedingungen in einem oder mehreren wesentlichen Aspekten von denjenigen unterscheiden, auf die die Untersuchung übertragen werden soll (zur älteren Version der Faktorenliste vgl. [6]).

*Konstruktvalidität:* eine Untersuchung kann insoweit als konstruktvalide gelten, als die Operationalisierungen möglichst stringent und umfassend aus den Bedingungs- und Effektkonstrukten abgeleitet sind. Ihre Konstruktvalidität wird in dem Masse fraglich, je loser die Beziehungen zwischen den Konstrukten und den Operationalisierungen ausfallen, je weniger die Operationalisierungen die Breite des Bedeutungsgehaltes der Konstrukte abbilden

Tab. II. Störfaktoren der statistischen Validität (nach Cook und Campbell [31]).

| Faktoren | Erläuterung |
|---|---|
| 1. Statistische Power | Wahrscheinlichkeit eines Fehlers erster Art nimmt mit der Erhöhung von Alpha zu; Wahrscheinlichkeit eines Fehlers zweiter Art nimmt zu mit Abnahme des Stichprobenumfangs oder bei Verwendung nonparametrischer Verfahren. |
| 2. Multiple Vergleiche | Multiple Vergleiche ohne Alpha-Adjustierung erhöhen die Wahrscheinlichkeit von Fehlern erster Art. |
| 3. Reliabilität der Messinstrumente | Messinstrumente mit geringer Retest-Reliabilität tragen bei Veränderungsmessung zur Erhöhung der Fehlervarianz bei. |
| 4. Reliabilität der Realisierung von Treatments | Personen- und situationsabhängige Abweichungen der Behandlung vom Treatment-Plan tragen zur Erhöhung der Fehlervarianz bei. |
| 5. Zufallsbedingte Störereignisse der experimentellen Situation | Merkmale bzw. Ereignisse der experimentellen Situation, die vom Treatment-Plan abweichen, erhöhen die Fehlervarianz. |
| 6. Zufallsbedingte Heterogenität der Vpn/Ptn | Heterogenität der Vpn/Ptn hinsichtlich derjenigen Variablen, die mit den aVs korrelieren, erhöht die Fehlervarianz. |

Tab. III. Störfaktoren der Konstruktvalidität (nach COOK und CAMPBELL [31]).

| Faktoren | Erläuterung |
|---|---|
| 1. Unangemessene präoperationale Konstruktexplikation | Relativ zum gegenwärtigen Explikationskonsens zu enge bzw. idiosynkratische Auffassung eines Konstrukts. |
| 2. Systematische Fehler aufgrund der Verwendung nur einer Konstruktoperationalisierung | Es werden nur eine Treatmentvariante bzw nur ein Messinstrument zur Operationalisierung eines Bedingungs- oder Wirkungskonstrukts eingesetzt. |
| 3. Systematische Fehler aufgrund unimethodaler Operationalisierung eines Konstrukts | Es werden nur eine Darbietungsmethode aller Treatmentvarianten bzw. nur Messinstrumente einer Methodenklasse zur Operationalisierung eines Bedingungs- oder Wirkungskonstrukts eingesetzt. |
| 4. Vermutungen der Vpn/Ptn über die experimentellen Hypothesen | Vpn/Ptn bilden Vermutungen über die einer Untersuchung zugrundeliegenden Hypothesen und haben damit die Möglichkeit zu konformen oder nonkonformen Verhaltensweisen im Experiment. |
| 5. Selbstdarstellungsbedürfnisse der Vpn/Ptn | Motivation zu positiver oder negativer Selbstdarstellung der Vpn/Ptn gegenüber Vl/Th. |
| 6. Erwartungen des Vl/Th | Beeinflussung der Ergebnisse durch die Erwartungen des Vl/Th. |
| 7. Vernachlässigung quantitativer Ausprägungen von Konstrukten | Beschränkung auf nur eine quantitative Ausprägung eines Bedingungskonstrukts oder Annahme linearer Beziehungen zwischen Treatment und Effekten ohne hinreichende quantitative Operationalisierung von Bedingungs- und Wirkungskonstrukten. |
| 8. Generalisierung über die Zeit | Fehlende Präzisierung des Wirkungseintritts oder der Wirkungsdauer, z. B. wenn Wirkungspersistenz oder Wirkungsverzögerung eines Treatments nicht berücksichtigt werden. |
| 9. Wechselwirkung zwischen Kontextbedingungen und Behandlung | Zeitliche, räumliche oder organisatorische Randbedingungen der Behandlung beeinflussen das Ergebnis. |

bzw. je mehr konstruktirrelevante Aspekte in die Operationalisierung einfliessen (vgl. Tabelle III). Die Konzepte der Konstruktvalidität und der internen Validität überlappen sich teilweise.

Die Listen sind keineswegs vollständig; Ergänzungen bzw. Spezifizierungen zu allen vier Validitätsbereichen diskutieren verschiedene Autoren [6, 38, 76]. In einzelnen Bereichen könnte noch wesentlich feiner aufgelöst werden: man vergleiche z. B. zur faktorenanalytischen Methodik CATTELLS pertubation, sampling, role, and observer trait view theories [29] oder zur Frage möglicher Fehlerquellen, die die Reliabilität beeinträchtigen, die Arbeit von THORNDIKE [127]. Es ist aber nicht sinnvoll, eine Omnibus-Liste der möglichen Fehlerfaktoren aufzustellen; vielmehr soll die Interaktion zwischen einem Gegenstandsbereich oder Forschungsfeld und den möglichen Konklusivitäts- und Generalisierungsbeeinträchtigungen herausgearbeitet werden, was dann eher zu spezifischen Faktorenlisten führt [8, 57, 65]. Die Gestaltung einer speziellen Faktorenliste (hinsichtlich Auflösungsgrad, Formulierung der Prüfgesichtspunkte u.a.) hängt dabei vom Verwendungszweck (z.B. evaluativ vs. präventiv) ab.

Man sollte sich darüber im klaren sein, dass es eine im Sinne der Validitätskonzepte einwandfreie Untersuchung nicht geben kann, und zwar nicht nur aufgrund der prinzipiellen Unbegrenztheit möglicher Fehlerlisten (vgl. dazu z.b. die Entwicklung von CAMPBELL und STANLEY [28] zu COOK und CAMPBELL [31]), sondern auch wegen der unausweichlichen Zielkonflikte zwischen den Validitätsforderungen [8, 31]. Auf damit zusammenhängende wissenschaftstheoretische Probleme dieser methodologischen Normen wird unten noch kurz eingegangen.

## 3. Ableitung und Begründung der methodologischen Kriterien

### 3.1 Operationalisierung der Variablen: unabhängige Variablen

Die in den impliziten oder expliziten Hypothesen einer Therapiestudie verwendeten Konstrukte müssen, damit sie einer empirischen Überprüfung unterzogen werden können, operationalisiert werden. Dazu müssen konkret diejenigen Verfahrensweisen angegeben werden, mit denen die Versuchspersonen/Patienten (Vpn/Ptn) behandelt, sowie die Messverfahren, mit denen die Auswirkungen dieser Behandlungen erhoben werden sollen. Die Frage der adäquaten Operationalisierung steht also im Mittelpunkt empirischer Forschung und nimmt daher einen besonders breiten Raum ein. Wir wollen im folgenden diesen Fragenkomplex getrennt für unabhängige und abhängige Variablen diskutieren. Als *unabhängige Variablen* werden in diesem Zusammenhang diejenigen Einflussgrössen bezeichnet, von denen erwartet wird, dass sie (1) eine systematische Variation der abhängigen Variablen auslösen oder (2) Ausmass und Richtung einer solchen Variation modifizieren und die expliziter Bestandteil des Versuchsplans sind. Dabei ist zu unterscheiden zwischen Behandlungsmerkmalen (Technik, Therapie: im folgenden als *Treatment* bezeichnet) und Klassifikationsvariablen. Keine unabhängigen Variablen in diesem Sinne sind also diejenigen Grössen, die die Variation des Kriteriums beeinflussen, aber nicht in den Versuchsplan aufgenommen worden sind. Diese Einflussgrössen werden im folgenden als Störvariablen (SVs) bezeichnet. Sie können kontrolliert werden durch Ausschaltung der Varianzquelle oder durch Randomisierung. Erstere Lösung setzt voraus, dass die Störfaktoren bekannt sind, während bei der Randomisierung die störenden Faktoren über die verschiedenen Versuchsgruppen zufällig verteilt werden sollen. Auf diese Weise wird mit grosser Wahrscheinlichkeit ausgeschlossen, dass sich SVs systematisch auswirken: ein möglicher bias wird in Irrtumsvarianz transformiert [23]. Der Vorteil der Randomisierung ist dabei, dass mit diesem Verfahren auch solche potentiellen Störfaktoren kontrolliert werden können, die noch nicht bekannt sind.

### 3.1.1 Treatmentvariablen

Die Diskussion der Treatmentvariablen soll hier unter zwei Gesichtspunkten erfolgen: einmal hinsichtlich der Art und der Genauigkeit der Beschreibung der Operationalisierungen und zum anderen im Hinblick auf die Kontrolle von SVs.

#### 3.1.1.1 Beschreibung der Operationalisierungen

Eine genaue Schilderung dessen, was in den verschiedenen Gruppen gemacht wird, ist vor allem wegen der Vergleichbarkeit und Replizierbarkeit unerlässlich [77].

*Vergleichbarkeit:* Werden in einer Untersuchung zwei etablierte und mit einem bestimmten Etikett versehene Therapietechniken in ihrer Auswirkung auf Kriterien miteinander verglichen, so kann dieser Vergleich nur dann als realisiert gelten, wenn nicht nur die Etiketten, sondern auch die einzelnen Operationen mit denjenigen übereinstimmen, die auch sonst überlicherweise unter diesem Etikett subsumiert werden. Ob das tatsächlich der Fall ist, ergibt sich erst aus der genauen Beschreibung dieser Operationen. Ebenso sind Ergebnisse aus verschiedenen Studien, bei denen die gleiche Technik verwendet wurde, nur dann vergleichbar, wenn die tatsächlichen Vorgehensweisen übereinstimmen.

*Replizierbarkeit:* Ein wesentliches Kennzeichen experimenteller Forschung ist die Wiederholbarkeit. Mit Replizierbarkeit ist hier nicht nur gemeint, dass eine bestimmte experimentelle Bedingung in einer anderen Untersuchung erneut hergestellt werden kann (vgl. Bedeutung von Kreuzvalidierung; [42]). Vielmehr muss auch das praktisch-therapeutische

Handeln eine möglichst exakte Replikation solcher Untersuchungen darstellen, wenn es für sich den Anspruch wissenschaftlicher Fundierung erhebt. In beiden Fällen ist eine detaillierte Schilderung der experimentellen Bedingungen notwendige Voraussetzung. Reproduzierbar in diesem Sinne ist eine Operationalisierung dann, wenn ein Leser mit entsprechender Therapieausbildung allein aufgrund der angegebenen Information in der Lage wäre, die Behandlungen zu wiederholen.

Obwohl die Forderung nach Beschreibung der Operationalisierung sinnvoll ist, ist die Frage nach dem Detailliertheitsgrad der Beschreibung offen. Auf der einen Seite finden wir zur Beschreibung nur den Namen einer Technik angegeben (z.B. Desensibilisierung), auf der anderen Seite umfasst die Beschreibung eine Videodokumentation des Behandlungsablaufs. Einen sinnvollen Mittelweg zu finden ist oft schwierig, insbesondere weil in den Fachzeitschriften der Platz limitiert ist. Ein Ausweg würde folgendes Vorgehen bieten: in der Publikation wird nicht nur das Etikett für die Therapieform verwendet, sondern ergänzende Angaben geliefert. Zusätzlich wäre ein detailliertes Therapiemanual zu verfassen, das Lesern auf Wunsch zugesandt würde. Voraussetzung für die Annahme einer Arbeit in einer Zeitschrift wäre das tatsächliche Vorliegen eines Therapiemanuals.

### 3.1.1.2 Kontrolle der mit der Behandlung zusammenhängenden Störvariablen

Eine Untersuchung ist nur dann intern valide, wenn die Variation der abhängigen Variablen allein auf die verschiedenen Valenzen der unabhängigen Variablen zurückgeführt werden kann. Ein derartiger Schluss ist nur bei Erfüllung der folgenden Voraussetzungen gerechtfertigt:

- Die an der Untersuchung beteiligten *Gruppen* müssen vor Einführung der experimentellen Bedingung vergleichbar sein und im Laufe der Untersuchung hinsichtlich ihrer Zusammensetzung vergleichbar bleiben.
- *Externe Einflüsse* müssen die Mitglieder aller Gruppen in gleicher Weise betreffen.
- alle *versuchsinternen* Einflüsse, die nicht als unabhängige Variablen expliziert sind, müssen für die verschiedenen Gruppen vergleichbar sein.

Die beiden ersten Voraussetzungen sind durch eine «echte experimentelle Anordnung» nach CAMPBELL und STANLEY [28] erfüllt, die dritte Voraussetzung ist aber bei den Autoren nicht problematisiert worden. Es kann aber nicht a-priori angenommen werden, dass die versuchsinternen Einflüsse in allen Gruppen gleich sind; daher ist dieser Punkt empirisch zu überprüfen.

In der Psychotherapieforschung sind in diesem Zusammenhang vor allem zwei Variablenbereiche zu berücksichtigen: 1. die Therapeutenvariablen und 2. die nichttechnischen, unspezifischen Therapievariablen. Die Therapeutenvariablen werden im Abschnitt «Versuchsleiter/Therapeuten» diskutiert (Kap. 3.3).

Als einer der wichtigsten und einflussreichsten Störfaktoren aus dem Bereich der *nichttechnischen Therapievariablen* kann nach den vorliegenden Befunden das Ausmass gelten, in dem die Patienten die Heilung oder Besserung ihres Leidens für wahrscheinlich halten (z.B. [21, 50, 113]). Diese Erfolgserwartung oder Änderungsantizipation ist dabei nicht als potentielle UV, sondern als intervenierende Variable [80] bzw. als hypothetisches Konstrukt [114] zu verstehen. Da es sich hierbei also um eine nicht direkt beobachtbare, sondern erschlossene Grösse handelt, durch welche eine Reihe von Eingangsvariablen mit bestimmten Kriterien verbunden wird, müssen zunächst diejenigen Variablen isoliert und beschrieben werden, deren Effekte auf die Kriteriumsvariablen einer Modifikation durch eben diese Grösse unterliegen. Nach der vorliegenden Literatur kommen hierfür vor allem fünf Variablenbereiche in Betracht:

- Die Art der in den Kontrollgruppen realisierten «Pseudotherapien» oder Placeboprozeduren;
- die expliziten Informationen, die den Patienten vor Beginn der Therapie bzgl. der Erfolgsaussichten gegeben werden;
- der institutionelle Rahmen (setting), in dem die Behandlung stattfindet;
- die zeitliche Erstreckung der Behandlungen;
- die Häufigkeit und Dauer der therapeutischen Kontakte.

### 3.1.1.2.1 Art der Kontrollstrategien

Diese Fragestellung ist hinsichtlich des zuerst genannten Punktes im wesentlichen mit zwei Forschungsstrategien untersucht worden [61]: dem Vergleich der *Glaubwürdigkeit* (credibility), die bestimmte Kontrollprozeduren für Patienten haben, mit denjenigen echter therapeutischer Behandlungen sowie zweitens dem Vergleich der *Effektivität von Kontrollprozeduren* und *Pseudotherapien* mit echten Therapietechniken, vor allem der systematischen Desensibilisierung.

Nach der zuerst genannten Strategie sind z.B. BORKOVEC und NAU [21] vorgegangen. Die Autoren liessen 450 Erstsemester-Psychologiestudenten die schriftlich vorgegebenen Grundprinzipien von insgesamt sechs verschiedenen Therapie- und Kontrollverfahren hinsichtlich Glaubwürdigkeit/Erfolgserwartung einschätzen. Dabei handelte es sich u.a. um systematische Desensibilisierung, Implosionstherapie und eine von PAUL entwickelte und seither in gleicher oder ähnlicher Form häufig verwendete Placebokontrollprozedur. Die Ergebnisse zeigen, dass die Glaubwürdigkeit der verschiedenen Verfahren signifikant unterschiedlich eingeschätzt wird, wobei der systematischen Desensibilisierung durchweg die höchste und der Placebobehandlung nach PAUL die geringste Erfolgsaussicht beigemessen wird. BORKOVEC und NAU [21] schliessen daraus, dass Behandlungs- und Kontrollbedingungen in bezug auf die Aktualisierung der intervenierenden Variable Erfolgserwartung (s.o.) nicht gleichwertig sind. Von daher müssen drei konkurrierende Hypothesen zur Erklärung unterschiedlicher Effektivität von Therapie- und Kontrollprozedur in Betracht gezogen werden: 1. Konstitutive Elemente der Therapietechnik haben alleine, 2. zusammen mit unterschiedlichen Erfolgserwartungen, 3. unterschiedliche Erfolgserwartungen haben allein die beobachtete Kriteriumsvarianz bewirkt.

Zur Abschätzung der empirischen Bedeutung dieser konkurrierenden Hypothesen liegen mehrere experimentelle Untersuchungen vor [86, 96, 124]. So kommen z.B. MCREYNOLDS, BARNES, BROOKS & REHAGEN [85] in ihrer Untersuchung sogar zu folgendem Schluss: eine Kontrollprozedur, die vergleichbare Glaubwürdigkeit/Erfolgserwartung (gemessen mit einem nichtreaktiven Verfahren) auslöst wie konventionelle systematische Desensibilisierung, zeigt auch hinsichtlich der Reduzierung isolierter Ängste keine Unterschiede zur systematischen Desensibilisierung. Die Wirksamkeit systematischer Desensibilisierung ist nach ihrer Meinung demnach eher auf nichttherapiespezifische Erfolgserwartungen als auf Gegenkonditionierungsmechanismen zurückzuführen. In dem hier diskutierten Zusammenhang ist es aber nicht erforderlich, nachzuweisen, dass bestimmte nichtspezifische Therapievariablen die Ursachen von Verhaltensänderungen sind [61]. Es reicht vielmehr aus, dass eine solche Hypothese plausibel ist, und darin besteht weitgehend Übereinstimmung zwischen den meisten Autoren.

<small>Interpretationsschwierigkeiten ergeben sich vor allem daraus, dass häufig das tatsächliche Ausmass der aktualisierten Erfolgserwartung nicht unabhängig erfasst wurde. Bei unbedeutsamen Effekten kann dann nicht mehr entschieden werden, ob die konkreten Manipulationen der Eingangsvariablen eine Aktualisierung des Konstrukts Erfolgserwartung gar nicht oder in zu geringem Ausmass ausgelöst haben oder ob andererseits die Aktualisierung</small>

des Konstrukts zwar gelungen ist, dies aber nicht die erwarteten Auswirkungen auf die Kriteriumsvariablen hatte. Die widersprüchlichen Ergebnisse deuten zudem darauf hin, dass es bislang nicht gelungen ist, aus den komplexen Variablensätzen diejenigen zu isolieren, die alleine oder in Wechselwirkung mit anderen die erwarteten Effekte bewirken. Daraus ergibt sich als eine weitere Schwierigkeit, dass selbst in Fällen, in denen Therapie- und Kontrollprozeduren zu ähnlichen Ergebnissen führen, nicht zwangsläufig auf die alleinige Wirksamkeit nichtspezifischer Therapievariablen geschlossen werden kann. Es kann nicht ausgeschlossen werden, dass es zahlreiche Variablen gibt, die Verhaltensmodifikationen bewirken, von denen aber nur ein Teil in einer Therapietechnik und ein anderer, nicht überlappender Teil in der Kontrollprozedur realisiert wird.

Zusammenfassend lässt sich sagen, dass

- Glaubwürdigkeit/Erfolgserwartung eine zu beachtende Variable ist, die alleine oder im Zusammenwirken mit «echten» oder Pseudotherapieprozeduren die Varianz der Kriteriumsvariablen erklären könnte und dass
- keine Berechtigung für die Annahme besteht, dass es sich dabei um ein Alles-oder-Nichts-Prinzip handelt und diese Variable schon dadurch kontrolliert ist, dass überhaupt irgendeine Art von Kontrollbedingung eingeführt wurde. Vielmehr muss sie als kontinuierlich abgestufte Variable gesehen werden [61], die durch verschiedene Eingangsvariablen in unterschiedlich starkem Masse aktualisiert werden kann.

Es genügt daher nicht, wenn die Gleichwertigkeit bestimmter Kontrollprozeduren nur vermutet wird [138]. Es ist, wie BORKOVEC und NAU [21] in Anlehnung an BERNSTEIN [13] ausführen, in der Beweislast des Untersuchers nachzuweisen, dass diese Vermutung auch zutrifft.

Bei der Analyse von Psychotherapiestudien müssen demnach die jeweils verwendeten Kontrollbedingungen berücksichtigt werden. Als Typen von Kontrollanordnungen kommen dabei in Betracht:

- *Kontrollgruppe ohne Behandlung.* Hierunter fallen diejenigen Gruppen, die im Zusammenhang mit der jeweils in Frage stehenden Untersuchung nur zu Zwecken der Datenerhebung kontaktiert werden. Dies schliesst jedoch nicht aus, dass sie von dritter Seite Therapie suchen und erhalten. Unberücksichtigt bleiben kann an dieser Stelle, ob den Versuchspersonen Behandlung für die Zukunft zugesagt wurde (Wartegruppe) oder nicht und ob im Falle der zukünftigen Behandlung diese beiden Stadien miteinander verglichen werden (Eigenwartegruppe). Mit dieser Prozedur können oben diskutierte Alternativhypothesen nicht ausgeschlossen werden.
- *Placebokontrollgruppe* (ohne empirische Überprüfung der Glaubwürdigkeit). Unter diese Bezeichnung fallen alle diejenigen Verfahrenswei-

sen, die vom Versuchsleiter mit der Absicht eingeführt wurden, unspezifische Therapieeffekte zu kontrollieren [60], ohne dass die Annahme gleichartiger Placeboeffekte in Therapie- und Kontrollgruppe empirisch geprüft wird. Die Einwände sind vergleichbar mit denen bei Kontrollgruppen ohne Behandlung.
- *Kontrollgruppe mit Therapieelementen* (ohne empirische Überprüfung der Glaubwürdigkeit). Kennzeichnend für diese Art von Kontrollprozedur ist nach KAZDIN und WILCOXON [61] die Tatsache, dass sie hinsichtlich der spezifischen Manipulationen soweit wie möglich dem Therapieverfahren ähnelt. Das wird dadurch gewährleistet, dass hier die meisten oder im Idealfall alle Bestandteile der Therapietechnik repliziert werden und nur ihre Kombination verändert ist. Voraussetzung ist, dass eine hinreichend gesicherte Theorie existiert, aus der die entscheidenden Elemente oder Kombinationsformen abgeleitet werden können. Die Erfüllung dieser Voraussetzung kann jedoch bezweifelt werden. Die oben erwähnten Alternativhypothesen verlieren zwar mit zunehmender Ähnlichkeit zwischen dieser Kontrollbedingung und den Therapieverfahren an Wahrscheinlichkeit, ausgeschlossen werden können sie aber auch hier nicht, da die Glaubwürdigkeit/Erfolgserwartung der Patienten nicht unabhängig erhoben wird.
- *Empirisch geprüfte Kontrollstrategie.* Entscheidendes Merkmal dieser Kontrollbedingung ist die empirische Ermittlung der Glaubwürdigkeit/Erfolgserwartung, die durch irgendeine Kontrollprozedur ausgelöst worden ist [61]. Unerheblich ist dabei, ob eine äusserliche Ähnlichkeit mit der Therapietechnik besteht oder nicht. Wenn nachgewiesen wird, dass sowohl die Therapie als auch die Kontrollstrategie in gleichem Masse bei den Patienten Erfolgserwartungen aktualisieren, können diesbezüglich Alternativhypothesen ausgeschlossen werden. Auf die Messverfahren zur Erfassung von Glaubwürdigkeit/Erfolgserwartung wird weiter unten noch einmal eingegangen.
- *Kontrollgruppen mit Alternativ-Behandlungen.* Diese Kontrollstrategie wird durch zwei Merkmale charakterisiert: Erstens die spezifische Fragestellung der Untersuchung und zweitens der Inhalt der Kontrollstrategie. Hierher gehören Kontrollgruppen, in denen etablierte Therapietechniken realisiert werden, sofern die spezielle Fragestellung der Untersuchung auf einen Vergleich mit einer oder mehreren anderen Therapiemethoden abzielt (vgl. z.B. [46]). Wenn die beiden genannten Voraussetzungen erfüllt sind, kommen Alternativhypothesen nicht in Betracht, da die Fragestellung auf die relative Effektivität des gesamten bei der Therapiemethode manipulierten Variablenkomplexes einschliesslich der darin evtl. enthaltenen unspezifischen Effekte gerichtet

ist. Wenn dagegen die Hypothese eine über die unspezifischen Effekte hinausgehende Effektivität vorhersagt und weitere etablierte Therapietechniken zur Kontrolle dieser Effekte eingeführt werden, handelt es sich nach dieser Systematik entweder um einer Kontrollstrategie mit Therapieelementen (z. B. wenn bestimmte Varianten einer konventionellen Methode mit dieser verglichen werden) oder eine Placebokontrollgruppe.

Als optimal wird daher [61, 88], die Kombination mehrerer Kontrollstrategien betrachtet. Die einzige zuverlässige Kontrollstrategie bezüglich der Erfolgserwartung ist diejenige, bei der das Ausmass dieser Erfolgserwartung gemessen wird. Ob jedoch diese Strategie als zuverlässig gelten kann, hängt letzlich davon ab, wie gut es im jeweiligen Einzelfall gelungen ist, Erfolgserwartung zu messen. Dadurch rücken die hierfür eingesetzten Messverfahren in den Blickpunkt des Interesses.

KAZDIN und WILCOXON [61] geben einen Überblick über die bisher verwendeten Messprozeduren, die sie hinsichtlich der Messmethoden und der Messzeitpunkte unterscheiden.

Glaubwürdigkeit/Erfolgserwartung sind auf drei verschiedene Arten erfasst worden:

- durch Einschätzung von schriftlich vorgegebenen Aussagen [21, 82, 96, 132];
- durch Simulation des antizipierten Therapieerfolges in Rollenspielen (z. B. [20, 96, 132]);
- durch nichtreaktive Messverfahren (z. B. Frustrationstoleranztest in [85]).

Die Messungen der Glaubwürdigkeit/Erfolgserwartung können zu Beginn, im Laufe und nach Abschluss der Behandlung durchgeführt werden. Zusätzlich besteht die Möglichkeit, die Konstrukte unabhängig von der Behandlung durch unbeteiligte Versuchspersonen einschätzen zu lassen. Aufgrund der verschiedenen Vor- und Nachteile der einzelnen Zeitpunkte empfehlen KAZDIN und WILCOXON [61] die Erfassung der Erfolgserwartung an mehreren verschiedenen Zeitpunkten. An die Messinstrumente sind die Kriterien anzulegen, wie sie in Kap. 3.2 dagestellt werden.

### 3.1.1.2.2 Instruktionen der Patienten

Eine zweite Variablengruppe, die über die Aktivierung von Erfolgserwartungen die Effekte therapeutischer Techniken überlagern und modifizieren kann, sind die expliziten Informationen, die den Patienten vor Beginn der Behandlung bzgl. der Änderungswahrscheinlichkeit bestimmter Verhaltensweisen gegeben werden. Diese Variablen sind in den letzten Jahren Gegenstand zahlreicher Untersuchungen gewesen, wobei sich zwei Forschungsstrategien unterscheiden lassen: Erstens die Untersuchung der Effekte direkter Erfolgs- bzw. Misserfolgsvorhersagen und zweitens die Prüfung der Auswirkungen, die differentielle Informationen über Ziel und Zweck des Experiments haben. In beiden Modellen wird die eigentliche Therapietechnik (fast ausschliesslich systematische Desensibilisierung) meistens konstant gehalten.

Bei dem zuerst genannten Vorgehen erhalten die Versuchspersonen eine Behandlung, die im allgemeinen auch als Therapie mit dem Ziel der Angstreduktion eingeführt wird. Zusätzlich werden ihnen aber unterschiedliche Vorhersagen über die Effektivität dieser Therapie gegeben: Sie wird als etabliertes und erfolgreiches Verfahren oder als eine Methode mit geringen Erfolgsaussichten dargestellt. In einer weiteren Gruppe wird in der Regel diese Zusatzinformation weggelassen.

Nach diesem Paradigma ist neben anderen vor allem eine Arbeitsgruppe um MCGLYNN vorgegangen [78, 79, 83, 133, 135]. In den aufgezählten Untersuchungen werden zwar geringe Effekte in der vorhergesagten Richtung verzeichnet, sie erreichen aber in keinem Fall statistische Signifikanz. Die meisten dieser Studien sind methodisch problematisch, da in keiner der genannten Untersuchungen die tatsächliche Erfolgserwartung unabhängig von anderen Prozeduren erfasst wurde. Aus diesem Grunde bleibt offen, ob die Herstellung differentieller Erfolgserwartungen misslungen ist oder ob diese tatsächlich keinen Einfluss auf den Therapieerfolg haben [113, 114].

Auch die zweite Forschungsstrategie, bei der meist einem Teil der Personen die Therapiemethoden als Bestandteil eines Experimentes dargestellt werden und nicht als Therapieverfahren, hat zu widersprüchlichen Ergebnissen geführt. So konnten einige Autoren signifikante Instruktionseffekte nachweisen [90, 103, 107, 112, 129], andere nicht [78, 81]. Interpretationsschwierigkeiten erwachsen hierbei wieder dadurch, dass mit Ausnahme von MILLER [90] und ROSEN [112] die Erfolgserwartungen der Versuchspersonen nicht unabhängig erhoben wurden.

Der gegenwärtige Forschungsstand lässt – trotz der Widersprüche – die Forderung nach Vergleichbarkeit der Instruktionen als sinnvoll erscheinen. Daher sollte in den Kontrollgruppen sowohl der therapeutische Zweck der Massnahme als auch der erwartete Erfolg deutlich gemacht werden. Ist Vergleichbarkeit in diesem Sinne nicht gegeben oder nicht feststellbar, müssen folgende Alternativhypothesen berücksichtigt werden:

Die durch unterschiedliche Instruktionen aktivierte Erfolgserwartung ist allein, ganz überwiegend und/oder in Wechselwirkung mit der Therapietechnik für die beobachtete Variation der Kriteriumsvariablen verantwortlich.

Da bei der Einbeziehung einer empirisch begründeten Kontrollstrategie die Erfolgserwartungen der Patienten gemessen werden, sind diese konkurrierenden Erklärungen ausgeschlossen.

### 3.1.1.2.3 Setting/zeitlicher Ablauf

In engem Zusammenhang mit den expliziten Informationen über Zweck und vermutetem Ergebnis der Behandlung stehen die in den situativen Rahmenbedingungen enthaltenen Hinweisreize. Die Versuchspersonen haben die Möglichkeit, fehlende Instruktionen vom Versuchsleiter durch diejenigen Informationen zu kompensieren, die sie aus der Situation erhalten. Dabei ist vor allem an den institutionellen Rahmen zu denken, in dem die experimentellen Manipulationen vorgenommen werden (z.B. Klinik oder Forschungslabor) (vgl. auch die sog. demand characteristics [89]). Aus der Therapieforschung sind uns keine Untersuchungen bekannt, die sich mit diesem Problem befassen. Die Ergebnisse des vorherigen Abschnittes (Erfolgserwartung usw.) und die Sozialpsychologie des Experimentes legen aber nahe, dem Punkt *Setting* Beachtung zu schenken und Vergleichbarkeit zwischen den Gruppen zu fordern. Vergleichbarkeit ist sicher ein dehnbarer Begriff, so dass höchstens Minimalbedingungen aufgezählt werden können: Vergleichbarkeit bezüglich der Institution (also nicht Ambulanz versus Klinik), aber auch Vergleichbarkeit des äusseren Rahmens (Behandlungsraum). Ist die Vergleichbarkeit nicht gegeben, so ist die Alternativhypothese nicht auszuschliessen, wonach durch differentielle Settings induzierte Erfolgserwartung oder Änderungsantizipation in Wechselwirkung mit der Behandlung für den Unterschied zwischen den Gruppen verantwortlich ist. Diese konkurrierende Erklärung entfällt, wenn das Ausmass der bei den Versuchspersonen vorhandenen Erfolgserwartung unabhängig hiervon gemessen wird und sich dabei als gleich erweist.

Beim Vergleich von Therapietechniken ist auch die *gesamte effektive Therapiezeit* ein wesentlicher Parameter. Diese wird bestimmt durch die Häufigkeit der therapeutischen Kontakte sowie deren jeweilige Dauer. Wenn Kontrollgruppen durch die Vergleichbarkeit mit den Experimentalgruppen in allen wesentlichen Punkten ausser den zu prüfenden unabhängigen Variablen definiert sind, gilt dies auch für die effektive Therapiezeit (sofern sie nicht Bestandteil der UVs ist). Von einer experimentellen Therapiestudie muss daher erwartet werden, dass die beteiligten Gruppen (soweit sie überhaupt irgendeine Behandlung erfahren) in dieser Hinsicht vergleichbar sind.

### 3.1.1.2.4 Zwischenzeitliches Geschehen

Im Verlaufe langwieriger Psychotherapiestudien stellt vor allem «zwischenzeitliches Geschehen» [31] bzw. «externe Einflüsse auf die Patienten» [65] eine ernstzunehmende Quelle möglicher Beeinträchtigungen der internen Validität dar. KIRCHNER et al. [65] unterscheiden dabei drei wesentliche Bereiche solcher Einflussgrössen:

- Veränderungen, die die individuelle Situation einzelner Patienten betreffen (wie z.B. Umzug, Arbeitslosigkeit u.ä.);
- allgemeine Einflüsse, die unabhängig vom therapeutischen Geschehen potentiell alle beteiligten Vpn/Ptn betreffen (wie z.B. Prüfungen bei studentischen Vpn/Ptn, politische oder ökonomische Ereignisse u.ä.);
- neben der zu untersuchenden Psychotherapie gleichzeitig applizierte andere psychologische oder medikamentöse Therapie (interferierende Behandlungen).

Veränderungen in der *individuellen Situation* einzelner Vpn/Ptn sind vor allem bei der Evaluation von Einzelfallstudien in Betracht zu ziehen. Schon bei Einzelgruppenplänen ist ihr Einfluss [64] weniger relevant, ebenso bei Mehrgruppenplänen. Anders verhält es sich dagegen mit *allgemeinen Einflüssen,* die alle Personen betreffen. Diese sind nur dann kontrolliert, wenn die Datenerhebung für die verschiedenen Gruppen in identischen, mindestens aber in stark überlappenden Zeiträumen erfolgt. Als optimale Lösung dieses Problems sehen COOK und CAMPBELL [31] eine Randomisierung der experimentellen Gegebenheiten wie z.B. Tageszeit, Wochentag usw. über alle Gruppen an. Zur Realisierung dieser Forderung sollte aber ein ökologisches Bezugssystem bekannt sein, um vor allem die wichtigeren Parameter kontrollieren zu können. Dies ist aber bisher nicht der Fall [41, 102], so dass man sich mit der Forderung nach identischen Zeiträumen begnügen muss.

Weitere zwischenzeitliche Geschehen (externe Einflüsse) stellen Behandlungen dar, denen die Vpn/Ptn zusätzlich zum untersuchten Treatment unterzogen werden. Eine Konfundierung ist allerdings nur dann zu befürchten, wenn eine gewisse Wahrscheinlichkeit besteht, dass sich die Zusatzbehandlung auf die abhängigen Variablen auswirken kann. Diese

Abgrenzung kann im Einzelfall durchaus schwierig sein und sollte ggf. konservativ entschieden werden.

Die Auswirkungen interferierender Behandlungen auf die Konklusivität hängen ab von der Anzahl der davon betroffenen Vpn/Ptn in Relation zu ihrer Gesamtzahl sowie von ihrer Verteilung über die Gruppen, wobei entsprechende Effekte zu vernachlässigen sein dürften, wenn es sich nur um wenige Personen handelt.

Verteilen sich die zusätzlich behandelten Vpn/Ptn annähernd gleichmässig über die Gruppen, ist die Generalisierbarkeit der vorgefundenen Ergebnisse auf Patienten mit eben dieser weiteren Behandlung beschränkt. Wenn dagegen nur Vpn/Ptn aus einzelnen Gruppen eine zusätzliche Behandlung erhalten, können Differenzen zwischen den Gruppen nicht mehr nur mit den in den Hypothesen explizierten Behandlungen erklärt werden.

### 3.1.2 Klassifikationsvariablen

Insbesondere um Informationen über differentielle Indikationsmöglichkeiten zu bekommen, werden häufig in Psychotherapiestudien die Treatmenteffekte in Abhängigkeit von bestimmten, für bedeutsam gehaltenen Merkmalen der Vpn/Ptn untersucht. Zu diesem Zweck wird die Ausprägung der jeweiligen Merkmale gemessen, um die Vpn/Ptn dann auf der Basis dieser Messergebnisse den entsprechenden Gruppen zuzuordnen.

Diese in den Versuchsplan integrierten Vpn/Ptn-Merkmale sind im Sinne der o.a. Definition unabhängige Variablen und werden daher an dieser Stelle im Rahmen der Operationalisierung der unabhängigen Variablen behandelt. Diejenigen Vpn/Ptn-Merkmale, die nicht als unabhängige Variablen in den Versuchplan einbezogen sind, werden weiter unten im Abschnitt «Versuchspersonen/Patienten» gesondert diskutiert. Darunter fallen vor allem auch die Selektionsmerkmale, die zwar mit den Klassifikationsmerkmalen zusammenhängen, aber nicht als unabhängige, von dem Vl. manipulierte Merkmale zu bezeichnen sind.

Klassifikationsmerkmale sind nicht auf Vpn/Ptn beschränkt, sondern können sich auch auf Therapeuten beziehen. In der Regel stehen aber äusserst selten so viele Therapeuten zur Verfügung, dass die Klassifikation auch bei Therapeuten angewandt wird. Bei der Klassifikation handelt es sich um einen diagnostischen Vorgang, an den verschiedene Kriterien anzulegen sind. Im Abschnitt über die abhängigen Variablen wird darauf detaillierter eingegangen, insbesondere handelt es sich um den Gesichtspunkt der multimethodalen Operationalisierung und der Güterkriterien der Messverfahren. Dabei sind besonders hohe Anforderungen an die Reliabilität der Klassifikationsverfahren zu stellen, da die Güte der Klassifikation davon abhängig ist.

## 3.2 Abhängige Variablen

Die in den Hypothesen erwähnten Konstrukte (z.B. Phobie, Zwang) stellen die abhängigen Variablen dar, die operationalisiert werden müssen. Allgemeine Kriterien, nach denen die Angemessenheit der Operationalisierung beurteilt werden kann, lassen sich nicht formulieren (vgl. [41]: Problem der Variablenrepräsentativität), doch sind sie im Konzept der Konstruktvalidität (vgl. Kap.2) erörtert, bei dem einige Fehlerquellen aufgezeigt werden. Die sich daraus ergebende Forderung der multimethodalen Operationalisierung wird im folgenden Abschnitt behandelt. Neben der inhaltlichen Forderung sind zusätzlich formale Anforderungen an die Messverfahren zu stellen, wie sie sich aus der Testtheorie ergeben.

### 3.2.1 Multimethodale Operationalisierung

Das Konzept der multimethodalen Operationalisierung wurde bereits von SEIDENSTÜCKER und BAUMANN [118] ausführlich dargestellt und soll deshalb hier nur kurz angesprochen werden. Als klassische Beispiele für die Notwendigkeit multimethodaler Operationalisierung gilt die Angstforschung. Angst wird heute als komplexes Reaktionsmuster angesehen, das sich in drei Reaktionssystemen manifestiert: auf der subjektiv-verbalen, behavioralen und physiologischen Datenebene (z.B. [7, 12, 18]). Zwischen diesen Ebenen werden multiple Interaktionen angenommen, wobei Richtung und Ausmass dieser Interaktionen bislang sowohl theoretisch als auch empirisch noch nicht befriedigend geklärt werden konnten. Verschiedene Studien belegen aber eindeutig, dass es bei Statusdiagnostik zu Diskordanzen, resp. bei Prozessdiagnostik zu Desynchronien zwischen den drei Reaktionssystemen kommt (z.B. [54, 95, 106]). Daher ist auch die Schlussfolgerung anerkannt, dass es nicht ausreicht, die abhängigen Variablen nur auf einer Reaktionsebene zu operationalisieren, sondern dass alle Reaktionsebenen miteinzubeziehen sind [7, 19, 51, 77, 118]). Diskrepanzen bestehen jedoch nicht nur zwischen verschiedenen Reaktionssystemen, sondern auch zwischen verschiedenen Datenquellen innerhalb eines Reaktionssystems (z.B. [36, 37, 59, 118]). SEIDENSTÜCKER und BAUMANN [118] zeigen in ihrer Arbeit, dass der Mehrebenengesichtspunkt

Tab. IV. Datenebenen und Messverfahren.

| Datenebene | Exemplarische Messverfahren |
| --- | --- |
| soziologische | Soziographische Daten, soziometrische Grössen |
| psychologische | |
| 1. Gegenwärtiges bzw. vergangenes Erleben | Subjektive Tests wie Fragebögen und Selbstbeurteilungsskalen, projektive Tests, Interview |
| 2. Gegenwärtiges bzw. vergangenes Verhalten | Objektive Ereignisse, Ratingverfahren, inhaltsanalytische Verfahren, Verhaltensbeobachtung in Form der Selbst- und Fremdbeobachtung, Situationstests. |
| 3. Gegenwärtige bzw. vergangene Leistungen | Intelligenz- und Leistungstests, Zeugnisse, Konditionierungsprozeduren |
| psychophysiologische | Verfahren wie Elektrokardiographie, Elektromyographie, Plethysmographie |
| neurophysiologische | Elektroenzephalographie |
| biochemische | Biochemische Analyseverfahren zur Bestimmung endokriner Stoffwechselprodukte |

nicht nur für die Therapie phobischer Störungen relevant ist. Sie unterscheiden Datenebenen (Grundkategorien organismischer Merkmale), Datenquellen (Datengeber) und Funktionsbereiche. Die Datenebenen untergliedern sie in die soziologische, psychologische, psychophysiologische, neurophysiologische und biochemische Ebene. Für den psychologischen Bereich bietet sich wiederum die Unterteilung in Erleben, Verhalten und Leistung an.

Eine eindeutige Zuordnung von Datenebenen und Messverfahren ist nicht möglich, dennoch lassen sich Datenebenen und Messverfahren in Beziehung setzen; dabei werden die Datenquellen nicht explizit miteinbezogen (Tab. IV).

Als Konsequenz dieser Unterscheidung lässt sich festhalten: Variablen sind nicht nur unimethodal zu operationalisieren (über eine Datenebene und eine Datenquelle), sondern multimethodal, d.h. zumindest mehr als eine Datenebene (resp. Unterebene) und/oder mehr als eine Datenquelle. Wieviele Datenebenen und Datenquellen im einzelnen zu wählen sind, kann nicht generell festgelegt werden, sondern muss aus den vorhandenen ätiologischen Theorien oder Therapiezieltheorien abgeleitet werden. Eine Ausnahme bilden aber objektive Daten bzw. Ereignisse (z.B. Geschlecht, Fehlzeiten, Medikamentenkonsum), bei denen unimethodales Vorgehen als angemessen betrachtet werden kann.

## 3.2.2 Breite der abhängigen Variablen

Bisher beschränkte sich die Diskussion auf die Erfassung des symptomatischen Verhaltens im engeren Sinne. Vor allem von psychoanalytischer Seite wird jedoch häufig dagegen eingewandt, dass dies nicht ausreichend sei, um eine vollständige «Heilung» zu dokumentieren. Aus psychoanalytischer Sicht wird vor allem mit dem Begriff der Symptomverschiebung, resp. Symptomwandel dieses Problem angesprochen. Obwohl theoretisch anders interpretiert, hat bereits CAHOON [25] aus verhaltenstherapeutischer Sicht darauf hingewiesen, dass nach Beseitigung von Problemen andere Verhaltensstörungen auftreten können. In der verhaltenstheoretischen Diagnostik nach KANFER, SASLOW [58] wird die Frage explizit gestellt, welche neuen Probleme sich durch eine erfolgreiche Therapie für den Patienten ergeben könnten.

Es ist daher erforderlich, neben dem problematischen Verhalten auch das Umfeld und die ungestörten Bereiche zu erfassen, da sonst evtl. negative Konsequenzen von Massnahmen (Nebenwirkungen) nicht offenbar werden (vgl. auch [49, 71]).

## 3.2.3 Analyse der Messinstrumente

Unabhängig von den Kriterien der Mehrebenendiagnostik und der Forderung nach Breite der Verfahren, sind auch die einzelnen Messinstrumente zu beurteilen. Vor allem ist wichtig, dass die Messverfahren inhaltlich beschrieben sind und Angaben zu den formalen Kriterien wie Objektivität, Reliabilität und Validität vorliegen. Fehlt die Beschreibung eines Messverfahrens völlig oder ist sie nur kurz und global angegeben, so ist die Interpretation für den Leser nicht mehr nachzuvollziehen, ebenso ist die Arbeit nicht reproduzierbar. Die Angaben können in der Arbeit selbst erfolgen oder durch Verweis auf entsprechende Testliteratur.

Werden – was meistens üblich ist – die abhängigen Variablen mehrfach erhoben, so ist damit das Problem der *Veränderungsmessung* [104] angeschnitten. Von den diagnostischen Verfahren ist zu fordern, dass sie auch über die Zeit hinweg dasselbe messen. Bei einfachen Verhaltensregistrierungen (z.B. Zahl der Zigaretten) ist dies gegeben, bei komplexeren Konstrukten wie z.B. Neurotizismus ist dies erst nachzuweisen. Insofern sind neben den klassischen Gütekriterien auch Angaben dazu zu machen, ob das Instrument für Verlaufsmessung geeignet ist. Leider gibt es kaum Verfahren, bei denen Gütedaten unter diesem Gesichtspunkt angegeben werden.

## 3.2.4 Diagnostikereffekte

Im Rahmen einer Untersuchung lassen sich verschiedene Aufgabenbereiche unterscheiden, nämlich die Planung der Untersuchung, die Durchführung der Therapie und die Erhebung der Kriterienvariablen. Vielfach werden diese Aufgaben von *einer* Person wahrgenommen, doch sind die verschiedenen Rollen auseinanderzuhalten, da sie auch mit unterschiedlichen Fehlerquellen behaftet sind:

- Versuchsleiter: Planung der Untersuchung
- Therapeut: Behandlung der Patienten
- Diagnostiker:
  - Datenerheber: Beobachtung und Protokoll des Patientenverhaltens
  - Datenauswerter: Interpretation der protokollierten Daten anhand bestimmter Kriterien.

Die mit diesen Rollen verbundenen Artefakte werden vielfach in der Versuchsplanung global als sog. «Versuchsleiter-» oder «Rosenthaleffekt» bezeichnet. Wir wollen im folgenden die Artefakte aber getrennt für die einzelnen Rollen diskutieren, wobei wir in diesem Abschnitt auf die Diagnostikereffekte, in Abschnitt 3.3 auf die Versuchsleiter- und Therapeuteneffekte eingehen möchten. Wichtig ist dabei zunächst die Unterscheidung des hier zur Diskussion stehenden «Diagnostikereffekts» vom «Therapeuteneffekt» sowie von den im Kapitel «Unabhängige Variablen» diskutierten Artefakten. Während nämlich in den beiden zuletzt genannten Fällen angenommen wird, dass tatsächlich Verhaltensänderungen bewirkt werden, die sich auch unabhängig von der diagnostischen Situation manifestieren, ist dies beim Diagnostikereffekt nicht der Fall. Seine Auswirkungen sind vielmehr auf die diagnostische Situation beschränkt.

Im Rahmen dieser Arbeit kann auf die Problematik des Diagnostikereffektes nicht erschöpfend eingegangen werden (vgl. z.B. die Literatur zur «sozialen Wahrnehmung»). Einige Beispiele sollen aber dennoch zeigen, dass die Annahme eines Diagnostikereffektes als Alternativhypothese durchaus sinnvoll ist und daher entsprechende Kontrollprozeduren einzuführen sind.

### 3.2.4.1 Datenerhebung

Interessant ist in diesem Zusammenhang eine Studie von O'LEARY, KENT und KANOWITZ [99], in der die Auswirkungen positiver und negativer Rückmeldungen durch den Vl auf *Beobachtungsdaten* untersucht wurden.

Vier Beobachter-Vpn hatten die Aufgabe, nach einem entsprechenden Training vier Verhaltenskategorien bei zwei Schülern mit Verhaltenstörungen zu erheben. Die Beobachtung erfolgte nach einem Zeitstichprobenverfahren. Als Ausgangsmaterial dienten Videoaufnahmen, die in einer Schulklasse gemacht worden waren. Nach Abschluss des Vortrainings erhielten die Beobachter-Vpn die Information, dass der Zweck der Studie die Untersuchung der Effekte eines Token-Programms auf zwei der vier Verhaltenskategorien sei. In diesem Zusammenhang wurden ihnen Forschungsberichte vorgelegt, aus denen die Effektivität dieser Interventionstechnik deutlich wurde. Ferner wurde die Erwartung geäussert, dass die beiden behandelten Verhaltenskategorien nach Beginn der Behandlung in ihrer Häufigkeit stark reduziert, die beiden anderen jedoch weitgehend unverändert bleiben würden. Schliesslich erhielten sie die Instruktion, dass die vorhandenen Videobänder unter ihnen aufgeteilt und in Einzelsitzungen ausgewertet werden sollten. Tatsächlich wurden ihnen jedoch identische Bänder vorgeführt. Die ersten Beobachtungen wurden an Aufnahmen gemacht, die angeblich aus der Baselinephase stammten. Der Vl gab dazu keine Kommentare ab. Bei den Beobachtungen aus der angeblichen Therapiephase erhielten die Beobachter positive oder negative Rückmeldung, je nachdem, ob ihre Daten konsistent mit den Hypothesen von den Kriteriumsdaten abwichen oder nicht.

Die Ergebnisse zeigen, dass die beiden «behandelten» Verhaltenskategorien im Vergleich zu den Kriteriumsdaten während der «Therapiephase» seltener aufgezeichnet wurden als während der Baselinephase und die Beobachtungsdaten insoweit beeinflusst wurden durch das Wissen um die erwarteten Ergebnisse und die Rückmeldung vom Vl.

Nach JOHNSON, BOLSTAD [56] sind die Effekte davon abhängig, dass der Vl die Beobachter für die Protokolle verstärkte, die den Erwartungen entsprachen. Haben wir keine Trennung von Beobachter und Versuchsleiter resp. Therapeut und Versuchsleiter, so liegt eine Situation vor, die der von O'LEARY et al. [99] untersuchten ähnlich ist. Wir müssen daher einen Diagnostikereffekt als Alternativhypothese in Betracht ziehen. Eine Abschätzung der Stärke dieses Effekts kann jedoch nur im Zusammenhang mit relevanten Merkmalen der verwendeten Messinstrumente erfolgen. Werden Datenerhebungen dagegen von Dritten durchgeführt, muss zusätzlich geprüft werden, über welche Informationen sie verfügen: Sie können über den Zeitpunkt der Messung und/oder die erwarteten Effekte informiert sein oder nicht. Im ersteren Fall besteht kein grundsätzlicher Unterschied zu den Diagnostikereinflüssen beim Vl und Therapeuten. Nur bei Unkenntnis der Zeitpunkte und Effekte können Alternativhypothesen ausgeschlossen werden.

### 3.2.4.2 Datenauswertung

Neben Verzerrungen in der Wahrnehmung und Aufzeichnung sind auch Interpretationsverzerrungen in der Literatur nachgewiesen worden.

MINTZ [92] untersuchte die Auswirkungen prognostischer Informationen auf die Bewertung des Therapieerfolgs. Zu diesem Zweck wurden acht kurze Persönlichkeitsbeschreibungen von Psychotherapiepatienten vorbereitet. Vier der Patienten bekamen dabei gute prognostische Merkmale, vier dagegen schlechte (z.B. schwer gestört). Je ein «Patient» mit guter und schlechter Prognose wurde mit den folgenden Störungsformen «ausgestattet»: Aggressivität, Drogenabhängigkeit, Angst und psychosomatische Störungen. Neben den Persönlichkeitsbeschreibungen wurden auch fiktive Daten von zwei Messinstrumenten vorgegeben (Persönlichkeitstest und Problemfragebogen). Durch die Angabe bestimmter Prä- und Posttherapiewerte wurden für jedes Verfahren starke oder geringe Änderungen konstruiert. Beide Paarlinge je eines Krankheitsbildes erhielten jedoch immer genau die gleichen Veränderungswerte. Die Auswertung (Einschätzung des Therapieerfolges durch sieben Rater) ergab einen signifikanten Haupteffekt der prognostischen Informationen. Den «Patienten» mit guter Prognose wurden im Durchschnitt grössere Behandlungserfolge zugeschrieben als denjenigen mit schlechter Prognose, und zwar selbst dann, wenn die Testdaten das Gegenteil ausdrückten!

Die Beeinflussbarkeit von Messverfahren in Abhängigkeit des Interpretationsspielraumes wurde verschiedentlich untersucht. Während Einstufungen auf Schätzskalen durch Vorinformationen (z.B. Person ist normal versus emotional gestört) beeinflusst werden (z.B. [39]), sind systematische Verhaltensbeobachtungen durch Vorinformationen weniger beeinflussbar [121].

Für die Datenauswertung kommen Versuchsleiter, Therapeut und unabhängige Diagnostiker in Frage. Während in der Regel dem Versuchsleiter und den Therapeuten Zeitpunkt der Messung und erwartete Effekte bekannt sind, wodurch Diagnostikereffekte als Alternativhypothese in Frage kommen, so sind beim unabhängigen Diagnostiker diese Kenntnisse nicht automatisch vorhanden. Als Beispiel seien zeitblinde Analysen von Videointerviews genannt, wie sie z.B. bei Psychopharmakastudien [109] angewandt worden sind. Hat der unabhängige Diagnostiker aber Kenntnisse von Zeitpunkt und/oder erwarteten Effekten, so sind die gleichen Alternativhypothesen wie beim Versuchsleiter und Therapeuten in Betracht zu ziehen.

Zusammenfassend lässt sich sagen, dass sich der Diagnostikereffekt auf vier Ebenen bemerkbar machen kann:

- Durch die verzerrte Wahrnehmung der vorhandenen Stimulusinformationen,
- durch Fehler bei der Protokollierung der wahrgenommenen Ereignisse,

- durch Fehler bei der Interpretation vorgegebener Daten,
- durch Beeinflussung des Probandenverhaltens mittels para- und nonverbaler Signale sowie der selektiven Verstärkung erwünschter Reaktionen.

Diese Fehler können sich einzeln oder in Kombination miteinander auswirken. Ihre relative Stärke ist z. T. abhängig von der Art der verwendeten Messinstrumente. Wenn z. B. von den Vpn/Ptn Fragebögen ausgefüllt werden, dürften Wahrnehmungs- und Protokollierungsfehler eher eine untergeordnete Rolle spielen. Ebenso ist das Risiko von Interpretationsfehlern abhängig vom Ausmass der den Beurteilern überlassenen Inferenzmöglichkeiten.

### 3.2.5 Situation der Datenerhebung

Insofern eine psychotherapeutische Methode für sich in Anspruch nimmt, über eine nur prothetische Wirkung hinaus dauerhafte Verhaltensänderungen zu erzeugen, muss sie nachweisen, dass evtl. festgestellte Effekte auch ausserhalb der Therapiesituation Bestand haben [63, 95].

In einer kritischen Analyse von 146 Untersuchungsberichten, die in den Jahren 1972–1973 in den Zeitschriften Journal of Applied Behavior Analysis, Behaviour Research and Therapy und Behavior Therapy veröffentlicht wurden, kamen die Autoren [63] zu dem Schluss, dass, von wenigen Ausnahmen abgesehen, die Wirkung operanter Interventionstechniken nicht ernsthaft jenseits nur prothetischer Effekte erforscht worden ist. Von BANDURA [4] wurde die Notwendigkeit hervorgehoben, bei psychotherapeutischen Effektivitätsmessungen zwischen Initiierung, Generalisierung und Aufrechterhaltung der Verhaltensänderungen zu unterscheiden (vgl. auch Kap. 3.2.6: Katamnese). Dass die Frage nach der Generalisierung berechtigt ist, wurde seit langem von verschiedenen Autoren betont (z. B. [105]). So zeigten z. B. phobische Patienten Verbesserungen in strukturierten Vermeidungstests, die sich aber nicht auf die natürliche Umgebung generalisieren liessen [73]. Diese Ergebnisse sind in Zusammenhang mit der «safety-signal-Hypothese» [119, 120] und den Befunden zur «wahrgenommenen Kontrollierbarkeit» [32] zu sehen und zu interpretieren.

Für Therapiestudien gilt daher die Forderung, dass die Effekte neben der Therapiesituation auch in der natürlichen Umgebung zu erheben sind. Als Therapiesituation gelten hier nicht nur die Räumlichkeiten, in denen die Behandlung durchgeführt wurde, sondern darüber hinaus jede Situation, die vom Diagnostiker herbeigeführt wird und seiner Kontrolle unterliegt, sofern die Vpn/Ptn über die Kontrolle informiert sind. Fragebögen und andere Tests gelten daher ebenfalls als in der Therapiesituation erhoben. Fehlen entsprechende Datenerhebungen ausserhalb der Therapiesituation (z.B. durch Verhaltensbeobachtung oder Befragung von Bezugspersonen), so muss zweifelhaft bleiben, inwieweit die einzelnen Therapieziele in der natürlichen Umgebung erreicht worden sind.

### 3.2.6 Katamnese

Ziel jeder Therapie ist das Erreichen überdauernder Verhaltensänderungen, d.h. Änderungen, die über die Therapiezeit hinausgehen. Dass dies empirisch belegt werden muss, scheint trivial zu sein, doch zeigt die Literatur, dass dies nicht der Fall ist. So stellte z.B. PAWLICKI [101] fest, dass lediglich 4% der von ihm durchgesehenen Arbeiten zur Verhaltenstherapie mit Kindern Ergebnisse mit Nachuntersuchungen berichten. In einer neueren Literaturanalyse [63] fanden sich bei 146 Veröffentlichungen nur ganze 17, die Nachuntersuchungen enthalten. Auch die Übersicht von GOLDSTEIN, STEIN [45] zeigt, dass Nachuntersuchungen vielfach nicht durchgeführt worden sind. Diese Befunde stehen in krassem Gegensatz zu der bereits in den sechziger Jahren aufgestellten Forderung [35] nach der Durchführung von Nachuntersuchungen, die allein geeignet sind, die Dauerhaftigkeit von Therapieeffekten nachzuweisen. Der weitgehende Verzicht auf Nachuntersuchungen wäre dann – und nur dann – gerechtfertigt, wenn die Dauerhaftigkeit einmal initiierter Verhaltensänderungen zweifelsfrei nachgewiesen wäre. Dies ist jedoch offenkundig nicht der Fall. So stellten z.B. DRABMAN et al.[33] fest, dass Tokenverstärkungsprogramme in Schulen zwar schnell deutliche Verbesserungen bei der Disziplin und dem Lernverhalten von Schülern bewirken können, die aber meistens schon kurz nach Abschluss dieser Programme wieder zusammenbrechen. Sie halten ihre Studie – neben nur einer anderen – für die bis dahin einzige, bei der die Effekte auch nach Abschluss der Tokenverstärkung andauerten. Dabei ist zu berücksichtigen, dass dies erst durch gezielte Massnahmen über die üblichen Behandlungsformen hinaus erreicht wurde. Daraus folgt, dass beim Fehlen von Nachuntersuchungen Abschätzungen der Dauerhaftigkeit der Behandlungseffekte nicht möglich sind und somit zweifelhaft bleiben müssen [9, 84].

Sofern Katamnesen durchgeführt werden, ist es erforderlich, dass der gleiche Variablensatz wie in der Hauptuntersuchung verwendet wird oder evtl. eine Auswahl daraus. Nur dann können die Ergebnisse der Katamnese mit denen der Hauptuntersuchung in Verbindung gebracht werden. Andernfalls bleibt offen, ob man mit verschiedenen Instrumenten dasselbe Konstrukt oder denselben Problembereich erfasst hat.

Ist man sich über die Notwendigkeit einer Katamnese einig, so ist die *Katamnesedauer* (Zeit zwischen Therapieende und Nachuntersuchung) nicht allgemein zu fassen. Die Katamnesedauer ist von ätiologischen Theorien zu den untersuchten Störungen abhängig. Handelt es sich um Störungen, die man rasch und in jedem Alter erwerben kann, so ist bei längeren Katamnesen nicht auszuschliessen, dass die Störung erneut erworben wurde. Bei endogenen Depressionen z. B. ist dagegen eine relativ lange Katamnesendauer zu fordern, da die Zeit zwischen zwei Erkrankungsphasen z. T. mehrere Jahre dauert (abgesehen von Patienten, bei denen es infolge einer Stabilisierung die letzte Erkrankungsphase war).

### 3.3 Versuchsleiter/Therapeut

Eine Vielzahl von Untersuchungen hat sich mit dem sog. Versuchsleitereffekt befasst (z. B. [115, 128]), so dass dieser in der Methodenliteratur weitgehend akzeptiert worden ist. Verschiedentlich wurde allerdings gezeigt [128], dass der sog. Versuchsleitereffekt zwar unter bestimmten Umständen zu beobachten ist, aber nicht immer. Es ist daher für die Therapieforschung genau zu prüfen, wieweit derartige Einflussgrössen relevant sind oder nicht.

Wie bereits früher erwähnt, ist zwischen Versuchsleiter, Therapeut, Datenerheber und -auswerter zu unterscheiden. Die beiden letzteren Rollen wurden bereits im Zusammenhang mit dem Diagnostikereffekt diskutiert (Kap. 3.2.4).

Obwohl die Rolle des Versuchsleiters und Therapeuten oft in Personalunion wahrgenommen wird, lassen sich die beiden Funktionen klar unterscheiden [5].:

*Versuchsleiter* in diesem Sinne ist derjenige, welcher über die Grundkonzeption der Untersuchung entscheidet, also über Versuchsplan, Hypothesen, Variablenoperationalisierungen, Versuchspersonen-/Patientenauswahl, statistische Analysemethoden u.ä. Die Funktion des Versuchsleiters kann von mehreren Personen übernommen werden.

*Therapeut* ist derjenige, welcher die Behandlungen in einer oder mehreren Gruppen durchführt. Therapeut in diesem Sinne ist auch, wer den Kontakt z. B. zu einer Kontrollgruppe ohne Behandlung hält, sofern diese Kontakte nicht ausschliesslich diagnostischen Zwecken dienen. Die Funktion des Therapeuten kann ebenfalls von mehreren Personen übernommen werden.

Wichtig ist in diesem Zusammenhang nun, dass in Abhängigkeit von der jeweiligen Funktionsrolle spezifische Einflussfaktoren wirksam werden, die jeweils gesonderte Kontrollmassnahmen erfordern. Wenn eine Person mehrere Rollen im Ablauf einer Studie übernimmt, kumulieren sich die Faktoren der beteiligten Rollen. Bevor nun auf die Versuchsleiter- bzw. Therapeuteneffekte eingegangen wird, soll die Frage der Zuordnung zwischen Therapeut und Treatment besprochen werden (zur Zuordnung Patient zu Treatment: vgl. Kap. 3.4.5).

### 3.3.1 Zuordnung von Therapeuten zu Treatments

Die Zuordnung zwischen Therapeuten, Treatment und Patienten kann auf verschiedene Weise erfolgen. Dabei ist zu unterscheiden zwischen zufälliger und willkürlicher Zuordnung; weiterhin ist von Bedeutung ob ein Therapeut ein Treatment oder mehrere (meist alle) realisiert. Je nach dem kommt es zu verschiedenen Kombinationen:

*Pro Therapeut ein Treatment:* Die Zuordnung der Therapeuten zu den einzelnen Treatments kann zufällig (randomisiert) oder willkürlich geschehen; bei 2 N ≥ T (N: Zahl der Therapeuten, T: Zahl der Treatments) kommt zusätzlich die Parallelisierung der Therapeuten in Frage. Umgekehrt können die einzelnen Patienten zufällig oder willkürlich (je nach Kapazität der Therapeuten) einem Treatment zugeordnet werden. Innerhalb des Treatments kommt – wenn mehr als ein Therapeut zur Verfügung steht – wiederum die willkürliche oder die zufällige Zuordnung in Frage.

*Pro Therapeut mehr als ein Treatment:* In der Regel sollten die Therapeuten alle Treatments realisieren, da sonst kaum mehr ein adäquater Versuchsplan entworfen werden kann. Die Patienten können dann zufällig oder willkürlich einem Therapeuten zugeordnet werden. Bei den Therapeuten ist wiederum eine zufällige oder willkürliche Zuordnung zu den einzelnen Treatments möglich.

### 3.3.2 Einfluss der Therapeutenmerkmale

Werden Therapeutenmerkmale nicht als unabhängige Variablen in den Versuchsplan eingeführt, wo sie als Klassifikationsmerkmal allein oder in Wechselwirkung mit der Behandlungstechnik wirksam werden können, so sind sie als mit der Behandlung zusammenhängende Störvariablen zu betrachten (vgl. Kap. 3.1.1.2) Die Therapeutenmerkmale sind dann kontrolliert, wenn

- ein einziger Therapeut alle Patienten behandelt oder
- jeder Therapeut alle Treatments realisiert und die Patientenzuordnung zufällig geschieht oder
- die Therapeuten zufällig nur einem Treatment zugeordnet werden.

Bei der Zufallszuteilung ist allerdings zu berücksichtigen, dass die Wahrscheinlichkeit der gleichmässigen Verteilung relevanter Merkmale über die Gruppen, also die Umwandlung von bias in error, umso geringer wird, je kleiner die Zahl der Therapeuten in Relation zur Anzahl der Gruppen ist. Wenn im Extremfall nur ein Therapeut je Gruppe zur Verfügung steht, kann daher trotz eines evtl. Randomisierungsverfahrens kaum davon ausgegangen werden, dass die Therapeutenmerkmale wirksam kontrolliert sind. Daher ist die zweite Variante (jeder Therapeut realisiert jedes Treatment), methodisch gesehen vorzuziehen. Vielfach stehen aber nur Therapeuten zur Verfügung, die jeweils nur eine Therapiemethode beherrschen, so dass es sinnvoller ist, die Therapeuten nicht zufällig über alle Gruppen zu verteilen. In diesen Fällen, aber auch bei kleineren Therapeutenstichproben ist zu prüfen, ob die Therapeuten der jeweiligen Treatments bezgl. der relevanten Personenmerkmale vergleichbar sind (vgl. Kap.3.3.2.1). Trifft dies zu, so ist damit noch nicht gewährleistet, dass die verschiedenen Therapeuten alle gleich gut die Behandlungen realisieren; daher ist diesem Punkt besondere Beachtung zu schenken (vgl. Kap.3.3.2.2). Ist die Realisierung der Behandlung nicht kontrolliert worden, so bietet die Kontrolle von Persönlichkeitsmerkmalen und der Merkmale der Therapeutenqualifikation einen – sicher nicht vollwertigen – Ersatz dafür.

Eine genaue Beschreibung der Therapeuten ist aber auch wegen der Vergleichbarkeit und Replizierbarkeit der Studie wichtig (vgl. Kap. 3.1.1.1) und daher – unabhängig davon, ob die Zahl der Therapeuten gering oder gross ist – für alle Studien zu fordern.

### 3.3.2.1 Personenmerkmale der Therapeuten

Es gibt, wie BARBER [5] feststellt, zahlreiche Hinweise, die auf die Beeinflussung von Messergebnissen durch *Personenmerkmale* wie z.B. Alter, Geschlecht, Rasse, sozialer Stand u.ä. hinweisen. Der Begriff «Personenmerkmale» wird hier in Abgrenzung von Persönlichkeitsmerkmalen eingeführt. Während Personenmerkmale meist als objektive Daten definiert sind, werden Persönlichkeitsmerkmale aufgrund verschiedener Verhaltensmerkmale erschlossen (wie z.B. Intelligenz).

Obwohl KIESLER [64] den Uniformitätsmythos in der Therapieforschung kritisiert hat, sind die Therapeutenmerkmale und damit auch die Personenmerkmale bisher auf viel geringeres Interesse gestossen als die Patientenmerkmale [11, 91]. In dem Buch von GURMAN, RAZIN [48] ist zwar eine Vielzahl von Befunden zusammengetragen worden, doch sind die bisherigen Ergebnisse zu widersprüchlich, um allgemein verbindliche Aussagen begründen zu können. Insbesondere wird auf die Bedeutsamkeit der Interaktion zwischen Therapeuten- und Patientenmerkmale hingewiesen [17], so dass ein alleiniges Aufzählen der entsprechenden Therapeutenmerkmale ohne Bezug auf die Patientenmerkmale wenig aussagekräftig ist. Zur Deskription scheint aber zumindest die Angabe von Alter und Geschlecht erforderlich zu sein.

### 3.3.2.2 Kontrolle der Realisierung der Behandlung

Die konkreten Verhaltensweisen der Therapeuten ihren Patienten gegenüber sind von grossem Interesse, und zwar einmal unter dem Aspekt, ob diese mit den geplanten und beschriebenen Operationalisierungen (im folgenden als Protokoll oder Therapiemanual bezeichnet) übereinstimmen, d.h. z.b., ob alle wesentlichen Elemente der Interventionstechnik realisiert sind und zum andern bzgl. der Frage, ob nur diese Elemente und nicht etwa solche aus anderen Therapiemethoden zusätzlich verwirklicht wurden. So hat FRIEDMAN [40] darauf hingewiesen, dass es Experimentatoren schwer fällt, selbst hochstandardisierte Protokolle einzuhalten.

Voraussetzung für die Überprüfung ist ein detailliertes Manual, in dem die einzelnen Schritte der Behandlung vorgeschrieben werden. Weist das Manual Lücken auf, so besteht die Gefahr, dass der Therapeut evtl. zusätzliche Therapieelemente beiträgt, die nicht vorgesehen waren. Diese theoretische Analyse das Manuals ersetzt aber nicht die empirische Überprüfung, da kein Manual so detailliert sein kann, dass es alle Möglichkeiten vorsieht. Von dieser empirischen Überprüfung der Übereinstimmung zwischen Therapeutenverhalten und Manual (Analyse von Tonbändern, Videoaufnahmen) ist die sog. Supervision abzuheben, die in den verschiedensten Therapierichtungen durchgeführt wird. Vielfach wird dabei aufgrund des Berichtes über eine oder mehrere Therapiesitzungen das Verhalten des Therapeuten besprochen (z.B. bei der Psychoanalyse). Bei der Supervision können auch Tonband- oder Videoaufnahmen benutzt werden; die Systematik der Analyse entscheidet, ob es sich um eine allgemeine Supervision oder eine empirische Überprüfung handelt.

Finden entsprechende Kontrollen statt, so besteht bei nicht-kontinuierlicher Überprüfung (was kaum durchführbar ist) die Gefahr, dass das Verhalten unter Kontrolle sich von dem in anderen Sitzungen unterscheidet (vgl. Untersuchungen zur Inter-Rater-Reliabilität: [98,111]). Mangelhafte Übereinstimmung zwischen den vorgeschriebenen Prozeduren und dem tatsächlichen Verhalten kann verschiedene Effekte bewirken. Zunächst einmal ist nicht mehr gewährleistet, dass die berichteten Ergebnisse tatsächlich für die in den Hypothesen aufgeführten und operationalisierten unabhängigen Variablen gültig sind. Dadurch aber ist die Interpretierbarkeit der Untersuchung in Frage gestellt.

Zum zweiten kann sich dieser Fehler in Form einer Erhöhung der Irrtumsvarianz auswirken, eine Vermutung, die besonders dann naheliegt, wenn die Therapeuten kein spezielles Training für die von ihnen durchzuführenden Behandlungsformen erhalten. In diesem Fall ist denkbar, dass sie über die Dauer der Therapien hinweg Lernprozesse durchmachen und sich späteren Patienten gegenüber anders verhalten als früheren. Wenn mehrere Therapeuten an der Untersuchung beteiligt sind, kommt durch verringerte Übereinstimmung zwischen ihnen eine weitere Varianzquelle ins Spiel [40].

Neben einer Erhöhung der Irrtumsvarianz kann unter bestimmten Bedingungen fehlende Kontrolle der Behandlungsrealisierung auch die Wahrscheinlichkeit der Vermutung systematischer Verzerrung erhöhen. Das gilt z.B. dann, wenn die Therapeuten kein Vortraining erhalten und ausserdem die Patienten verschiedener Gruppen nicht während überlappender Zeiträume, sondern sukzessive von den gleichen Therapeuten behandelt werden, wie das z.B. bei Wartegruppen der Fall sein kann. Es ist dann zweifelhaft, ob nichttechnikspezifisches Therapeutenverhalten gegen Ende der Untersuchung mit dem zu Anfang vergleichbar ist, denn dazwischen liegen für diese Therapeuten zahlreiche Lernvorgänge. Die gleiche Aussage gilt für die Güte der Realisierung der Interventionstechnik. In diesem Fall kann also auch bei personell gleichbleibenden Therapeuten nicht davon ausgegangen werden, dass diesbezügliche Störvariablen durch Konstanthaltung kontrolliert sind.

### 3.3.2.3 Persönlichkeitsmerkmale und Therapeutenqualifikation

Wird das Therapeutenverhalten nicht hinsichtlich der Übereinstimmung mit dem Therapiemanual überprüft, so bietet sich – wie bereits erwähnt – als Ersatzlösung die Erfassung von Merkmalen der Persönlichkeit und der Therapeutenqualifikation an. Der Stellenwert von Persönlichkeitsmerkmalen ist im Rahmen des Interaktionismus allgemein relativiert worden

[34]; aber auch im Therapiesektor ist die Bedeutung überdauernder Merkmale in Frage gestellt worden (vgl. die Diskussion zum A/B Typ in [108], aber auch [93]). Wichtiger scheinen daher Merkmale der Therapeutenqualifikation zu sein, wenn auch deren Bedeutung nicht überschätzt werden darf [2]. Angaben zur Ausbildung, allgemeiner klinischer Erfahrung sowie Erfahrung in speziellen Therapietechniken sind unerlässlich. Zusätzlich ist aber wichtig zu wissen, ob die Therapeuten für die Studien ein spezielles Training erhalten haben. In diesem Falle ist die Annahme, dass die Therapeuten im gleichen Sinn die Behandlung realisieren, wahrscheinlicher, als wenn kein Training stattfand.

### 3.3.3 Versuchsleitereffekte

Der Begriff Versuchsleitereffekt soll beschränkt werden auf Verhaltensänderungen auf seiten der Patienten, die den Untersuchungshypothesen entsprechen und die nicht durch die in den jeweiligen Interventionstechniken enthaltenen Variablen erklärt werden können und die sich ferner nicht auf die Situation der Datenerhebung beschränken (vgl. Diagnostiker- und Therapeuteneffekt). Der Versuchsleitereffekt kann immer dann auftreten, wenn die Rolle des Vl und des Therapeuten nicht getrennt ist; aber auch bei Rollentrennung ist ein Vl-Effekt möglich, wenn die Therapeuten explizite Informationen über die Untersuchungshypothesen haben. Unter idealen Bedingungen ist der Vl-Effekt bei der empirischen Überprüfung der Übereinstimmung zwischen Therapeutenverhalten und Therapiemanual (vgl. Kap. 3.3.2) identifizierbar. Da dies in der – theoretisch notwendigen – Exaktheit nicht durchführbar ist, muss – wenn Vl und Therapeut nicht identisch sind – geprüft werden, welche Kenntnisse die Therapeuten über die Hypothesen haben. Sind Vl und Therapeut identisch, so sind die Kenntnisse vorhanden. Zusätzlich sind aber auch die prognostischen Erwartungshaltungen der Therapeuten wichtig. Sie könnten sich auf die Ergebnisse auswirken.

Über die Auswirkung von Vl-Effekten auf Therapiestudien sind uns keine Untersuchungen bekannt, doch sind – aufgrund der Befunde zur Vl-Rolle im Experiment – entsprechende Effekte nicht auszuschliessen, sofern sie nicht kontrolliert worden ist.

## 3.4 Versuchspersonen/Patienten

In der Sozialpsychologie des Experiments wurde vielfach die Vp-Rolle kritisch durchleuchtet. Dabei wurde festgestellt, dass die Wissenschaft vom menschlichen Verhalten in der gegenwärtigen Form eher die Wissenschaft vom Verhalten derjenigen Studenten ist, die an Psychologiekursen teilnehmen und darüber hinaus bereit sind, in entsprechenden Untersuchungen mitzuwirken [116]. Für den Therapiesektor fehlen über die Stichprobenzusammensetzungen genaue Angaben, doch zeigt ein grober Überblick über die einschlägige Literatur, dass vor allem in der Verhaltenstherapie-, aber auch in der Gesprächspsychotherapieforschung sehr häufig mit studentischen Vpn/Ptn gearbeitet wird. Dies gilt insbesondere auch für die sog. *Analogstudien* [60], eine Untersuchungsform, die erstmals von LANG und LAZOVIK [72] in die Verhaltenstherapieliteratur eingeführt wurde und sich seitdem steigender Beliebtheit erfreut. Obwohl Therapieanalogstudien Gegenstand kritischer Diskussionen wurden (z.B. [16]), sind dabei mögliche Stichprobeverzerrungen kaum thematisiert worden. Die Wahl von Studentenstichproben schränkt die Generalisierbarkeit der Befunde ein [60]; vielfach kommt noch als weitere Einengung das Problem der «freiwilligen Versuchsperson» hinzu (vgl. Kap.3.4.4).

### 3.4.1 Rekrutierung/Selektion

Bei klinischen Untersuchungen ist in der Regel die Population nicht genau definiert und daher eine strenge Zufallsauswahl nicht möglich. Bei vielen klinischen Studien werden daher in einem ersten Schritt die grundsätzlich in Frage kommenden Personen ausgewählt; in einem weiteren Schritt wird mit Untersuchungsverfahren gewährleistet, dass nur solche Personen in die endgültige Stichprobe gelangen, die eine vorgegebene Merkmalskombination erfüllen. So können z.B. durch ein Inserat Raucher für eine Therapie angeworben werden (Rekrutierung). Von den sich meldenden Personen werden dann diejenigen Raucher für die Studie ausgewählt, die ein bestimmtes Rauchverhalten zeigen (Selektion). Methodisch gesehen handelt es sich um eine zweistufige Selektion; dabei nennen wir die erste Stufe *Rekrutierung,* die zweite *Selektion* . In einzelnen Fällen können beide Stufen zusammenfallen.

Zur Abschätzung der Generalisierbarkeit ist eine genaue Angabe der *Rekrutierungsprozedur* erforderlich. Dazu gehören neben Angaben des technischen Vorgehens auch Schätzungen über Anzahl und Ausprägung der Merkmale in der hypothetisch zugrunde gelegten Population (zu den

Merkmalen: Kap.3.4.4). Nur durch den Vergleich der tatsächlich behandelten Stichprobe mit der geschätzten Population sind Verzerrungseffekte eruierbar.

Werden die zur Verfügung stehenden Vpn/Ptn nach genauen diagnostischen Prozeduren *selegiert* (meist nach Rekrutierung), so ergeben sich durch die diagnostische Situation weitere Probleme, wie am Beispiel der Phobie gezeigt werden soll. Wenn Vpn/Ptn für eine Therapiestudie zur Behandlung von Ängsten angeworben werden, so haben sich die sich meldenden Personen implizit als Phobiker oder hochängstliche Personen dargestellt, von denen bestimmte Verhaltensweisen bzgl. des phobischen Objekts erwartet werden. Annäherungsverhalten in einem Vermeidungstest wäre dann unvereinbar mit dieser Selbstdarstellung. Sofern den Vpn/Ptn die Selektionsfunktion der Messung bekannt ist, kommt noch ein weiterer Faktor hinzu. Die Möglichkeit einer psychotherapeutischen Behandlung ist aufgrund geringer personeller Kapazitäten in der Regel stark eingeschränkt, oft mit langen Wartezeiten verbunden und zudem teuer. SMITH, DIENER und BEAMAN [122] haben in diesem Zusammenhang auf die Gefahr hingewiesen, dass Personen sich bei der – vielfach kostenlosen – Behandlung in Therapiestudien in den Messverfahren als übermässig ängstlich darstellen, um dadurch ihre Behandlungschance zu erhöhen.

Beide Selbstdarstellungsgründe können dazu führen, dass Personen in die Untersuchungsstichprobe gelangen, deren kritische Verhaltensweisen eher eine Funktion von Aufforderungscharakteristiken, sozialem Druck, ökonomischen Motivationen o. ä. sind als von tatsächlich erlebter Angst. An ihnen gewonnene Daten müssen nicht unbedingt repräsentativ sein für Patienten, die aus eigener Initiative einen Therapeuten aufsuchen und z.T. längere Wartezeiten, Kosten usw. in Kauf nehmen. Empirische Befunde zu diesem Problem liegen vor allem für Vermeidungsverhaltenstests vor, die vielfach als Screeninginstrumente eingesetzt werden. So zeigte sich in einer Untersuchung [20], dass Vpn in einem «klinischen» Setting intensivere Angst äusserten als in einem «experimentellen» Rahmen. Ebenso wirkte sich die Information, dass es sich um einen Angsttest handle in einer Erhöhung der Werte aus im Vergleich zu einer Gruppe, bei der eine experimentelle Instruktion gegeben wurde (vgl. auch [14, 15]).

Aus diesen Erörterungen geht hervor, dass es nötig ist zu prüfen, ob den Vpn/Ptn die Selektionsfunktion der Messung bekannt ist. Ebenso sind genaue Angaben zur Selektionsprozedur erforderlich. Ist den Vpn/Ptn bekannt, dass die Ergebnisse der Messung darüber entscheiden, ob sie in die endgültige Untersuchungsstichprobe aufgenommen werden oder nicht, liegt die Gefahr einer Verfälschung der Daten in Richtung zu hoher Angst nahe. Dies hätte Auswirkungen auf die Generalisierbarkeit der Ergebnisse, denn die hierbei gewonnenen Befunde zur Effektivität bestimmter therapeutischer Interventionen müssen nicht unbedingt in gleicher Weise für «echte» klinische Phobien gelten [16].

Neben der Analyse der diagnostischen Situation sind die Selektionsvariablen wie die Klassifikations- und abhängigen Variablen zu überprüfen (Mehrebenendiagnostik, Gütekriterien der Messinstrumente); es wird daher auf die entsprechenden Abschnitte verwiesen.

### 3.4.2 Klinischer Status der Vpn/Ptn

Es wurde bereits einleitend darauf hingewiesen, dass vor allem in der Verhaltenstherapie sog. Analogstudien durchgeführt werden. Auf die Problematik dieses Begriffs können wir hier nicht eingehen (vgl. [60]). Für unsere Diskussion ist vor allem der Begriff Analogklient wichtig. Bei Therapiestudien können wir Unterschiede im klinischen Status der Patienten beobachten:

1) Zum einen haben wir Patienten, die sich wegen einer Störung in einer Institution zur Behandlung dieser Störung gemeldet haben resp. dorthin überwiesen wurden.
2) Davon abzuheben sind freiwillige gesunde Versuchspersonen, bei denen man Therapieelemente untersucht (z.B. Wirkung von Entspannung); diese sind als Analogklienten im engeren Sinne zu bezeichnen.
3) Eine dritte Gruppe stellen die Personen dar, die sich aufgrund von Ankündigung, dass eine Untersuchung durchgeführt wird, in einer Institution melden. Unter diesen Personen können solche sein, die ohnehin beabsichtigt hatten, sich in Behandlung zu begeben; andere wiederum benützen die angebotene Möglichkeit zur Behebung von Störungen, hatten aber bisher noch keinen sehr grossen Leidensdruck und keinen Änderungswunsch. Wiederum andere Personen sind vermutlich von der Störung kaum oder gar nicht betroffen und melden sich aus Neugier (z.B. mässige Raucher). Daher sind die durch Anwerbung gewonnenen Vpn/Ptn bzgl. ihres klinischen Status unklar. Es ist daher der klinische Status genauer festzulegen, indem die Patientenmerkmale mit Daten anderer klinischer Gruppen verglichen werden (vgl. auch 3.4.3).

Untersuchungen an Analogklienten lassen vielfach zu Recht Zweifel an der Generalisierbarkeit der Befunde aufkommen, doch wäre es falsch, unbesehen jede Studie mit Analogklienten als wertlos zu bezeichnen. Erst eine genaue Analyse, in welchen Dimensionen die gesamte Studie von der klinischen Situation abweicht, lässt die Frage der Generalisierbarkeit differenzierter beantworten [60].

### 3.4.3 Freiwilligkeit

Unabhängig von den Rekrutierungs- und Selektionsmechanismen, aber auch unabhängig vom klinischen Status («echte Patienten versus Analogklienten) ist das Problem der freiwilligen Teilnahme an einer Studie. Auch bei Patienten im Rahmen einer ambulanten oder stationären Institution besteht die Möglichkeit, dass sie sich für bestimmte Untersuchungen oder Videoaufnahmen nicht zur Verfügung stellen. Andererseits ist bei Anwerbung immer der Aspekt der Freiwilligkeit dabei. Damit erhebt sich die Frage, ob durch diese Selbstselektion evtl. verzerrte Stichproben gebildet werden, die die Generalisierbarkeit der Befunde einschränken. ROSENTHAL und ROSNOW [116] haben eine Vielzahl empirischer Untersuchungen analysiert, die sich mit der Beziehung zwischen Freiwilligkeit und Vpn-Variablen beschäftigen. Sie kommen daraus zu dem Schluss, dass die folgenden Merkmale bei freiwilligen Vpn relativ häufig auftreten und sie dadurch von Nichtfreiwilligen unterscheiden: bessere Ausbildung, höherer sozialer Status, intelligenter (gilt nur für allgemeine Untersuchungen, nicht jedoch bei weniger typischen Forschungsthemen wie Hypnose, Sexualität usw.), stärkeres Bedürfnis nach sozialer Anerkennung, stärkere soziale Ausrichtung. Auch andere Autoren [1, 89] weisen auf die Gefahr der Stichprobenverzerrung durch Selbstselektion hin. Anderer Auffassung ist dagegen KRUGLANSKI [67, 68]. Er geht von der Argumentation aus, dass der Freiwilligenstatus nicht ein homogenes psychologisches Konstrukt ist, sondern eher als Schnittpunkt zahlreicher anderer Konstrukte im Akt der freiwilligen Meldung angesehen werden kann. Diese Konstrukte sind vor allem von den heterogenen Bedingungen der verschiedenen Untersuchungen abhängig und insofern selbst heterogen. Daher seien auch kaum substantielle Beziehungen zwischen der Variablen Freiwilligenstatus und anderen psychologischen Variablen zu erwarten.

Zur Klärung der Kontroverse wären Untersuchungen wichtig, bei denen verschiedene Grade der Freiwilligkeit (z. B. angeworben für Therapie vs. Therapie dringend nahegelegt) mit dem Konstrukt Therapiemotivation in Verbindung gebracht werden. Dabei wäre die Therapiemotivation nach STELLER [125] in Leidensdruck, Änderungswunsch, Hilfewunsch und Erfolgserwartung zu unterteilen. Diese Merkmale, zusammen mit anderen Daten (vgl. Kap. 3.4.4) könnten Auskunft darüber geben, inwieweit freiwillige Personen in Therapiestudien von anderen Patienten zu unterscheiden sind. Solange verlässliche Angaben fehlen, bleibt aber die Frage nach der Generalisierbarkeit bestehen.

### 3.4.4 Beschreibung der Vpn/Ptn

Hinsichtlich der Rekrutierung/Selektion von Vpn/Ptn ergibt sich aus den vorangegangenen Erörterungen die Notwendigkeit, möglichst viele Patientenmerkmale im Untersuchungsbericht zu beschreiben, um für die Evaluation die Möglichkeit zu schaffen, auf dieser Basis die Generalisierbarkeit der Befunde im Wege der «logischen Schlussfolergung» (s.o.) abschätzen zu können. Dabei sind in Anlehnung an KIRCHNER et al. [65] zwei Variablenbereiche von Bedeutung, nämlich zum einen Merkmale der Symptomatik (sowohl aktueller Zustand z.B. hinsichtlich Topographie und Intensität der Störung als auch Krankheitsverlauf) und zum anderen sonstige Merkmale der Vpn/Ptn (demographische Merkmale wie Alter, Geschlecht, Beruf, sozialer Status usw. sowie Persönlichkeitsmerkmale wie z.B. Intelligenz, Neurotizismus, Extraversion usw.)

Die Anzahl relevanter Merkmale ist nahezu unbegrenzt, und für viele ist die konkrete Bedeutung innerhalb der Psychotherapieforschung noch nicht empirisch belegt. Hinzu kommt, dass aufgrund unterschiedlicher theroretischer Bezugsrahmen der Vl jeweils verschiedene Variablen relevant sind. Es ist daher nicht möglich, hier alle denkbaren Merkmale aufzuführen. Immerhin sind jedoch einige Merkmale zum unabdingbaren Bestand zu rechnen, so Alter, Geschlecht, Beruf zum einen und differenzierte Beschreibung der Störung, die über die Nennung eines Diagnosebegriffes hinausgeht, zum anderen.

Diese Merkmale sind zu unterscheiden von den Klassifikationsmerkmalen, die als unabhängige Variablen in den Versuchsplan mit eingehen. Oft werden die Beschreibungsmerkmale in der Auswertung wie unabhängige Variablen behandelt, obwohl keine diesbezüglichen Hypothesen formuliert worden sind.

### 3.4.5  Zuordnung der Vpn/Ptn zu Treatments

Die möglichen Zuordnungen sind bereits in Abschnitt 3.3.1 dargestellt. Dabei wurde festgehalten, dass eine Zuordnung willkürlich oder zufällig getroffen werden kann. Eine willkürliche Zuordnung in diesem Sinne birgt immer die Gefahr, dass der Vl sich bei der Gruppenaufteilung absichtlich oder unbeabsichtigt von bestimmten Merkmalen der Vpn/Ptn (z. B. prognostische Variablen) leiten lässt. Die Folge ist, dass die Gruppen im Hinblick auf diese Variablen nicht als äquivalent angesehen werden können. Daher ist als Zuordnungsverfahren nur die Zufallszuteilung sinnvoll.

## 3.5 Verlauf der Untersuchung

Bei Untersuchungen, die sich über längere Zeiträume erstrecken, wächst mit zunehmender Dauer das Risiko, dass externe Faktoren die Untersuchungsergebnisse beeinflussen. Daher steht die Frage im Vordergrund, ob die bei Beginn der Behandlung bestehende Vergleichbarkeit der Gruppen während der Therapie, evtl. aber auch während der Nachuntersuchungsphase erhalten bleibt [31, 51]. Die Gruppenzusammensetzung kann sich durch Ausfall der Vpn/Ptn und dem Ausschluss von Vpn/Ptn verändern.

### 3.5.1 Ausfall von Vpn/Ptn

Von Ausfall kann man dann sprechen, wenn Vpn/Ptn nach Abschluss der Gruppenzuteilung nicht mehr für die Datenerhebung zur Verfügung stehen, ohne dass dies auf direkte Massnahmen des Versuchsleiters oder Therapeuten zurückzuführen ist. Bei klinischen Untersuchungen stellen die Ausfälle von Vpn/Ptn ein besonderes Problem dar [3], da bei psychiatrischen Patienten, somatischen Krankheiten, Neurosen usw. immer mit grossen Ausfallquoten gerechnet werden muss.

Durch selektive Ausfälle kann die mittels Randomisierung hergestellte Vergleichbarkeit der Gruppen (echte experimentelle Anordnung nach [28]) beeinträchtigt werden und damit die experimentellen Anordnung in eine quasi-experimentelle übergehen. Ältere Studien zeigen, dass Ausfälle mit Therapiemotivation, Erwartungshaltungen, aber auch mit Charakteristika der Störung (z. B. Angst, paranoide Symptomatik) zusammenhängen [43, 126]. Dass durch derartige Faktoren die Konklusivität der Studie beeintrachtigt wird, ist verständlich. Sind die Ausfälle über die Gruppen ungleich verteilt (differentielle Ausfälle), so sind die Gruppen nicht mehr vergleichbar; sind die Ausfälle ungefähr gleich häufig, so ist zu prüfen, ob die Patientenmerkmale der ausgefallenen Vpn/Ptn sich von den übrigen unterscheiden.

Die Verrechnung der Ausfälle stellt ein weiteres Problem dar. Das häufig zu beobachtende Weglassen der Ausfälle wurde verschiedentlich kritisiert. So fordern z. B. BAEKELAND und LUNDWALL [3], Ausfälle als Misserfolge zu werten, da andernfalls unberechtigt hohe Erfolgsraten die Folge sind. Grundlage einer solchen Argumentation sind zwei Prämissen, nämlich 1. dass eine positive Korrelation zwischen Behandlungdauer und Therapieerfolg besteht, und zwar bei allen Patienten und allen Störungsformen, sowie 2. dass sog. Spontanremissionen nicht vorkommen. Die erste Prämisse lässt sich nach einer Analyse der hierzu vorliegenden Literatur nicht aufrechterhalten. Von zwanzig von BAEKELAND und LUNDWALL [3] aufgeführten Untersuchungen berichten zehn positive Beziehungen zwischen Zeitvariablen und Therapieerfolg; in den anderen zehn Studien werden dagegen solche Korrelationen nicht festgestellt. Eine mögliche Ursache der geringen Eindeutigkeit dieser Ergebnisse liegt vermutlich in den unterschiedlichen Ausfallgründen: Bei einigen der Patienten wird wahrscheinlich bereits nach kurzzeitiger Intervention eine Symptomreduktion erreicht, womit das subjektive Therapieziel erreicht ist. Diese Gruppe als Misserfolg zu werten, ist offenbar ungerechtfertigt. Andererseits ist aber auch denkbar, dass Patienten die weitere Teilnahme an einer Behandlung verweigern, wenn diese nicht ihren Vorstellungen entspricht und/oder sie ihr geringe oder keine Heilungschancen zuschreiben. Da das zu prüfende Therapieverfahren offenbar ungeeignet ist, dieser Gruppe von Patienten zu helfen, wäre hier eine Bewertung als Misserfolg durchaus angemessen. Bei der Betrachtung von Ausfällen aus nicht behandelten Kontrollgruppen ist in Rechnung zu stellen, dass ein Teil davon in Symptomreduktionen begründet sein kann, die nicht auf die zu prüfende Therapietechnik zurückgeführt werden können (Spontanremissionen: [70]). In diesen Fällen wäre natürlich die Bewertung als Misserfolg unberechtigt, und selbst das blosse Weglassen aus der Datenanalyse würde noch zu einer Verfälschung der Ergebnisse in Richtung einer zu positiven Einschätzung der Therapie führen.

Aus den angeführten Gründen ist ersichtlich, dass es eine eindeutige Strategie bei der Behandlung der Ausfälle nicht gibt. Es empfiehlt sich daher, die Ausscheidungsgründe genau zu analysieren. Bestehen Zusammenhänge zwischen Ausscheidungsgrund und jeweiliger Behandlung, sind die Drop-Outs entsprechend ihrer Gründe in die Datenanalyse miteinzubeziehen. Sind keine Zusammenhänge vorhanden (z. B. bei Wohnungswechsel), so ist das Weglassen sinnvoll. Sind die Gründe unbekannt, so kann man die Vpn/Ptn nach den verschiedenen Strategien verrechnen und die Ergebnisse in Abhängigkeit der Verrechnungsart darstellen; damit gibt man optimistische resp. pessimistische Ergebnisschätzungen an.

## 3.5.2 Ausschluss von Vpn/Ptn

Seltener als der oben beschriebene Vpn/Ptn-Ausfall ist das Ausschliessen von Vpn/Ptn durch den Versuchsleiter. Sofern das Ausschliessen vor der endgültigen Gruppenzuteilung erfolgt, handelt es sich noch um das Stadium der Selektion von Vpn/Ptn und wird daher an dieser Stelle nicht diskutiert. Hier soll nur das Ausschliessen *nach* bereits erfolgter Gruppenzuteilung erörtert werden mit dem Ziel, die Angemessenheit der Ausschlüsse zu prüfen. Voraussetzung dafür ist zunächst, dass die Gründe, die zum Ausschluss geführt haben, in dem Untersuchungsbericht aufgeführt werden.

Die Angemessenheit/Unangemessenheit der Ausschlussgründe lässt sich nur teilweise allgemeingültig bestimmen. Nach einer Zusammenstellung von BERGIN und STRUPP [10] können z.b. legitime Gründe für das Ausschliessen von Vpn/Ptn darin liegen, dass

- sich nachträglich herausstellt, dass Vpn/Ptn in der Selektionsphase falsch klassifiziert wurden und z.b. keine Phobie, sondern evtl. eine psychotische Erkrankung vorliegt;
- experimentelle Randbedingungen von den Vpn/Ptn nicht eingehalten werden, indem sie z.b. entgegen einer Vereinbarung pharmakologische Behandlung nicht absetzen oder zusätzlich beginnen.

Häufig wird die Angemessenheit von Ausschlussgründen jedoch nur im Hinblick auf die Untersuchungshypothesen zu bewerten sein.

## 3.6 Datenanalyse

Zur statistischen Verarbeitung der Daten steht eine Vielzahl einfacherer und komplexer Verfahren zur Verfügung (z.B. [74, 94, 134]). Die damit zusammenhängenden Probleme brauchen hier nicht besprochen werden, da sie in der entsprechenden Fachliteratur breit abgehandelt werden. Auf drei Punkte soll hier aber explizit eingegangen werden: Voraussetzungen der Signifikanztests, Auswertungsmethode, Bedeutsamkeit der Befunde (vgl. auch [76, 77]).

*Voraussetzungen statistischer Prüftests:* Jeder statistische Test basiert auf Voraussetzungen, die geprüft werden müssen (z.B. t-Test: Varianzhomogenität, Intervallskala). Werden diese verletzt, so ist der Test in der Regel nicht mehr anwendbar. Selten liegen ausführliche Monte-Carlo-Studien vor, die genau zu diesem Problem Stellung beziehen und dem Benutzer Anhaltspunkte geben, wie er sich im Falle von Abweichungen verhalten soll. So haben z.B. HAVLICEK, PETERSON [52] umfangreiche Monte-Carlo-Studien zum t-Test durchgeführt und verschiedene Konstellationen überprüft. Ähnlich problematisch ist die Frage nach dem Skalenniveau und dem Einfluss der Verletzung dieser Voraussetzung. Auch hier liegen kaum Untersuchungen vor. Meist ist daher – wenn dies auch mit Informationsverlust verbunden ist – eine Auswertung mit einer Methode indiziert, bei der man die Voraussetzungen sicher erfüllt, was vielfach Nominal-, z.T. Ordinalskala bedeutet.

*Auswertungsmethode:* Komplexe Versuchspläne sind auch mit komplexen statistischen Methoden zu analysieren, da sonst Information verloren geht. Bei Therapiestudien hat man vielfach varianzanalytische Versuchspläne (1 Treatmentfaktor, evtl. Klassifikationsfaktoren, 1 Zeitfaktor). Führt man nur paarweise Mittelwertvergleiche durch, so berücksichtigt man häufig nicht, dass diese evtl. gar nicht statthaft sind, da sich die Mittelwerte insgesamt statistisch nicht unterscheiden. Ebenso vernachlässigt man Interaktionen und – wenn mehrere abhängige Variablen vorhanden sind – die gegenseitige Abhängigkeit der Variablen untereinander. Vielfach sind aber die Voraussetzungen für multivariate mehrfaktorielle Varianzanalysen nicht gegeben, so dass man auf komplexe Auswertungen verzichten muss. In der Regel lässt sich aber nicht sagen, dass eine einfachere Auswertung zu falschen Aussagen führt resp. die statistische Validität einer Studie beeinträchtigt; insbesondere gilt dies, wenn man durch Adjustierung des Signifikanzniveaus die multiplen Vergleiche berücksichtigt [74].

*Bedeutsamkeit:* Die meisten Untersuchungen richten sich in ihren Aussagen nach der statistischen Signifikanz (5%, 1% usw.), wobei meist ausser Acht gelassen wird, dass bei grösseren Stichproben auch kleinere Unterschiede signifikant werden. Dabei wird die Bedeutsamkeit [24] kaum analysiert, obwohl verschiedentlich auf die Problematik statistische Signifikanz/klinische Relevanz hingewiesen wird. Eine stärkere Beachtung der Bedeutsamkeit resp. klinischen Relevanz der Ergebnisse würde vermutlich zu einer Vereinfachung der Befundmenge in der Therapieforschung führen, da dann die Devise «Everybody has won and all must have prizes» nicht mehr aufrecht zu halten wäre [75].

## 4. Vergleich mit anderen Kriterienkatalogen

Im voraufgehenden wurden Methodenkriterien für empirische Psychotherapiestudien zur ambulanten Behandlung von Erwachsenen begründet. Eine Zusammenfassung dieser Methodengesichtspunkte enthält Tabelle V.

Tab. V. Struktur des Kriterienkatalogs.

| Treatmentvariablen Kriterienbereiche | Fragestellungen |
|---|---|
| Beschreibung der Treatments | Zureichende Beschreibungen der Treatments |
| Kontrollstrategie | Art der verwendeten Kontrollgruppe(n) |
| Instruktion | Vergleichbarkeit der Instruktionen |
| Setting | Vergleichbarkeit der Settings |
| Behandlungsdauer | Vergleichbarkeit der Behandlungsdauer |
| Häufigkeit und Dauer der Kontakte | Vergleichbarkeit von Häufigkeit und Dauer der Kontakte |
| Zeitraum der Untersuchung | Zeitliche Parallelität der Behandlungen |
| Interferierende Behandlungen | Anzahl und Verteilung der Vpn/Ptn mit interferierenden Behandlungen |

| Klassifikation Kriterienbereiche | Fragestellungen |
|---|---|
| Klassifikationsinstrumente | Klassifikation der Messmethoden/Kriterien |
| Inhalt der Instrumente | Zureichende Beschreibung der Klassifikationsinstrumente und -kriterien |
| Güte der Instrumente | Angaben zu den Gütedaten der Klassifikationsinstrumente und -kriterien |

| Abhängige Variablen Kriterienbereiche | Fragestellungen |
|---|---|
| Breite der abhängigen Variablen | Variablenrepräsentativität für gestörte bzw. ungestörte Verhaltensbereiche |
| Messinstrumente | Klassifikation der Messmethoden |
| Inhalt der Instrumente | Zureichende inhaltliche Beschreibung der Instrumente |
| Güte der Instrumente | Angaben zu den Gütedaten der Instrumente |
| Datenerheber | Kennzeichnung der Datenerheber |
| Datenauswerter | Kennzeichnung der Datenauswerter |
| Informiertheit der Datenerheber | Kenntnisse über Messzeitpunkte bzw. erwartete Effekte |
| Situationsbezug der Daten | Intra- und/oder extratherapeutische Daten |
| Katamnesedauer | Zeitraum zwischen Therapieende und Nachuntersuchung |
| Katamneseinstrumente | Vergleichbarkeit der Instrumente aus vorausgehenden Messungen und Katamnese |

| Versuchsleiter/Therapeuten Kriterienbereiche | Fragestellungen |
|---|---|
| Funktionsteilung | Identität von Vl und Th |
| Zuordnung von Th zu Ptn/Treatments | Art/Verfahren der Zuordnung von Th zu Ptn/Treatments |
| Kontrolle der Realisierung der Behandlung | Übereinstimmung zwischen Therapeutenverhalten und Therapiemanual |
| Personenmerkmale | Vergleichbarkeit der Personenmerkmale |
| Persönlichkeitsmerkmale | Vergleichbarkeit der Persönlichkeitsmerkmale |

| | |
|---|---|
| Erfahrung | Vergleichbarkeit der Therapeutenerfahrung |
| Vortraining | Training/Erfahrung in den speziellen Behandlungen |
| Hypothesenkenntnis | Kenntnis der vermuteten Ergebnisse bei den Therapeuten |
| Prognostische Erwartungen | Erhebung prognostischer Erwartungen bei den Therapeuten |

| Versuchspersonen/Patienten Kriterienbereiche | Fragestellungen |
|---|---|
| Rekrutierungsprozedur | Zureichende Beschreibung der Rekrutierungsprozedur |
| Selektion | Zureichende Beschreibung der Selektionsprozedur |
| Selektionsinstrumente | Klassifikation der Messmethoden |
| Information | Information der Vpn/Ptn über Selektionsfunktion der Messinstrumente |
| Kognition | Vermutungen der Vpn/Ptn über Hypothesen, Qualität der Behandlung |
| Klinischer Status der Vpn/Ptn | Analogklienten, Patienten |
| Freiwilligkeit | Generalisierbarkeit bei Selbstselektion |
| Beschreibung der Vpn/Ptn | Symptomatik |
| Gruppenzuweisung der Vpn/Ptn | Art der Gruppenzuweisung der Vpn/Ptn |

| Verlauf der Untersuchung Kriterienbereiche | Fragestellungen |
|---|---|
| Vpn/Ptn Ausfälle | Anzahl |
| | Spezifikation des Ausfallzeitpunktes |
| Selektivität der Ausfälle | Grobprüfung der Selektivität |
| Berücksichtigung der Ausfälle | Art der Verrechnung von Ausfällen |
| Vpn/Ptn Ausschluss | Anzahl |
| | Ausschlussgründe |
| | Angemessenheit der Ausschlussgründe |

| Datenanalyse Kriterienbereiche | Fragestellungen |
|---|---|
| Prüfverfahren | Bezeichnung der statistischen Prüfverfahren |
| Signifikanztests | Prüfung der Voraussetzungen |
| Signifikanzniveau | Angabe der maximalen oder exakten Irrtumswahrscheinlichkeit |
| Bedeutsamkeit | Masse für praktische Bedeutsamkeit der Effekte |
| Komplexität der Analysetechnik | Univariat – multivariat |
| Auswertungsmethode | Einzelgruppen und/oder Untersuchungstage |

Die Zuordnung der einzelnen Gesichtspunkte zu den oben vorgestellten Konzepten der internen, statistischen, externen und Konstruktvalidität lässt sich unter Zuhilfenahme ihrer Definition treffen und soll deshalb hier nicht weiter ausgeführt werden.

Es wurde eingangs bereits darauf hingewiesen, dass es unbegrenzt viele Störfaktoren der Validitätsanforderungen an eine empirische Untersuchung gibt. Deshalb kann kein Kriterienkatalog in einem absoluten Sinn vollständig sein. Was aber möglich und notwendig erscheint, ist die Abschätzung der relativen Vollständigkeit eines Kriterienkatalogs. Als Bezugspunkt können dabei konkurrierende Kriterienkataloge dienen. Der gegenwärtig differenzierteste Alternativkatalog ist die Merkmalsliste von BÖTTGER et al. [22]. In den Merkmalsbereichen besteht weitgehende Parallelität zwischen unserem Kriterienkatalog und der Merkmalslist von BÖTTGER et al. [22]. Wir berücksichtigen zusätzlich einen Merkmalsbereich «Datenanalyse», der durch das Konzept der statistischen Validität motiviert ist. Unter diesem Gesichtspunkt erweist sich unser Kriterienkatalog differenzierter als die Merkmalsliste. Ein Vergleich der beiden Kataloge auf der Merkmalsebene macht deutlich, dass unser Kriterienkatalog spezifischere Itemformulierungen enthält als die Merkmalsliste von BÖTTGER et al [22]. Dieser Unterschied ergibt sich u. a. aus Unterschieden im Begründungs- und Verwendungskontext der beiden Kataloge (vgl. dazu [8]). Folgende Beurteilungsaspekte aus der Merkmalsliste könnten eine sinnvolle Ergänzung bzw. Differenzierung unseres Kriterienkatalogs bilden (vgl. [22]):

- Änderungen im Leben der Ptn: Angaben bzw. expliziter Ausschluss von Änderungen in Familie, Schule, Beruf, Sozialkontakten u. ä. der Ptn;
- Probleme bei der Behandlung: Angaben bzw. expliziter Ausschluss von unvorhergesehenen Zwischenfällen in der Zeit zwischen Vor- und Nachtest.

Neben der Merkmalsliste von BÖTTGER et al. [22] und KIRCHNER et al. [65] finden sich in der Literatur weitere Diskussionsbeiträge zur Formulierung von Kriterien zur Beurteilung der Konklusivität und Generalisierbarkeit von Psychotherapiestudien. Teilweise werden dabei explizit Kriterienlisten vorgeschlagen [38, 76] bzw. Kriterien im Zusammenhang einer methodenkritischen Analyse oder Bestandsaufnahme der Therapieforschung vorgestellt (z. B. [30, 62, 123, 130, 131, 136]). Diese Beiträge unterscheiden sich von der Merkmalsliste und von unserem Kriterienkatalog dadurch, dass sie nicht als Beurteilungsverfahren konzipiert sind bzw. dass sie – wenn sie als Kriterienlisten vorliegen – nicht auf ihre instrumentelle Güte untersucht wurden.
So haben z. B. FISKE et al. [38] eine Check-Liste vorgeschlagen. Trotz Unterschieden in der Einteilung der Prüfbereiche zwischen der Check-Liste und unserem Kriterienkatalog ist auf der Ebene der einzelnen Prüf-

fragen weitgehende Parallelität festzustellen. Gewisse Unterschiede in der Akzentuierung ergeben sich aus der Verschiedenheit der primären Zielsetzung der beiden Kataloge: FISKE et al. [38] betonen den Theorieaspekt, während wir uns mit unserem Kriterienkatalog auf methodologische Gesichtspunkte beschränkt haben. Im einzelnen erscheinen folgende Gesichtspunkte aus der Check-Liste zur Erweiterung des Kriterienkatalogs geeignet:

- Dimensionalität der abhängigen Variablen: Welche unabhängigen Merkmalsbereiche werden von den abhängigen Variablen erfasst.
- Reaktivität der Datenerhebung: Wissen die Patienten, dass und/oder was gemessen wird.
- Art der Kennwerte in den Variablen: Mit welchen Kennwerten gehen die Variablen in die statistische Analyse ein (z.b. Rohwerte, Differenzwerte, Residualwerte u.ä.)

MAHER [76] stellt einen Leitfaden zur Beurteilung von Forschungsberichten in der klinischen Psychologie vor. Ein Vergleich des Leitfadens mit unserem Kriterienkatalog legt im wesentlichen nur folgende Ergänzung des Kriterienkatalogs nahe:

- Beschreibung der Vpn/Ptn: Wurden bei den Ptn Hinweise auf eine organische Verursachung erfasst und/oder kontrolliert.

Insgesamt gesehen ergeben sich aus dem Vergleich mit anderen Kriterienkatalogen für unseren Katalog hauptsächlich Ausdifferenzierungen und Präzisierungen, aber keine grundsätzlichen Änderungen.

Empirische Daten über die Einstufbarkeit der Kriterien liegen nur für die Merkmalsliste von BÖTTGER et al. [22] vor. Eigene detaillierte Untersuchungen ergaben für unseren Kriterienkatalog eine durschnittliche Inter-Rater-Übereinstimmung von 77% und eine Wiederholungsübereinstimmung (nach etwa sechs Wochen) von 85% (vgl. [8]).

## 5. Diskussion der Methodenkriterien

Im folgenden sollen einige Probleme der Validitätstheorie angesprochen werden. Diese ergeben sich zum einen aus einer *internen* Betrachtungsweise, bei der die Frage nach der Entscheidbarkeit der Kriterien gestellt wird. Davon abzuheben ist eine *externe* Betrachtungsweise, bei der gefragt wird, ob die Validitätstheorie gegenüber unserem Vorverständnis und den Handlungsnormen im klinisch-psychologischen Bereich angemessen ist (vgl. zum Begriff des Vorverständnisses z.b. die Ausführungen zum «qualitative knowing» von CAMPBELL [27a] oder die Erläuterung des Stellenwerts der phänomenologischen Orientierung in der Psychologie von GRAUMANN und MÉTRAUX [45a]; vgl. zum Begriff der Handlungsnormen die Ausführungen zum Gewissen des Therapeuten bei KAMINSKI [57a]). Von Beurteilungskriterien ist sinnvollerweise zu fordern, dass sie entscheidbar sind. Grundsätzliche Überlegungen, aber auch die Ergebnisse von Interraterstudien [8, 22, 63] weisen darauf hin, dass nicht alle Methodenkriterien eindeutig erhebbar oder entscheidbar sind. Insbesondere bei den Punkten, die die Konstruktvalidität ansprechen, ist die Entscheidbarkeit problematisch. Ähnliches gilt für die externe Validität. Theoretische Begriffe zeichnen sich gerade durch einen gegenüber jeder Operationalisierung prinzipiell verbleibenden Bedeutungsüberhang aus, sind also zu keinem Zeitpunkt vollständig definierbar. Am Beispiel des Konzepts der Angst lässt sich dieses Kennzeichen theoretischer Begriffe verdeutlichen [118]. Die Erwartung, einen Kriterienkatalog aufzustellen, der uns eindeutig und für alle theoretischen Rahmenvorstellungen verbindlich entscheiden lässt, ob ein theoretisches Konzept adäquat und erschöpfend operationalisiert ist, erscheint nicht gut begründet. Dies steht nicht im Widerspruch zu Ergebnissen von Interraterstudien, die z.T. hohe Übereinstimmung bei der Beurteilung derartiger Kriterien ergeben haben. Diese sind vor allem dadurch erklärbar, dass die Übereinstimmungen aus einem gemeinsamen theoretischen Rahmen der Beurteiler resultieren. Liegen derartige implizite oder explizite Übereinkünfte nicht vor, so würden wir einen erheblichen Dissens zwischen den Beurteilern erwarten. Dafür sprechen z.B. Diskussionen zwischen Forschern, die eine psychoanalytische oder eine verhaltenstherapeutische Auffassung repräsentieren [2a]. Dass entsprechende Diskrepanzen bisher bei der Anwendung der Validitätstheorie nicht zum Vorschein gekommen sind, ergibt sich daraus, dass die betreffenden Arbeiten [8, 22, 63] mit bezug auf den theoretischen Rahmen homogenen Ratern durchgeführt worden sind. Der Gesichtspunkt, dass die Validitätstheorie in wesentlichen Punkten nicht losgelöst vom jeweiligen theoretischen Rahmen diskutiert werden kann, ist u.E. bei den bisherigen Diskussionen der Validitätstheorie (vgl. z.B. [28, 31, 65]) zu wenig beachtet worden.

Neben der internen Betrachtungsweise erscheint auch eine externe sinnvoll: dabei geht es um die Angemessenheit der Validitätstheorie gegenüber unserem auf Erfahrung begründeten Vorverständnis und den Handlungsnormen im klinisch-psychologischen Bereich. Nimmt man einmal an, dass die Validitätstheorie im Kern die Axiomatik der empirischen Therapieforschung darstellt, und prüft man, was die empirische Forschung bisher für die Therapiepraxis beigetragen hat, so lässt sich dadurch ein Hinweis auf die Angemessenheit der Validitätstheorie für den klinischen Sektor gewinnen. Bei einer solchen Betrachtungsweise stimmen wir BECKMANN, SCHEER und ZENZ [9a] in ihrer Schlussfolgerung bei: «Es ist nicht zu verkennen, dass Forschungsergebnisse bisher kaum eine Rückwirkung auf das Verhalten in der klinischen Praxis hatten. Was gemessen wurde, hatte oft keine Relevanz für die praktische Tätigkeit.» Ähnliche Überlegungen zur Diskrepanz zwischen Forschung und Praxis äussert auch BAUMANN [6a]. Mit Ausnahme der sog. kritischen Psychologie (vgl. z.B. [58a]) oder der Psychoanalyse wurde bislang das Verhältnis Theorie – Methodologie – Praxis in der Methodendiskussion nur am Rande berücksichtigt (eine Ausnahme bildet z.B. HERRMANN [53a]). Fragt man sich, ob die geringe Aussagekraft der am Leitbild der Validitätstheorie orientierten klinischen Therapieforschung durch inadäquate Designs oder durch die Validitätstheorie selbst bedingt ist, so lässt sich dies zwar z.Z. für uns noch nicht mit letzter Sicherheit beantworten. Die Vermutung, dass die Validitätstheorie selbst – in ihrer jetzigen Konzeption – grundsätzliche Schwächen aufweist, kann aber nicht gänzlich ausgeräumt werden. Diese werden dann sichtbar, wenn man die Theorie entsprechend ernst nimmt und versucht, sie konsequent auf Therapiestudien anzuwenden. Therapiestudien über kurze Zeiträume, im Sinne von «Akutversuchen» (vgl. Pharmakopsychologie), bei denen einige ausgewählte Problembereiche analysiert werden, sind zwar unter der Validitätstheorie denkbar. Therapiestudien, die längere Zeiträume umfassen, die – der Realität entsprechend – hinreichend komplex und adaptiv sind, bei denen die Interaktion zwischen Therapeut und Patient nicht nur als Störgrösse, sondern als therapiekonstituierendes Element angesehen werden usw. (vgl. dazu Kap. 1), lassen sich aber nicht mehr ohne problematische ad-hoc Annahmen mit der vorliegenden Form der Validitätstheorie in Einklang bringen. Daher erscheinen uns Zweifel an der Angemessenheit der Validitätstheorie für den Therapiesektor durchaus begründbar. Es wäre u.E. aber verfehlt, daraus den Schluss zu ziehen, dass dieses Verständnis empirischer Forschung dem klinischen Sektor in keinem Fall angemessen sei. Die Schwäche der Validitätstheorie liegt vielmehr darin, dass das Ideal der Präzision optimiert wird, ohne das Kriterium der Gegenstandsangemessenheit genügend zu berücksichtigen. Dieses Ideal dürfte u.E. aber eher in einer umfassenderen Methodologie anzustreben sein, wie sie von verschiedenen Autoren gefordert wird, so z.B. ROYCE [116a], HERRMANN [53a] und CAMPBELL [27a]. Darin wäre auch Platz für Präzisionsforderungen im Sinne der Validitätstheorie.

Einwände gegen die Validitätstheorie lassen sich auch aus ihrer Bewertung von Einzelfallstudien ableiten. KIRCHNER et al. [65] haben bereits darauf hingewiesen, dass in der Validitätstheorie Gruppenstudien gegenüber Einzelfallstudien z.T. ohne gute Gründe überbewertet werden. Obwohl Einzelfallstudien nach der Validitätstheorie in ihrem Aussagegehalt nicht auf andere Personen generalisiert werden können, sind sie in der klinischen Psychologie immer wieder – im Sinne von typischen Fällen – von grosser Bedeutung gewesen. So gründet die Theorie der Psychoanalyse in den Formulierungen von FREUD nur auf Einzelfällen und nicht auf Gruppenstudien. Auch das klinische Handeln bezieht sich u.a. auf Einzelfälle, z.B. im Rahmen der einschlägigen Berufserfahrung. Diese stellt nach KAMINSKI [57a] zwar ein Änderungswissen minderer Dignität gegenüber empirisch geprüften Änderungsmodellen dar, erscheint uns aber als ein wesentliches, vielleicht sogar das wichtigste Moment im Begründungsprozess klinischen Handelns. Auch hier sehen wir eine Diskrepanz zwischen methodischen Forderungen und klinischer Erfahrung.

Wir wollen abschliessend die Validitätstheorie unter wissenschaftstheoretischem Blickwinkel betrachten. Eine ausführliche Diskussion wissenschaftstheoretischer Voraussetzungen der Validitätstheorie von CAMPBELL und STANLEY [28] findet man bei GADENNE [41]. Da COOK und CAMPBELL [31] auf der Theorie von CAMPBELL und STANLEY aufbauen, treffen die Überlegungen von GADENNE im wesentlichen auch auf die revidierte Form der Validitätstheorie zu. Seine Analyse führt – sehr verkürzt – zu dem Ergebnis, dass die Validitätstheorie von CAMPBELL und STANLEY nur dann aufrechterhalten werden kann, wenn man eine der beiden folgenden Alternativen akzeptiert: die Möglichkeit einer vollständigen Kontrolle der Störfaktoren einer Untersuchung oder die Möglichkeit induktiver Schlüsse. Die erste Alternative lässt sich deshalb nicht erfüllen, weil die Störfaktoren nie vollständig bekannt sind, sondern sich erst in der den Forschungsprozess begleitenden Reflexion entwickeln. Die Bedeutung der zweiten Alternative ergibt sich daraus, dass die mit den Validitätskonzepten verbundenen methodologischen Regeln – entgegen der Auffassung von COOK und CAMPBELL [31] – auf induktiven Schlüssen beruhen. Kennzeichnend für induktive Schlüsse ist es, dass die Konklusion einen höheren Gehalt als die Prämissen hat. Das damit aufgeworfene Induktionsproblem bezieht sich auf die Frage, ob und ggf. wie sich solche ampliativen Schlüsse rechtfertigen lassen. Die Antwort hangt davon ab, wie man induktive Schlüsse auffasst: als gewöhnliche Schlüsse, Wahrscheinlichkeitsschlüsse, bedingte Wahrscheinlichkeitsaussagen oder Annahmeregeln [69]. GADENNE setzt sich mit einer Auffassung induktiven Schliessens auseinander, die auf CARNAPS Konzeption einer induktiven Logik beruht. Aufgrund des bisher ausgebliebenen Erfolgs dieses und ähnlicher Programme zur Lösung des Induktionsproblems favorisiert er die Falsifikationstheorie von POPPER. Nach dieser wissenschaftstheoretischen Position erfordert ein Erkenntnisfortschritt eine strenge Prüfung von Theorien mit möglichst hohem empirischen Gehalt. Dazu müssen die empirischen Untersuchungen so angelegt sein, dass die Chance einer Falsifikation einer unzutreffenden Theorie möglichst gross ist. Diese Chance nimmt zu, wenn die potentiell störenden Bedingungen kontrolliert werden.

Bei der Prüfung wissenschaftlicher Hypothesen bietet sich eine Unterscheidung nach den Bereichen an, auf die sich eine Hypothese bezieht (vgl. dazu [47]). Es sind in erster Linie unbeschränkte universelle Hypothesen, auf die das Falsifikationsmodell zugeschnitten ist. Bei den uns in diesem Rahmen interessierenden klinisch-psychologischen Hypothesen handelt es sich jedoch überwiegend um statistische Hypothesen. Von Seiten der Wissenschaftstheorie liegen aber erst ansatzweise Überlegungen zur Prüfung statistischer Hypothesen und insbesondere zum Stellenwert der hier von uns diskutierten Methodenkriterien vor. U.E. hat insbesondere die Falsifikationstheorie zur Prüfung statistischer Hypothesen wenig zu sagen.

Die Falsifikationstheorie des Akzeptierens ist aus einem weiteren Grund nicht unproblematisch: die Beobachtungssätze, an denen sich die Theorie zu bewähren hat, werden nämlich nicht aufgrund der Verifikation von Konsequenzen, sondern zumeist aufgrund ihrer hohen Wahrscheinlichkeit akzeptiert [69]. Der falsifikationistische Lösungsvorschlag erweist sich also nicht als so zwingend, wie das auf dem ersten Blick erscheinen mag. Andere Lösungsmöglichkeiten wie z.B. die Interpretation induktiver Schlüsse als bedingte Wahrscheinlichkeitsaussagen erscheinen mindestens ebenso plausibel. Bei dieser Interpretation wird der Schlusscharakter induktiver Schlüsse aufgegeben und mit subjektiven Wahrscheinlichkeiten gearbeitet. Aus den Prämissen folgt dann nicht, dass die Konklusion in einem bestimmten Masse wahrscheinlich ist, sondern dass die Wahrscheinlichkeit der Konklusion, bedingt durch die Kenntnis der Prämissen, eine bestimmte Grösse hat [69]. Die Theorie der bedingten Wahrscheinlichkeitsaussagen hat u.e. den Vorteil grösserer Nähe zu den intuitiven Akzeptierungsregeln beim klinischen Vorgehen (vgl. [8]), könnte also ein geeigneteres Explikat des intuitiven Bewährungsbegriffes von Psychotherapieforschern sein.

Ohne die damit angesprochenen Probleme hier ausdiskutieren zu können, bleibt doch folgendes festzuhalten: egal welche der gegenwärtig haltbaren wissenschaftstheoretischen Interpretationen der Bewährung oder Bestätigung von Hypothesen/Theorien man wählt, keine führt u.E. zu dem Ergebnis, dass die methodologischen Regeln, wie wir sie oben in Weiterführung der Validitätskonzepte von COOK und CAMPBELL [31] dargestellt haben, sinnlos wären. Allerdings könnte man sie, wie das z. B. GADENNE [41] tut, noch als zu einfach für die Beurteilung der Güte empirischer Untersuchungen einschätzen.

Zusammenfassend ist zu sagen, dass die Methodenkriterien, die in dieser Arbeit vorgestellt worden sind, nicht verabsolutiert werden dürfen, da ihre Grenzen unter verschiedenen Gesichtspunkten sichtbar werden. Die Kriterien stellen keine notwendigen und hinreichenden Beurteilungsgesichtspunkte für Therapiestudien dar. Sie sind als Anhaltspunkte zur Beurteilung von Therapiestudien zu verstehen. In einem nächsten Schritt wäre eine befriedigendere Fundierung dieser Methodenkriterien zu suchen. Dabei wäre insbesondere das Wechselverhältnis von phänographischen, praktischen, theoretischen und methodologischen Gesichtspunkten in der klinischen Psychologie zu beachten [45a, 87, 89].

## Literatur

[1] ADAIR, J.G. The human subject. The social psychology of the psychological experiment. Boston: Little, Browne & Co., 1973.
[2] AUERBACH, A.H., JOHNSON, M. Research on the therapist's level of experience. In A.S.Gurman, A.M.Razin (Eds.) Effective Psychotherapy. A handbook of research. Oxford: Pergamon Press 1977.
[2a] BACHMANN, C.H. (Ed.) Psychoanalyse und Verhaltenstherapie. Frankfurt: Fischer. 1972.
[3] BAEKELAND, F., LUNDWALL,L. Dropping out of treatment: A critical review. Psychological Bulletin, 1975, 82, 738 - 783.
[4] BANDURA, A. Principles of behavior modification, New York: Holt, Rinehart & Winston, 1969.
[5] BARBER, T.X. Pitfalls in research: Nine investigator and experimenter effects. In R.M.W.Travers (Ed.) Second handbook of research on teaching. Chicago: Rand McNally, 1973.
[6] BASTINE, R. Forschungsmethoden in der klinischen Psychologie. In W.J.Schraml. U.Baumann (Eds.) Klinische Psychologie I (3.Auflage) Bern: Huber, 1975.
[6a] BAUMANN, U. Klinische Psychologie im Widerspruch. Christiana Albertina, 1978. 9, 23-33.
[7] BAUMANN, U., SEIDENSTÜCKER, G. Zur Taxonomie und Selektion psychologischer Untersuchungsverfahren bei Psychopharmakaprüfungen. Pharmakopsychiatrie Neuropsychopharmakologie, 1977, 10, 165 - 175.
[8] BAUMANN, U., SEIDENSTÜCKER, G., KÖHNKEN, G. Entwicklung und empirische Analyse eines Beurteilungsrasters für indikationsorientierte Psychotherapiestudien DFG-Bericht, Kiel, 1978.
[9] BAYER, G. Methodische Probleme in der Verhaltenstherapieforschung. In C Kraiker (Ed.) Handbuch der Verhaltenstherapie, München: Kindler, 1974.
[9a] BECKMANN, D., SCHEER, J., ZENZ, H. Methodenprobleme in der Psychotherapieforschung. In L.Pongratz (Ed.) Handbuch der Psychologie, Band 8.2: Klinische Psychologie. Göttingen: Hogrefe, 1978.
[10] BERGIN, A.E., STRUPP, H.H. New directions in psychotherapy research. Journal of Abnormal Psychology, 1970, 76, 13 - 26.

[11] BERGOLD, J.B. Forschung in der Verhaltenstherapie. In W.J.Schraml, U.Baumann (Eds.) Klinische Psychologie II. Bern: Huber, 1974.
[12] BERGOLD, J.B. Verhaltensindikatoren der Angst. In C.Kraiker (Ed.) Handbuch der Verhaltenstherapie. München: Kindler, 1974.
[13] BERNSTEIN, D.A. Behavioral fear assessment: Anxiety or artifact? In: H.Adams. I.P. Unikel (Eds.) Issues and trends in behavior therapy. Springfield, Ill.: Thomas, 1973.
[14] BERNSTEIN, D.A. Situational factors in behavioral fear assessment: A progress report. Behavior Therapy, 1973, 4, 41–48.
[15] BERNSTEIN D.A., NIETZEL, M.T. Procedural variation in behavioral avoidance test. Journal of Consulting and Clinical Psychology, 1973, 41, 165 – 174.
[16] BERNSTEIN, D.A., PAUL, G.L. Some comments on therapy analogue research with small animal «phobias». Journal of Behavior Therapy and Experimental Psychiatry, 1971, 2, 225 – 237.
[17] BERZINS, J.I. Therapist-patient matching. In A.S.Gurman, A.M.Razin (Eds.) Effective Psychotherapy. A handbook of research. Oxford: Pergamon Press, 1977.
[18] BIRBAUMER, N. Überlegungen zu einer psychophysiologischen Theorie der Desensibilisierung. In N.Birbaumer (Ed.) Neuropsychologie der Angst. München: Urban & Schwarzenberg, 1973.
[19] BIRBAUMER, N. Zur Anwendung psychophysiologischer Methoden in der Verhaltensmodifikation. In C.Kraiker (Ed.) Handbuch der Verhaltenstherapie. München: Kindler, 1974.
[20] BLOM, B.E., CRAIGHEAD, W.E. The effects of situational and instructional demand on indices of speech anxiety. Journal of Abnormal Psychology, 1974, 83, 667 – 674.
[21] BORKOVEC, T.D., NAU, S.D. Credibility of analogue therapy rationales. Journal of Behavior Therapy and Experimental Psychiatry, 1972, 3, 257 – 260.
[22] BÖTTGER, P., BASTINE, R., KIRCHNER, F.-TH., KISSEL, E. Zum Informationsgehalt verhaltenstherapeutischer Veröffentlichungen. Eine empirische Analyse. In F.Peterman (Ed.) Psychotherapieforschung. Weinheim: Beltz, 1977.
[23] BREDENKAMP, J. Experiment und Feldexperiment. In C.F.Graumann (Ed.) Handbuch der Psychologie, Bd. 7: Sozialpsychologie (1.Halbband), Göttingen: Hogrefe, 1969.
[24] BREDENKAMP, J. Der Signifikanztest in der psychologischen Forschung. Frankfurt: Akademische Verlagsgesellschaft, 1972.
[25] CAHOON, D.D. Symptom subsitution and the behavior therapies: A reappraisal. Psychological Bulletin, 1968, 69, 149 – 156.
[26] CAMPBELL, D.T. Factors relevant to the validity of experiments in social settings. Psychological Bulletin, 1957, 54, 297 – 312.
[27] CAMPBELL, D.T. Reforms as experiments. American Psychologist, 1969, 24, 409–429.
[27a] CAMPBELL, D.T. Qualitative knowing in action research. In M.Brenner, P.Marsh. M.Brenner (Eds.) The social context of methods. London: Croom Helm, 1978.
[28] CAMPBELL, D.T., STANLEY, J.C. Experimental and quasi-experimental designs for research on teaching. In N.L.Gage (Ed.) Handbook of research on teaching. Chicago: Rand McNally, 1963.
[29] CATTELL, R.B. A more sophisticated look at structure: Pertubation, sampling, and observer trait- view theories. In R.B.Cattell, R.Dreger (Eds.) Handbook of modern personality theory. New York: Wiley, 1977.
[30] COCHRANE, R., SOBOL, M. Myth and methodology in behavior therapy research. In M.Feldman, A.Broadhurst (Eds.) Theoretical and empirical bases of behavior therapies. London: Wiley, 1976.

[31] COOK, T.H., CAMPBELL, D.T. The design and conduct of quasi-experiments and true experiments in field settings. In M.D.Dunnette (Ed.) Handbook of industrial and organizational psychology. Chicago: Rand McNally, 1976.
[32] DAVISON, G.C., NEALE, J.M. Abnormal psychology: An experimental clinical approach. New York: Wiley, 1974.
[33] DRABMAN, R.S., SPITALNIK, R., O'LEARY, K.D. Teaching self-control to disruptive children. Journal of Abnormal Psychology, 1973, 82, 10 - 16.
[34] ENDLER, N.S., MAGNUSSON, D. Toward an interactional psychology of personality. Psychological Bulletin, 1976, 83, 956 - 974.
[35] EYSENCK, H.J. The effects of psychotherapy. In H.J.Eysenck (Ed.) Handbook of abnormal psychology. New York: Basic Books, 1961.
[36] FISKE, D.W. A source of data is not a measuring instrument. Journal of Abnormal Psychology, 1975, 84, 20 - 23.
[37] FISKE, D.W. Methodological issues on research on the psychotherapist. In A.S. Gurman, A.M. Razin (Eds.) Effective psychotherapy. A handbook of research. Oxford: Pergamon Press, 1977.
[38] FISKE, D., LUBORSKY, L., PARLOFF, M., HUNT, H., ORNE, M., REISER, M., TUMA, A. The planning of research on effectiveness of psychotherapy. Archives of General Psychiatry, 1970, 22, 22-32.
[39] FOSTER, G.G., YSSELDYKE, J.E., REESE, J.H. «I wouldn't have seen it if I hadn't believed it». Exceptional Children, 1975, 469-473.
[40] FRIEDMAN, N. The social nature of psychological research. New York: Basic Books, 1967.
[41] GADENNE, V. Die Gültigkeit psychologischer Untersuchungen. Stuttgart: Kohlhammer, 1976.
[42] GARFIELD, S.L. Research problems in clinical diagnosis. Journal of Consulting and Clinical Psychology, 1978, 46, 596-607.
[43] GARFIELD, S.L., AFFLEK, D.C., MUFFLY, R. A study of psychotherapy interaction and continuation of psychotherapy. Journal of Clinical Psychology, 1963, 19, 473-478.
[44] GOLDSTEIN, A.P., HELLER, K., SECHREST, L.B. Psychotherapy and the psychology of behavior change. New York: Wiley, 1966.
[45] GOLDSTEIN, A.P., STEIN, N. (Eds.) Prescriptive psychotherapies. New York: Pergamon Press, 1976.
[45a] GRAUMANN, C.F., MÉTRAUX, A. Die phänomenologische Orientierung in der Psychologie. In [117].
[46] GRAWE, K. Differentielle Psychotherapie I. Bern: Huber, 1976.
[47] GROEBEN, N., WESTMEYER, H. Kriterien psychologischer Forschung. München: Juventa, 1975.
[48] GURMAN, A.S., RAZIN, A.M. (Eds.) Effective psychotherpy. A handbook of research. Oxford: Pergamon Press, 1977.
[49] HADLEY, S., STRUPP, H.H. Contemporary view of negative effects in psychotherapy. Archives of General Psychiatry, 1976, 33, 1291-1301.
[50] HALDER, P. Verhaltenstherapie und Patientenerwartung. Bern: Huber, 1977.
[51] HARTIG, M. Probleme und Methoden der Psychotherapieforschung. München: Urban & Schwarzenberg, 1975.
[52] HAVLICEK, L., PETERSON, N. Robustness of the t-Test: A guide for researchers on effect of violations of assumptions. Psychological Reports, 1974, 34, 1095-1114.
[53] HELMCHEN, H., MÜLLER-OERLINGHAUSEN, B. Klinische Prüfung neuer Psychopharmaka. In H.Helmchen, B.Müller-Oerlinghausen (Eds.) Psychiatrische Therapieforschung. Berlin: Springer, 1978.

[53a] HERRMANN, T. Die Psychologie und ihre Forschungsprogramme. Göttingen: Hogrefe, 1976.
[54] HODGSON, R., RACHMAN, S. Desynchrony in measures of fear. Behaviour Research and Therapy, 1974, 12, 319–326.
[55] HOFFMANN, S. Probleme der wissenschaftlichen Prüfung von Psychotherapie unter besonderer Berücksichtigung ethischer Fragen. In H. Helmchen, B. Müller-Oerlinghausen (Eds.) Psychiatrische Therapieforschung. Berlin: Springer, 1978.
[56] JOHNSON, S.M., BOLSTAD, O.D. Methodological issues in naturalistic observation: Some problems and solutions for field research. In L.A.Hamerlynck, L.C.Handy, E.J.Mash (Eds.) Behavior Change. Methodology, concepts and practice. Champaign, Ill.: Research Press, 1973.
[57] Journal of Consulting and Clinical Psychology, 1978, 4, Special Issue: Methodology in clinical research.
[57a] KAMINSKI, G. Verhaltenstheorie und Verhaltensmodifikation. Stuttgart: Klett, 1970.
[58] KANFER, F.H., SASLOW, G. Verhaltenstheoretische Diagnostik. In D.Schulte (Ed.) Diagnostik in der Verhaltenstherapie. München: Urban & Schwarzenberg, 1974.
[58a] KAPPELER, M., HOLZKAMP, K., HOLZKAMP-OSTERKAMP, UTE. Psychologische Therapie und politisches Handeln. Frankfurt: Campus, 1977.
[59] KARST, T.O., MOST, R. A comparison of stress measures in an experimental analogue of public speaking. Journal of Consulting and Clinical Psychology, 1973, 41, 342–348.
[60] KAZDIN, A.E. Evaluating the generality of findings in analogue therapy research. Journal of Consulting and Clinical Psychology, 1978, 46, 673–686.
[61] KAZDIN, A.E., WILCOXON, L.A. Systematic desensitization and nonspecific treatment effects: A methodological evaluation. Psychological Bulletin, 1976, 83, 729–758.
[62] KAZDIN, A.E., WILSON, G. Evaluation of behavior therapy: Issues, evidence, and research strategies. Cambridge, Mass.: Ballinger, 1978.
[63] KEELEY, S.M., SHEMBERG, K.M., CARBONELL, J. Operant clinical intervention: Behavior management or beyond? Where are the data? Behavior Therapy, 1976, 7, 292–305.
[64] KIESLER, D.J. Some myths of psychotherapy research and the search for a paradigma, Psychological Bulletin, 1966, 65, 110–136.
[65] KIRCHNER, F.Th., KISSEL, E., PETERMANN, F., BÖTTGER, P. Externe und interne Validität empirischer Untersuchungen in der Psychotherapieforschung. In F. Petermann (Ed.) Psychotherapieforschung. Weinheim: Beltz, 1977.
[66] KIRK, R.E. Experimental design: Procedures for the behavioral sciences. Belmont: Brooks/Cole Publ., 1968.
[66a] KRAMBECK, J., LORENZER, A. Verstehen, Hermeneutik und «falsches Verständigtsein». In W.J.Schraml, U.Baumann (Eds.) Klinische Psychologie II. Bern: Huber, 1974.
[67] KRUGLANSKI, A.W. Much ado about the «volunteer artifacts». Journal of Personality and Social Psychology, 1973, 28, 348–354.
[68] KRUGLANSKI, A.W. The human subject in the psychological experiment: Fact and artifact. In L.Berkowitz (Ed.) Advances in experimental social psychology. Vol.8. New York: Academic Press, 1975.
[69] KUTSCHERA, F.VON Wissenschaftstheorie I, II. München: Wilhelm Fink Verlag, 1972.
[70] LAMBERT, M.J. Spontaneous remission in adult neurotic disorders: A revision and summary. Psychological Bulletin, 1976, 83, 107–119.

[71] LAMBERT, M.J., BERGIN, A.E., COLLINS, J.L. Therapist-induced deterioration in psychotherapy. In A.S.Gurman, A.M.Razin (Eds.). Effective Psychotherapy. A handbook of research. Oxford: Pergamon Press, 1977.
[72] LANG, P.J., LAZOVIK, A.D. Experimental desensitization of a phobia. Journal of Abnormal and Social Psychology, 1963, 66, 519–525.
[73] LICK, J.R., UNGER, T.E. External validity of laboratory fear assessment: Implications from two case studies. Journal of Consulting and Clinical Psychology, 1975, 43, 864–866.
[74] LIENERT, G.A. Verteilungsfreie Methoden in der Biostatistik. Meisenheim: A. Hain, 1973, (2.Aufl.).
[75] LUBORSKY, L., SINGER, B., LUBORSKY, L. Comparative studies of psychotherapies: Is it true that «everybody has won and all must have prizes»? In R.L.Spitzer, D.F.Klein (Eds.) Evaluation of psychological therapies. Baltimore: Hopkins University Press, 1976.
[76] MAHER, B.A. A reader's, writer's and reviewer's guide to assessing research reports in clinical psychology. Journal of Consulting and Clinical Psychology, 1978, 46, 835–838.
[77] MAHONEY, M.J. Experimental methods and outcome evaluation. Journal of Consulting and Clinical Psychology, 1978, 46, 660–672.
[78] MCGLYNN, F.D. Experimental desensitization following three types of instructions. Behaviour Research and Therapy, 1971, 9, 367–369.
[79] MCGLYNN, F.D. Systematic desensitization under two conditions of induced expectancy. Behaviour Research and Therapy, 1972, 10, 229–234.
[80] MCGLYNN, F.D. Some reactions to issues raised in Rosen's paper on initial therapeutic expectancies. Behavior Therapy, 1975, 6, 714–716.
[81] MCGLYNN, F.D., GAYNOR, R., PUHR, J. Experimental desensitization of snake--avoidance after an instructional manipulation. Journal of Clinical Psychology, 1972, 28, 224–227.
[82] MCGLYNN, F.D., MCDONELL, R.M. Subjective ratings of credibility following brief exposure to desensitization and pseudotherapy. Behaviour Research and Therapy, 1974, 12, 141–146.
[83] MCGLYNN, F.D. REYNOLDS, E.J., LINDER, L.H. Systematic desensitization with pre-treatment and intra-treatment therapeutic instructions. Behaviour Research and Therapy, 1971, 9, 57–64.
[84] MCNAMARA, J.R., MACDONOUGH, T.S. Some methodological considerations in the design and implementation of behavior therapy research. Behavior Therapy, 1972, 3, 361–378.
[85] MCREYNOLDS, W.T., BARNES, A.R., BROOKS, S., REHAGEN, N.J. The role of attention-placebo influences in the efficacy of systematic desensitization. Journal of Consulting and Clinical Psychology, 1973, 41, 86–92.
[86] MCREYNOLDS, W.T., TORI, C.A. Further assessment of attention-placebo effects and demand characteristics in studies of systematic desensitization. Journal of Consulting and Clinical Psychology, 1972, 38, 261–264.
[87] MEEHL, P. Theoretical risks and tabular asterisks: Sir Karl, Sir Ronald, and the slow progress of soft psychology. Journal of Consulting and Clinical Psychology, 1978, 46, 806–834.
[88] MELTZOFF, J., KORNREICH, M. Research in psychotherapy. New York: Atherton Press, 1970.
[89] MERTENS, W. Aspekte einer sozialwissenschaftlichen Psychologie. München: Ehrenwirth, 1977.

[90]  MILLER, S.B. The contributions of therapeutic instructions to systematic desensitization. Behaviour Research and Therapy, 1972, 10, 159–169.
[91]  MINSEL, W.R., LANGER, I. Forschung in der client-centered Gesprächspsychotherapie. In W.J.Schraml, U.Baumann (Eds.) Klinische Psychologie II. Bern: Huber, 1974.
[92]  MINTZ, J. What is «success» in psychotherapy? Journal of Abnormal Psychology, 1972, 80, 11–19.
[93]  MITCHELL, K.M., BOZARTH, J.D., KRAUFT, C.C. A reappraisal of the therapeutic effectiveness of accurate empathy, nonpossessive warmth and genuineness. In A.S.Gurman, A.M.Razin (Eds.) Effective psychotherapy. A handbook of research. Oxford: Pergamon Press, 1977.
[94]  MOOSBRUGGER, H. Multivariate statistische Verfahren. Stuttgart: Kohlhammer, 1978.
[95]  MUSANTE, G.J., ANKER, J.M. Cognitive, psychological, and motor effects of systematic desensitization on complex stimulus generalization. Behavior Therapy, 1974, 5, 365–380.
[96]  NAU, D.S., CAPUTO, L.A., BORKOVEC, T.D. The relationship between credibility of therapy and simulated therapeutic effects. Journal of Behavior Therapy and Experimental Psychiatry, 1974, 5, 129–134.
[97]  Nebraska Symposium on Motivation, 1975. Conceptual Foundations of Psychology. Lincoln/London: University of Nebraska Press, 1976.
[98]  O'LEARY, K.D., KENT, R.N. Behavior modification for social action: Research tacticts and problems. In L.A. Hamerlynck, L.C.Handy, E.J.Nash (Eds.) Behavior change: Methodology, concepts and practice. Champaign, Ill.: Research Press, 1973.
[99]  O'LEARY, K.D., KENT, R.N., KANOWITZ, J. Shaping data collection congruent with experimental hypothesis. Journal of Applied Behavior Analysis, 1975, 87, 43–51.
[100]  PAUL, G.L. Behavior modification research: Design and tactics. In C.M.Franks (Ed.) Behavior Therapy: Appraisal and status. New York: McGraw-Hill, 1969.
[101]  PAWLICKI, R. Behavior-therapy research with children: A critical review. Canadian Journal of Behavioral Science, 1970, 2, 163–173.
[102]  PAWLIK, K. Modell- und Praxisdimensionen psychologischer Diagnostik. In K.Pawlik (Ed.) Diagnose der Diagnostik. Stuttgart: Klett, 1976.
[103]  PERSELEY, G. LEVENTHAL, D.B. The effects of therapeutically oriented instructions and of the pairing of anxiety imagery and relaxation in systematic desensitization. Behavior Therapy, 1972, 3, 417–424.
[104]  PETERMANN, F. Veränderungsmessung. Stuttgart: Kohlhammer, 1978.
[105]  RACHMAN, S. Studies in desensitization. III: Speed of generalization. Behaviour Research and Therapy, 1966, 4, 7–15.
[106]  RACHMANN, S., HODGSON, R. Synchrony and desynchrony in fear and avoidance. Behaviour Research and Therapy, 1974, 12, 311–318.
[107]  RAPPAPORT, H. Modification of avoidance behavior: Expectancy, autonomic reactivity, and verbal report. Journal of Consulting and Clinical Psychology, 1972, 39, 404–414.
[108]  RAZIN, A.M. The A-B variable: Still promising after twenty years. In A.S.Gurman, A.M.Razin (Eds.) Effective psychotherapy: A handbook of research. Oxford: Pergamon Press, 1977.
[109]  RENFORDT, E., BUSCH, H., FÄNDRICH, E., MÜLLER-OERLINGHAUSEN, B. Untersuchung einer neuen antidepressiven Substanz (Viloxazin) mit Hilfe einer Zeit-Reihen-Analyse TV-gespeicherter Interviews. Arzneimittelforschung (Drug-Research), 1976, 26, 1114–1117.

[110] ROBERTS, K.H., ROST, D.H. Analyse und Bewertung empirischer Untersuchungen. Weinheim: Beltz, 1974.
[111] ROMANCZYK, R.G., KENT, R.N., DIAMENT, C., O'LEARY, K.D. Measuring the reliability of observational data: A reactive process. Journal of Applied Behavior Analysis, 1973, 6, 175-184.
[112] ROSEN, G.M. Therapy set: Its effects on subject's involvement in systematic desensitization and treatment outcome. Journal of Abnormal Psychology, 1974, 83, 291-300.
[113] ROSEN, G.M. Subjects's initial therapeutic expectancies toward systematic desensitization as a function of varied instructional sets. Behavior Therapy, 1975, 6, 230-237.
[114] ROSEN, G.M. Subject's initial therapeutic expectancies and subject's awareness of therapeutic goals in systematic desensitization: A review. Behavior Therapy, 1976, 7, 14-27.
[115] ROSENTHAL, R. Experimenter effects in behavioral research. Enlarged edition. New York: Irvington Publ., 1976.
[116] ROSENTHAL, R., ROSNOW, R.L. The volunteer subject. New York: Wiley, 1975.
[116a] ROYCE, J.R. Psychology is multi: methodological, variate, epistemic, world view, systemic, paradigmatic, theoretic, and disciplinary. In Nebraska Symposium on Motivation. Lincoln: University of Nebraska Press, 1976.
[117] SCHNEEWIND, K. (Ed.) Wissenschaftstheoretische Grundlagen der Psychologie. München: Reinhardt, 1977.
[118] SEIDENSTÜCKER, G., BAUMANN, U. Multimethodale Diagnostik. In U. Baumannn, H. Berbalk, G. Seidenstücker (Eds.) Klinische Psychologie - Trends in Forschung und Praxis. Bd. 1. Bern: Huber, 1978.
[119] SELIGMAN, M.E.P. Chronic fear produced by unpredictable shock. Journal of Comparative and Physiological Psychology, 1968, 66, 402-411.
[120] SELIGMAN, M.E.P. Helplessness. On depression, development, and death. San Francisco: Freeman, 1975.
[121] SHULLER, D.Y., MCNAMARA, J.R. Expectancy factors in behavioral observation. Behavior Therapy, 1976, 7, 519-527.
[122] SMITH, R.E., DIENER, E., BEAMAN, A.L. Demand characteristics and the behavioral avoidance measure of fear in behavior therapy analogue research. Behavior Therapy, 1974, 5, 172-182.
[123] SMITH, M., GLASS, G. Meta-analysis of psychotherapy outcome studies. American Psychologist, 1977, 32, 752-760.
[124] STEINMARK, S.W., BORKOVEC, T.D. Active and placebo treatment effects on moderat insomnia under counterdemand and positive demand instructions. Journal of Abnormal Psychology, 1974, 83, 157-163.
[125] STELLER, M. Sozialtherapie statt Strafvollzug. Köln: Kiepenheuer & Witsch, 1977.
[126] STRAKER, M., DEVENLOO, H., MOLL, A. Psychiatric clinic dropouts. Naval Medicine, 1967, 38, 71-77.
[127] THORNDIKE, R.M. Reliability. In B. Bolton (Ed.) Handbook of measurement and evaluation in rehabilitation. Baltimore: University Park Press, 1976.
[128] TIMAEUS, E. Experiment und Psychologie. Göttingen: Hogrefe, 1974.
[129] TORI, C., WORELL, L. Reduction of human avoidant behavior: A comparison of counter-conditioning, expectancy, and cognitive information approaches. Journal of Consulting and Clinical Psychology, 1973, 41, 269-278.
[130] TRAUTNER, H. Wie gut ist Verhaltenstherapie - Überlegungen zu einer Therapiekritik. Zeitschrift für Klinische Psychologie, 1973, 4, 300-323.

[131] VAN QUEKELBERGHE, R. Quantitative Analyse und methodische Evaluierung des Forschungsfeldes «verhaltenstherapeutische Verfahren zur Angstreduktion» in seiner Entwicklung von 1957 bis 1975. In J. Bergold, E. Jaeggi (Eds.) Verhaltenstherapie – Theorie. Kongressbericht Berlin, 1976. München: Steinbauer & Rau, 1977.
[132] WILSON, G.T. Effects of false feedback on avoidance behavior: «Cognitive» desensitization revisited. Journal of Personality and Social Psychology, 1973, 28, 115-122.
[133] WILSON, G.T., THOMAS, M.G.W. Self versus drug produced relaxation and the effects of instructional set in standardized systematic desensitization. Behaviour Research and Therapy, 1973, 11, 279-288.
[134] WINER, B.J. Statistical principles in experimental design. New York: McGraw-Hill, 1962.
[135] WOY, J.R., EFRAN, J.S. Systematic desensitization and expectancy in the treatment of speaking anxiety. Behaviour Research and Therapy, 1972, 10, 43-49.
[136] YATES, A. Research methods in behavior modification: A comparative evaluation. In M. Hersen, R. Eisler, P. Miller (Eds.) Progress in behavior modification. Vol. 2. New York: Academic Press, 1976.
[137] ZIMMERMANN, F. Das Experiment in den Sozialwissenschaften. Stuttgart: Teubner, 1972.
[138] MARQUADT, K., SICHENEDER, L., SEIDENSTÜCKER, G. Der Einfluss der Rolleninduktion auf den Erfolg systematischer Desensitivierung sozial ängstlicher Studenten. Archiv für Psychiatrie und Nervenkrankheiten, 1975, 221, 123-137.

# C. Diagnostik

# IV. Klinisch-psychiatrische Selbstbeurteilungs-Fragebögen

D. VON ZERSSEN

## 1. Einleitung

Trotz kritischer Einwände [60, 1] haben Selbstbeurteilungs-Fragebögen ihren Platz in der klinischen Forschung und Praxis behaupten können – ja, sie gewinnen sogar ständig an Verbreitung. Quantitativ dürfte ihre Verwendung heute weltweit vor allen anderen objektivierenden psychologischen Untersuchungsverfahren (Leistungstests, systematische Beobachtung, psychophysiologische und andere Verfahren) rangieren. Woher kommt das? Offenbar werden Nachteile der Fragebogenmethoden durch Vorteile ausgeglichen, die es nicht ratsam erscheinen lassen, sie durch andere Verfahren zu ersetzen, auch wenn diese nicht die gleichen Nachteile aufweisen. *Ein* solcher Nachteil besteht in der Einseitigkeit der Information, die sich mit Hilfe von Fragebögen gewinnen lässt. Sie beschränkt sich nämlich auf den «subjektiven Befund» im Sinne von JASPERS [44], d.h. gestörtes Erleben, und schliesst gestörtes Verhalten oder Leistungen, die sich objektiv beobachten bzw. beurteilen lassen, weitgehend aus [91]. Ein anderer Nachteil liegt darin, dass die Untersuchungsergebnisse stark von der Fähigkeit und Bereitschaft der Probanden zu angemessener Selbsteinschätzung abhängen, wodurch sie u.a. besonders anfällig gegenüber – absichtlichen oder unabsichtlichen – Verfälschungstendenzen sind. Zudem sind viele klinisch bedeutsame Motivationszusammenhänge der Selbstbeobachtung weitgehend entzogen und lassen sich deshalb ohnehin nicht einfach abfragen (weder im Interview noch im Fragebogen).

Dafür zeichnen sich Fragebogenmethoden durch folgende, in ihrer Gesamtheit gewichtige Vorzüge aus:

1) Klinische Selbstbeurteilungs-Fragebögen sind von ihrer Konzeption her im allgemeinen inhaltlich nicht nur für den Probanden, sondern auch für den Untersucher transparent. Infolge dieser «face validity» sind ihre Ergebnisse (auf Item- wie auf Skalen-Ebene) zumeist evident und ohne grosse Schwierigkeiten inhaltlich zu interpretieren.
2) Entsprechend ihrer leichten Durchschaubarkeit sind sie auch leicht zu konstruieren. Für viele Fragestellungen können spezifisch geeignete

Items formuliert und zu provisorischen Skalen «ad hoc» zusammengestellt werden. Die empirische Validierung ist verhältnismässig leicht nachzuholen, da sich gewöhnlich in kurzer Zeit grosse Datenmengen gewinnen und statistisch analysieren lassen. Damit sind schon die nächsten Punkte angesprochen, die sich auf ökonomische Aspekte der Fragebogenmethoden[1] beziehen.

3) Fragebögen sind billig in der Herstellung. Ihre Anwendung ist einfach und kann durch geschultes Hilfspersonal erfolgen. Sie lässt sich den Probanden zumeist ohne weiteres plausibel machen, weil sich die Items gewöhnlich auf Sachverhalte beziehen, die ohnehin in jeder klinischen Untersuchung angesprochen werden. Dies erleichtert im allgemeinen die Anwendung und erhöht die Wahrscheinlichkeit für ehrliche Stellungnahmen zu den Items.

4) Einfach ist auch die Auswertung, die im allgemeinen nach einem vorgegebenen Schema erfolgt und – ebenso wie die Anwendung – von technischen Hilfskräften vorgenommen werden kann. Bei Verwendung entsprechender Belegbögen kann über sogenannte Belegleser eine Eingabe der Daten in den Computer erfolgen, ohne dass die Daten vorher auf Lochkarten übertragen werden müssten.

5) Die Interpretation erfordert im allgemeinen gleichfalls keinen grösseren Aufwand. Sie ist aber – ebenso wie die Indikationsstellung zur Anwendung – Angelegenheit von Fachleuten und sollte nicht an Hilfskräfte delegiert werden.

6) Die Interpretierbarkeit wird nicht nur durch die «face validity» der meisten klinischen Fragebögen erleichtert. Für viele von ihnen liegen die Ergebnisse ausgedehnter Validierungsuntersuchungen vor, die eine strukturell (z. B. faktorenanalytisch) wie inhaltlich (z. B. syndromatologisch) ausreichend fundierte Befundinterpretation ermöglichen. Nicht zuletzt wegen ihrer leichten Anwendbarkeit und Auswertbarkeit sind mit zahlreichen Fragebögen bereits Untersuchungen an umfangreichen Patientenstichproben wie auch Erhebungen in der Durchschnittsbevölkerung durchgeführt worden; es stehen deshalb Normwerte und zahlreiche andere Vergleichswerte zur Verfügung, wodurch die Testinterpretation erleichtert und empirisch abgesichert wird.

7) Fragebögen eignen sich im allgemeinen ausser für Einzeluntersuchungen auch für die Anwendung im Gruppenversuch. Diese Anwendungsart bringt allerdings zweifellos Nachteile mit sich – wie gegenseitige Be-

---

[1] Die Ökonomie von Fragebögen steht selbstverständlich in einem umgekehrten Verhältnis zu ihrem Umfang, weshalb sich die Entwicklung auf möglichst kurze und trotzdem informative Untersuchungsinstrumente dieser Art konzentrieren sollte. Das MMPI [76] mit über 550 Items ist aus diesem Grunde ein vergleichsweise unökonomisches Verfahren.

einflussung der Probanden und Anonymität der Untersuchungssituation. Gerade klinische Untersuchungen sollten aber möglichst auf den Einzelfall zugeschnitten sein.

8) Mit den bisher genannten Vorzügen der Fragebogenmethoden hängt zusammen, dass sie auch ausserhalb von Versorgungseinrichtungen (Kliniken, Beratungsstellen, freien Praxen usw.) problemlos eingesetzt werden können, z.B. bei Felduntersuchungen in der Wohnung der Probanden (etwa bei Nachuntersuchungen ehemaliger Klinikpatienten, epidemiologischen Erhebungen über die Verbreitung psychischer Störungen in der Durchschnittsbevölkerung oder in bestimmten Bevölkerungsgruppen, bei der Gewinnung von Kontrollgruppen oder Eichstichproben usw.). Selbst per Post können solche Erhebungen durchgeführt werden (doch sollte diese Anwendungsart möglichst vermieden werden [94a]).

9) Im Unterschied zu vielen psychophysiologischen Untersuchungsverfahren bzw. Leistungstests sind Fragebogenmethoden viel weniger anfällig gegenüber Habituations- bzw. Übungs- und Lerneffekten. Sie eignen sich deshalb besonders gut für Wiederholungsuntersuchungen, bei denen diese Effekte möglichst gering gehalten werden sollen, z.B. zur Objektivierung von Spontanverläufen oder Therapieeffekten. Mit entsprechend ausgewählten Fragebögen lassen sich auch kurzfristige Veränderungen, die in der Grössenordnung von Stunden oder Tagen liegen, optimal erfassen. Die Verfahren werden deshalb beispielsweise nicht nur am Anfang und Ende einer Therapie, sondern auch am Anfang und Ende einer Therapiesitzung oder im akuten psychopharmakologischen Versuch vor und nach einmaliger Gabe eines Medikaments erfolgreich eingesetzt.

«Wo viel Licht ist, ist auch viel Schatten.» So haben die genannten Vorzüge der klinischen Selbstbeurteilungs-Fragebögen u.a. dazu geführt, dass seit Einführung der Methodik im Ersten Weltkrieg[2], besonders in den letzten Jahrzehnten eine schier unüberschaubare Fülle derartiger Untersuchungsinstrumente entwickelt und verwendet und dabei immer wieder modifiziert worden ist. Einige neuere Verfahren werden sogar von vornherein in mehreren Versionen angeboten (z.B. einer Form für Gesunde und einer für Kranke oder einer Form für Querschnitt- und einer für Längsschnittuntersuchungen, siehe Tab.I). Das gibt zwar die Möglichkeit, für eine Fragestellung spezifisch geeignete Untersuchungsinstru-

---

[2] Das «Personal Data Sheet» [89] diente als screening-Instrument zur Erfassung emotional gestörter Individuen bei der Personalauslese für die US-Armee.

mente auszuwählen, verführt aber zugleich dazu, sie in dem perfektionistischen Bestreben nach grösstmöglicher Spezifität wiederum abzuändern, wodurch eine Vergleichbarkeit von Untersuchungsergebnissen weiter eingeschränkt wird. Gerade die Vergleichbarkeit ist aber ein entscheidender Vorzug aller objektivierenden Untersuchungsverfahren, den man nicht leichtfertig aufs Spiel setzen sollte. Das Überangebot von Untersuchungsinstrumenten bringt zudem die «Qual der Wahl» mit sich, die nur allzu oft durch unkritisches Akzeptieren von allem, was neu ist, oder durch starrsinniges Festhalten am Althergebrachten überwunden wird.

In Anbetracht dieser Sachlage erscheint es heute vordringlich, die vorhandenen Verfahren kritisch zu sichten, eine Auswahl unter ihnen nach den in der Testpsychologie gängigen Gütekriterien (Objektivität, Zuverlässigkeit, Validität, Normierung, Ökonomie und Nützlichkeit [54]) zu treffen und Neuentwicklungen da voranzutreiben, wo entsprechende Verfahren fehlen bzw. den geforderten Kriterien nicht genügen. Es dürfte gelingen, sich für die meisten Untersuchungen auf einen beschränkten Satz von bewährten Fragebögen zu einigen, die gegebenenfalls mit spezifisch auf die jeweilige Fragestellung zugeschnittenen Ergänzungen versehen werden können. Ihre Anwendung sollte allerdings immer nur im Verbund mit anderen Verfahren (insbesondere der zumeist unentbehrlichen klinischen Beurteilung) erfolgen [97] (s. u.).

Schritte in der Richtung auf eine Vereinheitlichung des Instrumentariums für klinisch-psychologische Untersuchungen wurden im Bereich der Psychopharmakologie bereits unternommen [68]. Bahnbrechend war hier die Erarbeitung des ECDEU-(Early Clinical Drug Evaluation Unit)-Systems durch das NIMH (National Institute of Mental Health) in den USA [37]. Ihm folgte in den deutschsprachigen Ländern die Herausgabe des Bandes «Internationale Skalen für Psychiatrie» durch wissenschaftliche Mitarbeiter mehrerer pharmazeutischer Firmen, die sich im CIPS (Collegium Internationale Psychiatriae Scalarum) zusammengeschlossen haben [14]. Die primär für psychopharmakologische Untersuchungen empfohlenen Verfahren eignen sich aber auch für die meisten anderen klinisch-psychologischen Fragestellungen, für die entsprechende Empfehlungen aber noch ausgearbeitet werden müssen.

Die folgende Darstellung nimmt einerseits auf die im CIPS-Manual enthaltenen Verfahren Bezug, andererseits auf solche Verfahren, die sich noch im Entwicklungs- bzw. Erprobungsstadium befinden und geeignet erscheinen, neue Indikationen für die Anwendung klinischer Selbstbeurteilungs-Fragebögen zu erschliessen. Das Schwergewicht liegt dabei auf deutschsprachigen Fragebögen, da ihre Anwendung nicht mit Überset-

Tab. I. Klinische Selbstbeurteilungs-Skalen aus dem CIPS-Manual ([14], dort auch weitere Literatur)

| Fragebogen(-System) | Kurzbezeichnung und Lit.-Nr. | Skalierte Störbereiche | Itemzahl | Kommentar |
|---|---|---|---|---|
| Klinische Selbstbeurteilungs-Skalen aus dem Psychiatrischen Informations-System (PSYCHIS München) | KSb-S [94a] | | | Parallelformen (S') zu allen Skalen (S) mit Normwerten aus der bundesdeutschen Durchschnittsbevölkerung (für Probanden mit IQ $\geqslant$ 80) |
| a) Befindlichkeits-Skala (2 Parallelformen -S/-S') | Bf-S/Bf-S' [94d] | Momentane Reduktion der Befindlichkeit (Bf/Bf') | 28/28 | |
| b) Beschwerden-Liste (2 Parallelformen -L/-L' mit 1 Ergänzungsbogen-L°) | B-L/B-L'/B-L° [94b] | Körperliche und Allgemeinbeschwerden (B/B') wie bei FBL (Gesamt-Score, s. u.) | 24/24/17 | Items aus B-L° werden nicht zu einem Score zusammengefasst, dienen nur der zusätzlichen Information über Einzelbeschwerden |
| c) Paranoid-Depressivitäts-Skala (2 Parallelformen -S/-S') | PD-S/PD-S' [94c] | Paranoide Tendenzen (P/P') und depressive Tendenzen (D/D') wie bei anderen Depressions-Skalen (z. B. SDS: s. u.; HDS: 46), ferner Tendenz zur Krankheitsverleugnung (Kv/Kv') | 43/43 | Ausser durch Kv-S/-S' weitere Kontrollmöglichkeiten durch Motivations-Items (M) und einen Diskrepanz-Score (Dk) aus Items der Parallelformen |
| Depressivitäts-Skala (2 Parallelformen -S/-S') | D-S/D-S' [94c] | Wie oben (D/D') | 16/16 | Teil-Skala aus PD-S/PD-S' (ohne Kontroll-Items oder -Skalen) |
| Eigenschaftswörterliste für Kranke | EWL-K [43] | Leistungsbezogene Aktiviertheit und allgemeines Wohlbehagen (3 Teil-Skalen) Allgemeine Desaktiviertheit (3 Teil-Skalen) Emotionale Gereiztheit (3 Teil-Skalen) Angst (3 Teil-Skalen) Extraversion/Introversion | 123 | Auch für psychiatrische Patienten mit IQ $\geqslant$ 80 geeignete Kurzfassung der EWL-N mit 161 Items (diese nur für gesunde Probanden mit IQ > 100 geeignet). Keine Normwerte |

| | | | |
|---|---|---|---|
| Freiburger Beschwerdenliste (Wiederholungsform) | FBL-W [27] | Wie bei B-L/B-L' (Gesamt-Score), zusätzlich Teil-Scores für verschiedene Beschwerdenkomplexe | 40 | Auch für Wiederholungsuntersuchungen geeignete Kurzfassung der FBL-G (mit 78 Items), einer vornehmlich für Querschnittuntersuchungen geeignete Weiterentwicklung des VELA [26]. Keine Normwerte, kein Manual |
| Self-Report-Symptom-Inventory | SCL-90-R [19] | Tendenz zur Somatisierung, Zwangssymptomatik, soziale Unsicherheit, Depressivität, Ängstlichkeit, Aggressivität, phobische Ängste, paranoide Tendenzen, «Psychotizismus» | 90 | Weiterentwicklung der Hopkins-Symptom Checklist (HSCL; [19]) Normwerte für die US-amerikanische Bevölkerung |
| Self-Rating Depression Scale | SDS [102] | Wie bei D-S/D-S' | 20 | Keine Normwerte, kein Manual |
| Self-Rating Anxiety Scale | SAS [103] | Angst | 20 | Keine Normwerte, kein Manual |

zungsproblemen belastet ist, die immer auch Validierungs- und Normierungsprobleme involvieren; denn diesbezügliche Angaben zu den Originalversionen können nicht ungeprüft auf die übersetzten Fassungen übertragen werden.

## 2. Symptom-orientierte Fragebögen

In Tabelle I sind die im CIPS-Manual enthaltenen klinischen Selbstbeurteilungs-Skalen wiedergegeben. Sie beziehen sich – mit Ausnahme einiger Kontroll-Items aus PD-S/PD-S' – durchwegs auf Aspekte des «subjektiven Befundes» bei Patienten mit aktuellen psychischen und/oder körperlichen Erkrankungen und decken dabei ein breites Spektrum subjektiver Gestörtheit ab. Es ist offenkundig, dass sich die Störungsbereiche, die von den verschiedenen Skalen erfasst werden, zum Teil erheblich überschneiden. Während sich beispielsweise die verschiedenen Formen der KSb-S gegenseitig ergänzen und deshalb – je nach Fragestellung – miteinander kombiniert werden können (wobei die Befindlichkeits-Skala speziell für kurzfristige Testwiederholungen eingesetzt werden sollte), entspricht die FBL-W im wesentlichen der Beschwerden-Liste (B-L/B-L') aus den KSb-S, was die gleichzeitige Anwendung beider Untersuchungsinstrumente (ausser für methodenorientierte Vergleichszwecke) ausschliesst. Auch die Kombination von Befindlichkeits-Skala (Bf-S/Bf-S') und Eigenschaftswörterliste (EWL-K) erscheint – abgesehen von dem soeben genannten Verwendungszweck eines Methodenvergleichs – kaum sinnvoll, obwohl die eine Skala (Bf-S/Bf-S') unidimensional, die andere (EWL-K) dagegen multidimensional konzipiert ist. Man sollte sich deshalb im konkreten Falle von vornherein aufgrund der Fragestellung für eines der beiden Untersuchungsinstrumente entscheiden. Für die Objektivierung depressiver Tagesschwankungen oder der globalen Beeinflussung subjektiver Beeinträchtigung (gleich welcher Genese) durch therapeutische Massnahmen, insbesondere bei einem quantitativen Vergleich verschiedener Therapieformen, ist die Befindlichkeits-Skala wegen ihrer Kürze und ihrer Sensibilität gegenüber Änderungen der Gesamtbefindlichkeit (zwischen den Extremen allgemeinen Wohlbefindens und allgemeinen Missbefindens) optimal geeignet (siehe Abb.1 und 2). Für den Vergleich von Wirkungsprofilen bestimmter Medikamente, deren globale klinische Wirksamkeit als erwiesen gelten kann, bietet sich hingegen die EWL-K an[3]. Allerdings ist bei einem solchen Profilvergleich «eine zu dif-

---

[3] Auf die nur für gesunde Versuchspersonen mit einem IQ über 100 geeignete, 161 Items umfassende Version der EWL (die EWL-N) wird in dieser auf klinische Bedürfnisse abgestellten Darstellung nicht eingegangen.

nGW = normaler Gleichwert

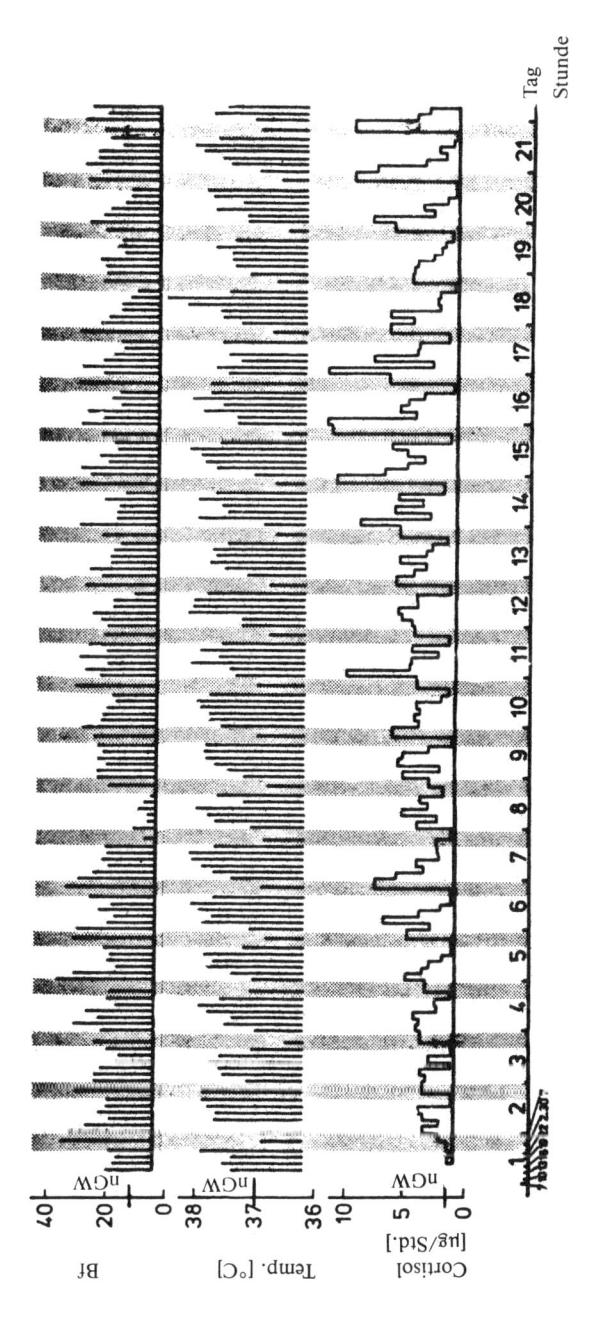

Abb. 1. Tagesschwankungen der Befindlichkeit, der Körpertemperatur und der Cortisolausscheidung im 24-Stunden-Urin bei einem endogen depressiven Patienten mit einer hypomanischen Schwankung am 7./8. Beobachtungstag (nach [98]).

ngW = normaler Gleichwert

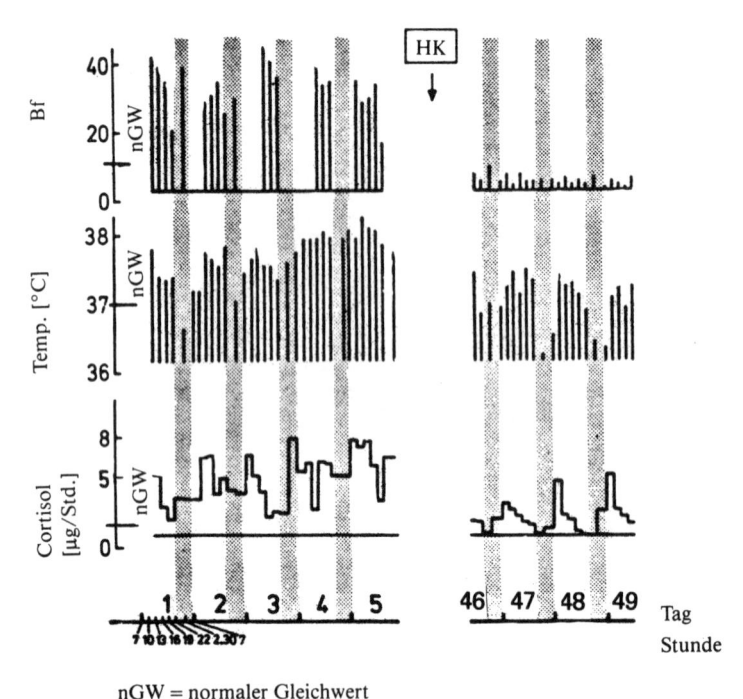

**Abb. 2.** Tagesschwankungen der Befindlichkeit, der Körpertemperatur und der Cortisolausscheidung im 24-Stunden-Urin bei einem anderen Patienten mit endogener Depression vor und nach einer Heilkrampf (HK)-Serie (nach [98]).

ferenzierte Betrachtung aufgrund der bisher vorliegenden Befunde zur Validität nicht gerechtfertigt» ([43], S.13).

Um in Querschnittuntersuchungen ein ausreichend differenziertes Bild von der Psychopathologie auf subjektiver Ebene zu gewinnen, sollte man anstelle von Adjektiv-Listen auf jeden Fall eine Beschwerden-Liste (wie B-L/B-L' oder FBL) in Kombination mit anderen symptom-orientierten Skalen verwenden, die sich auf Aspekte psychischer Gestörtheit beziehen (wie die Paranoid-Depressivitäts-Skala aus den KSb-S oder die, allerdings bisher – auch in der amerikanischen Originalfassung – nicht normierten Skalen von Zung, die SDS und SAS). Die SCL-90-R stellt eine Alternative zu einer solchen Kombination dar, da in ihr verschiedene Einzelaspekte subjektiver Gestörtheit getrennt skaliert werden. Die faktorielle und klinische Validität der Subskalen dieses Fragebogens erscheint – mit Ausnahme der «Psychotizismus»-Skala (s. u.) – nach den vorliegenden Angaben relativ gut belegt. Normwerte für die deutsche Testversion fehlen allerdings. Es stellt sich ausserdem die Frage, ob bei der SCL die Differenzierung in verschiedene Störungsbereiche nicht zu weit getrieben wurde. Vergleiche zwischen klinischen Selbstbeurteilungs-Skalen und den von Fachleuten angewendeten Fremdbeurteilungs-Skalen [7] sprechen nämlich dafür, dass die in der Selbstbeurteilung erfassten Aspekte des «subjektiven Befundes» untereinander ähnlicher sind als die in der klinischen Beurteilung eruierbaren Aspekte der Psychopathologie, die ausser dem subjektiven Befund auch den objektiven (auf Beobachtung bzw. klinischer Urteilsbildung gegründeten) Befund berücksichtigen [98]. Auch Faktorenanalysen der MMPI-Skalen [85] sprechen dafür, dass auf subjektiver Ebene im wesentlichen die Aspekte einer allgemeinen emotionellen Beeinträchtigung (im Sinne des angelsächsischen Wortes «distress») und einer paranoid gefärbten Störung im kognitiven Bereich voneinander getrennt werden können.

Im Bereich emotioneller Beeinträchtigung lassen sich noch am ehesten eine mehr psychisch und eine mehr körperlich erlebte Form der Gestörtheit differenzieren [40, 67, 88, 94a]. Die meisten anderen Differenzierungen sind hingegen eher instrumenten- und stichprobenabhängig, als dass sie klinisch wohldefinierten Syndromen entsprächen, wie dies bei den verschiedenen Aspekten der Fall ist, die mit klinischen Fremdbeurteilungs-Skalen erfasst werden [62, 63, 98]. Dem wurde bei der Konstruktion der KSb-S Rechnung getragen, die je eine Skala für paranoide Tendenzen (P/P') und für vorwiegend psychisch erlebte emotionelle Beeinträchtigung (D/D') und eine Skala für vorwiegend körperlich erlebte Beeinträchtigung (B/B') enthalten, während eine weitere Skala (Bf/Bf') lediglich dazu dienen soll, auch kurzfristige Veränderungen allgemeiner emotioneller Beeinträchtigung einer objektivierenden Untersuchung zugänglich zu machen [94a].

Im Bereich emotioneller Gestörtheit lässt sich wohl noch am ehesten die Gereiztheit (Ärger/Feindseligkeit/aggressive Gespanntheit) als relativ eigenständiger Aspekt subjektiv gestörten Erlebens von der (mehr körperlich oder mehr psychisch erlebten) emotionellen Beeinträchtigung abheben. Sie lässt sich sowohl in Adjektiv-Listen (z.B. in der EWL als «emotionale Gereiztheit» durch die Faktoren Erregtheit, Empfindlichkeit und Ärger, in der Multiple Affect Adjective Checklist von ZUCKERMAN und LUBIN [101] als «hostility» oder in ausformulierten Symptomfragebögen, z.B. in der SCL-90-R als «anger/hostility» oder «irritability» in der Skala von SNAITH [74] erfassen. Die klinische Validität dieser Skalen reicht allerdings keineswegs an die von Skalen zur Erfassung emotioneller Beeinträchtigung heran. Beispielsweise liegt die Korrelation der EWL-Subskalen für emotionelle Gereiztheit und entsprechende Fremdbeurteilungen nahe bei 0, die für zwei Subskalen der Angst, nämlich Ängstlichkeit und Deprimiertheit dagegen im Bereich von 0,4 ([43], S.125). Besonders problematisch erscheint die getrennte Skalierung von Ängstlichkeit und Depressivität. Zahlreiche Bemühungen zur Entwicklung entsprechender Fragebogen-Skalen, deren Werte deutlich geringer miteinander korrelieren als mit den Werten anderer Skalen zur Erfassung des jeweils gleichen Sachverhaltes (Angst-Skalen mit Angst-Skalen und Depressivitäts-Skalen mit Depressivitäts-Skalen), sind gescheitert [58, 94a, 101]. Auch die Korrelationsanalysen der entsprechenden EWL-Subskalen «weisen eindeutig auf die enge Beziehung zwischen Ängstlichkeit und Deprimiertheit hin» ([43], S.48). Die von ZUNG in den USA entwickelten klinischen Selbstbeurteilungs-Skalen zur Erfassung von Angst bzw. Depression (SAS und SDS) sind vom Testautor selber nicht auf die faktorielle Eigenständigkeit ihrer Item-Komposition geprüft worden [104]. Überhaupt ist verhältnismässig wenig über die differentielle Validität verschiedener Selbstbeurteilungs-Skalen bekannt. Man weiss nur, dass ihre Werte im allgemeinen – zumindest interindividuell – weitgehend unabhängig vom Leistungsbereich variieren [53, 94a], hingegen untereinander oft – unabhängig von ihrer Benennung (z.B. als Neurotizismus-, Angst- oder Depressions-Skalen) – ziemlich eng zusammenhängen, gewöhnlich enger als mit der klinischen Fremdbeurteilung des in Frage stehenden Sachverhaltes [29, 38, 98]. Im intra-individuellen Vergleich ergeben sich dagegen oft erstaunlich hohe Grade von Übereinstimmung zwischen Selbstbeurteilung und klinischer Fremdbeurteilung, besonders bei der Skalierung subjektiver Beeinträchtigung von Patienten mit endogenen Depressionen [72, 94a/d].

Zur empirischen Prüfung der differentiellen Validität gebräuchlicher Selbstbeurteilungs-Fragebögen mit ähnlichem Indikationsbereich, die infolge ihrer Kürze auch für die routinemässige klinische Anwendung geeignet erscheinen, wurden in eigenen, zusammen mit WITTMANN durchgeführten Untersuchungen [88] die ZUNGschen Selbstbeurteilungs-Skalen für Angst (SAS) und Depression (SDS) sowie die EYSENCKsche «Psychotizismus»-Skala [25] in der Übersetzung von BAUMANN und DITTRICH [3] gemeinsam mit denjenigen Skalen der KSb-S angewendet und statistisch analysiert, die sich für einen Vergleich mit diesen Skalen anbieten, nämlich die Beschwerden-Liste (B-L) und die Paranoid-Depressivitäts-Skala (PD-S)[4]. Probanden waren 314 Personen (den Normen für B-L und PD-S entsprechend im Alter zwischen 20 und 64 Jahren, mit einem Verbal-IQ von mindestens 80). Es handelte sich um 185 psychiatrische Klinikpatienten, die in den ersten zwei Wochen nach der Aufnahme und zum Teil unmittelbar vor der Entlassung aus der Klinik (n = 76) untersucht wurden, sowie um 129 Kontrollfälle aus der Durchschnittsbevölkerung.

[4] Um die Untersuchung in einer auch für schwer gestörte Patienten zumutbaren Grenze zu halten und die Zahl der Items auf eine für die gemeinsamen faktorenanalytischen Auswertungen geeignete Menge zu beschränken, wurde auf die Anwendung der Parallelformen von Beschwerden-Liste und Paranoid-Depressivitäts-Skala (B-L' bzw. PD-S') verzichtet.

Die Daten aus dem Gesamtkollektiv sowie den beiden Teilkollektiven wurden einer Hauptkomponentenanalyse [70] auf Skalen- wie auf Item-Ebene mit orthogonaler Rotation nach Hypothese (aufgrund der prognostizierten Anzahl von Faktoren) bzw. Höhe der Eigenwerte (aufgrund des Scree-Tests oder dem Eigenwert von $>1$ bzw. $>2$) unterzogen. Im Hinblick auf die Faktoreninterpretation waren die Items der Emotionalitäts-Skalen (B-L, D-S, SDS, SAS) von Klinikern vorweg danach eingestuft worden, ob sie mehr als Angstsymptom oder als Symptom einer depressiven Verstimmung zu werten seien. Für statistische Gruppenvergleiche wurden aus den beiden Teilkollektiven weitgehend (nach Geschlechtszusammensetzung, Alter und Verbal-IQ) vergleichbare Stichproben von annähernd gleicher Fallzahl gebildet (94 Patienten bzw. 91 Gesunde). Ferner wurden die Patienten auf relativ homogene Diagnosengruppen verteilt, von denen diejenigen für Gruppenvergleiche herangezogen wurden, für deren Kennzeichnung die verwendeten Skalen speziell geeignet erschienen. Es handelt sich dabei um [18, 71]:

paranoide Psychosen (n = 16) und nicht paranoide Schizophrenien (n = 15) als Kriteriumsgruppen für die Paranoid- und/oder die Psychotizismus-Skala,

endogene (n = 21) und neurotische (n = 28) Depressionen als Kriteriumsgruppen für die Depressivitäts-Skala, die Zungsche Depressions-Skala und die Beschwerden-Liste, in zweiter Linie erst für die Zungsche Angst-Skala,

nicht-depressive Neurosen (n = 24) als Kriteriumsgruppe für die Zungsche Angst-Skala und erst in zweiter Linie für die D-Skalen und die Beschwerden-Liste.

Die klinischen Gruppen wurden sowohl untereinander als auch mit jeweils in ihrer Zusammensetzung nach Geschlecht, Alter und Verbal-IQ entsprechenden Stichproben gesunder Probanden verglichen (mit dem H- und/oder U-Test). Ferner wurde für die 76 Klinikpatienten, für die auch der Entlassungsbefund erhoben worden war, die Differenz zwischen diesem und dem Aufnahmebefund ermittelt, um die Brauchbarkeit der Skalen für Verlaufsuntersuchungen zu prüfen.

Die Ergebnisse lassen sich kurz folgendermassen zusammenfassen: Die Faktorenanalysen auf Skalenebene zeigten sowohl im Gesamtkollektiv wie in den beiden Teilkollektiven den engen Zusammenhang zwischen allen vier klinischen Emotionalitäts-Skalen (B-L, D-S, SDS und SAS) an. Die höchste Ladung auf dem diesen Skalen gemeinsamen Faktor erreichte bemerkenswerterweise die Beschwerden-Liste. Offenbar ist eine körperlich erlebte Beeinträchtigung besonders typisch für verschiedene subjektive Gestörtheit. Weitgehend unabhängig von dem Bereich gestörter Emotionalität variierten «paranoide Tendenzen» und «Psychotizismus», die ihrerseits nicht so eng miteinander zusammenhingen wie die verschiedenen Aspekte der Emotionalität. Auf Item-Ebene (bei ggf. dem Stichprobenumfang entsprechend reduziertem Item-Satz wechselnder Zusammensetzung) ergaben sich jeweils eindeutig umschriebene Faktoren für paranoide Tendenzen, vorwiegend körperlich erlebte Beschwerden sowie depressive Tendenzen, die von Items aus den entsprechenden Skalen der KSb-S (nämlich P bzw. B bzw. D) sowie jeweils einem Teil der Items aus den anderen Skalen gebildet wurden. Die Zungschen Depressions-Items gingen teils in den Depressivitätsfaktor, teils in andere Faktoren ein. Von diesen war ein Angstfaktor der konsistenteste. Er erschien aber nicht in allen Analysen und vereinigte jeweils nur bis zu maximal 15 der 20 Angst-Items auf sich. Die übrigen Angst-Items verteilten sich auf den Depressivitäts- und den Beschwerdenfaktor sowie weitere, jeweils analysenspezifische Faktoren.

Die Verteilung der Items auf die Depressivitäts- und den Angstfaktor entsprach durchweg ihrer (unabhängig von der statistischen Auswertung vorgenommenen) Einstufung durch Kliniker als Anzeichen vorwiegend depressiver bzw. ängstlicher Verstimmung. Das scheint für die klinische Validität der faktoriellen Differenzierung dieser beiden Aspekte emotioneller Gestörtheit zu sprechen. Einschränkend muss allerdings bemerkt werden, dass innerhalb ein und derselben Analyse Angst- und Depressions-Items manchmal auf einem Faktor gleichsinnige, auf einem anderen gegensinnige Ladungen erhielten. Ängstliche Verstimmung bildet demnach einerseits einen Teilaspekt der Depressivität, steht aber andererseits wiederum in einer gewissen Gegensatzbeziehung zu ihr. Offenbar gibt es sowohl Verstimmungszustände mit gleichzeitig ängstlicher und depressiver Tönung als auch Zustände, bei denen Ängstlichkeit und Depressivität einander ausschliessen. Diese komplizierte Situation lässt die Schwierigkeiten bei der Konstruktion reiner Skalen für Ängstlichkeit bzw. Depressivität verständlich erscheinen, auf die bei der Besprechung der Tabelle I bereits hingewiesen wurde.

Die Items der Psychotizismus-Skala luden zum Teil auf dem Paranoidfaktor. Die meisten von ihnen konstituierten aber eigene Faktoren, von denen allerdings nur einer bis zu maximal 13 der 20 Items mit Ladungen $\geqslant 0{,}3$ auf sich vereinigte. Insgesamt erwies sich diese Skala als faktoriell besonders inhomogen.

Die grössere faktorielle Validität der Teil-Skalen aus den KSb-S gegenüber den zum Vergleich herangezogenen Skalen von Zung und Eysenck, von denen sich nur die SDS als annähernd gleichwertig erwies, während die SAS und besonders die Psychotizismus-Skala deutlich schlechter abschnitten, verbürgt noch keineswegs eine grössere diagnostische Validität; denn in sich wenig homogene Skalen können doch hoch mit einem Aussenkriterium (z. B. einer klinischen Diagnose) korrelieren – ja, diese Korrelation wird durch Erhöhung der Skalenhomogenität womöglich beeinträchtigt [54]. Das mag zunächst verwundern, ist aber auch ohne mathematische Ableitung leicht einzusehen, wenn man sich klar macht, dass hohe Skalenhomogenität auf durchgehend hohen Item-Interkorrelationen beruht und Korrelation immer Redundanz beinhaltet. Der Informationsgehalt einer vergleichsweise inhomogenen Skala kann demnach bezüglich eines Aussenkriteriums durchaus grösser sein. Dementsprechend werden in einer Diskriminanzanalyse solche Merkmale am stärksten gewichtet, die einzeln besonders deutlich zwischen den verglichenen Gruppen differenzieren und dabei möglichst wenig mit anderen differenzierenden Merkmalen kovariieren.

Beim Vergleich der Testprotokolle von 94 psychisch Kranken und 91 Kontrollfällen ergab sich für alle der geprüften Skalen ein signifikanter Unterschied in der erwarteten Richtung, aber in sehr variablem Ausmass. Am besten differenzierten die beiden Depressions-Skalen (D-S und SDS), am schlechtesten die Angst-Skala (SAS) und Psychotizismus-Skala. Die Paranoid-Skala (P-S) und die Beschwerden-Liste (B-L), die bei den Faktorenanalysen auf Skalen- wie auf Item-Ebene besonders günstig abgeschnitten hatten, fielen gegenüber den Depressions-Skalen etwas zurück, rangierten aber noch vor den beiden anderen Skalen. Diese schnitten nicht nur beim globalen Gruppenvergleich verhältnismässig schlecht ab, sondern auch beim Vergleich der diagnostisch homogenen Teilgruppen untereinander und mit entsprechenden Kontrollgruppen sowie beim Vergleich zwischen Aufnahme- und Entlassungsbefund (ohne Berücksichtigung der Diagnose).

Folgende Vorhersagen wurden durch die Untersuchung bestätigt: Die Paranoid-Skala ergab den höchsten Durchschnittswert bei Patienten mit paranoiden Psychosen, den zweithöchsten bei jenen mit nicht-paranoiden Formen der Schizophrenie und differenzierte signifikant zwischen diesen beiden und den übrigen Gruppen.

Beide Depressivitäts-Skalen erreichten die höchsten Durchschnittswerte bei den depressiven, insbesondere den endogen-depressiven Patienten. Während D-S besser als alle anderen Skalen zwischen psychiatrischen Patienten und Gesunden differenzierte, ergab die SDS noch mehr signifikante Unterschiede beim Vergleich psychiatrischer Patientengruppen untereinander, wobei auch die Gruppe endogen Depressiver von der Gruppe nicht-depressiver Neurotiker zu unterscheiden war (was mit der D-S nicht gelang). Besonders deutlich waren aber mit beiden Depressivitäts-Skalen die Gruppen depressiver Patienten von den Gruppen paranoid psychotischer und nicht-paranoid schizophrener Patienten abzuheben. Die Werte der Beschwerden-Liste lagen im Durchschnitt bei den endogen Depressiven am höchsten und unterschieden diese deutlich von den Patienten mit paranoiden Psychosen und nichtparanoiden Schizophrenien. Die Angst-Skala (SAS) ergab keine statistisch signifikanten Unterschiede zwischen den verschiedenen Gruppen psychisch Kranker. Da sie auch beim Vergleich zwischen psychisch Kranken und Gesunden relativ schlecht differenzierte, dürfte ihr diagnostischer Wert ziemlich gering sein.

Die Psychotizismus-Skala differenzierte nicht eindeutig zwischen den verschiedenen Gruppen psychisch Kranker, ergab aber einen signifikant höheren Wert bei (endogen und neurotisch) Depressiven gegenüber Gesunden. Danach zu urteilen erfasst die Skala eher eine Selbstentwertungstendenz als eine Psychosendisposition. Schon DAVIS [17] kam bei einer Validierungsuntersuchung zu dem Ergebnis, dass die Skala offenbar im wesentlichen die Tendenz erfasst, sich (und andere) negativ zu beurteilen.

Auch beim Vergleich zwischen Aufnahme- und Entlassungsbefund psychiatrischer Klinikpatienten, der als Massstab für die Sensibilität der verwendeten Untersuchungsinstrumente gegenüber psychopathologischen Zustandsänderungen dienen sollte, fielen die Ergebnisse für beide Depressivitäts-Skalen und die Paranoid-Skala sehr günstig und für die Beschwerden-Liste und die Angst-Skala noch befriedigend aus. Dabei ist zu berücksichtigen, dass Beschwerden der Art, wie sie in B-L (und anderen vergleichbaren Untersuchungsinstrumenten) abgefragt werden, zum Teil auch als Nebenwirkungen einer psychopharmakologischen Behandlung auftreten, so dass die Besserung des subjektiven Zustandes in dieser Hinsicht teilweise aufgehoben wird. Insofern erscheint das Ergebnis bezüglich des Beschwerden-Score durchaus plausibel. Die Psychotizismus-Skala ergab praktisch überhaupt keinen Unterschied zwischen dem Zustand bei Aufnahme und Entlassung. Man könnte das als Hinweis darauf werten, dass die Skalenwerte eben eine habituelle Disposition und nicht einen aktuellen Zustand und seine Änderungen reflektieren. Nach den vorliegenden Ergebnissen erscheint es aber fraglich, ob es sich dabei um eine Psychosen-Disposition handelt, wie es von EYSENCK postuliert wird [25, 82, 24]. Wegen ihrer faktoriellen Inhomogenität und ihres geringen diagnostischen Differenzierungsvermögens [57, 4, 83] erscheint die Skala ohnehin für klinische Zwecke unbrauchbar.

Auch die mit der Angst-Skala nach Zung (SAS) erzielten Untersuchungsergebnisse sind insgesamt enttäuschend ausgefallen und lassen die klinische Verwendung der Skala in ihrer derzeitigen Fassung wenig ratsam erscheinen. Im übrigen geht aber aus den verschiedenen hier besprochenen Analysen eindeutig hervor, dass es mit Hilfe von klinisch bereits erprobten Selbstbeurteilungs-Fragebögen möglich ist, krankhafte Normabweichungen im emotionalen und im kognitiven Bereich in einer validen, für Querschnitt- und Längsschnittuntersuchungen relevanten Weise zu objektivieren. Dafür eignen sich besonders die Skalen aus den KSb-S und – als Alternative zur Depressivitäts-Skala (D-S) – die Zungsche Depressions-Skala (SDS), wobei möglicherweise die D-S das für emotionelle Störungen sensiblere, die SDS das für depressive Verstimmungen spezifischere Untersuchungsinstrument ist.

Die weitere Entwicklung auf dem Gebiet der Konstruktion klinischer Selbstbeurteilungs-Skalen sollte auf Untersuchungen wie die hier referierten Rücksicht nehmen. Es kommt nicht darauf an, bewährten Skalen eine grosse Anzahl ähnlicher hinzuzufügen, sondern diejenigen, die sich weniger bewährt haben, durch bessere zu ersetzen und den vorliegenden Bestand durch neuartige Skalen zu ergänzen, z. B. für spezielle verhaltenstherapeutische Untersuchungen [7, 11, 81, 79]. Einige Neuentwicklungen auf dem Skalensektor (cf. auch [30a]) seien im folgenden kurz resümiert.

Zehn der ursprünglich zwanzig Items aus der Zungschen Angst-Skala SAS, die in mehreren der oben besprochenen Analysen einen von der Depressivität und den vorwiegend körperlich erlebten Beschwerden abgrenzbaren Faktor gebildet haben, sind zu einer reduzierten Angst-Skala zusammengefasst worden, die sich zur Zeit am Max-Planck-Institut für Psychiatrie (MPIP) in München in Erprobung befindet. Im klinischen Gruppenvergleich und in Verlaufsanalysen soll geprüft werden, wieweit diese die am Institut routinemässig angewendeten klinischen Selbstbeurteilungs-Skalen (KSb-S), die in das Psychiatrische Informationssystem PSYCHIS München [94a, 2] eingehen, um einen wesentlichen Aspekt bereichert. Zur weiteren Differenzierung kognitiver Störungen sind ausserdem am MPIP neben der Paranoid-Skala aus den KSb-S Fragebogen-Skalen zur Erfassung von Ich-Störungen sowie Störungen des Raum- und Zeiterlebens, wie sie für die subjektiven Erfahrungen psychotischer Patienten typisch sind, entwickelt worden (Emrich, unveröffentlicht). Auch zur Objektivierung von «kognitiven Basisstörungen», wie man sie bei Schizophrenen bereits vor dem Auftreten und noch nach dem Abklingen von floriden psychotischen Symptomen (paranoiden Ideen, Störungen des Ich- sowie des Raum- und Zeiterlebens usw.) findet, wurde in der BRD ein Fragebogen konstruiert [78]. Er soll sich u. a. für die Differentialdiagnose Schizophrenie/Neurose bei klinisch unklaren Fällen eignen. Dieser Eindruck müsste allerdings noch durch weitere, insbesondere durch prädiktive Untersuchungen belegt werden. Im allgemeinen kann nämlich die differentialdiagnostische Bedeutung klinischer Selbstbeurteilungs-Fragebögen nicht sehr hoch veranschlagt werden. Sie sind in dieser Hinsicht klinischen Beurteilungs-Skalen zweifellos unterlegen ([29, 94a], s. u.).

Der Vergleich von Fragebogen-Daten mit klinischen Beurteilungen mag gelegentlich zur Differentialdiagnose beitragen können. Jedenfalls ist bekannt, dass neurotisch Depressive dazu neigen, ihren Verstimmungszustand im Vergleich mit der von Klinikern vorgenommenen Einstufung desselben zu überschätzen, während sich endogen Depressive in dieser Hinsicht gerade umgekehrt verhalten [69]. Letztere stimmen zudem bei häufig wiederholter Selbstbeurteilung der Depressivität auch signifikant stärker mit der klinischen Fremdbeurteilung überein, als es bei Neurotikern der Fall ist [72, 94]. Weitere Möglichkeiten zur Differentialdiagnose endogener und neurotischer Depressionen werden durch die Verlaufsbeurteilung unter dem Aspekt der klinischen Besserung eröffnet. Diese ist im allgemeinen – zumindest in der Selbsteinschätzung – bei endogen Depressiven ausgeprägter als bei neurotisch Depressiven [47]. Die Skalenwertdifferenzen zwischen Aufnahme- und Entlassungs- (oder Nachuntersuchungs-)Befund sind dementsprechend bei diesen geringer als bei jenen und lassen einen statistisch signifikanten Gruppenunterschied hervortreten, während querschnittmässige Vergleiche beider Patientengruppen zum Zeitpunkt der Klinikaufnahme im allgemeinen kaum zu signifikanten Resultaten führen [92]. Weitere Möglichkeiten zur Verbesserung der diagnostischen Validität von Fragebögen werden in anderem Zusammenhang erörtert (siehe Abschnitt 3).

Die wichtigsten Indikationen für die Anwendung klinischer Selbstbeurteilungs-Fragebögen sind in Tabelle II zusammengefasst. Es muss aber in diesem Zusammenhang ausdrücklich betont werden, dass bei allen Indikationen die Kombination von Fragebögen mit anderen psychologischen bzw. psychophysiologischen Untersuchungsverfahren zu empfehlen ist [97]. Erst im Rahmen einer solchen «Mehr-Ebenen-Diagnostik» [5] besitzen klinische Selbstbeurteilungs-Fragebögen einen angemessenen Stellenwert. Mehr-Ebenen-Diagnostik bedeutet dabei die Analyse psychopathologischer Phänomene auf verschiedenen «Messebenen» – nicht aber den Versuch einer nosologischen Diagnostik. Bei dieser kommt – zumindest vorläufig – Fragebögen nur eine untergeordnete Bedeutung zu. Das Schwergewicht liegt hier vielmehr auf der klinischen Datengewin-

Tab. II. Indikationen für den Einsatz klinischer Selbstbeurteilungs-Fragebögen

| | |
|---|---|
| Selektion | Vor-Screening bei epidemiologischen Erhebungen [35, 94a] oder bei Vorsorgeuntersuchungen |
| | Auswahl vergleichbarer Fälle für statistische Gruppenvergleiche im zeitlichen Querschnitt und Längsschnitt |
| Deskription | Standardisierte, auf Skalenebene auch quantifizierte Beschreibung von Einzelfällen bzw. von Kollektiven im Querschnitt und Längsschnitt [94] |
| Klassifikation | Einteilung von Patientengruppen nach Beschwerdemustern, |
| | Zuordnung individueller Beschwerdemuster zu klinischen Syndromen (Syndromdiagnose; [61, 93]) |
| | Zusatzinformation für die Zuordnung zu Krankheitsformen (nosologische Diagnose; [61, 93]) |
| Prädiktion | Zusatzinformation für die Vorhersage von Krankheitsverläufen (Prognose) |
| Hypothesenbildung | Gewinnung oder Verbreiterung der Datenbasis für die eindrucksmässige oder deskriptiv-statistische Erarbeitung von Hypothesen über Zusammenhänge subjektiver psychopathologischer Phänomene untereinander bzw. mit anderen Phänomenen (i. S. der Interdependenz oder der Dependenz) |
| Hypothesenprüfung | Inferenz-statistische Prüfung von Vorhersagen aus solchen Hypothesen, u. a. durch experimentelle oder quasi-experimentelle Manipulation (Stichworte: experimentelle Psychopathologie, Therapieversuch; [11, 36, 38]) |
| Methodenvergleich | Prüfung des differentiellen Aussagegehalts verschiedener klinischer Prüfverfahren |

nung (evtl. mit Hilfe von Beurteilungs-Skalen) und der klinischen Bewertung der so erhaltenen Informationen [93, 61][5].

## 3. Skalen zur Erfassung der prämorbiden Persönlichkeit

Die relativ geringe nosologisch-diagnostische und prognostische Validität der meisten, auf eine Querschnittbeurteilung angelegten Testverfahren (*nota bene* nicht nur der Fragebögen!) erklärt ZUBIN ([100], S.186) mit der unzureichenden Berücksichtigung prämorbider Persönlichkeitszüge: «The role that the premorbid personality plays in directing the expression of the focal disorder into a unique illness and the role that it plays in outcome are important developments. This helps explain why the cross-sectional test alone, without knowledge of the premorbid personality, may be of little help in either diagnosis or prognosis.» So lassen sich viele «Symptome» nur auf dem Hintergrund der prämorbiden Persönlichkeit diagnostisch verwerten, da sie einerseits Ausdruck einer aktuellen Störung, andererseits auch habituelle Persönlichkeitsmerkmale sein können. Im Bereich der Angstsymptomatik lässt sich zwar anhand einiger Skalen (z.B.[75]) die habituelle «trait anxiety» von der aktuellen «state anxiety» abtrennen. In vielen sogenannten Angst-Skalen sind aber beide Aspekte miteinander vermengt, und es wird – wie auch bei den meisten klinisch verwendeten Persönlichkeits-Fragebögen (etwa dem EPI [21], der MNT-Skala [15], dem FPI [28] und dem Giessen-Test [6]) – gar nicht zwischen habituell und aktuell gestörtem Verhalten unterschieden [31]. Es ist bisher auch kaum untersucht worden, wie weit sich die Differenzierung zwischen Persönlichkeitsmerkmalen und Krankheitssymptomen anhand von Fragebogen-Items treiben lässt.

Hier stehen aber andere Differenzierungsmöglichkeiten zur Verfügung, die bisher freilich nur in beschränktem Umfange genutzt worden sind. Sie ergeben sich aus dem diagnostischen Vorgehen des Klinikers, für den ja die Ermittlung prämorbider Persönlichkeitszüge oft Voraussetzung für die Diagnosenstellung ist [42]. Für ihn weisen z.B. starke Umtriebigkeit, Unstetigkeit, Redseligkeit und Distanzlosigkeit eines Patienten auf eine manische bzw. hypomanische Verstimmungsphase hin, wenn sie deutlich zu dessen früherem Verhalten kontrastieren oder zumindest weit darüber hinausgehen; anderenfalls wertet er sie eher als Ausdruck einer

---

[5] Bei Anwendung des Present State Examination (PSE) nach WING und Mitarbeitern [86, 87] kann die Diagnosenstellung auch mit Hilfe eines für die Computerauswertung programmierten Algorithmus (dem CATEGO-Programm) erfolgen, der allerdings nur eine beschränkte Anzahl psychiatrischer Diagnosen vorsieht.

hyperthymen Persönlichkeit oder – beim Vorliegen «organischer Zeichen» bzw. einer Oligophrenie – eines durch Hirnläsion bedingten habituellen Erethismus [41, 71]. Er muss, um zu solchen Entscheidungen zu gelangen, retrospektive Befragungen durchführen. Ausser den anamnestischen Angaben des Patienten sucht er möglichst auch fremdanamnestische Angaben von dessen Angehörigen oder anderen ihm nahestehenden Personen zu gewinnen. Diesen Weg kann man auch bei der Verwendung von Fragebögen zur Beurteilung prämorbider Persönlichkeitszüge beschreiten. Durch Änderung der Testinstruktion von Persönlichkeits-Inventaren kann eine retrospektive Selbstbeurteilung gefordert werden, die sich auf die Zeit *vor* Beginn der jetzigen Erkrankung bezieht. Auf diese Weise lässt sich z.b. der Einfluss depressiver Verstimmungsphasen auf Extraversions-Skalen (in Form einer Score-Erniedrigung) und Neurotizismus-Skalen (im Sinne einer Score-Erhöhung) ausschalten [45]. Die Testresultate entsprechen dann eher den nach klinischer Remission ermittelten, die im allgemeinen bei – zumindest endogen – Depressiven keine deutlichen Normabweichungen ergeben [16, 65]. Mit Hilfe anderer, zumeist neu konstruierter Skalen, lassen sich andererseits – ebenfalls durch retrospektive Selbstbeurteilung – typische Normabweichungen der prämorbiden Persönlichkeitsstruktur von Patienten mit verschiedenen Formen depressiver Verstimmungen (insbesondere monopolar[6] endogenen bzw. neurotischen) oder anderen psychiatrischen Erkrankungen schon bei kleinen Fallzahlen (n = 10 pro diagnostischer Kategorie) eruieren [90], die z.t. bereits in Validierungsstudien (auch bei gegenwartsbezogener Selbstbefragung nach klinischer Remission [55, 39, 32]) zu reproduzieren waren [99, 95, 96].

Solche Skalen sind vom Autor und seinen Mitarbeitern am Max-Planck-Institut für Psychiatrie entwickelt und hier wie auch an anderen Institutionen im In- und Ausland erfolgreich erprobt worden [33, 48, 55, 32]. Ergänzt werden sie durch entsprechende Fremdbeurteilungs-Fragebögen zum Ausfüllen durch möglichst enge Bezugspersonen der Probanden (Eltern, Geschwister, Ehepartner, nahe Freunde). Die Ergebnisse retrospektiver Selbst- und Fremdbeurteilung prämorbider Persönlichkeitszüge stimmen dabei im allgemeinen in ihrer Richtung, wenn auch nicht in ihrem Ausmass überein [90, 99, 22]. Sie sind gewöhnlich, aber keineswegs immer [33], bei der Selbstbeurteilung prägnanter als bei der Fremdbeurteilung. Dies dürfte u.a. damit zusammenhängen, dass viele Details von Erlebnis- und Verhaltensweisen eines Menschen, zu denen Angaben ge-

---

[6] Als monopolar bezeichnet man rezidivierende endogen-depressive Verstimmungsphasen *ohne*, als bipolar solche *mit* manischen bzw. hypomanischen Phasen [71].

macht werden sollen, der Umgebung verborgen bleiben. Die Konstruktion der Skalen orientierte sich an klinisch erarbeiteten Konzepten über die prämorbide Persönlichkeit psychiatrischer Patienten. Jeweils zwei bis vier der Skalen wurden – nach Durchmischung der zugehörigen Items – in einem Fragebogen zusammengefasst.

Zwei der Fragebögen beziehen sich auf die prämorbide Persönlichkeit psychotischer Patienten. Der eine von ihnen enthält eine Skala zur Objektivierung des zyklothymen Temperaments im Sinne KRETSCHMERs [49], das nach den meisten deutschsprachigen Lehrbüchern typisch für die prämorbide Persönlichkeit von Patienten mit affektiven Psychosen sein soll, eine Skala für Züge des «Typus melancholicus» im Sinne TELLENBACHS [80], das nach diesem Autor (in Übereinstimmung mit psychoanalytischen Auffassungen) die prämorbide Struktur von Patienten mit (überwiegend monopolar verlaufenden) endogenen Depressionen (Melancholien) kennzeichnen soll (s. u.) und eine aus solchen Items zusammengesetzte Skala, die von Psychoanalytikern als typisch für die Charakterstruktur von Melancholikern angesehen werden (cf. [13]), aber nicht in das TELLENBACHsche Konzept des «Typus melancholicus» eingegangen sind [90]. Der andere Fragebogen enthält – ausser einer Ergänzungs-Skala zum «Typus melancholicus» und einer Kontroll-Skala – eine Skala zur Erfassung schizoider Wesenzüge [33], wie sie die prämorbide Persönlichkeit Schizophrener kennzeichnen sollen (cf. [34]). Zu beiden Fragebögen existieren entsprechende Fremdbeurteilungs-Fragebögen, auf die im folgenden aber nicht näher eingegangen wird.

Die Skalen zur Erfassung der prämorbiden Persönlichkeitsstruktur neurotischer Patienten wurden in parallelisierter Form auf zwei weitere Fragebögen verteilt [48]. Die Skalenkonstruktion ging von der Hypothese aus, dass es eine unspezifische Neurosendisposition gibt [23, 73, 30], die in einer «neurotoiden» Struktur zum Ausdruck kommt. Eine solche Struktur soll demnach (retrospektiv) bei den meisten Neurotikern nachweisbar sein – unabhängig vom klinischen Symptombild. Dieses wird – nach der zugrundeliegenden Hypothese – von Besonderheiten der Persönlichkeitsstruktur [51, 52] bestimmt bzw. mitbestimmt, die an sich nicht als «abnorm» zu werten sind und erst in Kombination mit einer «neurotoiden» Struktur (insbesondere in strukturspezifischen Konfliktsituationen) zur Entstehung bestimmter Symptome beitragen [30]: Eine anankastische (zwanghaft-rigide) Struktur soll zum Auftreten von Zwangssymptomen disponieren, eine hysterische (extravertiert-geltungssüchtige) Struktur soll die Entstehung hysterischer (= Konversions-)Symptome begünstigen und eine «orale» (passiv-abhängige) Struktur für die Genese ängstlich-depressiver Verstimmung von Bedeutung sein.

Die Items der verschiedenen Fragebögen waren nach der einschlägigen Literatur und Eintragungen in psychiatrischen Krankengeschichten ausgesucht und nach den eben skizzierten Gesichtspunkten zu Skalen zusammengestellt worden. Bezüglich der prämorbiden Struktur von Schizophrenen erschien die theoretische Validität der zugehörigen Fragebogen-Skala [33] ausreichend gesichert, da die meisten Darstellungen dieser Struktur in den wesentlichen Zügen übereinstimmen [34]. Anders liegen die Verhältnisse bei der Skala zur Objektivierung der prämorbiden Persönlichkeit von Neurotikern bzw. Patienten mit affektiven Psychosen. Deshalb wurden die entsprechenden Fragebögen Experten im In- und im (deutschsprachigen) Ausland zur Beurteilung sämtlicher Items bezüglich der in Frage stehenden Sachverhalte (z.B. «Typus melancholicus» oder «hysterische Struktur») vorgelegt [90, 99].

Im Falle der Skalen zur Charakterstruktur von Neurotikern wurde die ursprünglich konzipierte Skalenbildung beibehalten, da die statistische Auswertung der Expertisen (mit Hilfe von Q-Faktorenanalysen) eine bemerkenswert hohe Übereinstimmung der Experten mit den Vorstellungen des Autors (von der anankastischen, der hysterischen und der «oral»-abhängigen Struktur) erbrachte. Bei den Skalen zur Charakterstruktur von affektiv-psychotischen Patienten erschien es vornehmlich im Hinblick auf die erheblichen Divergenzen verschiedener klinischer Beschreibungen dieser Struktur(en) angebracht, die Skalenbildung aufgrund der Expertisen vorzunehmen [90]. Sie erfolgte nach den Faktoren-Scores aus der Varimax-rotierten Q-Faktorenlösung von neun Expertisen (darunter denen des Autors). Die der Skalenbildung zugrundegelegte Faktorenstruktur konnte später durch Kreuzvalidierung anhand der Expertisen anderer Beurteiler reproduziert werden [99], so dass die drei skalierten Konzepte (Zyklothymie, «Typus melancholicus» und spezifisch psychoanalytisches Konzept der Charakterstruktur von Melancholikern) als theoretisch valide anzusprechen sind.

Eine zusätzliche empirische Validierung war bei einigen der Skalen möglich, und zwar durch den Vergleich der Skalenwerte von Patienten, bei denen klinisch bestimmte Persönlichkeitsstörungen diagnostiziert worden waren, mit denen von Kontrollpersonen [22]. Die Art der Validierung musste sich allerdings auf Skalen beschränken, deren Grundkonzept ohne wesentliche Einschränkungen einer der im Diagnosenschlüssel der ICD (International Classification of Diseases: [18]) vorgesehenen Persönlichkeitsdeviationen zugeordnet werden konnte. Zudem musste eine ausreichende Anzahl entsprechender Testprotokolle (n ≥ 10 pro diagnostische Kategorie) zur Verfügung stehen. Dies war bei der Schizoidie-Skala (schizoide Persönlichkeit; ICD-Nr. 301.2), der Anankasmus-Skala (anankastische Persönlichkeit; ICD-Nr. 301.4), der Hysterie-Skala (hysterische Persönlichkeit; ICD-Nr. 301.5) und der «Oralitäts»-Skala (asthenische = passiv-abhängige Persönlichkeit; ICD-Nr. 301.6) der Fall. Die Vorhersage, nach der Patienten mit einer der genannten Persönlichkeitsstörungen in der jeweils zugehörigen Fragebogen-Skala die vergleichsweise höchsten Werte aufweisen sollten, erfüllte sich für die Hysterie- und die «Oralitäts»-Skala sowie in besonderem Masse für die Schizoidie-Skala, in der allerdings die Durchschnittswerte aller Patientengruppen signifikant höher ausfielen als die der Kontrollfälle; die schizoiden Persönlichkeiten lagen aber in ihren Werten weit an der Spitze (im Schnitt um mehr als 2½ Standardabweichungen über den Kontrollfällen). Nur die Anankasmus-Skala entsprach nicht der Erwartung, weshalb ihre klinische Validität in Frage gestellt werden muss. Wahrscheinlich sind durch die Item-Auswahl (nach dem Gesichtspunkt, möglichst wenig abnorme Persönlichkeitszüge zu treffen) die Komponenten der Ordentlichkeit und Rigidität zu stark auf Kosten der Selbstunsicherheit akzentuiert, die für klinisch behandlungsbedürftige Patienten mit zwanghafter Persönlichkeit besonders typisch sein dürfte (cf. [71]). Diese Komponente wurde ohnehin durch die Skala der «neurotoiden» Struktur erfasst, so dass ihre Einbeziehung in die Anankasmus-Skala zu Überschneidungen des Aussagegehalts beider Skalen geführt hätte, die gerade vermieden werden sollte. Bei der Konstruktion der «Oralitäts»-Skala war eine solche Überschneidung mit der Skala für «neurotoide» Persönlichkeitszüge gar nicht zu umgehen, da eine ausgeprägte passiv-abhängige Haltung zwangsläufig «neurotoide» Züge trägt.

Bei der klinischen Erprobung wurden die aufgeführten Persönlichkeits-Fragebögen teils einzeln, teils in Kombination miteinander und mit einer auf retrospektive Selbstbeurteilung umformulierten Version des BRENGELMANNschen ENNR-Fragebogens [9] oder mit anderen Persönlichkeits-Inventaren eingesetzt, u.a. an Stichproben psychiatrischer Patienten während eines Klinikaufenthaltes [90, 99, 30, 48, 55, 22] bzw. längere Zeit nach ihrer Entlassung aus der Klinik [32, 39], ferner an Stichproben von körperlich Kranken und von gesunden Kontrollpersonen ([39] und v. ZERSSEN, unveröff.). Dabei ergab sich übereinstimmend folgendes Bild (siehe Tabelle III):

Die Schizoidie-Skala zeigte bei den meisten psychiatrischen Patientengruppen signifikant höhere Werte an als bei den Kontrollgruppen. Von allen Patienten mit aktuellen psychischen Störungen erreichten Schizophrene im Schnitt die höchsten Skalenwerte, unmittelbar gefolgt von den Neurotikern (einschliesslich der Patienten mit sogenannten hysterischen Neurosen!). Umgekehrt waren die Werte der Zyklothymie-Skala bei den

Tab. III. Normabweichungen der prämorbiden Persönlichkeit bei aktuellen psychischen Erkrankungen

| | Erkrankungsart | E (ENNR) | hyster. Struktur | Zyklothymie | N (ENNR) | neurotoide Struktur | psa* Konzept | orale Struktur | schizoide Struktur | R (ENNR) | anank. Struktur | Typus melanchol. |
|---|---|---|---|---|---|---|---|---|---|---|---|---|
| affektive Psychosen | Manie | + | + | + | | | | | | | | |
| | bipol. affekt. Psychose | | | | | | | | | | (-) | (-) |
| | monopol. end. Depression | | | | | + | | + | + | | + | ++ |
| Neurosen | neurotische Depression | (-) | | | + | ++ | | ++ | ++ | | (+) | (+) |
| | Angstneurose | | | | | + | ++ | (+) | ++ | | | |
| | Phobie | - | | | | | ++ | | | | | |
| | Konversionsneurose | - | | | + | + | ++ | | ++ | | | |
| | Zwangsneurose | - | | | + | ++ | ++ | | ++ | | + | |
| Schizophrenien | paranoide Schizophrenie | | | | + | | | ++ | ++ | + | ++ | |
| | nicht-par. Schizophrenie | - | | - | + | | | ++ | ++ | | | |

* spezifisch psychoanalytisches Konzept der Charakterstruktur von Melancholikern (Fremdbeurteilung)
(+) im Durchschnitt etwa ½ Standardabweichung über dem Normwert
+ im Durchschnitt > ½ Standardabweichung über dem Normwert
++ im Durchschnitt > 1 Standardabweichung über dem Normwert
(-) im Durchschnitt etwa ½ Standardabweichung unter dem Normwert
- im Durchschnitt > ½ Standardabweichung unter dem Normwert
(Normabweichungen geschätzt aufgrund verschiedenartiger Untersuchungen an unterschiedlichen Stichproben)

meisten Patientengruppen gegenüber den Kontrollgruppen mehr oder weniger stark herabgesetzt. Die stärkste Abweichung fand sich auch hier bei den Schizophrenen. Von den Patienten mit affektiven Psychosen wiesen nur die mit überwiegend manisch verlaufender Erkrankung eine signifikante Skalenwertabweichung auf, aber im umgekehrten Sinne; d.h. sie erwiesen sich – auch gegenüber den Kontrollfällen – als signifikant zyklothymer [22]. Dieser Befund stimmt mit der herrschenden Lehrmeinung überein (cf. [84, 41, 8, 71]). Unvereinbar mit der KRETSCHMERschen Konzeption vom zyklothymen Temperament der Gesamtgruppe affektivpsychotischer Patienten [49] ist aber der Befund signifikant verminderter Skalenwerte für Zyklothymie bei Patienten mit monopolar depressivem Krankheitsverlauf [99, 39, 22] und der dem Durchschnittswert gesunder Kontrollgruppen entsprechende Skalenwert von Patienten mit bipolar verlaufenden manisch-depressiven Psychosen [39, 22].

Während symptom-orientierte Selbsbeurteilungs-Skalen (ebenso wie klinische Fremdbeurteilungs-Skalen) keine Unterschiede zwischen depressiven Verstimmungszuständen bei Patienten mit verschiedenen Verlaufsformen affektiver Psychosen ergeben [65], ist dies nicht nur bei der Zyklothymie-Skala, sondern auch bei anderen Persönlichkeits-Skalen zur retrospektiven Selbstbeurteilung der Fall. Am spezifischsten sind in dieser Hinsicht die Skalen zur Objektivierung des «Typus melancholicus» [90, 99, 22], der durch Ordentlichkeit, Arbeitsamkeit, Anhänglichkeit und Angepasstheit ausgezeichnet ist [80]. Die Kombination dieser Persönlichkeitszüge ist besonders ausgeprägt bei Patienten mit monopolar depressivem Krankheitsverlauf und hebt sie von allen anderen Patientengruppen deutlich ab [90, 99, 55, 39, 22]. Züge des «Typus manicus» (unbeständig, unbekümmert, sehr kontaktfreudig usw.; cf. [96]), wie sie bei Patienten mit überwiegend manisch verlaufenden affektiven Psychosen im Intervall zu beobachten sind, kommen ausser in der Zyklothymie-Skala auch in der Extraversions-Skala des ENNR und vor allem in der Hysterie-Skala zum Ausdruck [22]. Die durchschnittliche Erhöhung der Werte dieser drei Skalen bei den Manikern steht in deutlichem Gegensatz zu den Verhältnissen bei allen anderen psychiatrischen Patientengruppen. Darin stimmen die Ergebnisse von Selbst- und Fremdbeurteilung grundsätzlich miteinander überein.

Neurotiker ähneln in ihrer prämorbiden Struktur den Schizophrenen, besonders in der Tendenz zum Schizoiden (erhöhte Werte in der Schizoidie-Skala) und Introvertierten (verminderte Werte in der Extraversions-Skala des ENNR). «Neurotoide» Persönlichkeitsmerkmale (Unausgeglichenheit, Unzufriedenheit, ein erhöhtes Anspruchsniveau usw.) sind bei ihnen schon vor dem Auftreten einer als krankhaft erlebten

Symptomatik (hysterische Konversionssymptome, Ängste, Zwänge, depressive Verstimmungen usw.) noch stärker ausgeprägt als bei den Schizophrenen (höchste Skalenwerte für «neurotoide» Struktur; ihre Werte in der N-Skala aus dem ENNR in retrospektiver Beurteilung sind allerdings durchschnittlich nicht stärker erhöht als die der Schizophrenen). Bemerkenswerterweise finden sich bei ihnen ausserdem in besonderer Ausprägung jene Züge, die nach psychoanalytischer Auffassung (ausser den im «Typus melancholicus» zusammengefassten Persönlichkeitsmerkmalen) endogen depressiven Patienten eigen sein sollen. Sie sind aber – in Abweichung von dieser Anschauung – bei Patienten mit depressiven Neurosen durchschnittlich weniger stark ausgeprägt als bei Patienten mit anderen Neuroseformen. Insgesamt sind jedoch die prämorbiden Unterschiede zwischen symptomatologisch differenzierbaren Neurotikergruppen weniger eindrucksvoll als die Übereinstimmungen. Insbesondere zeigen Patienten mit hysterischen (d. h. Konversions-)Neurosen im allgemeinen prämorbid keine ausgeprägt hysterischen Tendenzen [48]; sie sind im Vergleich mit den Kontrollfällen sogar (nach dem ENNR zu urteilen) introvertierter und nicht etwa extravertierter. Dieser Befund stimmt mit den Ergebnissen einer älteren, allerdings nicht in der Retrospektive durchgeführten Fragebogenuntersuchung überein [50], bei der u. a. das EPI nach EYSENCK [21] verwendet wurde, und entspricht auch dem Eindruck vieler Kliniker (cf. [10]). Es steht aber in krassem Widerspruch zu der verbreiteten Auffassung, hysterische Neurotiker seien extravertiert. Offenbar liegt dieser Auffassung eine Vermengung von symptom- und persönlichkeitsorientiertem Hysteriebegriff zugrunde.

Die «Oralitäts»-Skala ergibt – psychoanalytischen Ansichten (cf. [13, 30]) entsprechend – bei Angstneurotikern und besonders bei neurotisch Depressiven (sowie bei monopolarendogen Depressiven, aber auch bei Schizophrenen) gegenüber den Kontrollfällen signifikant erhöhte Werte. Im Einklang mit psychoanalytischen Konzeptionen steht ferner, dass die Werte der neurotischen und die der monopolar endogen Depressiven sowie die der Zwangsneurotiker in der Anankasmus-Skala (die allerdings empirisch nicht ausreichend validiert werden konnte, s.o.!) über denen der Kontrollfälle liegen, auch hier allerdings gleichsinnig und gleichrangig mit den Werten schizophrener Patienten.

Die besprochenen Beziehungen sind in Tabelle III schematisch dargestellt. Sie müssen z.T. noch durch Kreuzvalidierung überprüft werden. Die an Depressiven gewonnenen Ergebnisse erscheinen allerdings bereits weitgehend gesichert und werden auch durch neuere Untersuchungen mit anderen Persönlichkeits-Skalen gestützt [59, 64, 77, 66], die z.T. auf der Basis von psychoanalytischen Konzeptionen [51, 52], z.T. auf der von

MURRAYS Persönlichkeitstheorie [12] entwickelt worden sind. Die Konstruktion der in den eigenen Untersuchungen verwendeten Skalen ist mit einer Bestätigung der bisher mit ihnen erzielten Ergebnisse freilich noch nicht abgeschlossen. Vielmehr müssen die korrelativen Beziehungen der Skalen untereinander und mit anderen Skalen genauer abgeklärt werden. In einer orientierenden faktorenanalytischen Auswertung der Skalenwerte gesunder junger Männer (Bundeswehrsoldaten, die LASPE mit den genannten Persönlichkeits-Fragebögen – ohne den ENNR – untersucht hatte), ergab eine Faktorenstruktur, die sich – allerdings mit gewissen Vorbehalten – auf die bekannten Fragebogendimensionen (cf. [23]) von neurotischer Tendenz («neurotoide» und «orale» Struktur, Schizoidie), Extraversion (hysterische Struktur, Zyklothymie) und «soziale Erwünschtheit» [20] – oder evtl. Rigidität [9] – («Typus melancholicus», anankastische Struktur) zurückführen lässt. Einer der Vorbehalte bezieht sich darauf, dass diese Interpretation nicht verständlich macht, warum die Schizoidie keine Beziehung zum (hypothetischen) Extraversions-Faktor aufweist und warum auf diesem Faktor eine sogenannte «Lügen»-Skala (Kontroll-Skala aus dem Schizoidie-Bogen) eine höhere Ladung erreicht als auf dem der «sozialen Erwünschtheit». Zudem bleibt offen, warum die nach klinischen Hypothesen konstruierten Skalen auf Anhieb besser zwischen Patientengruppen mit unterschiedlichen psychiatrischen Diagnosen differenziert haben als herkömmliche Skalen [56] wie die N- und die NR-Skala aus dem ENNR (in gleichfalls retrospekter Anwendungsform [33]).

Vordringlicher als die Klärung struktureller Beziehungen der Skalen erscheint aber deren Überarbeitung unter dem Aspekt der diagnostischen Validität. Dazu müssen die Items zunächst nach ihrem Differenzierungsvermögen beim Gruppenvergleich ausgewählt und ggf. zu ganz anderen Skalen zusammengefasst werden als denjenigen, denen sie entstammen. Es scheint begründete Aussicht zu bestehen, dass die klinische Anwendung derartiger Persönlichkeits-Skalen in Verbindung mit symptomorientierten Selbstbeurteilungs-Skalen validere diagnostische (und evtl. auch prognostische) Aussagen ermöglicht [31], als sie bei alleiniger Verwendung von symptom-orientierten Skalen gemacht werden können (s.o.). Das würde einen echten Fortschritt in der Entwicklung klinischer Selbstbeurteilungs-Fragebögen bedeuten.

## Literatur

[1] ARFWIDSSON, L., D'ELIA, G., LAURELL, B., OTTOSSON, J.-O., PERRIS, C., PERSSON, G. Can self-rating replace doctor's rating in evaluating anti-depressive treatment? Acta psychiatrica scandinavica, 1974, 50, 16–22.

[2] BARTHELMES, H., V. ZERSSEN, D. Das Münchener Psychiatrische Informationssy-

stem (PSYCHIS München). In P. Reichertz, E. Schwarz (Eds.) Informationssysteme in der medizinischen Versorgung. Ökologie der Systeme. Stuttgart: Schattauer, 1978. Pp. 138-145.
[3] BAUMANN, U., DITTRICH A. Konstruktion einer deutschsprachigen Psychotizismus-Skala. Zeitschrift für experimentelle und angewandte Psychologie, 1975, 22, 365-373.
[4] BAUMANN, U., DITTRICH, A. Überprüfung der Fragebogendimension P (Psychotizismus) im Vergleich zu Extraversion und Neurotizismus. Zeitschrift für klinische Psychologie, 1976, 5, 1-23.
[5] BAUMANN, U., SEIDENSTÜCKER, G. Zur Taxonomie und Bewertung psychologischer Untersuchungsverfahren bei Psychopharmakaprüfungen. Pharmakopsychiatrie, Neuro-Psychopharmakologie, 1977, 10, 165-175.
[6] BECKMANN, D., RICHTER, H.-E. Giessen-Test (GT). (2. Aufl.) Bern: Huber 1975.
[7] BERGOLD, J. B. Subjektiv-verbale Indikatoren der Angst. In C. Kraiker (Ed.) Handbuch der Verhaltenstherapie. II. Methoden der Therapieforschung und Verhaltenserfassung. München: Kindler, 1974. Pp. 195-223.
[8] BLEULER, E. Lehrbuch der Psychiatrie. 13. Aufl. von M. Bleuler. Berlin: Springer, 1975.
[9] BRENGELMANN, J. C., BRENGELMANN, L. Deutsche Validierung von Fragebogen der Extraversion, neurotischen Tendenz und Rigidität. Zeitschrift für experimentelle und angewandte Psychologie, 1960, 7, 291-331.
[10] BUSS, A. H. Psychopathologie. New York: Wiley, 1966.
[11] CAUTELA, J. R., UPPER, D. The behavioral inventory battery: the use of self-report measures in behavioral analysis and therapy. In M. Hersen, A. S. Bellack (Eds.) Behavioral Assessment: A Practical Handbook. Oxford: Pergamon Press, 1976. Pp. 77-109.
[12] CESAREC, Z. MARKE, S. Mätning av psykogena behov med frageformulärsteknik. Stockholm: Skandinaviska Testförlaget, 1968.
[13] CHODOFF, P. The depressive personality. A critical review. Archives of General Psychiatry, 1972, 27, 666-673.
[14] CIPS (Collegium Internationale Psychiatriae Scalarum, Eds.) Internationale Skalen für Psychiatrie. Berlin: Eigenverlag, 1977.
[15] COPPEN, A. The Marke-Nyman temperament scale: an English translation. British Journal of Medical Psychology, 1966, 39, 55-59.
[16] COPPEN, A., METCALFE, M. Effect of a depressive illness on M.P.I. scores. British Journal of Psychiatry, 1965, 111, 236-239.
[17] DAVIS, H. What does the P - scale measure? British Journal of Psychiatry, 1974, 125, 161-167.
[18] DEGKWITZ, R., HELMCHEN, H., KOCKOTT, G., MOMBOUR W. (Eds.) Diagnosenschlüssel und Glossar psychiatrischer Krankheiten. Deutsche Ausgabe der internationalen Klassifikation der WHO: ICD (ICD = International Classification of Diseases) 8. Revision, und des internationalen Glossars. (4. Aufl.) Berlin: Springer, 1975.
[19] DEROGATIS, C. R. SCL-90. Administration, Scoring & Procedures. Manual-I for the R(evised) Version and other Instruments of the Psychopathology Rating Scale Series. Johns Hopkins University School of Medicine, 1977.
[20] EDWARDS, A. L. The Social Desirability Variable in Personality Assessment and Research. New York: Dryden, 1957.
[21] EGGERT, D. Eysenck-Persönlichkeits-Inventar E-P-I. (Dtsch. Bearb. von H. J. Eysenck: The Eysenck Personality Inventory. London: University of London Press, 1964). Göttingen: Hogrefe, 1974.

[22] EIBAND, H.W. Vergleichende Untersuchungen zur prämorbiden Persönlichkeit von Patienten mit verschiedenen Formen affektiver Störungen. Unveröffentlichte med. Doktorarbeit. Univ. München (in Vorb.).
[23] EYSENCK, H.J. The Structure of Human Personality. (3rd ed.) London: Methuen, 1970.
[24] EYSENCK, H.J., EYSENCK, S.B.G. Psychoticism as a Dimension of Personality. London: Hodder and Stoughton, 1976.
[25] EYSENCK, S.B.G., EYSENCK, H.J. The questionnaire measurement of psychoticism. Psychological Medicine, 1972, 2, 50–55.
[26] FAHRENBERG, J. Ein itemanalysierter Fragebogen funktionell-körperlicher Beschwerden (VELA). Diagnostica (Göttingen), 1965, 11, 141–153.
[27] FAHRENBERG, J. Die Freiburger Beschwerdenliste FBL. Zeitschrift für klinische Psychologie, 1975, 4, 79–100.
[28] FAHRENBERG, J., SELG, H., HAMPEL, R. Das Freiburger Persönlichkeitsinventar FPI, Handanweisung. (2. Aufl.) Göttingen: Hogrefe, 1973.
[29] FAHY, T. Some problems in the assessment of current mental status of depressed patients. In H. Hippius, H. Selbach (Eds.) Das depressive Syndrom. München: Urban & Schwarzenberg, 1969. Pp. 305–316.
[30] FENICHEL, O. Psychoanalytische Neurosenlehre. C. Psychoneurose, Mechanismen der Symptomausbildung und spezielle Neurosen. (Dtsch. Übers. von: The Psychoanalytic Theory of Neurosis. (2nd ed). New York: Norton, 1972). Olten: Walter, 1975.
[30a] FEUERLEIN, W., KÜFNER, H., RINGER, C., ANTONS, K. Münchner Alkoholismustest (MALT), Manual. Weinheim: Beltz, 1979.
[31] FOULDS, G.A., in collaboration with Caine, T.M. Personality and Personal Illness. London: Tavistock, 1965.
[32] FREY, R. Die prämorbide Persönlichkeit von monopolar und bipolar Depressiven. Archiv für Psychiatrie und Nervenkrankheiten, 1977, 224, 161–173.
[33] FRITSCH, W. Objektivierende Untersuchungen zur pämorbiden Persönlichkeit Schizophrener. Unveröffentlicht med. Doktorarbeit. Univ. Heidelberg, 1972.
[34] FRITSCH, W. Die prämorbide Persönlichkeit der Schizophrenen in der Literatur der letzten hundert Jahre. Fortschritte der Neurologie, Psychiatrie und ihrer Grenzgebiete, 1976, 219, 323–372.
[35] GOLDBERG, D.P. The Detection of Psychiatric Illness by Questionnaire. London: Oxford University Press, 1972.
[36] GUDAT, U., REVENSTORFF, D. Interventionseffekte in klinischen Zeitreihen. Archiv für Psychologie, 1976, 128, 16–44.
[37] GUY, W. (Ed.) ECDEU Assessment Manual for Psychopharmacology. (Rev. Ed.) Rockville, Maryland, 1976.
[38] HEIMANN, H., SCHMOCKER, A.M. Zur Problematik der Beurteilung des Schweregrades psychiatrischer Zustandsbilder. Arzneimittel-Forschung, 1974, 24, 1004–1006.
[39] HOFMANN, G. Vergleichende Untersuchungen zur prämorbiden Persönlichkeit von Patienten mit bipolaren (manisch-depressiven) und solchen mit monopolar depressiven Psychosen. Unveröffentlichte med. Doktorarbeit. Univ. München, 1973.
[40] HOLE, G., GRAW, P. Somatische Symptome und Depressionstiefe bei depressiven Zustandsbildern. Quantitativer Vergleich im Querschnitt und im Verlauf. Nervenarzt, 1973, 44, 136–142.
[41] HUBER, G. Psychiatrie. Stuttgart: Schattauer, 1974.
[42] INGHAM, J.G. Changes in M.P.I. scores in neurotic patients: a three year follow-up. British Journal of Psychiatry, 1966, 112, 931–939.

[43] JANKE, W., DEBUS, G. Die Eigenschaftswörterliste EWL. Handanweisung. Göttingen: Hogrefe, 1978.
[44] JASPERS, K. Allgemeine Psychopathologie. (1. Aufl. 1913). (9. Aufl.) Berlin: Springer, 1973.
[45] KENDELL, R. E., DISCIPIO, W. J. Eysenck personality inventory scores of patients with depressive illness. British Journal of Psychiatry, 1968, 114, 767-770.
[46] KEREKJARTO, M. v., LIENERT, G. A. Depressionsskalen als Forschungsmittel in der Psychopathologie. Pharmakopsychiatrie, Neuro-Psychopharmakologie, 1970, 3, 1-21.
[47] KERR, T. A., SCHAPIRA, K., ROTH, M., GARSIDE, R. F. The relationship between the Maudsley Personality Inventory and the cause of affective disorders. British Journal of Psychiatry, 1970, 116, 11-19.
[48] KRAUSS, W. Objektivierende Untersuchungen zur prämorbiden Persönlichkeit von Neurotikern. Unveröffenlichte med. Doktorarbeit. Univ. München, 1972.
[49] KRETSCHMER, E. Körperbau und Charakter. (1. Aufl. 1921). 26. Aufl. von W. Kretschmer. Berlin: Springer 1977.
[50] LADER, M., SARTORIUS, N. Anxiety in patients with hysterical conversion symptoms. The Journal of Neurology, Neurosurgery and Psychiatry, 1968, 31, 490 495.
[51] LAZARE, A., KLERMAN, G. L., ARMOR, D. J. Oral, obsessive and hysterical personality patterns. Archives of General Psychiatry, 1966, 14, 624-630
[52] LAZARE, A., KLERMAN, G. L., ARMOR, D. J. Oral, obsessive and hysterical personality patterns. Replication of factor analysis in an independent sample. Journal of Psychiatric Research, 1970, 7, 275-279.
[53] LEHRL, S., TRAUB, R., STRAUB, B.: Ein Vergleich von Beurteilungsskalen und Leistungsverfahren für die Schweregradmessung zyklothymer Depressionen. Pharmakopsychiatrie-Neuro-Psychopharmakologie, 1976, 9, 247-256.
[54] LIENERT, G. A. Testaufbau und Testanalyse. (3. Aufl.) Weinheim: Beltz, 1969.
[55] MARKERT, F. Zur prämorbiden Persönlichkeitsstruktur endogen Depressiver: Ergebnisse vergleichender Testuntersuchungen durch Selbstbeurteilung nach Psychoseremission. Unveröffentlichte med. Doktorarbeit. Univ. Frankfurt/M., 1972.
[56] MCGUIRE, R. J. MOWBRAY, R. M., VALANCE, R. C. The Maudsley Personality Inventory used with psychiatric inpatients. British Journal of Psychology, 1963, 54, 157-166.
[57] MCPHERSON, F. M., PRESLEY, A. A., ARMSTRONG, J., CURTIS, R. H. «Psychoticism» and psychotic illness. British Journal of Psychiatry, 1974, 125, 152-160.
[58] MENDELS, J., WEINSTEIN, N., COCHRANE, C. The relationship between depression and anxiety. Archives of General Psychiatry, 1972, 27, 649-653.
[59] METCALFE, J., JOHNSON, A. L., COPPEN, A. The Marke-Nyman temperament scale in depression. British Journal of Psychiatry, 1975, 126, 41-48.
[60] MITTENECKER, E. Subjektive Tests zur Messung der Persönlichkeit. In K. Gottschaldt, T. Lersch, F. Sander, H. Thomae (Hrsg.) Handbuch der Psychologie, Bd. 6. Göttingen: Hogrefe, 1964. Pp. 461-487.
[61] MÖLLER, H.-J., PIRÉE, S., v. ZERSSEN, D. Psychiatrische Klassifikation. Nervenarzt, 1978, 49, 445-455.
[62] MOMBOUR, W. Verfahren zur Standardisierung des psychopathologischen Befundes. Psychiatria clinica (Basel), 1972, 5, 73-120 und 137-157.
[63] MOMBOUR, W., GAMMEL, G., v. ZERSSEN, D., HEYSE, H. Die Objektivierung psychiatrischer Syndrome durch multifaktorielle Analyse des psychologischen Befundes. Nervenarzt, 1973, 44, 352-358.
[64] PAYKEL, E. S., KLERMAN, G. L., PRUSOFF, B. A. Personality and symptom pattern in depression. British Journal of Psychiatry, 1976, 129, 327-334.

[65] PERRIS, C. Personality patterns in patients with affective disorders. Acta psychiatrica scandinavica, 1971, Suppl.221, 43-52.
[66] PERRIS, H., STRANDMAN, E. Psychogenic needs in depression. Archiv für Psychiatrie und Nervenkrankheiten (in press).
[67] PICHOT, P. Die Quantifizierung der Angst. Fragebogen und Beurteilungs-Skalen (Rating Scales). In P.Kielholz (Ed.) Angst. Bern: Huber, 1967. Pp.37-68.
[68] PICHOT, P., OLIVIER-MARTIN, R. (Eds.) Psychological Measurements in Psychopharmacology. Modern Problems in Pharmacopsychiatry, vol.7. Basel: Karger, 1974.
[69] PRUSOFF, B.A., KLERMAN, G.L., PAYKEL, E.S. Pitfalls in the self-report assessment of depression. Canadian Psychiatric Association Journal, 1972, 17, 101-107.
[70] REVENSTORFF, D. Faktorenanalyse. München: Urban & Schwarzenberg, 1977.
[71] SCHULTE, W., TÖLLE, R. Psychiatrie. (4.Aufl.) Berlin: Springer, 1977.
[72] SCHWARZ, D., STRIAN, F. Psychometrische Untersuchungen zur Befindlichkeit psychiatrischer und intern-medizinischer Patienten. Archiv für Psychiatrie und Nervenkrankheiten, 1972, 216, 70-81.
[73] SLATER, E., SLATER, P. A heuristic theory of neurosis. In J.Shields, I.I.Gottesman (Eds.) Man, Mind and Heredity. Baltimore: Johns Hopkins Press, 1971. Pp.216-227. (Originally published in Journal of Neurology and Psychiatry, 1944, 7,49-55.)
[74] SNAITH, R.P., CONSTANTOPOULOS, A.A., JARDINE, M.Y., MCGUFFIN, P. A clinical scale for the self-assessment of irritability. British Journal of Psychiatry, 1978, 132, 164-171.
[75] SPIELBERGER, C.D., GORSUCH, R.L., LUSHINE, R.E. (Eds.) STAI (State-Trait Anxiety Inventory). Palo Alto/Calif.: Consulting Psychologists Press, 1970. (Dtsch. Bearb. von L.Laux. Weinheim: Beltz, in Vorb..)
[76] SPREEN, O. (Bearb.). MMPI Saarbrücken. Handbuch zur deutschen Ausgabe des Minnesota Multiphasic Personality Inventory von S.R.Hathaway & J.C.McKinley. Bern: Huber, 1963.
[77] STRANDMAN, E. «Psychogenic needs» in patients with affective disorders. Acta psychiatrica scandinavica, 1978, 58, 16-29.
[78] SÜLLWOLD, L. Symptome schizophrener Erkrankungen. Berlin: Springer 1977.
[79] TASTO, D.L. Self-report schedules and inventories. In A.R.Ciminero, K.S.Calhoun, H.E.Adams (Eds.) Handbook of Behavioral Assessment. New York: Wiley 1977. Pp.153-193.
[80] TELLENBACH, H. Melancholie. (3.Aufl.) Berlin: Springer, 1976.
[81] ULLRICH, R., ULLRICH, R. Das Assertiveness-Training-Programm ATP: Der Unsicherheitsfragebogen. Testmappe U.Teil II: Anleitung für den Therapeuten. München: Pfeiffer, 1977.
[82] VERMA, R.M., EYSENCK, H.J. Severity and type of psychotic illness as a function of personality. British Journal of Psychiatry, 1973, 122, 573-585.
[83] WEITBRECHT, H.J. Depressive und manische endogene Psychosen. In K.P.Kisker, J.-E.Meyer, M.Müller, E.Strömgren (Eds.) Psychiatrie der Gegenwart, Bd. II/1. (2.Aufl.) Berlin: Springer, 1972. Pp.83-134.
[84] WAKEFIELD, J.A., SASEK, J., BRUBAKER, M.L., FRIEDMAN, A.F. Validity study of the Eysenck Personality Questionnaire. Psychological Reports, 1976, 39, 115-120.
[85] WILLIAMS, J.D., DUDLEY, H.K., Jr., OVERALL, J.E. Validity of the 16 PF and the MMPI in a mental hospital setting. Journal of Abnormal Psychology, 1972, 80, 261-270.
[86] WING, J.K., COOPER, J.E., SARTORIUS, N. The Measurement and Classification of Psychiatric Symptoms. London: Cambridge University Press, 1974.

[87] WING, J.K., COOPER, J.E., SARTORIUS, N. Standardisiertes Verfahren zur Erhebung des Psychopathologischen Befundes. (Dtsch.Bearb. der 9.Fassung von «Present State Examination» (PSE) durch M.v.Cranach. London: Cambridge University Press, 1973). Weinheim: Beltz 1978.
[88] WITTMANN, B. Untersuchung über die faktorielle und klinischdiagnostische Differenzierbarkeit der Syndrome Angst und Depression in der klinischen Selbstbeurteilung sowie über die Beziehung zwischen den Fragebogendimensionen «Paranoide Tendenzen» und «Psychotizismus». Unveröffentlichte med.Doktorarbeit. Univ. München, 1978.
[89] WOODWORTH, R.S. Personal Data Sheet. Chicago: Stoelting, 1918.
[90] ZERSSEN, D.v., unter Mitarbeit von KOELLER, D.-M., REY, E.-R. Objektivierende Untersuchungen zur prämorbiden Persönlichkeit endogen Depressiver. In H.Hippius, H.Selbach (Eds.) Das depressive Syndrom. München: Urban & Schwarzenberg, 1969. Pp.183-205.
[91] ZERSSEN, D.v. Selbstbeurteilungs-Skalen zur Abschätzung des «subjektiven Befundes» in psychopathologischen Querschnitt- und Längsschnitt-Untersuchungen. Archiv für Psychiatrie und Nervenkrankheiten, 1973, 217, 299-314.
[92] ZERSSEN, D.v. Beschwerdenskalen bei Depressionen. Therapiewoche, 1973, 23, 4426-4440.
[93] ZERSSEN, D.v. Diagnose. Nosologie. Syndrom. In C.Müller (Ed.) Lexikon der Psychiatrie. Berlin: Springer, 1973. Pp.135-139, 355-357 und 508-509.
[94] ZERSSEN, D.v. unter Mitarbeit von KOELLER, D.-M. Klinische Selbstbeurteilungs-Skalen (KSb-S) aus dem Münchener Psychiatrischen Informations-System (PSYCHIS München), Manuale. Weinheim: Beltz, 1976. a) Allgemeiner Teil; b) Die Beschwerden-Liste; c) Paranoid-Depressivitäts-Skala. Depressivitäts-Skala; d) Die Befindlichkeits-Skala.
[95] ZERSSEN, D.v. Der «Typus melancholicus» in psychometrischer Sicht, Zeitschrift für klinische Psychologie und Psychotherapie 1976, 24, 200-220 und 305-316.
[96] ZERSSEN, D.v. Premorbid personality and affective psychoses. In G.D. Burrows (Ed.) Handbook on Depression. Amsterdam: Elsevier/North-Holland, 1977. Pp.79-103.
[97] ZERSSEN, D.v. Psychopathometrische Verfahren und ihre Anwendung in der Psychiatrie. In U.H.Peters (Ed.) Die Psychologie des 20.Jahrhunderts, Vol.10. Zürich: Kindler, 1979 (im Druck).
[98] ZERSSEN, D.v., CORDING, C. The measurement of change in endogenous affective disorders. Archiv für Psychiatrie und Nervenkrankheiten, 1978, 226, 95-112.
[99] ZERSSEN, D.v., KOELLER, D.-M., REY, E.-R. Die prämorbide Persönlichkeit von endogen Depressiven. Eine Kreuzvalidierung früherer Untersuchungsergebnisse. Confinia psychiatrica (Basel), 1970, 13, 156-179.
[100] ZUBIN, J. Discussion: Role of psychological testing in psychiatric diagnosis. In R.L. Spitzer, D.F.Klein (Eds.) Critical Issues in Psychiatric Diagnosis. New York: Raven Press, 1978. Pp.177-187.
[101] ZUCKERMAN, M., LUBIN, B. Manual for the Multiple Affect Adjective Check List. San Diego/Calif.: Educational and Industrial Testing Service, 1965.
[102] ZUNG, W.W.K. A self-rating depression scale. Archives of General Psychiatry, 1965, 12, 63-70.
[103] ZUNG, W.W.K. A rating instrument for anxiety disorders. Psychosomatics, 1971, 12, 371-379.
[104] ZUNG, W.W.K. The measurement of affects: Depression and anxiety. In P.Pichot, R.Olivier-Martin (Eds.) Psychological Measurements in Psychopharmacology. Modern Problems in Pharmacopsychiatry, vol.7. Basel: Karger, 1974. Pp.170-188.

# D. Therapie

# V. Partnertherapie

S. HESSDÖRFER

Das Thema der Reihe – «Trends in Forschung und Praxis» – bringt es mit sich, dass die Partnertherapie hier nicht abgerundet von allen Seiten dargestellt wird, und dass auch nicht alle in ihr verwendeten diagnostischen und therapeutischen Ansätze in der Ausführlichkeit beschrieben werden, die ihrem Einsatz im Therapiealltag entspräche. So gehören z.B. die differenzierte Erfassung der Individual- und Paardynamik mit Mitteln der Psychoanalyse, und die vielen Übungs- und Veränderungshilfen, die aus der Verhaltenstherapie kommen, gewissermassen zum Standardrepertoire der Partnertherapie [58, 56, 36, 55, 64, 42, 57, 3] und bleiben deshalb hier im Hintergrund. Der Leser sollte diesen Aufsatz also nicht als Aufriss heutiger Formen der Partnertherapie verstehen, sondern als stellenweise pointierte Formulierung jüngster Entwicklungen, die sich z.T. noch ausgesprochen im Anfangsstadium befinden, uns[1] aber so zukunftsträchtig erscheinen, dass sie hier vorgestellt werden sollen. Im einzelnen scheinen sich folgende Tendenzen abzuzeichnen, denen je ein Kapitel gewidmet sein wird:

1) eine überall zu beobachtende Tendenz zu integrativen Konzepten, wie sie das Ergänzungsverhältnis verschiedener Therapieschulen nahelegt;
2) ein zunehmend «strategisches» Therapieverständnis, das vom Therapeuten mehr aktives und verantwortungsvolles «Intervenieren» verlangt als nur verstehend einfühlendes Begleiten eines Entwicklungs- und Reifungsprozesses;
3) eine Verlagerung des Interesses auf irrationale, bildnahe sprachliche Prozesse in der Therapie;
4) eine «Rehabilitation» des Individuums, seiner Eigengesetzlichkeiten und inneren Entwicklungsmöglichkeiten im familiären «System».

---

[1] Die Verfasserin arbeitet am «Institut für Forschung und Ausbildung im Kommunikationstherapie e. V.» in München, das von KARL HERBERT MANDEL und ANITA MANDEL geleitet wird. Sie verdankt den Mitarbeitern des Instituts entscheidende Anregungen; KARL HERBERT MANDEL und ANITA MANDEL sind als Gesprächspartner geistige Mitautoren des Artikels.

## 1. Die Tendenz zur Integration

Möglicherweise ist «Integration» das entscheidende Stichwort für die Trends der 70er Jahre im Bereich der Psychotherapie generell [34, 35]. Die Partnertherapie mag aus mehreren Gründen prädisponiert sein, die Notwendigkeit der Kombination und Integration verschiedener Ansätze zu erkennen.

Zunächst muss sie verschiedene Ansätze auf der Dimension «*Individuum – Gruppe*» verbinden. Partnertherapie kann auf rein systemtheoretischer Basis schon deshalb nicht betrieben werden, weil von einem System im strengen Sinn erst bei drei Mitgliedern gesprochen werden kann ([23], S. 157 ff.). Erst ein dritter Teilnehmer bringt das stabilisierende komplementäre Moment in eine Dyade, die für sich allein zu jeder symmetrischen Eskalation in der Lage und daher ständig von Zerfall bedroht ist. Die Partnerschaft bzw. Ehe braucht also entweder stabilisierende dritte Personen (z. B. Familienangehörige oder Freunde) oder muss von beiden Individuen im Bewusstsein der Gefährdetheit dieser Institution sehr viel bewusster aufgebaut und getragen werden als eine Familie. Diese letztere Möglichkeit wird von systemtheoretischen Ansätzen übersehen.

Weiter muss die Partnertherapie verschiedene Ansätze auf der *Dimension «bewusst – unbewusst»* verbinden. Die Partnertherapie wird häufig vor sehr akute, konkrete Probleme gestellt, in die aktiv eingegriffen werden muss. Sie wird jedoch scheitern, wenn sie die den Partnern nicht bewusste, tiefere Dynamik des Oberflächenverhaltens übersieht. Sie muss deshalb tiefenpsychologische mit systemtheoretischen und verhaltenstherapeutischen Konfliktanalysen kombinieren, um an der richtigen Stelle aktiv intervenieren zu können.

Schliesslich ist die *Dimension «Struktur (synchroner Aspekt) – Prozess (diachroner Aspekt)»* zu beachten. Die Paartherapie hat es mit Partnerschaften und Individuen zu tun, die eine Geschichte haben, die oft erst das jetzige Verhalten erklärt, Hinweise zur Lerngeschichte enthält, und die bisher versuchten, missglückten Lösungsversuche zeigt. Der Konflikt mag theoretisch rein aus dem hic et nunc zu erfassen und zu lösen sein (weil die Geschichte, sofern sie die Gegenwart bestimmt, auch in ihr präsent ist). In den meisten Fällen haben es aber Therapeut und Klient leichter, wenn sie die Geschichte der Probleme mehr oder weniger verstehenspsychologisch mit einbeziehen (auf die motivierende Kraft der biographischen «Erklärung» hat ANITA MANDEL hingewiesen [37]). Auch das legt die Kombination psychodynamischer, verhaltenstherapeutischer und systemtheoretischer Verfahren nahe.

Sehr verallgemeinernd darf man vielleicht sagen, dass Verhaltenstherapie und Systemtheorie den Schwerpunkt mehr auf der synchronen, systemorientierten und bewusstseinsnahen Betrachtungsweise haben; auch ADLER gehört eher in diese Richtung, während die Psychoanalyse FREUDS und die analytische Psychologie JUNGS mehr zur individualen, diachronen und unbewussten Dynamik beitragen. Die Aspekte müssen sich ergänzen, wenn Einseitigkeiten vermieden werden sollen.

Zu unterscheiden ist zwischen *Kombination* und *Integration*. Die *Kombination* ist das pragmatische Vorgehen der Mischung verschiedener Ansätze, wie es in der aktuellen therapeutischen Situation angesichts der Grenzen je einer Psychotherapieform erforderlich ist und von vielen Therapeuten mehr oder weniger bewusst praktiziert wird. Von *Integration* kann erst dann gesprochen werden, wenn verschiedene Richtungen sich unter einer gemeinsamen theoretischen Leitidee in der Praxis ergänzen oder durchdringen, wenn sie also einem umfassenderen Paradigma [31] zugeordnet werden können. Dafür sind theoretisch viele Möglichkeiten denkbar.

Zwei Modelle, die repräsentativ für den gegenwärtigen Stand der Partnertherapie sind, sollen etwas ausführlicher dargestellt werden:
- Die Integration systemtheoretischer und psychoanalytischer Kategorien im ehediagnostischen Modell der «Kollusion» von WILLI [73]
- und die Integration verschiedenartiger diagnostischer und therapeutischer Vorgehensweisen unter dem strategischen Primat erfolgreicher Änderungsprozesse im integrativen Ansatz der Kommunikationstherapie von K. H. MANDEL und ANITA MANDEL.

## 1.1  Das Modell der ehelichen Kollusion bei WILLI

Der Schritt von der *psychoanalytischen* Individual- zur Familien- und Gruppentherapie lief über die Rezeption bzw. den Versuch der *Integration des systemtheoretischen Ansatzes*. Der psychoanalytische familientherapeutische Ansatz übernimmt weitgehend das intrapersonale Persönlichkeits- und Konfliktmodell FREUDS und erweitert es auf ein interpersonales. Was sich bei FREUD zwischen Instanzen begibt, spielt sich nun zwischen Personen ab. Die grössere organismische Einheit «Gruppe» wiederholt Gesetzmässigkeiten der kleineren organismischen Einheit «Person». Erkrankt und dekompensiert ein einzelnes Individuum, dann ist das als «Symptom» der kranken Beziehung zu verstehen und einer Therapie nur zugänglich, wenn die Beziehungsstruktur mitbeeinflust wird. Der bei RICHTER so genannte «Patient Familie» kann also entsprechend wie das Individuum bei FREUD an einer «Symptomneurose» oder an einer

«Charakterneurose» erkranken, er kann «verdrängen», «abwehren», «isolieren» usw. ([56], S. 58 ff.).

Neben BOSZORMENYI-NAGY [7, 8] und RICHTER [56] haben in jüngster Zeit STIERLIN [67, 68] und WILLI [73] interpersonale psychoanalytische Konzepte auf systemtheoretischer Basis formuliert. WILLI hat sich dabei speziell mit Gesetzmässigkeiten der strukturspezifischen Paardynamik befasst, von der Partnerwahl über das funktionale Ergänzungsverhältnis zum (voraussehbaren) Konflikt und eventuellen Zerbrechen der Partnerschaft.

Das Grundkonzept ist folgendes: Die klassischen vier Charakterstrukturen (schizoid, depressiv, zwanghaft, hysterisch) erscheinen bei WILLI in je einer regressiven und progressiven Ausprägung. Als *regressiv* bezeichnet WILLI die kindliche Erwartungshaltung, als *progressiv* die erwachsene Fähigkeit zur Problemlösung, zum Verständnis und zum Verzicht. Eine gesunde Beziehung gibt beiden Partnern die Möglichkeit einer «freischwingenden Balance» zwischen beiden Formen der Bezogenheit. In einer neurotischen Beziehung findet sich dagegen eine Rollenfixierung, ein vorwiegend regressiver interagiert mit einem vorwiegend progressiven Partner. Die nur regressiven Partner «erwarten einseitig von der Ehe die fortdauernde Befriedigung ihrer Bedürfnisse nach Pflege, Zuwendung, Zärtlichkeit und Passivität» ([73], S. 22), die forciert progressiven «bemühen sich um Charakterhaltungen der Stärke, Reife, Überlegenheit und Gefühlskontrolle, um die Verkörperung von Ich-Stärke» ([73], S. 22). Das Ergebnis ist «Scheinstärke» und «Pseudoreife», weil die schwachen Seiten überkompensiert werden müssen. Auf der gemeinsamen Basis einer oralen Grundstruktur polarisieren sich z. B. ein (kindlicher) «Pflegling» und ein (mütterlicher) «Pfleger».

Problematische Beziehungen sind nun nach WILLI häufig dadurch gekennzeichnet, dass eine gemeinsame neurotische Grundstruktur beider Partner sich im Verlauf der Beziehung so polarisiert, dass der eine Partner den progressiven, der andere den regressiven Part übernimmt, wobei einer den andern in seiner Haltung durch das eigene Verhalten fixiert, also einer den andern in eine «Rolle» drängt. Die Termini «regressiv» und «progressiv» bezeichnen also streng genommen keine Persönlichkeitsvariablen mehr, sondern *partnerabhängige interaktionale Haltungen*. Sie sind mehr systemtheoretisch als psychoanalytisch zu verstehen.

Die Polarisierung entsteht dadurch, dass jedes Individuum die jeweils nicht gelebte Möglichkeit «verdrängt» und – im Sinne der interpersonalen Abwehr (MENTZOS [52]) – an den Partner «delegiert». Auch der Terminus der Verdrängung ist also im Grunde genommen stark systemtheoretisch bestimmt und steht zur Verdrängung bei FREUD nur noch in einem vagen Zusammenhang.

Das Zusammenspiel eines regressiven und eines progressiven Partners bezeichnet WILLI in Anlehnung an DICKS [9] und LAING [32] als «*Kollusion*». Zur Erläuterung dieses Begriffes nimmt er die systemtheoretische Überlegung auf, dass Systeme zur Erhaltung ihrer Homöostase tendieren. Das Individuum kann als System begriffen werden, ebenso die Familie. Das Gleichgewicht beider bedingt sich wechselseitig. Eine «Kollusion» entsteht dann, wenn die «intra-» und die «interindividuelle Balance» vom Individuum das jeweils gleiche Abwehrverhalten fordern [73]. Genau dieser Fall ist gegeben, wenn jeder Partner die abgewehrte Seite des anderen lebt.

Der *pathogene Faktor* liegt in der verdrängten Verhaltensmöglichkeit beschlossen: sie tendiert zur «Wiederkehr». Die oral progressive Frau z. B. möchte einmal verwöhnt werden – der oral regressive Mann wird sich dem nicht gewachsen fühlen. Oder aber der Mann ist die hilflose Position leid, will sich nicht mehr bemuttern lassen und nimmt der Frau damit eine entscheidende Quelle ihres Selbstwertgefühls. Es gibt viele Möglichkeiten, wie aufgrund äusserer Ereignisse und innerer Entwicklung ein Partner in der bisherigen Homöostase nicht mehr «mitspielen» kann und damit die gesamte Beziehung gefährdet. Die Kollusion schlägt um zum Konflikt. Wenn die Partner eine Ehetherapie aufsuchen, befinden sie sich meist im Konfliktstadium oder schon einem fortgeschritteneren Defektstadium.

Den therapeutischen Konsequenzen aus dieser Theorie neurotischer Ehekonflikte hat WILLI eine eigene Studie gewidmet [73a]. Er arbeitet primär analytisch mit dem Ziel, den «Kollusionsfokus» aufzudecken und in einer Weiterentwicklung der Beziehung aufzulösen. Im übrigen betont WILLI, dass das Kollusionskonzept sich «fruchtbar für jede Form von Ehebehandlung erweisen (kann), sei das orthodoxe Psychoanalyse, analytische Paartherapie, Rollenspiel, Verhaltenstherapie oder Kommunikationstherapie» ([73] S. 259).

Das Prinzip aller dieser Integrationsmodelle [7, 56, 67, 73] besteht darin, dass psychoanalytische diagnostische Rahmenvorstellungen (im wesentlichen Projektions- bzw. Delegationsformen und Strukturmodelle) nach systemtheoretischen Gesetzmässigkeiten interpersonal erweitert werden. Die Systemtheorie wird dabei als Sammlung von Beschreibungskategorien für zirkuläre Interaktionsprozesse verstanden, die in das diagnostische Instrumentarium der beschreibenden psychoanalytischen Kategorien mit ihren linearen psychogenetischen Implikationen eingebaut werden. Leitkonzept bleibt die Psychoanalyse; die Systemtheorie dient der Erweiterung auf interpersonale Konfliktstrukturen und Prozesse.

Zu beachten ist, dass dieses integrative Konzept insgesamt beschränkt bleibt auf eine deskriptive und verstehende Diagnostik [47] und der Systemtheorie damit im Grunde ihre revolutionäre Spitze gegen verstehens- und einsichtspsychologisches therapeutisches Vorgehen nimmt.

## 1.2. Der integrative Ansatz der Kommunikationstherapie von K.H. und A.MANDEL

Ein primär therapieorientiertes integratives Konzept ist am Institut für Forschung und Ausbildung in Kommunikationstherapie in München entstanden und wird laufend weiter entwickelt. Es ist lockerer, umfassender und weniger durchkonstruiert als das Konzept WILLIS. Die integrative Tendenz ergänzt sich hier in gewisser Weise sogar mit einer «Tendenz zur Vielfalt» (K.H.MANDEL) oder zur «Diversifikation» (MAHONEY [35]). Den theoretischen Rahmen für die Integration bietet dabei die Reflexion auf das Verhältnis von Kommunikation und Wirklichkeit, wie sie von WATZLAWICK angeregt wurde.

WATZLAWICK unterscheidet eine objektive Wirklichkeit der «hard facts» von ganzheitlichen (sprachlich verfassten) Wirklichkeitsbildern, die die Fakten einordnen und bewerten [71]. Psychologische Theorien gehören dieser zweiten Ebene an.

Wirklichkeitsbilder bestimmen die Wahrnehmung und das Verhalten; sie wirken handlungsorientierend. Sieht man nun (mit WATZLAWICK) die Relation von Wirklichkeit und Wirklichkeitsbild skeptischer, die Determinierung des Handelns durch das Wirklichkeitsbild aber schärfer, verschiebt sich das Beurteilungskriterium für psychologische Theorien von der naiven Frage, «ob sie stimmen», zu der sehr relevanten Frage, was sie therapeutisch implizieren.

Herkömmliche diagnostische Theorien verstehen sich einerseits als Erklärungshypothese für pathologisches Verhalten, andererseits enthalten sie ein gewisses Veränderungspotential, aus dem der Therapeut seine Handlungsanweisung ableitet. Mit dem Veränderungspotential sind nicht nur die logisch ableitbaren Änderungsschritte gemeint, sondern auch die mehr intuitiv zu erfassenden Implikationen des paradigmatischen Bildes. Das hydraulische Modell zur Erklärung des Aggressionspegels hat andere Valenzen als eine verstärkungstheoretische Erklärung der Aggression.

Die Integration verschiedener Schulrichtungen ist ohne theoretische Widersprüche möglich im Rahmen einer therapeutischen Haltung, die jede *Theorie* nicht als Erklärungshypothese, sondern *als Veränderung ermöglichendes Sprachbild* (Paradigma im Sinne von KUHN [31]) fasst und in der Weise und zu dem Zeitpunkt diagnostisch-therapeutisch verwertet, wo es Änderung bewirken kann. Validierungskriterium ist dann einzig die Wirkung [70]. Unter dieser theoretischen Leitidee lassen sich dann so unterschiedliche Therapierichtungen aktual verknüpfen und z. T. ineinanderweben wie die von JUNG, FREUD, ADLER, die Gesprächspsychotherapie, Systemtheorie, Verhaltenstherapie, Gestalttherapie, Psychodrama, Transaktionsanalyse usw. Prinzip der Integration ist nicht das widerspruchsfreie Metasystem wie bei WILLI (eine letztlich rückwärtsgewandte diagnostisch-klassifikatorische Sicht), sondern die aktuale (paradox) veränderungsorientierte Haltung des Therapeuten im therapeutischen Prozess, die durch Bejahung der Widerstandsmomente den Selbstheilungskräften indirekt zum Sieg verhilft.

## 2. Das strategische Therapieverständnis

Der Schwerpunkt verlagert sich zunehmend von Therapieformen, die dem Klienten unter weitgehender Zurückhaltung des Therapeuten Entwicklung, Entfaltung und Reifung ermöglichen, auf therapeutische Methoden, die gezielt in unglückliche Regelkreise eingreifen, sich als verantwortlich führend (Systemtheoretiker) oder lehrend (Verhaltenstherapie) verstehen, eine Haltung, die im klassischen Therapieverständnis als schlechterdings antitherapeutisch galt.

Die anthropologischen Gründe für diese Schwerpunktverlagerung liegen sicher in der Entdeckung funktionaler Bedingtheit des Verhaltens (Lerntheorie) und gruppendynamischer Gesetzmässigkeiten (Systemtheorie), damit also der Relativierung des individuellen Spielraums für Veränderung. Wenn es nicht in der Macht des Individuums liegt, solche Gesetzmässigkeiten von sich aus zu durchbrechen, muss ein ausserhalb des Systems stehender Therapeut aktiv eingreifen, sei es durch Veränderung der Verstärkungskontingenzen oder durch Verschiebungen von Kompetenzen und Subgruppierungen innerhalb der Gruppe [23, 53, 65].

Die Aufgabe, die sich dem Therapeuten damit stellt, ist eine prinzipiell andere als in der klassischen Therapie. Zum bisherigen Primat der Einfühlung, Differenziertheit und Sensitivität, also überwiegend rezeptiver Fähigkeiten, gesellt sich die Forderung nach sicherer Entscheidungs- und Handlungsfähigkeit, die einen klaren Blick für das Wesentliche und eine Orientierung an realitätsnahen Zielen voraussetzt [63]. Für diese neue Haltung bürgert sich der Terminus «strategisch» [23, 65, 75] ein. Er umfasst das klare Erfassen der Lage, das bewusste steuernde Eingreifen und die Orientierung an festen Zielen.

## 2.1 Therapie als lenkendes Eingreifen

(1) Die klassischen Therapieformen sehen ihre Aufgabe darin, einen störungsfreien Raum für das Aufarbeiten früher Schädigungen, das Nachholen und Weiterführen von Entwicklung zu schaffen. Dieses Konzept realisiert sich in so heterogenen Therapierichtungen wie der Psychoanalyse, der nondirektiven Gesprächspsychotherapie und Spieltherapie und einer Reihe projektiver und kathartischer Verfahren wie Gestalttherapie, Psychodrama und katathymes Bilderleben. Ausschlaggebend ist der Grundgedanke, dass die *Bewältigung vergangener Traumen* Kreativität und Selbstheilungskräfte freisetzt, die das Individuum schliesslich ohne Lenken des Therapeuten seinen Weg finden lassen. Will man hier von «Strategie» noch sprechen, so beschränkt sie sich auf die Beseitigung intrapsychischer «Komplexe» (im Sinne JUNGS), die Reifung verhinderten. Die *Reifung* als solche folgt ihrer individuellen Eigengesetzlichkeit, die nicht gestört werden soll. Über diese Gruppe hinaus weist JUNG, dessen Konzepte weniger rückwärtsorientiert sind, sondern Schritte auf dem Weg der Entwicklung und Individuation markieren.

(2) Dem steht ein Therapieverständnis gegenüber, in dem der Therapeut aktiv handelnd, bewusst *lenkend* in den Entwicklungsprozess eingreift. Die Verhaltenstherapie ist der wichtigste Repräsentant dieser Richtung, daneben sind körperlich *übende Verfahren* (sofern nicht das meditative oder projektive Element überwiegt) und Soziotherapie zu nennen. Übung und der Einsatz lerntheoretischer Prinzipien der Reiz-Reaktions-Verknüpfung wie der Verstärkungskontingenzen in der Umwelt formen ein verändertes Verhaltensrepertoire, mit dem der Klient den für ihn problematischen Situationen anders begegnen kann. Dabei wird streng auf die Durchsichtigkeit und Einsehbarkeit des therapeutischen Vorgehens geachtet. Der Klient soll jedem Schritt rational zustimmen können. Hier wird also vom Therapeuten eine Strategie entwickelt vom ersten bis zum letzten Schritt [64], und sie wird in aller Offenheit verfolgt. Die Offenheit soll einerseits den Klienten motivieren, andererseits den Vorwurf der Manipulation abweisen, dem die Verhaltenstherapie von Anfang an ausgesetzt war.

(3) *Manipulation* kann als indirektes, verdecktes Beeinflussen definiert werden, das sich irrationaler, nicht kontrollierbarer Zugänge zu einem Menschen bedient. Dem Vorwurf der Manipulation in diesem Sinn setzt sich bewusst eine Gruppe von Therapieformen aus, die als «strategisch» im engeren Sinn zu kennzeichnen ist. Es sind die Formen der Familientherapie, die ihren Ausgang von der in Palo Alto entwickelten Kommunikaionstheorie nehmen, die ihrerseits dem Hypnotherapeuten ERICKSON [22,

2, 13] entscheidende Anregungen verdankt ([70], S.12). Repräsentiert wird sie u.a. durch die Namen WATZLAWICK et al. [69, 70, 71, 72], HALEY [22, 23] und SELVINI PALAZZOLI et al. [65].

Diese Therapeuten stellen sich dem Vorwurf der Manipulation, indem sie sie einerseits als Grundbestandteil jeglicher Kommunikation ausweisen (a), andererseits ihre spezifisch therapeutische Funktion herausarbeiten ([70], S.13) (b).

(a) Ausgehend von der axiomatischen Feststellung der Kommunikationstheorie [69], dass man in zwischenmenschlicher Interaktion «nicht nicht kommunizieren» und *nicht nicht manipulieren»* kann, ist es angemessener, das unvermeidliche Moment der Manipulation aus dem therapeutischen Interaktionsprozess nicht herauszudefinieren, sondern zugunsten des Therapieprozesses zu reflektieren und in Dienst zu nehmen. Wenn der Therapeut nicht manipuliert, manipulieren die Klienten ihn. Es stellt sich nur die Frage, wer wen manipuliert, nicht, ob Manipulation etwa vermeidbar wäre [65].

(b) Der Manipulation des Therapeuten durch die Klienten entspricht in klassischer psychoanalytischer Sprache das Agieren des Widerstands, mit dem alle Therapieverfahren auf ihre Weise zu kämpfen haben. «*Widerstand*» ist heute ein Sammelbegriff für bekannte und unbekannte Faktoren, die sich gegen Therapie und Veränderung richten. Sie können vom Klienten und/oder seiner Umgebung ausgehen. Unterscheiden lässt sich der Widerstand im strengen Sinn, der sich gegen das Aufheben der Störung richtet, weil sie im gegenwärtigen Arrangement eine wichtige Funktion erfüllt, von therapiebedingten oder iatrogenen Widerständen, die sich gegen die Art und Methode der Veränderung richten. So stossen etwa aufdeckende Verfahren auf den Widerstand der Kränkung des Klienten darüber, dass er Fehler und Schwächen einsehen soll, wo für ihn die Ungerechtigkeit und Härte des Partners im Vordergrund steht; lenkende Verfahren münden u.U. in einen Machtkampf mit dem Klienten, der «das Heft nicht aus der Hand geben» kann; freie Assoziation, Erzählen, Entspannen können an der Angst des Klienten, sich auszuliefern oder preiszugeben, scheitern.

*Therapiebedingte Widerstände* sind unnötig. Sie erfordern Kämpfe zwischen Klient und Therapeut, die weder im Hinblick auf das Selbstwertgefühl des Klienten, noch unter ökonomischem Gesichtspunkt zu rechtfertigen sind, ganz abgesehen davon, dass sie in der Mehrzahl mit einer Niederlage des Therapeuten enden, die «Therapie» also vergeblich ist.

«Manipulative» und integrative (d.h. methodisch bewegliche) Therapieformen, die solche Widerstände umgehen (indem sie etwa die Änderungsinitiative geschickt dem Klienten selbst zuspielen oder ihn paradox auffordern, ja nichts Unüberlegtes von sich preiszugeben), sind ein Gebot verantwortungsvollen Therapierens. Auch im Sinne des Klienten, zu dessen positiven Möglichkeiten hier mehr Vertrauen gezeigt wird als in Therapieformen, die meinen, den Widerstand «bearbeiten» zu müssen.

Anders zu beurteilen sind *Widerstände, die sich gegen die Veränderung der pathogenen Konstellation richten*. Sie sind zentraler Gegenstand der Therapie, oft das eigentliche Problem. Meist liegen sie auf der unbewussten Seite der Ambivalenz gegenüber einer Änderung und manifestieren sich in Rationalisierungen oder Symptomen. Rationales Aufdecken löst (sofern es gelingt) Ängste aus, kränkt und verstärkt die Abwehr. Paradoxe Interventionen versuchen entweder, *die gewünschte Änderung* kognitiv so umzudeuten, dass sie in den rationalen Widerstandsrahmen passt, oder aber *den Widerstand* so umzudeuten und festzuschreiben, dass er anderen zentralen Intentionen des Klienten widerspricht und nun (*gegen* den Rat des Therapeuten, also in freier Entscheidung) aufgegeben wird. Beispiele für diese Möglichkeiten der Umdeutung finden sich in Abschnitt 3.1.

## 2.2  Überlegungen zum Therapieziel

Die aktive, lenkende Funktion des Therapeuten im Änderungsprozess verlangt von ihm eine strenge Reflexion des Ziels der angestrebten Veränderung. Die Einstellung zum Therapieziel variiert in den einzelnen therapeutischen Schulen. Unterschiede bestehen in der Konkretheit der gewählten Ziele, in ihrer anthropologischen Reflektiertheit und in der Offenheit, in der darüber mit den Klienten kommuniziert wird.

(1) Als Therapieziel einer *Psychoanalyse* wird nicht nur der symptomfreie, sondern der «arbeits- und genussfähige» Mensch gesehen; der Mensch, der seine Fähigkeit entfalten, in den Dienst der Gemeinschaft stellen kann und gleichzeitig erlebnis- und glücksfähig im emotionalen und sexuellen Bereich ist. Erreichbar ist das nur bei einer Ausgewogenheit von Es- und Über-Ich-Kräften bzw. ihrer Integration in ein «starkes Ich». Ziel einer ADLERschen Therapie ist die Gemeinschaftsfähigkeit des Individuums (11, 1). JUNG würde weniger von einem Ziel sprechen, eher von einem Fortschreiten auf dem Weg der «Individuation», der zugleich unbewusste wie bewusste Inhalte differenzierenden und integrierenden Dynamik der Selbst-Verwirklichung [26].

Diese Therapieschulen erheben allgemeine anthropologische Werte, Vorstellungen von der Bestimmung des Menschen zum Modell psychischer Gesundheit und damit zum Therapieziel. Im individuellen Fall müssen davon Abstriche gemacht werden, Zugeständnisse an die Realität des Klienten und seiner Umbgebung. Das Ziel ist abstrakt und gewissermassen ein für allemal formuliert und fast immer an vermittelnden Kategorien orientiert, wie «Integration», «Balance», «Versöhnung», «Conjunctio oppositorum» u. a. Das gesunde Ich, die Identität, die Individuation sind definiert durch ein Aushaltenkönnen oder Ausbalancieren von Spannungen zwischen extremen, einseitigen Möglichkeiten; Krankheit ist in der Regel Abweichung nach einer Extremseite (z. B. Überwertigkeit des Über-Ich oder Es, einer prägenitalen Strebung usw.) aufgrund eines konstitutionellen oder lebensgeschichtlichen Mangels oder Defekts. Die Allgemeinheit und der leicht utopische Charakter solcher Zielformulierungen führte zu «endlosen» Therapien, selbst, wenn sie äusserlich beendet wurden. Therapie und «Menschwerdung» waren eins, kognitiver Rahmen für ein permanentes «Unterwegssein» ([70], S. 71 ff.).

(2) Demgegenüber setzt sich die *Verhaltenstherapie* konkrete, benennbare, erreichbare und realitätsnahe Ziele, die keine anthropologischen Konstrukte bemühen müssen und objektiv kontrollierbar (beobacht- und messbar) sind. Diese Ziele werden in jedem individuellen Fall mit den Klienten ausgehandelt; sind sie erreicht, gilt die Therapie als erfolgreich beendet [64].

(3) Die *Systemtheorie* zielt ebenfalls auf konkrete Änderungen (meist das Aufhören einer Störung), aber in einem erweiterten theoretischen Konzept: Störungen werden als stabilisierende, Homöostase erhaltende Faktoren in einem «System» gesehen. Gleichzeitig haben sie Alarmfunktion: sie definieren das System als problematisch, weil es zu seiner Aufrechterhaltung dieser Störungen bedarf. Damit gefährden und erhalten sie gleichzeitig die homöostatische Tendenz in einer paradoxen Weise. Therapieziel ist hier eine Verminderung der homöostatischen Tendenz zugunsten der Änderungskräfte. Das Symptom verschwindet, weil es seine Funktion im System verliert. Diesen systemtheoretischen Ansatz vertritt am strengsten SELVINI PALAZZOLI in der Therapie von Familien mit anorektischen und mit schizophren agierenden Kindern [65, 53]. Lockerer sind die Vorschläge von WATZLAWICK (70) und HALEY (23). Die Therapeuten handeln mit den Klienten zusammen aus, welches Problem in einer begrenzten Anzahl von Sitzungen (meist 10) gelöst werden soll. Dabei achten sie streng auf die reale Lösbarkeit und die Kontrollierbarkeit der Lösung.

Beide besprechen mit den Klienten jedoch nur das zu lösende Problem, nicht ihre systemtheoretischen Vorstellungen und Pläne. Die offene Bestimmung eines Problems und eines Zeitraums, in dem es gelöst werden soll, hat erhebliche Vorteile für

- die klare Definition des therapeutischen Rahmens,
- die Motivierung der Klienten zu stringenter Mitarbeit
- und die Strukturierung und Ökonomie der Therapie.

Die Möglichkeit derartiger Problemdefinitionen besteht in der Familientherapie, die in der Regel aufgrund einer auffallenden umschreibbaren Störung eines Mitglieds der Familie von offizieller Seite nahegelegt wird, eher als in der *Partnertherapie*. Hier kommt einer der Partner meist aus eigener Initiative, wenn er die Situation nicht mehr erträgt. Die Partner fragen, ob sie überhaupt zusammenpassen, ob ein Weiterführen der Ehe sinnvoll ist, und die Klagen beziehen sich generell auf Charakterzüge des Partners (und/oder der eigenen Person), die in einer Vielzahl von Einzelsituationen Leid, Verletzung oder schwere Auseinandersetzungen heraufbeschwören, oder in fortgeschrittenem Stadium zu chronischer Gefühlskälte, Erstarrung oder aber Überempfindlichkeit geführt haben. Die Wahl des Therapieziels stellt hier vor grössere Probleme:

- Der Frage «*Zusammenbleiben oder Trennung?*» kann der Therapeut nicht ausweichen, unabhängig davon, ob er seine Meinung dazu direkt äussert oder indirekt in Interventionen einfliessen lässt. Diese Frage grenzt unmittelbar an anthropologische Wert- und Normvorstellungen an. Was ist «normal», «zumutbar», «gesund», wem gilt der Vorrang, dem Individuum, der Partnerschaft, den Kindern? Natürlich muss das von Fall zu Fall entschieden werden, aber nach welchen Kriterien? Hier lassen uns die psychoanalytischen Normdefinitionen auf jeden Fall im Stich. Wichtiges dazu sagt GUGGENBÜHL-CRAIG [21] aus JUNGscher Sicht: Seine Unterscheidung zwischen «Wohl» und «Heil» und seine Überlegungen zum «Opfer» führen jedenfalls über die Scheinalternative «Selbstverwirklichung oder Aufopferung für andere» hinaus. Im übrigen ist der Ehetherapeut mit diesen Fragen weitgehend alleingelassen. Eine anthropologische Reflexion wäre hier dringend erforderlich.
- *Wesenszüge, Einstellungen und Charakter* der Klienten haben zwar immer einen spezifischen Stellenwert im «System», sind aber nicht aus diesem allein zu erklären und daher auch nicht durch Systemveränderungen aufzulösen. Nach WILLI [73] leistet das Systemkonzept *innerhalb der Spannweite einer Charakterstruktur* hervorragende Dienste, es stösst jedoch an die konstitutionellen und/oder psychogenetischen Grenzen der Flexibilität eines Menschen. Ausprägungsausmasse, regressive, progressive Tendenzen, Verhärtungen, Toleranzgrenzen für Andersgeartetes und die Aggressivität der Abwehr: diese Grössen sind

weitgehend systemabhängig und insofern variabel, die orale oder anale Grundstruktur dagegen weniger. Im Hinblick auf das Ziel einer Ehetherapie sind also die Grenzen der psychischen Leistungsfähigkeit beider Individuen zu bedenken und nach Möglichkeit aufeinander abzustimmen. Das stellt Ansprüche an die Fantasie des Therapeuten, da ihm ja zu Beginn überwiegend die systembedingten destruktiven Möglichkeiten beider Individuen vorgespielt werden. Die psychoanalytischen Konstrukte der Charakterstrukturen leisten hier gute heuristische Dienste, weil sie auch die potentiellen Stärken umfassen [58].

- Schliesslich bedarf die *emotionale Lage* im Hinblick auf den Partner einer gesonderten Beachtung. Mit einer emotionalen Umstimmung (zugunsten des Partners wie zugunsten der eigenen Person: Vertrauen in sich und die eigenen Fähigkeiten) steht und fällt das Ergebnis der Therapie. Zwar kann die Lösung spezifischer Probleme (im Sinne HALEYS [23]) durchaus emotionale Probleme lösen, letztere können aber auch der Lösung vordergründiger Probleme hartnäckig im Wege stehen. Z. B. lösen sich Anorgasmieprobleme am besten indirekt durch Verbesserung der emotionalen Beziehung [43, 29, 51].

Die Bestimmung des Ziels einer Ehetherapie muss alle genannten Ebenen berücksichtigen und wird von Fall zu Fall die Schwerpunkte anders setzen. Trotz dankbarer Aufnahme FREUDscher und JUNGscher Kategorien und anthropologischer Reflexion darf das Therapieziel nicht durch Utopien gefährdet werden. Davor hat WATZLAWICK [70, 39] nachdrücklich und überzeugend gewarnt. Die Tendenz geht eindeutig in Richtung klarer, realistischer Zielvorstellungen des Therapeuten und klarer Absprachen mit den Klienten, die die Therapie strukturieren und begrenzen. Der paradoxe Ansatz bringt es freilich mit sich, dass solche Zielbesprechungen auch manchmal einer Symptomverschreibung oder kognitiven Umstrukturierung dienen. Der Therapeut muss also für sich einerseits das Ziel reflektieren und andererseits die Frage, wie offen er es anpeilt.

## 2.3 Strategien der Änderung

Der Änderungsweg, den der Therapeut einschlägt, muss sich von den bisherigen Lösungsversuchen der Klienten (einschliesslich der Ratschläge, die ihnen die Umgebung erteilte) unterscheiden, und zwar prinzipiell. Jene Lösungsversuche scheiterten, also werden ähnliche Versuche oder auch ihre Intensivierung («mehr desselben», WATZLAWICK [70]) ebenso zur Erfolglosigkeit verurteilt sein. Dies unmittelbar einleuchtende Phänome kann in Begriffen der Systemtheorie oder der «logischen Typenlehre» [70, 74] erklärt werden. Die Lösungsversuche der Klienten bleiben innerhalb der Regeln ihres Systems (es sind also «Lösungen erster Ordnung» [70]). Wenn das System als solches dysfunktional ist (was durch den Konflikt oder die Störung angezeigt wird), bleibt die Anwendung seiner Regeln der gleichen Dysfunktionalität verhaftet.

Um Systemregeln zu verändern, darf der Therapeut nicht in der typischen Weise reagieren, also nicht wie der Partner und nicht wie Freunde. Diese Reaktionen bzw. Ratschläge kennt der Klient, sie vermochten sein Verhalten nicht zu modifizieren und haben es am Ende sogar stabilisiert. Das verlangt eine gewisse Kontrolle der Gegenübertragungsreaktionen beim Therapeuten [59]. Nicht selten sieht er sich in die gleiche Position, Rolle oder emotionale Situation gedrängt wie der Partner. Er kann das ansprechen, sollte aber mit einem anderen Verhaltensrepertoire reagieren, um alt eingefahrene Interaktionsketten zu unterbrechen [41].

Der Therapeut muss also versuchen, die Regeln des Systems zu ändern, kybernetisch gesprochen versuchen, ihm die Möglichkeit einer «Neukalibrierung» [69] zu öffnen. Das ist durch eine «Verschreibung» möglich oder durch eine «Umdeutung» bzw. in den meisten Fällen durch die Kombination beider. Beispiele für Umdeutungen folgen im Kapitel über die therapeutische Sprache. Hier sollen nur prinzipielle Möglichkeiten der Verschreibung vorgestellt werden. Ausführliche und sehr komplexe Beispiele finden sich bei WATZLAWICK [70, 72], HALEY [23] und SELVINI [65].

*Verschreibungen* ermöglichen einen neuen Umgang mit alten Problemen. Die Klienten erhalten die «Hausaufgabe», etwas zu tun, was wenig Aufwand erfordert, aber ihren bisherigen Lösungsversuchen widerspricht. Sie werden damit neue Erfahrungen machen, die ihre Problemsicht und ihr Selbstbild verändern und ihnen neue Verhaltenmöglichkeiten eröffnen. Als Beispiel sei folgender Fall gekürzt wiedergegeben, den KOENIG-KUSKE beschrieben hat. [28]:

Eine Frau klagte darüber, dass ihr Mann sich ganz von ihr zurückziehe, sie fürchtete, ihn zu verlieren; der Mann hatte auf schizoider Grundlage starke Unabhängigkeitsbedürfnisse. Die Ansprüche seiner Frau an Zuwendung blockierten ihn derart, dass er sich immer mehr abkapselte. Dieser negative Zirkel hatte sich nach dem Prinzip von «mehr desselben» bis zu dem Punkt gesteigert, an dem der Mann der Frau sogar untersagte, im Haushalt für ihn mitzusorgen.

Die Metaregel, um die systemimmanente Regel des Gleichgewichts von Forderung und Rückzug zu durchbrechen, lautete im Prinzip: die Frau soll ihre Bemühungen um ihn einstellen, damit sein Interesse an ihr und seine Annäherungsinitiativen wieder erwachen können. Die Therapeutin vereinbarte also mit ihr, dass sie abends in Gesprächen mit ihrem Mann angenehme Fantasien einblenden, ihnen nachhängen und dem Mann nur mit halbem Ohr zuhören sollte. Diese Intervention, so berichtet die Autorin «wendete das Blatt um 180 Grad».

Der Mann entdeckte seine Gefühle für die Frau, diese entwickelte nun bei sich Distanz- und Selbständigkeitsbedürfnisse.

Als «System» kann auch der einzelne Mensch begriffen werden, wie es die Psychoanalyse etwa in der Instanzenlehre, JUNG mit den Archetypen und der Subjektstufe der Traumdeutung schon vorgezeichnet haben. So kann sich z.B. in einem Menschen ein aussichtsloser Kampf zwischen seinem vernunftorientierten Willen und einem «unvernünftigen», spontanen Symptom abspielen. Dieser Kampf, der überdies oft den grössten Teil des Symptoms ausmacht (FREUD [16], S.139–144), kann dadurch durchbrochen werden, dass der Klient, statt sich gegen das Symptom zu wehren, es mit Absicht herbeiführt, für ihn gewiss eine absurde Idee, die jedoch unbewusste Tendenzen beim Wort nimmt. Der Therapeut kann z.B. mit ihm eine geeignete Zeit am Tag wählen, in der sich der Klient ganz in seine Depression versenkt. Bei einem gefürchteten Symptom im zwischenmenschlichen Kontext kann man dem Klienten empfehlen, sein Problem im Vorhinein anzukündigen, dass er etwa solche Sprechangst habe, dass er sich binnen kurzem verhaspeln und den Faden verlieren werde (was nach dieser Ankündigung in der Regel dann nicht stattfindet).

Solche «Symptomverschreibungen» lassen viele Varianten zu. Für Partnerkonflikte, die unkontrollierbar immer nach dem gleichen Muster ablaufen, hat K.H.MANDEL [49] eine Technik entwickelt, die er «den Teufel an die Wand malen» nennt. Das Paar soll gemeinsam minuziös beschreiben, was sich am nächsten kritischen Abend wieder mit Sicherheit zwischen ihnen ereignen wird. Solche Verschreibungen verwickeln die Klienten in eine «Sei-spontan-Paradoxie» [69] und hemmen damit die Wiederholung dessen, was bisher, gerade weil man es vermeiden wollte, «unwillkürlich» immer wieder passierte.

## 3. Die Sprache des Therapeuten

Die therapeutische Kunst steht und fällt mit der fantasievollen Konkretisierung dieser systemtheoretischen Prinzipien und der Motivierung der Klienten, die oft absurden Verschreibungen auszuführen.

WATZLAWICK hat in seiner jüngsten Veröffentlichung [72] sich intensiv mit dem Verhältnis von Sprache und Weltbild befasst.Er stützt sich auf Ergebnisse der *Hirnhemisphärenforschung* [66, 10, 27], die der linken Hemisphäre ein mehr analytisch-logisches, der rechten ein mehr ganzheitliches Erfassen von Realitäten zuschreiben, und zieht die Linien dieser an Details gewonnenen Ergebnisse auf den Umgang mit der «Wirklichkeit» schlechthin aus. Die linke Hemisphäre ist demnach für logisch rationales, zergliederndes Denken zuständig, die rechte für rational nicht fassbare Phänomene wie Weltbild, Kunst, Kreativität, Humor, Intuition. Dabei stellt er eine überraschende Parallele fest zu FREUDS Unterscheidung von Primärprozess und Sekundärprozess, die die Funktionsweisen des «Unbewussten» und des «Bewussten» charakterisieren. Auch JUNGS etwas anders gelagerte Unterscheidung dieser beiden Bereiche lässt sich zu der Doppelheit von rechts- und linkshemisphärischem Umgang mit der Realität in Beziehung setzen.

Das Weltbild bestimmt, wie wir uns fühlen und verhalten. WATZLAWICK zitiert in diesem Zusammenhang gern den Aphorismus des EPIKTET: «Nicht die Dinge selbst beunruhigen uns, sondern die Meinungen, die wir über die Dinge haben» [72]. Unser rechtshemisphärisch irrationales Erleben und Bewerten unserer Situation entscheidet also über seelische «Gesundheit» und «Krankheit» (was sich bei WATZLAWICK [69] nach dem Leiden des Betroffenen und/oder seiner Familie bemisst, nicht nach Normvorstellungen von Normalität). Daraus folgt, *dass die Sprache des Therapeuten die rechte Hemisphäre erreichen muss,* um Änderung zu bewirken.

Das wirft ein neues Licht auf Bedeutung und Funktion der Sprache in der Therapie. Der bisher am häufigsten beschrittene Weg, dass der Therapeut den Klienten nach und nach in seine Fachsprache einführt, v. a. in das gedankliche Modell, in das er das Problem des Klienten übersetzt, erweist sich als Umweg über linkshemisphärisches Denken, zumal am Ende eine Rückübersetzung in rechtshemisphärisches Erleben unabdingbar ist, um Fühlen und Handeln des Klienten neu zu bestimmen. Es erscheint so gesehen wesentlich sinnvoller, dass der Therapeut sich seinerseits in Weltbild und Sprache des Klienten einfühlt und in diesem Rahmen Lösungsvorschläge formuliert. Therapeutisch relevante Sprache bewegt sich unmittelbar in der Bildwelt des Klienten, wie sie in seiner Metaphorik, in seinen Träumen, in der jetzigen Gestalt erinnerter Kindheitserlebnisse und meist auch in seinem Lebensweg sich manifestiert. Der Lernende, sich sprachlich Anpassende ist hier der Therapeut, nicht der Klient.

Aus dieser Perspektive kann das Problem des Widerstands (vgl. 2.1) noch einmal anders formuliert werden: Widerstände sind im Unbewussten bzw. rechtshemisphärisch verankert und verdichten sich in vordergründigen linkshemisphärischen Rationalisierungen. Solange der Therapeut mit dem Klienten auf diesem Schauplatz kämpft, zieht er meistens den Kürzeren. Widerstände müssen vielmehr so unlogisch und paradox angegangen werden, wie sie ihrer Natur nach sind. Die meisten Klienten werden versuchen, den Therapeuten zurück auf die rationale Ebene zu holen und ihn da zu widerlegen. Die therapeutische Sprache muss daher zweierlei Künste beherrschen: die «Blockierung der linken Hemisphäre» und die Vertrautheit mit «rechtshemisphärischen Sprachformen», wie WATZLAWICK zwei ausführliche Kapitel mit einer grossen Zahl von Beispielen überschreibt [72, 74].

Voraussetzungen für das Eintreten in die Sprachwelt des Klienten ist eine *sorgfältige Diagnostik,* ein Erfassen der realen Gegebenheiten und ihrer Bedeutung für die Klienten.

Von ERICKSON [22, 2, 13], dem Meister fantasievollen, unkonventionellen Therapierens wird berichtet ([72], S.107), dass er minuziös explorierte, bevor er seine an einem scheinbar unwesentlichen Detail ansetzende durchschlagende Intervention entwickelte.

Für die Partnertherapie des integrativen Ansatzes bewährt sich hier eine genaue Analyse der sozialen Gegebenheiten beider Partner, ihrer Geschwister und ihrer Elternhäuser, sodann eine fundierte Analyse der intra- und interpersonellen Psychodynamik der Beziehung, also der psychoanalytische Aspekt, der oft in interessanten Wechselwirkungen mit den sozialen Gegebenheiten steht, weiter gegebenenfalls eine genaue psychiatrische Abklärung, (die bewusst nach dem medizinischen Modell und nicht nach psychodynamischen Kategorien vorgenommen werden soll, um die Aspekte zu bereichern, nicht nur sich gegenseitig bestätigen zu lassen (mündliche Bemerkung von REITER), schliesslich eine detaillierte Beschreibung des Problems im zwischenmenschlichen Kontext und ein Erfassen der rechtshemisphärischen Erlebniswelt (Sprachbilder, Metaphern, Kindheitserinnerungen, Träume) beider Individuen.

## 3.1 Die Umdeutung

Die Verhaltensverschreibung muss dem Denken und Erleben des Klienten angepasst sein, sie muss sich seiner Sprache bedienen und seine Widerstände dynamisch nutzen; er darf sich nicht abgwertet, infragegestellt oder verurteilt fühlen. «*Joining*» ist der amerikanische Terminus für dieses sich gleichsam Einfädeln in Denk- und Handlungsstil des Klienten [22, 76]. Hier kann manches von der Gesprächspsychotherapie gelernt werden. Von ERICKSON stammt die prägnante Anweisung «take what the patient is bringing» ([70], S.128).

Wie das vom Klienten Gebrachte bejaht, aufgegriffen und für Änderung genutzt werden kann, sei an zwei Möglichkeiten der *Umdeutung* des Widerstands verdeutlicht, die bereits am Ende des Abschnitts 2.1 genannt wurden: Der Therapeut kann entweder die erstrebte Änderung so umdeuten, dass sie in den Widerstandsrahmen des Klienten passt, also dessen Dynamik nutzt (a), oder aber den Widerstand verschreiben und gleichzeitig so umdeuten, dass der Klient (gegen die Verschreibung) es vorzieht, ihn aufzugeben (b).

Die Beispiele zur Veranschaulichung dieser beiden Möglichkeiten sind einem Aufsatz von K. H. MANDEL über «Sexualtherapie durch Beeinflussung des Selbstwert- und Beziehungsgefühls» [51, 45] entnommen.

(a) MANDEL schildert dort den Fall einer sekundären Impotenz, die in deutlichem Zusammenhang mit «kastrierenden» Tendenzen der Ehefrau steht:

> Diese Frau «platzt vor Energie. Ihre Ehesituation hat sich in gefährlicher Weise zugespitzt. Sie kastriert alle therapeutischen Versuche, indem sie sie fast triumphierend scheitern lässt. Der Therapeut gesteht seine Ohnmacht und bemerkt in einem Einzelgespräch, er wüsste schon einen Weg, aber den würde sie niemals bewältigen, weil er Übermenschliches von ihr verlange. Es sei völlig klar, sie sei ihrem Mann haushoch überlegen, bei seiner Passivität bleibe ihr an und für sich auch nur übrig, den ganzen Laden in die Hand zu nehmen und zu steuern, er vertrage das aber ganz und gar nicht. So müsste sie also unauffällig alles gestalten, gleichzeitig aber die ihm Ergebene spielen, sie habe schliesslich auch ihren Stolz und so würde der Therapeut es gut verstehen, dass dies für sie absolut unerträglich sei, als Möglichkeit für sie also völlig ausscheide. Eine Woche später berichtete sie triumphierend, sie hätten viermal inzwischen sexuellen Verkehr gehabt wie in den besten Zeiten. Sie hätte es jetzt rausgekriegt, wie sie ihren Mann nehmen müsse. Der Therapeut bewunderte aufrichtig, was sie in kürzester Zeit zustande gebracht hätte, während alle seine Interventionen daneben gegangen seien. Ungeachtet dessen bedankte sie sich ausdrücklich ‹fürs Zuhören›. Erstaunlicherweise verstand sie es offensichtlich, beim Ehrgeiz gepackt, den neuen Stil aufrecht zu erhalten. Behandlungsdauer elf Stunden, Katamnese ein Jahr.»

Der Widerstand dieser Frau bestand darin, dass sie ihr kastrierendes Verhalten um keinen Preis aufgeben wollte. Die Intervention stellt das gewünschte «ergebene» Verhalten in den kognitiven Rahmen der haushoch überlegenen Frau, die alle Fäden in der Hand hat und bestimmt, was zu geschehen hat. Zusätzlich nützt der Therapeut ihre kastrierende Tendenz für den therapeutischen Prozess selbst, indem er in die Position des Ohnmächtigen geht. Die Verwirklichung des gewünschten Verhaltens wird für die Frau damit zum Triumph über den Mann und über den Therapeuten.

(b) Die zweite Möglichkeit einer Umdeutung und Festschreibung des Widerstands, die den Klienten dazu bewegt, ihn aufzugeben, zeigt sich in folgendem Beispiel einer «sexuellen Sucht»:

> Dieser Mann bedrängte seine Frau unablässig mit Wünschen nach sexuellen Gruppenkontakten, «für die sie kein Verständnis hatte, ja deren Verwirklichung ihr unerträglich schien. Die Beziehung zu ihr war dadurch ernsthaft bedroht. Ich zeigte ihm auf, wie sehr es offenkundig zu seiner Natur gehöre, immer mehr zu erobern, nie mit dem Erreichten zufrieden zu sein. Diese Triebfeder sei zweifellos das Geheimnis seines phänomenalen geschäftlichen Aufstiegs, deshalb sei es auch sehr bedenklich, sie zu unterdrücken, denn dank dieser Begabung floriere seine Firma, die ihm ja einen Heidenspass mache. Nur leider müsse er halt den Preis zahlen, dass *diese* Frau für seine Wünsche nicht gebaut sei, dass diese Kräfte in ihm, die beruflich den Riesenerfolg brächten, eben zur Auflösung dieser Ehe führten. Das

werde er halt in Kauf nehmen müssen. Sichtlich erschrocken begann er, mir zu widersprechen. Wieder und wieder erklärte ich ihm meine Bedenken, seine Expansivkräfte zu unterdrücken. Ganz abgesehen davon, dass er dies wahrscheinlich gar nicht könne. Ich spürte förmlich, wie er an diesem Widerstand wuchs, wie der vorgestellte drohende Verlust seiner Frau alle seine Kräfte herausforderte ... Einige Zeit später rief mich seine Frau an, es ginge alles ganz wunderbar, auch sexuell. Er sei die Aufmerksamkeit in Person und wieder ein erfreulicher Liebhaber. Nie mehr habe er jene Wünsche geäussert ... Behandlungsdauer drei Stunden. Katamnese zwei Jahre.»

In beiden Fällen wurden die Klienten auf einem für sie nicht durchschaubaren Weg zu einer Änderung ihres Verhaltens und ihrer Einstellung veranlasst. Im ersten Fall wurde der Widerstand genutzt, gewissermassen vor den Wagen gespannt, im zweiten wurde er durch Verschiebung der Anerkennung der «Potenz» auf den beruflichen Bereich und durch paradoxe Verschreibung unnötig gemacht. Jedesmal lag der Tenor auf einer Bestätigung des Selbstwerts der Klienten, die bei Partnerproblemen, insbesondere bei sexuellen Schwierigkeiten immer eine zentrale therapeutische Valenz hat.

## 3.2 Die Kunst strategischer Gesprächsführung

Paradoxe Verschreibungen und Umdeutungen sind eingebettet in den grossen Zusammenhang therapeutischer Gesprächsführung auf verbaler und nonverbaler Ebene. Eine Reihe strategischer Gesprächstechniken, die wir überwiegend ERICKSON verdanken, können etwas von der inneren Haltung dieser Gesprächsführung vermitteln.

ERICKSON hat sie im *Zusammenhang der Hypnotherapie* entwickelt. Dieser «Entdeckungszusammenhang» zeigt, dass es sich dabei um primärprozesshafte, bzw. rechtshemisphärische Sprachformen handelt und um Techniken, die die Aktivität der linken Hemisphäre reduzieren bis ausschalten (Trance-Phänomen). WATZLAWICK hat sie ausführlich in seinem jüngsten Buch [72] zusammengestellt, kommentiert und begründet. Einige sollen hier zur Veranschaulichung aufgeführt werden.

Eine Möglichkeit besteht im gesprächsweisen *Verstärken oder Übertreiben einer Tendenz des Klienten,* die er dann aufzugeben pflegt [70]. Meist ist es eine Tendenz, die von anderen Gesprächspartnern bzw. einem introjizierten Normensystem nicht akzeptiert wird. Alle Lösungsversuche erster Ordnung haben sich also bislang von aussen oder innen *gegen* diese Tendenz gerichtet. Zur Aufrechterhaltung des Systemgleichgewichts verstärkte sie sich in dem Masse, in dem sie angegriffen wurde. WATZLAWIK [70] nennt als Beispiel den Pessimisten, der auf optimistisches gutes Zureden nur noch pessimistischer reagiert. Bei Paaren ist häufig ein Partner verzweifelt, sieht keinen Ausweg mehr, der andere bagatellisiert (in bester pädagogischer Absicht), der erste fühlt sich nicht verstanden und verzweifelt noch mehr. Gibt der Therapeut ihm in seiner kritischen Beurteilung der Lage recht und malt sie noch schwärzer, fühlt er sich erstmals akzeptiert und muss nicht mehr um Verständnis für dieses Gefühl werben. Schliesslich wird er gegen den Pessimismus des Therapeuten ins Feld führen, dass vielleicht doch eine Hoffnung auf Änderung bestehen könnte.

K. H. MANDEL verwendet das gleiche Prinzip, verknüpft mit der «*Vorgabetechnik*» [25, 72], um sozial negativ sanktionierte Gefühle anzusprechen und zu akzeptieren. Diese oft verdrängten, verschoben aggressiv oder in Depressionen sich äussernden Gefühle verlieren ihre destruktive Dynamik, wenn sie vom Therapeuten «erlaubt» werden. Dabei handelt es sich nicht etwa nur um ein kathartisches Konzept, sondern vor allem auch um eine kognitive Umstrukturierung: Bei einem Vater z. B., der ein geistig behindertes Kind (ältester Sohn) ungeduldig und aggressiv behandelt, würde MANDEL auf die Enttäuschung und Kränkung zu sprechen kommen, die dieser Sohn dem Selbstwertgefühl des Vaters bereitet (psychoanalytischer Hintergrund: älteste Söhne sind bevorzugt die Träger des Idealselbst des Vaters): «Wenn ich mich so in Ihre Lage versetze, also ich weiss nicht, wie ich das verkraften würde, man kann zwar nichts dafür, aber irgendwie trifft einen das doch im Innersten ... .» Das Thema muss amplifiziert, meditativ immer wieder umkreist werden: Jugendträume, unerfüllte Berufswünsche des Vaters, die Hoffnung, dass seine Kinder es einmal weiterbringen würden als er, aber auch irrationale, magische Schuld- und Versündigungsideen, dieser Sohn als Strafe Gottes, all das kann diffus und unbegriffen den Vater belasten und kann jetzt durch Vorgaben artikulierbar werden.

Im Unterschied zu anderen Schulen folgt darauf keine Aufforderung, kein Hilfsangebot, solche Gefühle zu «verarbeiten» oder sie das Kind nicht merken zu lassen, dann wäre wieder der *problemerzeugende Ausgangspunkt* «Solche Gefühle darf ich nicht haben – ich habe sie ja auch gar nicht» erreicht. Vielmehr wird voll akzeptiert, dass aus diesem Kummer hin und wieder unkontrollierbare Ungeduld erwächst. Es kann auch ausgesprochen werden, wie sehr der Vater darunter leidet, dass die anderen ihn für sein äusseres Verhalten verurteilen und sich gar nicht in seine Lage versetzen können. Therapeutisch ausschlaggebend ist dabei ein intensiver, warmherziger Gesprächsstil, der die beschriebenen Gefühle und Inhalte fast suggestiv beschwört, nicht «über» sie spricht. Der beste Lehrmeister ist hier wieder die Hypnotherapie [22, 2, 13]. Derartige emotionale Entlastungen motivieren den Klienten, ganz von sich aus (*weil er nicht unter Druck gesetzt wird*) sein Verhalten dem Kind gegenüber zu modifizieren. Oft winkt er schon in der Stunde ab: so schlimm sei es nun auch wieder nicht, er würde schon damit fertig (die narzisstische Dynamik ist nun konstruktiv umgelenkt!), und das Kind solle es nun eigentlich nicht zu spüren kriegen. Vielleicht habe er darauf bisher zu wenig geachtet. Jetzt ist es ganz entscheidend, dass der Therapeut bremst oder gar fürs erste eine Verschlimmerung voraussagt: der Vater neige dazu, zu viel von sich zu verlangen u. ä.

Um den Klienten Inhalte und Gedanken nahezubringen, die ihrem bisherigen Weltbild fremd waren, gibt es neben der direkten Information, die viele rational zerpflücken oder widerlegen würden, eine Reihe indirekter Formen. Auf ERICKSON geht die «*Einstreutechnik*» zurück: er lässt solche Inhalte immer wieder nebenbei einfliessen, während er vordergründig von anderem redet. Für einen Fall, in dem der Mann sich rühmte, seiner Frau alles recht zu machen, aber im Grunde nicht wusste, was sie eigentlich wollte und auch nicht auf die Idee kam, sie zu fragen, empfahl ANITA MANDEL, im Gespräch über die jeweiligen aktuellen Ereignisse immer wieder unauffällig einzustreuen, «Was Ihre Frau darüber denkt, wissen wir ja nicht.» Eine andere Möglichkeit besteht darin, dass man im Dreiergespräch beispielsweise dem Mann sagt, was man eigentlich der Frau sagen möchte [76].

Bilder, Geschichten, Traumdeutungen und mimische Reaktionen des Therapeuten lassen sich ebenfalls schlechter widerlegen als rationale Erklärungen. Wichtige Inhalte müssen bild- und erlebnisnah vermittelt werden [50]. Ein eindrucksvolles Beispiel für die *Umsetzung einer Botschaft in unmittelbares Erleben* berichtet HALEY von ERICKSON ([22], S. 89 f.):

> ERICKSON wurde von einer wohlerzogenen, biederen jungen Dame aufgesucht, die sich für übermässig dick, hässlich und unattraktiv hielt, und deshalb fürchtete, keinen Lebenspartner zu finden. ERICKSON überzeugte sich mit einem Blick, dass sie nicht hässlich war und nur wenig Übergewicht hatte. Während der gesamten Sitzung sah er sie dann kaum mehr an, spielte nervös und geistesabwesend mit dem Briefbeschwerer und wahrte nur die knappsten Höflichkeitsregeln. Am Ende des Gesprächs gab sie der Vermutung Ausdruck, dass er sie wohl nicht als Patientin akzeptieren werde ob ihrer abgrundtiefen Hässlichkeit, an der wohl auch das Abnehmen nichts ändern würde. ERICKSON sagte darauf mit umständlichen Entschuldigungen, verlegen nach Worten suchend: er habe sie nicht ansehen können ... er spräche darüber eigentlich lieber nicht, aber in seiner Rolle als Therapeut schulde er ihr wohl eine Erklärung ... jedenfalls weise alles daraufhin, dass sie, wenn sie abnehmen würde, sexuell *noch* anziehender würde, sie sei es jetzt schon hinlänglich ... aber das sollte kein Thema sein zwischen ihm und ihr.

Was ERICKSON hier mit höchster Kunst und Fantasie bewerkstelligte, war, dass er ihr Selbstlabeling als «unattraktiv» in einer raffinierten Doppelbödigkeit bestätigte: durch Nichtbeachtung, und zugleich verwarf: durch die nachträgliche Erklärung seiner Nichtbeachtung. Hätte er in einem erhellenden Gespräch sie zu überzeugen versucht, dass sie (a) durchaus attraktiv ist und (b) die Reaktionen ihrer Umwelt als «Beweis» ihrer Hässlichkeit missdeutet, hätte sie das in pessimistischen Rationalisierungen erstickt oder es für wohlgemeinte Tröstungen gehalten und nicht geglaubt. Die Mischung aus unmittelbarer Betroffenheit und Konfusion (Infragestellung ihrer gewohnten Wahrnehmung) machte ihr ein Ausweichen und Diskutieren unmöglich, zumal sich der Therapeut durch seine angenommene Rolle auch als Partner einer Diskussion «über» das Problem verweigerte.

Diese Episode kann gleichzeitig als Beispiel für ERICKSONS «*Konfusionstechnik*» dienen, die das rationalisierende Erklären, mit anderen Worten das Einordnen ins vertraute Weltbild beim Klienten unterbinden soll. Der Zirkel, dass alles Erlebte als Bestätigung des eigenen Erklärungssystems genommen wird, dass dieses also empirisch nicht mehr «falsifizierbar» ist, soll durchbrochen werden. Die Konfusionstechnik blockiert die Aktivität der linken Hemisphäre [72] und macht den Klienten aufnahmebereit für Neues. Im Kontext der Hypnotherapie wird er zugänglich für Trance-Phänomene.

Eine ganz entscheidende Rolle spielt in der strategischen Gesprächsführung die *therapeutische Doppelbindung,* die als «Spiegelbild» der pathologischen [4, 69] gerade so angelegt ist, dass, was immer der Klient auf die therapeutische Anweisung hin tut, «richtig» (im Sinne des Therapiefortschritts) ist. Eine Anwendung des uralten Prinzips «similia similibus curantur» [72]. Die Doppelbindung ist in gewisser Weise das Grundprinzip paradoxen Vorgehens in der Therapie. Die meisten der hier aufgeführten Beispiele fallen also unter diese Kategorie. Sehr plastisch zeigt sich die doppelbindende Grundstruktur in folgendem Fall-Beispiel von K.H.MANDEL [44]:

Ein Patient mit ausgeprägtem zwangsneurotischem Charakter, der u.a. an Perfektionszwängen und Entscheidungsunfähigkeit litt (eine «schwebende» Verlobung), grübelte ständig, ob es Sinn habe, mit seiner Verlobten eine Partnerschaftstherapie anzufangen, und kam mit dieser Frage zu einem ersten Gespräch. Der Therapeut sollte die Entscheidung für ihn treffen. MANDEL gab ihm als Hausaufgabe, zwei mal pro Woche einen kleinen unschädlichen Fehler absichtlich zu begehen und verband diesen Verhaltensauftrag mit dem doppelbindenden Kommentar: «Wenn Ihnen das gelingt, würde ich eine Therapie für aussichtsreich halten.» Damit war die Entscheidung dem Klienten *so* zurückgegeben, dass er nicht mehr ausweichen konnte. Führte er den (leichten) Auftrag aus, so definierte er selbst eine Therapie als erfolgversprechend. Unterliess er ihn, so entschied ebenfalls *er* sich gegen eine Behandlung. Der Klient entschied sich für ersteres.

Speziell für die Partnertherapie hat K.H.MANDEL das «*paradoxe Rollenspiel*» [42] entwickelt, in jeder Partner den Part des anderen so spielen soll, wie er ihn einerseits sich wünscht und andererseits vom Partner für realisierbar hält. Die Doppelbindung liegt u.a. darin, dass der spielende Partner entweder eine realisierbare Lösung finden oder selbst zugeben muss, dass er Unmögliches vom anderen verlangte.

## 4. Die «Rehabilitation» des Individuums

Dass in diesem letzten Abschnitt das Individuum hervorgehoben wird, hat seinen Grund darin, dass es über den systemtheoretischen und kommunikationstheoretischen Ansätzen der letzten Jahre zu sehr in den Hintergrund getreten ist. Zwar betonen Systemtheoretiker mit Recht, dass veränderte Systemstrukturen bzw. verbesserte Kommunikation die Entwicklungs- und Reifungsmöglichkeiten des Individuums fördern sollen, ja um ihretwillen vorgenommen werden. Besonders plastisch drückt dieses Ziel MINUCHINS Bild von der Familie als «nährender Matrix» für das Wachstum ihrer Mitglieder aus [53]. Aber sie vergassen das Individuum als aktive, selbst- und fremdregulierende Entität, von der ebenfalls Änderungen ausgehen können. Aus der Wechselwirkung System – Kommunikation – Individuum wurde unbegründeterweise ein therapeutischer Ansatz nur beim System und/oder der Kommunikation abgeleitet. Das Individuum wurde ein wenig zur Marionette, deren Haltung bzw. Verhalten durch das Bedienen bestimmter Schnüre «von oben» reguliert werden konnte.

Dieses Konzept wurde primär in pathologischen Systemen mit einem schwer gefährdeten Mitglied entwickelt, die sich durch so hohe Rigidität auszeichnen, dass der Ansatz bei einem Mitglied, zumal dem gefährdeten, in der Tat illusorisch ist. Hier scheint systemisches Vorgehen bisher am erfolgversprechendsten. In durschnittlicheren Familien jedoch, die durch geringere systemische Rigidität, also auch durch mehr Freiheitsspielraum des Individuums gekennzeichnet sind, könnte der Weg ins Gesamtgefüge prinzipiell genauso über das Individuum genommen werden wie umgekehrt. *Wo* hier dann jeweils angesetzt wird, bedarf einer Begründung. Diese Frage haben die theoretischen Schriften der letzten Jahre zu wenig beachtet.

WATZLAWICK selbst schildert Fälle, in denen er systemverändernde Verschreibungen und Umdeutungen nur einem Mitglied gleichsam als Geheimnis anvertraut [70, 72] und äussert sich mündlich dahingehend, dass er – immer unter der headline einer Systemveränderung – zunehmend mit Individuen arbeite (natürlich nicht, ohne sich vorher vom System als ganzem ein Bild gemacht zu haben).

Die Reflexion eines Ansatzes beim Individuum rechtfertigt sich also schon aus rein systemtheoretischen Erwägungen, in denen das Individuum noch nicht als Entität jenseits seiner Funktionalität im System gesehen wird.

## 4.1 Die anthropologische Dimension der Partnertherapie

Der Rekurs auf das Individuum als Entität wird unabdingbar, wenn man sich den Anforderungen einer *Partnertherapie* voll stellt. Dazu ist an die Überlegung anzuknüpfen, dass eine Dyade kein System im strengen Sinn ist ([23], S. 157ff.). Es fehlt das stabilisierende dritte Moment. Familientherapeuten des systemischen Ansatzes «helfen» sich hier, indem sie nach der dritten Person im engen Umkreis suchen, die mit einiger Regelmässigkeit auch existiert: eine Mutter, ein Freund oder Bruder, jemand hilfloses, der das Paar braucht, oder ein Mächtiger, der «dazwischenfunkt». Verschiebungen der Koalitionen oder Kompetenzen in dieser Dreiheit bringen dann Erstaunliches zuwege [23, 40].

Unter einem ganz anderen Blickwinkel aber könnte es scheinen, als bliebe man den Partnern, jedem einzelnen, dabei etwas schuldig. Abgesehen vom akuten Problem schlagen sie sich häufig mit ihrem Charakter, ihren Veranlagungen und Prägungen und denen des Partners herum, fragen, was sie falsch machen, ob sie am Ende zu egoistisch seien, oder der Partner wirklich mehr für sie tun sollte. Die meisten kommen mit einem «Hunger nach Gerechtigkeit» [42], zweifeln an der Partnerwahl, an sich, und nicht selten am Sinn des Lebens. Manchmal kommen sie mit echter Lernbegier.

Wenn man die Einschränkung beiseite lässt, dass das bei einigen «Spiel» im Sinne der Transaktionsanalyse ist, ergeht hier ein Anspruch an den Therapeuten, dem er sich stellen sollte. Das schliesst systemisches Vorgehen nicht aus sondern erweitert es, denn auch das elementarste Selbstverständnis steht in Wechselwirkung mit früheren und heutigen Beziehungen. Eine Partnertherapie, die sich diesem Anspruch stellt, definiert ihre Aufgabe als Hilfe zur Selbstfindung der Individuen in der und durch die Beziehung, bzw. zum Finden der spezifischen Beziehungsmöglichkeit gerade dieser beteiligten Individuen.

Dabei muss einem Missverständnis gewehrt werden, das den Worten «Selbstverwirklichung», «Selbstfindung» und oft auch «Individuation» anhaftet, wenn sie plan und unidirektional aufgefasst werden: dass nämlich Bedürfnisse der anderen, Verzicht, Opfer, ja «Selbstaufgabe» der «Selbstverwirklichung» entgegengesetzt seien. Hier kann eine entscheidende Korrektur vom ADLERschen (11,1) und v. a. vom JUNGschen Ansatz kommen [21].

Die Relation von Selbstaufgabe und Selbstfindung ist bei den meisten hilfesuchenden Klienten aus der Balance. Was oberflächlich wie ein Zuviel an Selbstaufgabe aussieht, kann unbewusst ein ängstliches Festhalten an idealen Selbst-Bildern sein, und vordergründiger Egoismus, Selbstbehauptung fordern der Umwelt oft weniger ab, sind in der Tiefe «sozialer» als Opfer- und Demutshaltung.

Das Ausbalancieren von Selbstaufgabe und Selbstfindung ist kein quantitatives Problem (aus diesem Missverständnis, bzw. diesem «Lösungsversuch erster Ordnung» [70] erwächst gerade der grösste Teil von Partnerproblemen [38]), sondern ein kognitives. Die Relation von Selbstfindung und Selbstaufgabe muss neu definiert werden. Selbstaufgabe muss als Weg der Selbstfindung erlebt werden können.

Diese Sichtweise könnte man als «anthropologischen Horizont» des strategischen, umdeutenden und paradoxen Intervenierens bezeichnen, das oben ausführlich geschildert wurde. Sie wird im Gespräch mit den Klienten kaum verbalisiert, bestimmt aber die Wahl der Methoden und die Deutungsrichtungen.

## 4.2 Gefühl und zwischenmenschliche Kompetenz

Eine der Konsequenzen dieser Standortbestimmung liegt darin, dass die *Kommunikation* und Verständigung zwischen den Partnern immer seltener direkt fokussiert wird, im Gegensatz etwa zu SATIR, zur Gesprächspsychotherapie und Verhaltenstherapie.

SATIR [61, 62, 33] setzt mit ihren Interventionen von Anfang an am Kommunikationsstil an. Die Kommunikation soll offen, bestrafungsfrei, von Selbstachtung wie gegenseitiger Achtung getragen sein und der hierarchischen Struktur der Familie entsprechen. Die positiven Möglichkeiten der Konfrontation sollen ausgelotet, negative, zerstörerische Formen unter dem Hinweis auf Achtung und Selbstwertgefühle der Beteiligten reduziert werden.

Einen ähnlichen Ansatz verfolgt die zur Familientherapie erweiterte *Gesprächspsychotherapie*. Sie versucht, die therapeutische Haltung des Gesprächspsychotherapeuten, namentlich Echtheit und Selbstkongruenz sowie emotionale Wertschätzung der Partner den Familienmitgliedern im Umgang miteinander nahezubringen [60, 54].

Die *Verhaltenstherapie* entwickelt auf der Basis von WATZLAWICKS Kommunikationsaxiomen [69] und den ROGERsschen Kriterien der therapeutischen Gesprächsführung Kommunikationstrainings für Paare, die sie in ihrer Effektivität experimentell überprüft. Die Ergebnisse sind unterschiedlich [18, 19, 75, 5].

Diese Ansätze gehen davon aus, dass Familienkonflikte zum grossen Teil dadurch verursacht sind, dass die Familienmitglieder nicht kommunizieren können und es erst lernen müssen [6, 14, 17, 13, 15].

Demgegenüber vertritt der integrative Ansatz der Kommunikationstherapie die Auffassung, dass rücksichtsvolle und warmherzige Kommunikation in der Regel nicht gelernt werden muss, sondern von selbst da ist, wenn Probleme, die aus den eigenen Gefühlen und der Wahrnehmung der Situation erwachsen, überwunden werden können. Ein Schritt in diese Richtung ist die Empfehlung, nicht erst beim äusseren, sondern beim vorauslaufenden inneren Dialog anzusetzen [42]. Er stellt die Weichen für das, was sich dann aussen – auch ungewollt! – abspielen wird.

Diese Form der «Kommunikations»-Therapie befasst sich mehr mit der Wahrnehmung des Klienten, seiner Sicht seiner Umwelt und seines Partners und den damit verbundenen Gefühlen als mit dem shaping zwischenmenschlicher Fähigkeiten und Kompetenzen. Das Errichten eines neuen kognitiven Rahmens, in dem das Wahrgenommene eine andere Valenz hat, andere Gefühle auslöst und andere Lösungsmöglichkeiten anbietet, kann den Kommunikationsstil nachhaltiger beeinflussen als direktes Üben, Rollenspiel u.ä.

## 4.3 Das Einzelgespräch

Für solche kognitiven Umstrukturierungen eignen sich häufig *Einzelgespräche* besser als Paargespräche. Einzelsitzungen sind ein «Schonraum», der es dem Individuum erlaubt, Schwächen, Ratlosigkeiten, Unsicherheiten, aber auch Stärken, Überlegenheiten unbefangener anzusehen und im therapeutischen Gespräch anders zu bewerten und einzusetzen zu lernen als bisher. All das ist neben dem Partner, demgegenüber man bislang ein bestimmtes Selbstbild herausstellen oder verteidigen musste, schlecht möglich. Veränderungen können so schrittweise unmerklich eingeleitet werden, neue Verhaltensweisen können in einer Art Experiment erprobt werden, ohne dass der Klient sich vom Partner auf Erfolg festgenagelt erlebt. Ausbleibender Erfolg in den eigenen Augen oder denen des Partners kann vorbeugend bis paradox vorweggenommen werden.

*Narzisstische Probleme* werden in Einzelsitzungen mit besonderer Sorgfalt bedacht. Im Grunde entscheidet sich die Partnerfähigkeit hier. Der grösste Teil der Partnerschaftsprobleme ist mit unterschiedlich schweren Selbstwertkrisen verknüpft, die frühkindliche Wurzeln haben. Schwere hysteriforme Kollusionen basieren häufig auf narzisstischen

Grundstörungen [30, 24]. Viele Partnerschaften halten auf einer symbiotisch narzisstischen Basis zusammen, die so übersensitiv und störbar ist, dass kleinste Belastungen sie aus der Balance bringen. Selbstwertsteigerung ist in jeder Umdeutung und Symptomverschreibung implizit enthalten [46, 51]. Sie hat aber über paradoxe Effekte hinaus therapeutisches Eigengewicht, ja meist das Hauptgewicht. Ganze Sitzungen können Einzelgesprächen, intensivem (das kann auch heissen: freundlich-lockerem) Eingehen auf die Persönlichkeit, ihre Stärken, Überzeugungen und ihre Weltsicht gewidmet sein. Solche Gespräche zu führen, stellt hohe Anforderungen an den Therapeuten. Unmerklich muss er sehr gezielte therapeutische Absichten verfolgen, Umdeutungen und kognitive Umstrukturierungen einflechten und sich allen Fallstricken der selbstdestruktiven Dynamik des Klienten entziehen, um nicht am Ende dessen Lage genauso ausweglos zu sehen wie dieser.

Die *therapeutische Grundhaltung dieser Gesprächsführung* findet sich in auffallender Parallelität bei GOETHE und bei BUBER beschrieben, nämlich den Gesprächspartner «als den zu nehmen, der er sein könnte» ([36], S. 187; [42], S. 165). Die Persönlichkeit wird von ihrer stärksten Möglichkeit her angesprochen und zum Gesprächspartner gemacht; diese stärkste Möglichkeit wird ihr fraglos unterstellt. Das trifft sich mit der therapeutischen Intention von JUNG. GUGGENBÜHL-CRAIG [20] bezeichnet diese therapeutische Haltung als ein Umkreisen des Klienten mit schöpferischen Fantasien, die ihn zur Entfaltung bringen, weil auch ein Dialog zwischen dem Unbewussten des Therapeuten und dem Unbewussten des Klienten besteht. K. H. MANDEL berichtet von der Therapie einer primären Impotenz durch das Beleben einer Heldenfantasie aus der Jugendzeit, deren sich der Klient (Mitte 40) zunächst nur geschämt hatte [51].

Von *klassischer Einzeltherapie* unterscheidet sich dieses Vorgehen durch die beziehungs-orientierte Grundhaltung des Therapeuten. Der abwesende Partner, dessen Klagen und Bedürfnisse, aber auch *dessen* stärkste Möglichkeiten sind im Therapeuten voll präsent und bestimmen sein vorsichtiges Lenken der narzisstischen Dynamik des anwesenden Partners.

Ein wichtiger Gegenstand von Einzelsitzungen sind auch *Träume*. Träume sind das authentischste und für den Klienten eindrucksvollste Bildmaterial, das er zu seiner augenblicklichen Situation erlebt und in die Therapie bringt. Es spricht unmittelbar die rechte Hemisphäre des Therapeuten, sein Gefühl, seine Fantasie an, und bringt beide in ein Gespräch, das näher an den Wurzeln der derzeitigen Störung ist als jede nur strukturelle Analyse dessen, was im System ungut läuft. Das folgende schliesst sich eng an eine Folge noch nicht veröffentlichter «Thesen zur Traumdeutung» von K. H. MANDEL an.

Ausgehend von WATZLAWICKS Grundaxiom «Wirklichkeit ist das Ergebnis von Kommunikation» [71] kann das Gespräch über Träume wirklichkeitsverändernde Kraft entfalten. Das geschieht am ehesten dann, wenn der Therapeut ganz im Bereich des Bildhaften, für den Klienten unmittelbar Evidenten bleibt und in diesem Rahmen versucht, die im Traum sich meldenden Selbstheilungskräfte (evtl. durch Umdeutung und Paradoxie) in Bewegung zu bringen.

Validierungskriterium für die «Deutung» ist dann einzig die Wirkung, der therapeutische Effekt (namentlich der Langzeiteffekt). Nur unter diesem Blickwinkel ist zu entscheiden, ob Träume «nach JUNG» oder «nach FREUD» oder «nach ADLER» zu deuten sind, ob sie als das zu nehmen sind, was sie darstellen, oder als Verschleierung oder Verschiebung bis Verkehrung des unbewusst eigentlich Intendierten. FREUDS Traumdeutung hat linkshemisphärisch digitalisierende Züge, das macht sie therapeutisch schwerfällig. JUNG dagegen bleibt im Bild und damit näher an Änderungspotentialen. Wer von beiden «recht hat» wird zur müssigen Frage angesichts des Vorrangs der therapeutischen Wirkung. Hier aber muss JUNGS Deutung auf der Subjektstufe der Vorrang gegeben werden. Das schliesst nicht aus, dass es hin und wieder sehr fruchtbar sein kann, Träume «kippen» zu lassen, d.h. gemäss dem FREUDschen Abwehrmechanismus der Verkehrung einen Traum, in dem z.B. die Frau vom Mann verlassen wird, daraufhin abzuklopfen, wieweit sie gern ihren Mann verlassen würde. Das verlangt Fingerspitzengefühl, kann aber zur entscheidenden, die Frau entlastenden Umdeutung werden, wenn sie sich bisher als überabhängig erlebt hat.

Abschliessend sei eine von K.H. MANDEL entwickelte Form des Umgangs mit Träumen in der Paarsitzung erwähnt, die wieder zum eigentlichen Gegenstand, der Partnertherapie zurücklenkt und zugleich zeigt, wie der Ansatz bei sehr individuellen, irrationalen Gegebenheiten entscheidend in die Paardynamik eingreifen kann. MANDEL verbindet hier die *Traumdeutung* auf der Subjektstufe nach JUNG mit einer *«dialogisch erweiterten Gestaltübung»*.

Er beschreibt folgendes Beispiel einer Patientin, die auf jahrelange Ehekonflikte schwer depressiv und teilweise mit Somatisierungen reagierte [48].

«Ausgehend von einem in der Sitzung imaginativ nacherlebten Wunsch-Traum über ein schönes Kleid, das sie in der Realität nicht zu kaufen wagte, bekommt sie ein ihr unangenehmes Kribbeln.
*Therapeut:* Was will das Kribbeln, was sagt es noch?
*Die Frau:* Mich stören ...
*Therapeut:* Geben Sie ihm eine Stimme, dem Kribbeln ...
*Die Frau:* ... Ja! Mich niederdrücken ... Ich möchte dich ... beherrschen, traurig ma-

chen, verzweifelt machen ... in ... Verzweiflung schicken oder in den Tod ... dass du Angst hast ...
*Therapeut:* Mhm, was sagt das Kribbeln noch?
*Die Frau:* ... Ich mache dich hässlich, dass du dich selbst nicht mehr erkennst ... als ob du fremde Arme oder Beine hättest ... es glaubt dir aber keiner, dass ich da bin, das merkst *du* nur ... und die anderen lachen dich aus ...
*Therapeut:* (zum Ehemann): Was sagt das Kleid zu Ihnen, was sagen Sie dann zu dem Kleid ... das Kleid aus dem Traum Ihrer Frau ... das spricht Sie jetzt an ...
*Der Mann:* Das Kleid könnte mich fragen ...
*Therapeut:* Es fragt Sie, es spricht jetzt mit Ihnen ...
*Der Mann:* Freust du dich auch, wolltest du mich auch haben?
*Therapeut:* Mhm, was sagt es noch zu Ihnen?
*Der Mann:* Gefällt dir deine Frau auch besser in mir ... ist es auch die Farbe, die du magst ... möchtest du mich öfters sehen ... an deiner Frau ... werdet ihr mit mir ausgehen ... oder - bleibe ich ... jahrelang oder monatelang im Schrank ...
*Therapeut:* Mhm ...
*Der Mann:* Ich antworte dem Kleid ...
*Der Therapeut:* Mhm ...
*Der Mann:* Ich habe dich doch schon immer gewünscht, ebenso wie meine Frau, genau die Farbe, genau den Schnitt ... so, wie du bist ...
*Therapeut:* Mhm ... was sagt das Kribbeln, was sagt das vielleicht zu Ihnen, wenn Sie dem mal Ihre Stimme geben?
*Der Mann:* Das Kribbeln könnte sagen: Merkst du gar nicht, dass ich deine Frau überfahren habe ... siehst du, wie ich sie stören kann ... siehst du, welche Angst sie bekommt ... ich sag zum Kribbeln: ich hab dich tatsächlich nicht gemerkt ... geh weg, stör uns beide nicht ... lass sie in Ruh ... ich möchte gegen dich was tun ... dass du nicht störst ... dass du fort bist ... dass du meiner Frau keine Angst einjagst ...

Seit dieser (fünften) Sitzung, die den Mann augenscheinlich recht berührt hat, war von seiner Seite eine unverkrampfte und beständige Zuwendung zu spüren, die zuvor trotz (oder wegen?) aller Leiden und Klagen seiner Frau nicht erfolgt war. Er erwies sich seit dieser Stunde motiviert, selbst an der konkreten Ausgestaltung der Familienbeziehungen zu arbeiten.

Selbstverständlich wurde nicht über jene Sitzung und ihre Folgen gesprochen. Wie so oft wäre wohl auch hier «Bewusstmachung» insofern problemerzeugend geworden, als sie wahrscheinlich zu einer «sei-spontan-Paradoxie» (WATZLAWICK) geführt und auf diese Weise einen alten Teufelskreis zwischen den Partnern verstärkt hätte.»

Freilich muss eingeräumt werden, dass dies nur gelingen konnte auf dem Hintergrund genauer Kenntnis der systemtheoretischen und tiefenpsychologischen Gesetzmässigkeiten. Der Rekurs auf das Individuum darf nicht hinter systemisches Denken zurückfallen, er muss darüber hinaus führen. MANDEL bemerkt kommentierend zu dem oben zitierten Auszug:

«In der eigentlichen Phase des Zwiegesprächs wird der Therapeut sorgfältiger darauf achten müssen, dass diese symbolische Gesprächsebene nicht dazu missbraucht wird, dem anderen durch die Blume endlich Bescheid zu sagen und ihn unter Druck zu setzen. Gesteuert werden kann dies, wenn der Therapeut im Konzert der Gegenregungen nicht versäumt, rechtzeitig den gleichgewichtserhaltenden Stimmen ihre Einsätze zu geben, ohne aufkeimende Veränderungsmöglichkeiten zu beschneiden. Das erfordert sehr viel Erfahrung. Es ist ein schwieriges Handwerk, das nur teilweise im üblichen Sinne gelehrt werden kann. Das wirkungsvollste Hilfsmittel hierzu scheint uns immer noch eine subtile (dadurch Projektionen mildernde) Wahrnehmung der eigenen Gegenübertragungsgefühle. Denn in ihnen spiegelt sich unsere gesamte soziale Wahrnehmung. Wir können an unseren Patienten nichts erfassen ohne Niederschlag in eigenen Gefühlsregungen. Diese dann in eine hilfreiche Intervention umzumünzen, ist allerdings noch ein eigener und sehr schwieriger Schritt» ([48], S.110f.).

## 5. Ausblick

Die Praxis des integrativen Ansatzes der Kommunikationstherapie ist weiter gediehen als es hier darstellbar ist. Namentlich die theoretischen Überlegungen und praktischen Vorgehensweisen zu einer Integration des JUNGschen Ansatzes mit der Systemtheorie und mit gestalttherapeutischen Techniken befinden sich noch im Anfangsstadium und sollen einer künftigen Veröffentlichung vorbehalten bleiben.

## Literatur

Das Literaturverzeichnis ist im Hinblick auf Veröffentlichungen der letzten Jahre unvollständig. Titel, die nicht unmittelbar den in Artikel genannten «Trends» zugeordnet werden können, bleiben unerwähnt. Das betrifft eine Menge sehr anregender und weiterführender Veröffentlichungen.

[1] ANSBACHER, H.L., ANSBACHER, R.R. (Hrsg.) Alfred Adlers Individualpsychologie. Eine systematische Darstellung seiner Lehre in Auszügen aus seinen Schriften. München: Reinhardt, 1972.
[2] BANDLER, R., GRINDER, J. Pattern of the hypnotic techniques of Milton Erickson, Vol I. Cupertino (USA): Meta-Publishers, 1975.
[3] BANDURA, A. Lernen am Modell. Ansätze zu einer sozialkognitiven Lerntheorie. Stuttgart: Klett, 1976.
[4] BATESON, G., JACKSON, D.D., HALEY, J., WEAKLAND, J.W. Auf dem Weg zu einer Schizophrenie-Theorie. In J.Habermas, D.Henrich, J.Taubers (Eds.), Schizophrenie und Familie. Frankfurt: Suhrkamp, 1969.
[5] BAUMANN, E., JUGHARD-POHL, V., BASTINE, R. Auswirkungen eines verhaltenstherapeutischen Kommunikationstrainings auf Partnerschaften. Partnerberatung 1978, 15, 10–24.
[6] BERLIN, J. Das offene Gespräch. München: Pfeiffer, 1975.
[7] BOSZORMENYI-NAGY, I., FRAMO, J.C. (Eds.) Intensive family therapy. New York: Harper & Row, 1965.
[8] BOSZORMENYI-NAGY, I. Loyalty implications of the transference model in psychotherapy. Archives of General Psychiatry, 1972, 27, 374–380.
[9] DICKS, H.V. Marital tensions. Clinical studies towards a psychological theory of interaction. New York: Basic Books, 1967.
[10] DIMOND, St. The double brain. Baltimore: Williams & Wilkins, 1972.
[11] DREIKURS, R. Grundbegriffe der Individualpsychologie. Stuttgart: Klett, 1969.

[12] DREIKURS, R., GOULD, S., CORSINI, R.J. Familienrat. Der Weg zu einem glücklicheren Zusammenleben von Eltern und Kindern. Stuttgart: Klett, 1977.
[13] ERICKSON, M.H., ROSSI, E.L., ROSSI, S.L. Hypnose. Induktion – psychotherapeutische Anwendung – Beispiele. München: Pfeiffer, 1978.
[14] FISCHALECK, F. Streiten lernen. Partnerberatung, 1976, 13, 30–39.
[15] FISCHALECK, F. Faires Streiten in der Ehe. Freiburg: Herder, 1977.
[16] FREUD, S. Das Unbewusste (1915). In S.Freud Psychologie des Unbewussten. Frankfurt: S.Fischer Verlag, 1969 (Bd.III).
[17] FRÖR, H. Konflikt-Regelung. Kybernetische Skizzen zur Lebensberatung. München: Chr.Kaiser, 1976.
[18] GRAWE, K., FEDROWITZ, A., LIPINSKI, D. Die «indirekte» Behandlung psychiatrischer Patienten. Auswirkungen eines verhaltenstherapeutischen Kommunikationstrainings in Gruppen. Partnerberatung, 1976, 13, 3–15.
[19] GRAWE, S. Ehepaartherapie in Gruppen mit Eltern von verhaltensgestörten Kindern. Partnerberatung, 1976, 13, 57–70.
[20] GUGGENBÜHL-CRAIG, A. Macht als Gefahr beim Helfer. Basel: S.Karger, $1975^2$.
[21] GUGGENBÜHL-CRAIG, A. Die Ehe ist tot – lang lebe die Ehe. Zürich: C.G.Jung-Institut, 1976.
[22] HALEY, J. Uncommon therapy. The psychiatric techniques of Milton H.Erickson. New York: Norton & Comp.Inc., 1973. Deutsch: Die Psychotherapie Milton H.Ericksons. München: Pfeiffer, 1978.
[23] HALEY, J. Direktive Familientherapie. Strategien für die Lösung von Problemen. München: Pfeiffer, 1977.
[24] HENSELER, H. Narzisstische Krisen. Reinbeck: Rowohlt, 1974.
[25] JAEGGI, E. Die Sprache der Unterschicht in der Psychotherapie. Partnerberatung, 1977, 14, 59–72.
[26] JUNG, C.G. Psychologische Typen. Ges.Werke VI. Zürich: Rascher 1960.
[27] KINSBOURNE, M., SMITH, W. Hemispheric disconnection and cerebral function. Springfield: Charles C. Thomas, 1974.
[28] KOENIG-KUSKE, J. Paradoxe Interventionen bei einer schizoiddepressiven Partnerbeziehung. Partnerberatung, 1977, 14, 122–124.
[29] KOENIG-KUSKE, J. Möglichkeiten und Grenzen von Eheberatungsinstitutionen. Fortschritte der Medizin, 1979 (im Druck).
[30] KOHUT, H. Narzissmus. Eine Theorie der psychoanalytischen Behandlung narzisstischer Persönlichkeitsstörungen. Frankfurt/Main: Suhrkamp, 1973.
[31] KUHN, T.S. Die Struktur wissenschaftlicher Revolutionen. Frankfurt: Suhrkamp, 1976.
[32] LAING, R.D. Das Selbst und die Anderen. Köln: Kiepenheuer & Witsch, 1973.
[33] LUTHMAN, S.G., KIRSCHENBAUM, M. Familiensysteme. Wachstum und Störungen. Einführung in die Familientherapie. München: Pfeiffer, 1977.
[34] MAHONEY, M.J. Kognitive Verhaltenstherapie. Neue Entwicklungen und Integrationsschritte. München: Pfeiffer, 1977.
[35] MAHONEY, M.J. Tendenzwende in der Verhaltenstherapie. Psychologie Heute, 1978, 5.Jg., Heft 6, 67–74.
[36] MANDEL, A., MANDEL, K.H., STADTER, E., ZIMMER, D. Einübung in Partnerschaft durch Kommunikationstherapie und Verhaltenstherapie. München: Pfeiffer, 1971.
[37] MANDEL, A. Zur Funktion biographischer Analysen bei der Lösung aktueller Partnerkonflikte. Partnerberatung, 1976, 13, 44–48.
[38] MANDEL, A. Zur Problematik «gleichberechtigten» Verhaltens. Partnerberatung 1976, 13, 160–161.

[39] MANDEL, A. Utopische Eheziele als Bedingung chronischer Konflikte. Partnerberatung, 1976, 13, 172-174.
[40] MANDEL, A. Familientherapeutischer Einstieg in der Partnertherapie. Partnerberatung, 1977, 14, 25-28.
[41] MANDEL, A. Gegenübertragunsprobleme und Therapieansätze in der Konfrontation mit akuten Ehekrisen. Partnerberatung, 1978, 15, 76-82.
[42] MANDEL, K.H., MANDEL, A., ROSENTHAL, H. Einübung der Liebesfähigkeit. Praxis der Kommunikationstherapie für Paare. München: Pfeiffer, 1975.
[43] MANDEL, K.H. Integrative Psychotherapie bei einem Paar mit funktionellen Sexualstörungen. Partnerberatung, 1976, 13, 49-53.
[44] MANDEL, K.H. Therapeutische Doppelbindung bei zwanghafter Entscheidungsscheu. Partnerberatung, 1976, 13, 162-164.
[45] MANDEL, K.H. Kommunikationstherapeutische Intervention bei hysterischen Klagen über den Partner. Partnerberatung, 1976, 13, 164-165.
[46] MANDEL, K.H. Paradoxe Motivierung zur Selbstregulation eines Perfektionisten. Partnerberatung, 1976, 13, 165.
[47] MANDEL, K.H. Die Zweierbeziehung. Zu einem neuen Buch von Jürg Willi. Partnerberatung, 1976, 13, 166-167.
[48] MANDEL, K.H. Eine dialogische Gestaltübung für die Paartherapie. Partnerberatung, 1977, 14, 109-111.
[49] MANDEL, K.H. Den Teufel an die Wand malen – eine Form der Symptomverschreibung. Partnerberatung, 1978, 15, 82-83.
[50] MANDEL, K.H. «Stellvertretender psychodynamischer Dialog» als eine Form familientherapeutischen Gesprächs. Partnerberatung, 1978, 15, 86-90
[51] MANDEL, K.H. Sexualtherapie durch Beeinflussung des Selbstwert- und des Beziehungsgefühls. Sexualmedizin, 1978, 7, 815-821; und: Partnerberatung 1978, 15, 183-189.
[52] MENTZOS, S. Interpersonale und institutionalisierte Abwehr. Frankfurt/Main: Suhrkamp 1976.
[53] MINUCHIN, S. Familie und Familientherapie. Freiburg: Lambertus, 1977.
[54] PAVEL, F.G. Die klientenzentrierte Psychotherapie. Eine Einführung in die theoretische und praktische Entwicklung, sowie in die Anwendungsbereiche der klientenzentrierten Psychotherapie. München: Pfeiffer, 1978.
[55] PREUSS, H.G. Ehepartherapie. Beitrag zu einer psychoanalytischen Partnertherapie in der Gruppe. München: Kindler, 1973.
[56] RICHTER, H.E. Patient Familie. Entstehung, Struktur und Therapie von Konflikten in Ehe und Familie. Reinbek: Rowohlt, 1972.
[57] RICHTER, H.E., STROTZKA, H., WILLI, J. (Hrsg.) Familie und seelische Krankheit. Eine neue Perspektive der psychologischen Medizin und der Sozialtherapie. Reinbek: Rowohlt, 1976.
[58] RIEMANN, F. Grundformen der Angst. Eine tiefenpsychologische Studie. München: E. Reinhardt, 1975[10].
[59] RIEMANN, F. Grundformen helfender Partnerschaft. Ausgewählte Aufsätze. München: Pfeiffer, 1974.
[60] ROGERS, C.R. Partnerschule. Zusammenleben will gelernt sein – das offene Gespräche mit Paaren und Ehepaaren. München: Kindler, 1975.
[61] SATIR, V. Familienbehandlung. Kommunikation und Beziehung in Theorie, Erleben und Therapie. Freiburg: Lambertus, 1973.
[62] SATIR, V. Selbstwert und Kommunikation. Familientherapie für Berater und zur Selbsthilfe. München: Pfeiffer, 1975.

[63] SCHMIDBAUER, W. Die hilflosen Helfer. Über die seelische Problematik der helfenden Berufe. Reinbek: Rowohlt, 1977.
[64] SCHULTE, D. Ein Schema für Diagnose und Therapieplanung in der Verhaltenstherapie. In D. Schulte (Hrsg.), Diagnostik in der Verhaltenstherapie. München: Urban und Schwarzenberg, 1974.
[65] SELVINI PALAZZOLI, M., BOSCOLO, M., CECCHIN, G., PRATA, G. Paradoxon und Gegenparadoxon. Ein neues Therapiemodell für die Familie mit schizophrener Störung. Stuttgart: Klett, 1977.
[66] SPERRY, R.W. Hemispheric disconnection and unity in conscious awareness. American Psychologist, 1968, 23, 723–33.
[67] STIERLIN, H. Eltern und Kinder. Das Drama von Trennung und Versöhnung im Jugendalter. Frankfurt: Suhrkamp, $1977^2$.
[68] STIERLIN, H. Von der Psychoanalyse zur Familientherapie. Stuttgart: Klett, 1975.
[69] WATZLAWICK, P., BEAVIN, H.B., JACKSON, D.D. Menschliche Kommunikation. Formen, Störungen, Paradoxien. Bern: Huber, 1969.
[70] WATZLAWICK, P., WEAKLAND, H.H., FISCH, R. Lösungen. Zur Theorie und Praxis menschlichen Wandels. Bern: Huber, 1974.
[71] WATZLAWICK, P. Wie wirklich ist die Wirklichkeit? Wahn – Täuschung – Verstehen. München: Piper, 1976.
[72] WATZLAWICK, P. Die Möglichkeit des Andersseins. Zur Technik der therapeutischen Kommunikation. Bern: Huber, 1977.
[73] WILLI, J. Die Zweierbeziehung. Spannungsursachen – Störungsmuster – Klärungsprozesse – Lösungsmodelle. Reinbek: Rowohlt, 1975.
[73a] WILLI, J. Therapie der Zweierbeziehung. Analytisch orientierte Paartherapie – Anwendung des Kollusions-Konzeptes – Handhabung der therapeutischen Dreiecksbeziehung. Reinbek: Rowohlt, 1978.
[74] WHITEHEAD, A.N., RUSSELL, B. Principia mathematica. Cambridge, 1940.
[75] ZIMMER, D. Beschreibung und erste empirische Überprüfung eines Kommunikationstrainings für Paare. Mitteilungen der Deutschen Gesellschaft für Verhaltenstherapie 1977, 9, 566–577.
[76] ZIMMER, D. Kommunikationstherapeutische Formen der Therapeut-Klient-Beziehung in der Verhaltenstherapie. Partnerberatung, 1978, 15, 1–10.

# E. Klinische Gruppen

# VI. Psychologische Aspekte des Alkoholismus

I. DEMEL

## 1. Problemstellung

Für den Alkoholismus wird allgemein eine multifaktorielle Genese angenommen: neben anthropologischen, sozialen, biochemischen, genetischen, psychiatrischen und anderen medizinischen Faktoren werden sowohl für die Entstehung als auch für die Aufrechterhaltung des Suchtmechanismus in hohem Ausmass psychologische Faktoren verantwortlich gemacht. Die zahlreichen psychologischen Untersuchungsergebnisse der letzten Jahre haben zur differenzierteren Betrachtung des Phänomens «Alkoholismus» beigetragen. Untersuchungen über die Leistungsbeeinträchtigung Alkoholkranker und deren Restitution, die Gliederung in verschiedene Verlaufsformen, die Diskussion um die Aufrechterhaltung des Suchtmechanismus durch lerntheoretisch erklärbare Mechanismen, die auch die familiäre Interaktion betreffen, und die zunehmenden Versuche, Alkoholiker in möglichst frühen Stadien zu erfassen, haben dazu geführt, das Phänomen «Alkoholismus» unter neuen Gesichtspunkten zu sehen.

Diese Erfassung des Problems aus verschiedenen Perspektiven hat nicht nur wissenschaftliche Bedeutung, sondern auch mannigfache praktisch-therapeutische Konsequenzen. Eine differenziertere Betrachtungsweise könnte zu einer spezifischeren Behandlungsindikation und damit zu besseren Behandlungserfolgen führen.

## 2. Theorien zur Entstehung und Definition des Alkoholismus

### 2.1 Krankheitsbegriff

Der psychiatrische Krankheitsbegriff des Alkoholismus (Alkoholkrankheit) wurde 1942 von JELLINEK [54] beschrieben. Es handelt sich nach dem WHO-Report 1969 [118] um einen Zustand, der psychische und manchmal auch physische Faktoren beinhaltet und aus einer Interaktion zwischen einem lebenden Organismus und der Droge Alkohol resultiert, charakterisiert durch Verhaltensänderungen und andere Folgeerscheinungen, immer verbunden mit dem Zwang, die Droge kontinuierlich oder periodisch einzunehmen, um ihren Effekt zu erfahren bzw. manchmal, um das Missbehagen ihres Fehlens zu vermeiden. Eine Toleranz kann, muss sich aber nicht entwickeln.

Die zugrundeliegende Annahme ist, dass es sich um eine krankhafte Interaktion zwischen einer Person und dem Suchtmittel Alkohol mit prozesshaftem Fortschreiten handelt. Alkohol gewinnt zunehmend für den Betroffenen eine zentrale Bedeutung, wird also vorrangig. Im späteren Stadium mündet der Prozess in den «chronischen Alkoholismus», einen Zustand, der wegen der vielfachen Schädigungsmuster durch die chronische Intoxikation vorzüglich medizinisch definiert werden kann. Wie bei allen anderen Abhängigkeitstypen ist die Abhängigkeit von Alkohol anfangs immer eine rein psychische und erst zu einem – entsprechend den verschiedenen Alkoholismusformen – viel späteren Zeitpunkt gesellt sich eine physische hinzu.

## 2.2 Psychologische Theorien zur Entstehung des Alkoholismus

### 2.2.1 Das psychoanalytische Modell

Die lebensgeschichtliche Entwicklung von frühester Kindheit an mit allen die Persönlichkeit und ihre Reaktionsweisen formenden und prägenden Einflüssen und Konflikten scheint eine wesentliche Voraussetzung für die Entstehung süchtigen Verhaltens zu sein.

Psychoanalytische Theorien über die Suchtstrukturen stammen vorwiegend aus den 30er und 40er Jahren.

Bei der Betrachtung des Suchtproblems geht die Psychoanalyse von der Überlegung aus, dass die Ursache süchtigen Verhaltens in der prämorbiden Persönlichkeit zu suchen sei.

Aufgrund mangelhafter Objektbeziehungen und Frustrationen in der Kindheit entwickelt der spätere Alkoholiker eine abhängig-depressive Charakterstruktur mit infantilen Fixierungen in verschiedenen Erlebnisbereichen, von denen der orale und der homosexuelle am häufigsten akzentuiert werden.

Während sich die frühen analytischen Theoretiker mehr mit dem regressiven Wunscherfüllungs- und Lustcharakter der Sucht beschäftigten und die unbewussten Phantasien herausgearbeitet haben, hat sich die moderne psychoanalytische Forschung, parallel zur Entwicklung der Ich-Psychologie, vor allem den Persönlichkeitsdefekten der Süchtigen in der Ich-Struktur und der damit verbundenen Abwehrorganisation zugewandt. Die Einnahme von Suchtmitteln wird als ein missglückter Selbsttherapieversuch aufgefasst, der aufgrund einer gespürten oder geahnten Gefahr einer durch die Ich-Defekte bewirkten Selbstdesintegration notwendig wurde [73].

Übereinstimmung besteht auch darin, dass sich unter Alkoholikern die verschiedenartigsten Persönlichkeitstypen finden. Sucht leitet sich nicht aus der Fixierung in einer bestimmten Entwicklungsphase her, sondern die Störung kann in jeder Phase auftreten, was zu einem jeweils anderen Bild der Abhängigkeit führt [9].

Die Psychoanalyse misst individuellen Faktoren der gestörten frühkindlichen Beziehungen eine grössere kausale Bedeutung bei als kulturellen und sozialen Faktoren. Gesellschaftliche Bedingungen werden allenfalls als Auslösermechanismus angesehen. Soziale und gruppendynamische Probleme können die individuelle Pathodynamik potenzieren, die selbst jedoch nach analytischer Auffasung die Grundlage der Sucht darstellt.

Dabei dürfte der Mensch in Lebensabschnitten mit Tendenzen zu physiologischer Desintegration und erhöhter Unlustspannung, wie z.B. in der Pubertät, zur Einnahme von scheinbar helfenden Substanzen besonders neigen. Die moderne psychoanalytische Ansicht stellt also nicht so sehr die Befriedigung durch das Suchtmittel in den Vordergrund, sondern die Herabsetzung der unerträglichen inneren Spannung [73]. Hierin besteht eine Parallelität zum lerntheoretischen Erklärungssystem des Alkoholismus.

### 2.2.2 Lerntheoretisches Konzept

Während das medizinische und das psychoanalytische Konzept des Alkoholismus auch hypothetische kausale Faktoren berücksichtigt, stützt sich die Betrachtung des Alkoholismus aus lerntheoretischer Sicht auf ein deskriptives Modell (im Vordergrund stehen die Funktionalität des Alkohols [69] sowie Beobachtungen des Verhaltens und dessen Konsequenzen).

Suchtmittelgebrauch wird unter anderem als Anpassungs- bzw. Bewältigungsmechanismus zur Reduktion verschiedenartigster Spannungen verstanden (Spannungsreduktionshypothese [32, 20]). Zur Lebenssituation jedes Individuums gehört das Reagieren auf «Appetenz-Aversionskonflikte», die emotional mit Angst und Furcht besetzt sind. Alkohol wirkt hemmend auf das Zentralnervensystem [40], dadurch reduziert er Vermeidungsverhalten [107]; Alkoholtrinken vermag ängstliche Verhaltensweisen abzubauen [44], wodurch zeitweilig aversiv erlebte Affekte reduziert und Konflikte scheinbar momentan gelöst werden [38]. Zudem verbessert Alkohol die Stimmung, wenn auch bei Alkoholikern nicht in dem Mass wie bei Nichtalkoholikern [78, 79].

Alkoholtrinken ist also ein Verhaltensmuster, das Störungen in der psychischen Homöostase [59] reduzieren kann. Dieses Verhaltensmuster soll die Dominanz in der Reaktionshierarchie erreichen können, d.h. dass alle Spannungen mit Alkohol reduziert werden.

Auf Basis dieser Spannungsreduktionshypothese in Verbindung mit Appetenz-Aversionskonflikten kann ein differenziertes verhaltenstheoretisches Modell des Alkoholmissbrauchs entworfen werden. Alkoholabhängige trinken in bestimmten individuell unterschiedlichen Situationen Alkohol, wobei sich die drei wesentlichsten folgendermassen beschreiben lassen:

1) die aversive Situation wird beseitigt,
2) Genuss von Alkohol lässt angenehme Erlebnisse und Gefühle auftreten,
3) Abstinenzerscheinungen werden bekämpft.

Die Lerntheorie fragt – in deutlicher Abhebung zur Psychoanalyse – nicht danach, wie die Persönlichkeit aussieht, die Alkoholiker wird, sondern danach, welche Verstärkerwirkung der Alkohol für dieses Individuum hat = funktionales Modell der Alkoholabhängigkeit [2, 38, 69].

Alkoholismus wird als eine chronische Verhaltensstörung angesehen, die sich durch wiederholtes Trinken alkoholischer Getränke über die Nahrungs- und Sozialgebräuche der Gesellschaft hinaus in einem Ausmass manifestiert, das die Gesundheit des Konsumenten oder sein soziales oder ökonomisches Verhalten beeinträchtigt ([44] S.13). Zwischen Alkoholismus und normalem Trinken wird dabei nicht scharf differenziert: beide gelten als erlernte Verhaltensweisen.

Wenn auch Alkohol Angst und Spannungen reduzieren kann, und zwar unmittelbar, so erzeugt chronischer Alkoholmissbrauch durch seine körperlichen, psychischen und sozialen Konsequenzen wiederum Angst und Spannung. Das heisst, das Trinken von Alkohol ermöglicht nicht nur das Herbeiführen belohnender Verhaltenskonsequenzen, sondern schafft auch die auslösenden Situationen für den Alkoholkonsum, wobei immer mehr Umgebungsreize an Bedeutung gewinnen [68]. Da die Angstreduktion jedoch dem Trinken meist unmittelbar nachfolgt, ist die positive Wirkung des Alkohols wesentlich stärker als die abschreckende Wirkung drohender, aber eben erst spät einsetzender Bestrafung z.B. in Form von sozialem Abstieg, Verlust des Arbeitsplatzes, von sozialem Kontakt usw. [29, 38].

CAPPELL und Mitarbeiter kritisieren, dass sich die Lernpsychologie allzu einseitig auf die Bedeutung der «Spannungsreduktion» verlassen habe [13, 14]. Die Autoren unterzogen die zu diesem Thema erschienene Literatur einer Analyse und subsummierten dabei Konstrukte wie Furcht, Angst und Frustration dem allgemeinen Begriff Spannung. Hätte die spannungsreduzierende Wirkung des Alkohols in der Vielzahl der dazu durchgeführten Untersuchungen konstant Bestätigung erfahren, wäre sie uneingeschränkt anzunehmen, was aber nicht der Fall sei: bei Konflikten und experimentellen Neurosen erfahre sie eine bemerkenswert gute Bestätigung, in allen anderen Bereichen seien negative, mehrdeutige oder sogar widersprüchliche Ergebnisse die Regel, wenn nicht sogar überwiegend.

Die bisherige, fast ausschliessliche Konzentration der lernpsychologisch orientierten Forschung auf diesen einen alkoholischen Verstärker hat die Suche nach anderen möglichen Verstärkern (z.B. *soziale* [85]) unterdrückt [13, 53].

## 2.3 Sozialpsychologische Aspekte

Soziologische Theorien über die Alkoholismusgenese orientieren sich an Trinksitten und Trinknormen, d.h. an soziokulturell gegebenen Einstellungen und Verhaltensweisen zum Gebrauch von Alkohol sowie an gesellschaftlichen Sanktionen für akzeptiertes und nicht-akzeptiertes Trinken. Eine klare Trennung zwischen «normalem» und «pathologischem» Trinkverhalten erfolgt dabei meist nicht.

Das Alkoholkonsumverhalten und die Einstellung zum Alkohol variieren nicht nur von Population zu Population, sie unterliegen auch epochalen Einflüssen und hängen davon ab, ob das Suchtmittel leicht oder schwer verfügbar ist (vgl. Alkoholismus in Weinanbaugebieten, siehe Kapitel 3.1).

*Macht-Theorie von* McCLELLAND: Einen Übergang von der psychodynamischen zur sozialpsychologischen Theorie in der Erklärung des Alkoholismus stellt die Machttheorie von McCLELLAND [80] dar. Nach dieser Theorie verlangt die Gesellschaft von ihren Mitgliedern Durchsetzung und Selbstbehauptung, frustriert sie aber gleichzeitig, weil wenig institutionalisierte Mechanismen zur Verfügung stehen, mit Hilfe derer Durchsetzungsverhalten in dauerndes Prestige konsolidiert werden kann. Dies ruft dann Gefühle der Unfähigkeit hervor, die durch Alkohol kompensiert werden. Hauptmotiv für den Alkoholkonsum bei Männern sei demnach die Hebung des Selbstwertgefühls [15] und der Wunsch nach persönlicher Macht.

*Kulturelle, soziale und soziologische Untersuchungsansätze:* Diese Theorien stützen sich in erster Linie auf epidemiologische Untersuchungen, die auf die grossen Differenzen in der Verbreitung des Alkoholkonsums bzw. des Alkoholismus hinweisen. Dabei nehmen die kulturellen, religiösen, rituellen und ethnischen Faktoren in Zusammenhang mit Alkoholkonsum breiten Raum ein [2, 10, 49].

Die unterschiedliche Einstellung der Bevölkerung gegenüber dem Alkoholkonsum soll bedingen, dass in verschiedenen Kulturkreisen für Personengruppen mit unterschiedlichem Schweregrad der Persönlichkeitsstörung der Alkohol zum Problem wird.

Während sich diese Untersuchungen mehr mit der Makrostruktur der Gesellschaft beschäftigen, zeigen die soziologischen Ansätze Bedingungen und Wechselwirkungen in der Mikrostruktur auf. Sie unterstreichen die Bedeutung der sozialen Attitüden, der Rollenerwartungen, der Normen und Bezugssysteme in der Ätiologie des Alkoholismus.

Dabei nimmt die Theorie des «abweichenden Verhaltens» einen zentralen Platz ein: diese Theorie legt dar, dass jedes von der jeweiligen gesellschaftlichen Norm abweichende Verhalten einen Prozess in Gang setzt, der versucht, das Individuum über das Sozialfeld und dessen Institutionen (Familie, Arzt, Polizei usw.) zum Normalverhalten zurückzubringen. Dieser Ansatz scheint beim Problem des Alkoholismus eine besondere Bedeutung zu besitzen, da in Theorie und Praxis immer häufiger auf die soziale Labilität und die Anpassungsproblematik im sozialen Umfeld hingewiesen wird (d. h. es gelingt Alkoholikern oft nicht, ihre primären sozialen Rollen in Familie und Beruf zu erfüllen).

*Milieubedingungen:* Das Entstehen und die Aufrechterhaltung einer Abhängigkeit sollte immer unter dem Aspekt der Interaktion des Abhängigen mit der Familie und anderen Gruppen betrachtet werden.

Neuere Ergebnisse der Familienforschung bei Alkoholikern stellen den Alkoholismus des Betroffenen als Resultat von Interaktionen zwischen den Familienmitgliedern dar, wobei bestimmte süchtige Verhaltensweisen die Homöostase innerhalb der Gruppe aufrechterhalten sollen [12]. Dadurch wird der Alkoholismus wegen seiner anfänglich stabilisierenden Funktion laufend verstärkt, indem die Reaktion des Partners auf den Alkoholabhängigen dessen Trinkverhalten intensiviert oder erneut hervorruft.

Mit diesem Problemkreis verbunden scheint auch die deutliche familiäre Belastung bei Alkoholikern zu sein. So liegt in verschiedenen Untersuchungen die Häufigkeit von Alkoholismus unter den Vätern, Brüdern und Söhnen von Alkoholikern zwischen 20 und 50%, unter den Müttern und Schwestern zwischen 2 und 8%. Sie beträgt aber insgesamt ein Vielfaches der Häufigkeit in der Gesamtbevölkerung. Vergleicht man die familiäre Belastung mit dem durchschnittlichen Vorkommen in der Ausgangspopulation, so zeigt sich bei den Brüdern und Vätern eine 6- bis 8fache Erhöhung, bei den Schwestern und Müttern sogar eine 9- bis 20fache [120]. Weibliche Blutsverwandte sind anscheinend noch stärker mit Alkoholismus belastet als die männlichen.

Neben der hohen Anzahl von Alkoholikern unter Blutsverwandten [115] zeigt sich bei Alkoholikerinnen eine starke hereditäre Belastung mit abnormen Persönlichkeiten und psychischen Krankheiten [11,111], sowie ein hoher Anteil von Alkoholikern unter den Partnern [97].

Nach WINOKUR und Mitarbeitern [116] haben Verwandte von männlichen Alkoholikern ein höheres Erkrankungsrisiko für Alkoholismus, Verwandte von weiblichen Alkoholikern ein höheres Erkrankungsrisiko für affektive Störungen. FEUERLEIN zieht daraus den Schluss, dass die «dem Alkoholismus zugrundeliegende familiäre Krankheit» bei Frauen als depressive Störung, bei Männern jedoch als Alkoholismus in Erscheinung träte ([40] S. 30). Das Vorherrschen der depressiven Grundstruktur bei Alkoholikerinnen ist auch experimentell zu fassen [25,28].

### 2.4 Die angeborene psychische und physische Disposition

Beim Phänomen der Abhängigkeit scheinen Anlage und Umwelt ineinander zu greifen. Die Bedeutung der Umwelt ist unbestritten, Verführung und Modeströmungen spielen eine wichtige Rolle. Neben der Verfügbarkeit, die allein zur Erklärung der Entstehung süchtigen Verhaltens nicht ausreicht, muss es offenbar auch Faktoren geben, die im Individuum selbst liegen und es zur Sucht disponieren. Sie können psychisch oder körperlich sein, wobei anzunehmen ist, dass zumindest einige erblich sind [120].

Wenn auch viele Erkenntnisse der lerntheoretischen Forschung gegen eine angeborene physische und psychische Disposition sprechen, und auch die Untersuchungen zur «Alkoholikerpersönlichkeit» keine eindeutigen Resultate brachten (siehe Kapitel 4.2.1), so ist die Tatsache nicht zu leugnen, dass sich unter Blutsverwandten Süchtiger signifikant häufiger auffällige Persönlichkeiten und ein deutlich höherer Prozentsatz an Suchtfällen findet (siehe Kapitel 2.3). Ebenso ist die Tendenz zu bestimmten Krankheitszuständen und abnormen Reaktionsweisen (emotionale und vegetative Labilität, Neigung zu Verstimmungszuständen usw.) ein Phänomen, das fast alle Süchtigen aufweisen. Zweifelsohne können für die hohe familiäre Belastung Lerngesetzmässigkeiten wie Modellernen und Imitation [15] als Erklärung herangezogen werden. Auch die Tatsache, dass es kaum Untersuchungen an Personen gibt, die erfasst wurden, bevor sie süchtig waren (siehe Kapitel 4.2.2), bekräftigt den Einwand, dass emotionale und vegetative Labilität und Verstimmungszustände durch die Sucht verursachte und nicht angeborene Symptome sind. Zwillingsuntersuchungen sprechen für die Beteiligung von Erbfaktoren. Eineiige Zwillinge sind zu 33-54% für Alkoholmissbrauch konkordant - d.h. beide sind Alkoholiker -, die zweieiigen nur zu 18-31% [120]. Ebenso legen Adoptionsstudien das Vorhandensein einer erblichen Komponente bei der Entstehung des Alkoholismus nahe. Die Söhne von Alkoholikern, die in frühester Kindheit von fremden Familien adoptiert worden waren, verfielen später dem Alkoholismus viermal häufiger als Adoptivkinder, die von nichttrinkenden biologischen Eltern abstammten; sie wurden ebenso oft Alkoholiker wie die Alkoholikersöhne, die zu Hause bei ihren trinkenden Eltern aufgewachsen waren. In Alkoholikerfamilien mit Stiefkindern erkrankten die leiblichen Kinder der Alkoholiker häufiger an Alkoholismus als die angeheirateten [120].

Zu erwähnen ist in diesem Zusammenhang auch das durch Alkoholismus der Mutter bei 30-50% der Nachkommen bedingte embryofetale Alkoholsyndrom [8,76], das durch eine hohe Zahl von Fehl- und Totgeburten, Missbildungen (Gesichtsdysmorphien, intrauteriner und postnataler Zwergwuchs, Herzfehler, Anomalien der Gelenke, der Genitalien und Handfurchen), Minderbegabung und Entwicklungsstörungen charakterisiert ist. Nach derzeitigem Wissensstand handelt es sich jedoch um eine intrauterin erworbene und nicht genetisch bedingte Störung.

Auf der Suche nach genetischen Markierungen, die überzufällig mit Alkoholismus gepaart vorkommen, stiess man u.a. auch auf Farbwahrnehmungsstörungen [120]. Welche genetischen Schlussfolgerungen diese Assoziationen erlauben, bleibt allerdings vorläufig noch eine offene Frage.

Zusammenfassend ist festzustellen, dass mit einer hohen Wahrscheinlichkeit hereditäre Faktoren bei der Entstehung des Alkoholismus eine Rolle spielen, wenn auch nicht in dem engen Sinne, dass die Krankheit selbst vererbt wird. Anzunehmen ist, dass disponierende Persönlichkeitsvarianten und/oder Stoffwechselbesonderheiten vererbt werden, die dann in Verbindung mit der frühkindlichen Umgebung (Trinkermilieu) und kulturellen Einflüssen zur Ausformung des Trinkmusters führen [121].

# 3. Verlaufsformen des Alkoholismus und Konsumverhalten

## 3.1 Verlaufsformen des Alkoholismus

Aus einer sorgfältigen Analyse eines Fragebogens der Anonymen Alkoholiker hat JELLINEK Phasen des Alkoholismus beschrieben und die bis heute gültige Typeneinteilung der Alkoholiker getroffen [55, 56, 65].

Der in vielen Ländern am weitesten verbreitete Gamma-Alkoholismus ist neben den für das chronische Stadium typischen Symptomen (erworbene erhöhte Gewebstoleranz, metabolische Adaptation, Entziehungssymptome) durch den Kontrollverlust bei lange Zeit erhaltener Fähigkeit, für Perioden dem Alkohol zu entsagen und durch eine Progression von der psychologischen zu der psychischen Abhängigkeit definiert.

JELLINEK erklärte das Phänomen des Kontrollverlustes durch eine kurzfristige Gewebsanpassung, und lange Zeit dienten auch biochemische Prozesse, die sich im Laufe des Alkoholismus ausbilden, dann aber als irreversibel galten, als einzige Erklärung für den Kontrollverlust.

Versuche an chronischen Alkoholikern, einen Kontrollverlust zu provozieren, demonstrieren jedoch übereinstimmend, dass die Gabe einer geringen Menge Alkohols bei Suchtkranken auf biochemischem Wege nicht den postulierten Kontrollverlust bewirkt (siehe Kapitel 4.3). Das Konzept des Kontrollverlusts, das die Auslösung dieses Phänomens durch einen biologisch begründeten Automatismus annimmt, erscheint daher in dieser engen Fassung nicht haltbar, es müssen dafür psychische (situative) Faktoren als Auslöser ebenfalls in Betracht gezogen werden [84, 99, 91, 112].

JELLINEK unterscheidet vier Phasen in der Entwicklung einer Alkoholabhängigkeit: die «präalkoholische Phase», die durch gelegentliches oder dauerndes Erleichterungstrinken und letztenends durch einen Anstieg der Alkoholtoleranz charakterisiert ist, und eine «Prodromalphase», in der die sogenannten alkoholischen Palimpseste (totale oder partielle Amnesien unter vergleichsweise geringer Alkoholeinwirkung) einsetzen. Die folgende «kritische Phase» wird durch das Auftreten des Kontrollverlustes (s. o.) eingeleitet. Die «chronische Phase» ist nach der Definition von JELLINEK durch ein Absinken der Alkoholtoleranz und durch Organschäden, vor allem in Hinblick auf die Beeinträchtigung der Hirnleistung gekennzeichnet.

Bei der sogenannten Delta-Form des Alkoholismus – der in den europäischen Weinbauländern häufig anzutreffenden Ausprägung (Südtirol, Frankreich, Ostösterreich) – kommt es zu keiner oder nur geringer psychischer Abhängigkeit, wohl aber zu alkoholischen Komplikationen im Sinne von Polyneuropathie, Gastritis, Zirrhose usw. Sie ist durch das Fehlen des Kontrollverlustes charakterisiert. Es handelt sich um die rauscharme Form des Alkoholismus, meist stehen soziokulturelle Faktoren im Vordergrund. Der Suchtcharakter des Delta-Alkoholismus ist hauptsächlich durch das Vorhandensein von Entziehungssymptomen bei Aussetzen des Alkoholkonsums gekennzeichnet.

Insgesamt handelt es sich bei den beiden Verlaufsformen wohl nur um Prägnanztypen, während die Mehrzahl der Fälle Mischformen sind. Alpha- und Beta-Alkoholismus stellen die präalkoholischen nichtklinischen Verlaufsformen dar.

Obwohl der operationale Wert dieser Klassifizierung auch in neueren Untersuchungen immer wieder bestätigt wurde [6,51], gibt es dazu nur wenige experimentelle Studien. Während eine Zuordnung zu den Alkoholismusformen mit Hilfe herkömmlicher Fragebogenmethoden (16 PF, MMPI) insgesamt nur mangelhaft gelingt [23,26,48,110], kann mittels standardisierter Fragen, die sich auf Familiensituation, Freizeitverhalten, Berufssphäre und Trinksitten beziehen, mit Hilfe einer Diskriminanz- bzw. Clusteranalyse die Gruppierung auf Basis des JELLINEKschen Alkoholismuskonzepts mit hoher Treffsicherheit verifiziert werden. Während in dieser Untersuchung die Delta-Alkoholiker eine relativ klar beschriebene und auch mit Hilfe des Fragebogens fassbare Gruppierung darstellen, repräsentieren die Gamma-Alkoholiker eine sehr heterogene klinische Kategorie [25]. Als eines der wichtigsten Kriterien stellt sich die Variable «Trinkverhalten» dar, was auf unterschiedliche Konsumgewohnheiten bei den verschiedenen Verlaufsformen schliessen lässt.

Das Überwiegen von Gamma-Alkoholikern unter den Frauen ist eine bekannte Tatsache und drückt unter anderem die grössere psychische Belastung der Patientinnen aus (siehe Abschnitt 4.2.1). Zu berücksichtigen ist hier jedoch, dass es unter diesen Gamma-Alkoholikerinnen unter Umständen Patientinnen mit hoher sozialer Instabilität und psychischer Labilität, jedoch stabiler Berufssphäre (Hausfrauen-Mutter-Rolle) gibt [26], andererseits das heimliche und regelmässige Trinken ein dem Delta-Alkoholismus ähnliches Trinkverhalten vortäuscht, wobei der Alkohol eingesetzt wird, um persönliche Schwierigkeiten bzw. die gestörte Familiensituation zu ertragen [25].

## 3.2 Konsumverhalten

Das Verhalten «Trinken» ist auf die Beseitigung der aversiven Situation oder die Herbeiführung angenehmer Konsequenzen gerichtet. Da letztere abhängig sind von bestimmten Alkoholmengen, wird der Alkohol so schnell wie möglich konsumiert. Untersuchungen zum Trinkverhalten wurden hauptsächlich im angloamerikanischen Raum durchgeführt [87, 96]. Danach unterscheiden sich Alkoholiker von Nicht-Alkoholikern dadurch, dass sie verschiedene Alkoholika durcheinander konsumieren bzw. eher zu harten Getränken greifen (was für Europa, besonders die Weingegenden, nur sehr bedingt gilt), in grösseren Schlücken und mit fortschreitender Trinkdauer immer mehr pro Zeiteinheit trinken. Dieses Trinkverhalten führt zu einer rascheren und stärkeren Wirkung des Alkohols als normaler, kontrollierter Konsum. Hierzu kommt, dass Alkoholabhängige, besonders Alkoholikerinnen [27, 70] häufig allein und ausserhalb sozial akzeptierter Situationen trinken.

Untersuchungen, die die Beziehungen zwischen dem Erwerb von Trinkgewohnheiten und dem späteren Abusus beleuchten, werden in Abschnitt 4.2.2 diskutiert.

Ebenso sind soziale Verstärker wichtig für die Quantität von Alkohol, die konsumiert wird. Alkoholiker trinken deutlich weniger, wenn das Trinken zu einer kurzen physischen und sozialen Isolation führt [46].

Untersuchungen, durch genaue Verhaltensanalysen typische Verhaltensmuster von Alkoholikern zu erfassen, sind erst im Stadium der Entwicklung und finden vorwiegend unter «Laborbedingungen» statt [15, 46, 88]. Sie wären jedoch ein wichtiger Schritt zur Operationalisierung des Begriffs «Alkoholismus». Gerade für die heute immer häufiger angewandte Verhaltenstherapie (siehe Kapitel 5) wäre es notwendig, Diagnostik auf der Verhaltensebene zu betreiben.

### 4. Ergebnisse aus experimentalpsychologischen Untersuchungen und Fragebogenverfahren

Neuere Kenntnisse über die Auswirkungen der chronischen Alkoholintoxikation beruhen vorwiegend auf den Ergebnissen experimenteller Untersuchungen. Aus verständlichen Gründen nehmen dabei die Erhebungen an chronischen Alkoholikern, die unter Abstinenzbedingungen in Behandlung stehen, breiteren Raum ein als experimentelle Alkoholisierungen, obwohl letztere über den Wirkungsmechanismus und die Funktionalität des Alkohols bei bereits von diesem Suchtmittel Abhängigen differenziertere Aussagen ermöglichen würden.

## 4.1. Leistung von Alkoholikern

### 4.1.1 Intelligenz

Untersuchungen zur Erfassung des intellektuellen Abbaues nach längerem Alkoholmissbrauch lassen darauf schliessen, dass Alkoholismus kein intellektuelles Defizit zur Folge hat [2, 61, 63], sondern dass die intellektuelle Beeinträchtigung auf Teilbereiche beschränkt ist, was zu einer vorübergehenden Verminderung des intellektuellen Gesamtniveaus führt. Die auf wenige Subtests beschränkte Reduktion der Intelligenzleistung, die Alkoholiker von Normalpersonen unterscheidet, spricht dafür, dass es zu einer vorübergehenden Störung der Aufmerksamkeit, Konzentration, Merkfähigkeit und Motorik kommt, die intellektuellen Fähigkeiten jedoch nicht im Sinne eines Begabungsverlustes beeinträchtigt werden [24, 43].

RON macht für die Ausfallserscheinungen in Teilbereichen der Intelligenz Läsionen im Frontalhirn verantwortlich und meint, dass schon das Verhalten von chronischen Alkoholikern auf frontale Schäden schliessen liesse [94]. Leistungsdefizite in einem spezifischen Verfahren zur Darstellung frontaler Schäden (Halstead-Testbatterie) lassen tatsächlich eine derartige Störung in diesem Bereich annehmen [43, 71, 98].

### 4.1.2 Aufmerksamkeit, Konzentration, Merkfähigkeit, Motorik

Minderungen im Bereich der Sorgfaltsleistung, der Aufmerksamkeits- und Gedächtnisleistung und im Konzentrationsverlauf zeigen auch faktorenanalytische Untersuchungen über eine Fülle von Leistungsdaten chronischer Alkoholiker [48]. Besonders reduziert sind die motorischen Fähigkeiten [24, 48, 60], sie zeigen aber auch die beste Restitution unter Abstinenzbedingungen.

Die Untersuchung der Restitution der alkoholismusbedingten Ausfallserscheinungen spricht ebenfalls gegen eine dauernde Schädigung durch die chronische Alkoholintoxikation. Eine Ausnahme bilden die sogenannte alkoholische Demenz, bzw. die Leistungsstörungen bei korsakoffartigen Zustandsbildern [82, 103]. Eine rasche Restitution der Leistung wurde nach dem Delirium tremens beschrieben [47], trendmässig scheint die Restitution nach dieser Alkoholpsychose sogar rascher zu erfolgen als bei Alkoholikern ohne Delir [24]. Diese Beobachtung bedürfte noch einer näheren Untersuchung.

Die Leistungsausfälle bilden sich in unterschiedlichen Ausmassen zurück. Während die Restitution der motorischen Funktionen sehr rasch vor sich geht und auch die Aufmerksamkeits- und Konzentrationsstörung nur kurze Zeit sichtbar ist [24], sind eine spezifische Form des Kurzzeitgedächtnisses und auch die visuelle Merkfähigkeit länger beeinträchtigt.

Es kann also als gesichert angesehen werden, dass bei chronischen Alkoholikern zu Beginn des Alkoholentzugs eine Beeinträchtigung verschiedenster Leistungsparameter besteht. In bezug auf die Restitutionsuntersuchungen sind die Ergebnisse weniger einheitlich: hier unterscheiden sich die Dauer und die Stärke der Rückbildungstendenzen in den verschiedenen Leistungsfunktionen.

Unter dem Aspekt des unterschiedlichen Restitutionsanstiegs verschiedener Leistungsbereiche müssen auch optimistische Ergebnisse über eine raschere Restitution in einer kürzeren Zeiteinheit gesehen werden [52]. Eine wesentliche Rolle spielt dabei selbstverständlich die Zusammensetzung der untersuchten Population (siehe Kapitel 7), besonders was die Frage des Schweregrades der Abhängigkeit, die Dauer des Alkoholismus und das Alter der untersuchten Personen betrifft. Z.B. verbessert sich die Leistung älterer Patienten, die ursprünglich stärker beeinträchtigt war, rascher [17].

Experimentell am besten gesichert ist das Ergebnis, dass die Restitution insgesamt zuerst rasch verläuft [4, 18, 24, 113], danach jedoch langsamer vor sich geht. GRÜNBERGER [48] fand bei einem Vergleich von Patienten nach 4wöchiger Abstinenz mit solchen, die ein Jahr keinen Alkohol konsumiert hatten, auch dann noch Leistungsausfälle, die er als «funktionelles» Psychosyndrom interpretiert (durch die Fixierung der Persönlichkeit und Leistung auf bestimmte Verhaltensstereotypien des Alkoholismus sowie durch die Einengung des sozialen Feldes, in dem sich der Alkoholiker bewegt, werden Störungen funktioneller Art ausgelöst). Unter bestimmten Bedingungen sind reduzierte psychomotorische Fähigkeiten, eine verminderte Merkfähigkeit und eine raschere Ermüdbarkeit auch noch nach Jahren fassbar. Bei diesen Leistungsdefiziten dürfte es sich um eine Verminderung der «mentalen Reservekapazität» handeln, d.h. dass ein Leistungsdefizit gegenüber der Norm auftritt, wenn eine ungewohnte Belastung vorliegt. Das bedeutet, dass eine restitutio ad integrum auch nach jahrelanger Abstinenz nicht immer erreicht wird. Nachteil dieser experimentellen Untersuchung abstinenter Patienten ist die Tatsache, dass es sich nicht um dieselben Patienten handelt, die im Verlauf untersucht wurden.

### 4.1.3 Lernfähigkeit

Unter dem Aspekt der lernpsychologischen Erklärung des Alkoholismus gewinnt die Lernfähigkeit im Sinne des Aufbaues neuer Verhaltensstrategien bzw. des Verlernens falsch eingeübter oder unpassender Verhaltensmuster grosse Bedeutung.

Die Lernpsychologie fasst unter dem Begriff «state dependent learning» [45, 89, 91, 102], bezogen auf den Alkoholismus, die Beobachtung zusammen, dass Alkoholiker unter Alkoholeinfluss Verhaltensweisen zeigen, die ihnen sonst nicht möglich sind. Verhaltensweisen, die im alkoholisierten Zustand gelernt werden, können auch nur unter den gleichen Bedingungen wieder gezeigt werden.

Da der Alkoholiker im alkoholisierten Zustand in mancher Hinsicht keine manifesten Verhaltensdefizite aufweist, muss er eine Reihe der in diesem Zustand bereits beherrschten Verhaltensweisen nüchtern neu lernen [38, 91].

Leider gibt es über die Lernfähigkeit und Reproduzierbarkeit von Verhaltensweisen bei Alkoholikern nur wenige experimentelle Untersuchungen. In Konditionierungsexperimenten (Unterdrückung einer Reaktion, die zuerst belohnt, später aber bestraft wird) zeigt eine Alkoholikergruppe eine grössere Löschungsresistenz, d.h. das Umlernen erfolgt im Vergleich zu einer Kontrollgruppe von Normalpersonen langsamer [106].

Das state dependent learning stellt sowohl in der Erfassung als auch in der Therapie des Alkoholismus (siehe Kapitel 5) einen neuen, interessanten Ansatzpunkt dar, der intensiverer Beobachtung und genauerer Untersuchung bedürfte.

### 4.2 Untersuchungen zur Persönlichkeit Alkoholkranker

#### 4.2.1 Die «Alkoholikerpersönlichkeit»

Obwohl viele Autoren zu der Einsicht gekommen sind, dass es keine Persönlichkeitsmerkmale gibt, die zum Alkoholismus prädisponieren, betont FRANKS, dass man diese Frage nicht einfach beiseite schieben könne. Zwar streicht er heraus, dass die an Alkoholikern gewonnenen Persönlichkeitsprofile keinen Rückschluss auf die prämorbide Persönlichkeit zulassen, meint jedoch, dass unter der Bedingung eines einheitlichen Begriffssystems unter Umständen Eigenschaften einer Alkoholikerpersönlichkeit zu finden seien, selbst auf die Gefahr hin, dass die «kleine gemeinsame Varianz, die möglicherweise der Alkoholikerpersönlichkeit zuzuschreiben ist, durch viele unterschiedliche Eigenschaften überdeckt sein könnte» ([44], S.15).

Aus den bisher durchgeführten Untersuchungen mit gängigen Fragebogenmethoden (16PF, MMPI, MMQ, FPI usw.) könnte diese «kleine gemeinsame Varianz» im Sinne einer emotionalen Labilität, Depressivität, einer hohen inneren Spannung und der Unfähigkeit, aus Erfahrungen zu lernen bzw. der Tendenz, soziale Sitten und Gebräuche zu missachten, charakterisiert werden [2, 23, 26, 74, 93, 95]. Diese oben genannten Faktoren sind – zumindest am Beginn einer Behandlung nach meist jahrelangem Alkoholmissbrauch – in allen Untersuchungen in unterschiedlich starker Ausprägung fassbar. Dabei muss natürlich die Komponente der Beeinträchtigung der Persönlichkeit durch organische Faktoren berücksichtigt werden [5, 23].

Alle psychologischen Testverfahren haben sich in diesem Zusammenhang vorwiegend in der Einzelfalldiagnostik und zum Vergleich von Patientengruppen bewährt, die aus dem gleichen Einzugsgebiet kommen, ähnlichen sozio-kulturellen Einflüssen ausgesetzt sind und einer einheitlichen Behandlung unterzogen werden. So konnte eine im Vergleich zu einer männlichen Alkoholikergruppe grössere Abweichung des Persönlichkeitsbildes in Richtung klinischer Wertigkeit bei Alkoholikerinnen objektiviert, und auch eine geringere Tendenz zur Stabilisierung des Persönlichkeitsprofils unter Einhaltung der Abstinenz bei den weiblichen Alkoholkranken gefasst werden. Besonders die hohe Stabilität der neurotischen Skalen lässt annehmen, dass die Frauen ausgeprägtere Persönlichkeitsstörungen aufweisen [21, 26, 119], eine Erfahrung, auf die von klinischer Seite immer wieder hingewiesen wurde. Die Frage, ob vorwiegend a priori stärker gestörte Persönlichkeiten zu Alkoholikerinnen werden, oder aber die langdauernde Intoxikation verbunden mit einer immer grösser werdenden sozialen Isolierung das dann auffällige Bild verursacht, lässt sich anhand oben angeführter psychologischer Testergebnisse nicht entscheiden. Dazu müssten Längsschnittuntersuchungen über einen grossen Zeitraum durchgeführt werden.

### 4.2.2 Längsschnittstudien

Eine der wenigen Längsschnittuntersuchungen, die bereits über 4 Jahrzehnte läuft, ist die «Oakland Growth Study». Für jeden Teilnehmer der Untersuchung wurden die Trinkgewohnheiten und verschiedene Persönlichkeitsvariablen zu bestimmten Zeitpunkten erhoben und diese Daten miteinander verglichen. Nach JONES [58] sprechen die Ergebnisse dafür, «dass man einige der Einstellungen, Motive und Verhaltensweisen, die Problemtrinkern, gemässigten Trinkern oder abstinenten Personen zugeschrieben werden, schon erfassen kann, bevor sich Trinkgewohnheiten ausgebildet haben. Beim Problemtrinker finden sich schon früh eher Eigenschaften wie mangelnde Selbstkontrolle, Impulsivität und Neigung zu Trotzreaktionen» ([44], S.16).

Ebenso erlauben die in der Cambridge-Somerville-Jugenduntersuchung erhobenen Daten zu prüfen, welche Merkmale vor Einsetzen der Alkoholabhängigkeit vorhanden waren. Der Familienhintergrund dieser späteren Alkoholiker ist durch mütterliche Ambivalenz, fehlende affektive Unterstützung und geringe Führung charakterisiert. Die Autoren schliessen daraus, dass das Hineingleiten in den Alkoholismus dann auftritt, wenn zu hohe Anforderungen an ein gering ausgeprägtes Selbstwertgefühl gestellt werden [81].

Eine Untersuchung von HOFFMANN u. Mitarbeitern [50], der MMPI-Profile aus der Collegezeit von späteren Alkoholabhängigen untersuchte, ergab, dass die präalkoholische Persönlichkeit durch die Notwendigkeit, Trieb- und Autoritätskonflikte austragen zu müssen, charakterisiert ist. Mit zunehmendem Alter werden dann die Depressionen stärker, Schuldgefühle, Angst und Gefühle der Unzulänglichkeit nehmen zu.

Wesentlich erscheint auch, den Beginn des Alkoholkonsums bei Jugendlichen und die damit verbundenen Motivationen zu untersuchen. JESSOR und JESSOR [57] berichten über eine Längsschnittuntersuchung, die die Bedeutung des Alkoholkonsums in der Entwicklung Jugendlicher beleuchtet. Schüler wurden über einen Zeitraum von vier Jahren beobachtet und eine direkte Relation zwischen der Wahrscheinlichkeit des Trinkens und ihrer Übergangs- bzw. Problemdisposition (Marihuana-Gebrauch, frühe sexuelle Beziehungen, Teilnahme an Protestaktionen) gefunden. Weiters besteht ein entwicklungsbedingter Zusammenhang zwischen dem Beginn des Trinkens und soziopsychologischen Aspekten – vermindertes Leistungsstreben oder Streben nach Erfolg in der Schule, hohes Streben nach Unabhängigkeit im Verhältnis zur Leistung, Toleranz gegenüber Fehlhaltungen, geringe Religiosität usw. – was insgesamt als eine Entwicklung, die sich vom Konventionellen eher wegbewegt, interpretiert wird. Hieraus folgt, dass der Beginn des Trinkens bei Jugendlichen als ein integraler Aspekt ihres Entwicklungsprozesses anzusehen ist. Die Autoren betonen, dass eine wirksame Prävention des Missbrauchs von Alkohol vermutlich schon gegeben wäre, wenn man «Wege fände, wie man den Alkoholkonsum von seiner Bedeutung als Indikator des Erwachsenen-Status» lösen könnte ([57], S.20), wobei jedoch besonders kulturellen Einflüssen eine grosse Bedeutung zukommt.

### 4.2.3 Alkoholismusfragebogen und Fragebogen zur Erfassung von Alkoholgefährdeten

Schon mit Hilfe des MMPI wurde versucht, sogenannte «Alkoholismusskalen» aus dem Gesamttest zu extrahieren [74,75], jedoch konnte mit diesen Skalen auch nicht mehr ausgesagt werden, als dass Alkoholiker «Neurotiker sind, die auch noch zu viel trinken».

Auch die beiden bekanntesten «Alkoholikerfragebogen» (Manson-Evaluation-Test und Alcadd = alcohol addiction test) besitzen nicht genügend Trennschärfe, um zwischen Alkoholikern und Nicht-Alkoholikern zu unterscheiden [44], obwohl das Verfahren in der Praxis immer wieder dazu angewandt wird, wovor allerdings bereits MANSON 1948 selbst warnte.

In neuerer Zeit wird immer häufiger versucht, bereits Jugendliche und junge Erwachsene mit Alkoholproblemen bzw. Alkoholgefährdete zu erfassen und einer Therapie bzw. einer Modifikation ihres Trinkverhaltens zuzuführen [38]. Zur Diagnostik letztgenannter Gruppen wurden mehrere Fragebögen entwickelt, im deutschen Sprachraum der sogenannte «Kurzfragebogen für Alkoholgefährdete» – KFA [41], mit Hilfe dessen es mit statistisch grosser Wahrscheinlichkeit gelingen soll, Frühfälle zu erkennen. Dieser Fragebogen erfasst den somatischen, psychischen und sozialen Bereich, das abhängige Trinkverhalten sowie die Motivation und Einsicht in die eigene Hilfsbedürftigkeit. Der Test wurde kürzlich um einen «Fremdbeurteilungs-Teil» (7 Fragen, die der Arzt ausfüllen soll) erweitert (Alkoholismus-Test des Max-Planck-Instituts München, MALT [42]).

### 4.3 Experimentelle Alkoholisierung bei Alkoholikern

Bereits die Reaktion von Normalpersonen auf gleiche Mengen Alkohols ist unterschiedlich. Ein umfassendes Erklärungssystem für diese individuellen Differenzen gibt es jedoch nicht [44].

Im Gegensatz zur Intoxikation bei Normalpersonen ist die akute Alkoholwirkung bei definierten Alkoholkranken anders. Unter Alkohol ist die Leistung bei normalen Versuchspersonen eher vermindert, die der Alkoholiker oft verbessert [104, 105]. MENDELSON [83] konnte nachweisen, dass Alkoholiker bei einem Blutalkoholspiegel von 0,5 bis 1‰ ein Leistungsoptimum zeigen, auch DOCTER und Mitarbeiter [31] beobachteten bei Gabe von 5mal 0,3 ml Alkohol, dass die intellektuellen, psychomotorischen und Gedächtnisfähigkeiten unter diesen Bedingungen bei chronischen Alkoholikern ansteigen. Ein dazu widersprüchliches Ergebnis wird von NATHAN und Mitarbeitern [88] berichtet.

Bei Alkoholikern ist bei experimenteller Alkoholisierung insgesamt jedoch eher ein Leistungszuwachs oder bei hoher Dosis im Vergleich zu Kontrollgruppen später ein Leistungsabfall zu beobachten, wobei die bessere Leistung in gewissen Bereichen durch Beseitigung neurotischer Hemmungen und Ängste [101] zustande gekommen sein könnte. Da der Alkoholkranke im Verlauf des langjährigen Entwicklungsprozesses der Sucht auch lernt, aus dem Zuführen des Suchtmittels sekundären Gewinn zu ziehen, dürften die Ergebnisse der Versuche mit experimenteller Alkoholisierung nicht ausschliesslich als leistungsverbessernde Wirkung des Alkohols interpretiert werden.

Die unterschiedliche Beeinflussung der Stimmung von Alkoholikern und sozialen Trinkern durch Gabe von Alkohol wurde bereits erwähnt (Kapitel 2.2.2). Wenn auch hier keine eindeutig schlüssigen Ergebnisse vorliegen, scheint der euphorisierende Effekt des Alkohols bei Alkoholikern nur kurzfristig anzuhalten und dann rasch in Depressions- und Angstzustände umzuschlagen. Die Stimmungsverbesserung bei Alkoholikern dürfte durch die Alkoholaufnahme geringer sein als bei Normalversuchspersonen. Dieses Ergebnis liesse sich auf die Möglichkeit eines Toleranzphänomens zurückführen: der exzessive Trinker würde eine höhere Dosis verlangen, um dieselbe affektive Änderung zu zeigen, die der gemässigte Trinker bei einer niedrigen Alkoholmenge aufweist [78, 79].

Besonders interessant ist die Verabreichung von Alkohol an chronische Alkoholiker für die experimentelle Erzeugung des Kontrollverlusts ([112], siehe auch Kapitel 3.1).

Eine erste Untersuchung dieser Art führte MERRY (1966) durch und konnte kein vermehrtes Alkoholverlangen nachweisen. Zusätzlich zu biochemischen Prozessen berücksichtigten ENGLE und WILLIAMS [35] auch durch psychische Vorgänge vermittelte Wirkungen des Alkohols. Beim Vergleich der vier experimentellen Untergruppen war lediglich ein Unterschied signifikant: das geäusserte Verlangen nach Alkohol war bei der Gruppe, die über den alkoholischen Inhalt des Getränks informiert war, höher, als bei jener, die im Glauben gelassen wurde, sie hätte ein nichtalkoholisches Getränk zu sich genommen.

Noch einen Schritt weiter gingen MARLATT und Mitarbeiter [77], die ausser den beiden Faktoren «Zufuhr von Alkohol ja/nein» und «Information über Alkoholzufuhr ja/nein» noch den Faktor Alkoholiker versus soziale Trinker aufnahmen. Als Ergebnis stellte sich heraus, dass Menge und Häufigkeit des Trinkens nicht davon abhing, ob Alkohol konsumiert wurde und ob die Versuchspersonen Alkoholiker waren oder nicht, sondern davon, was man glaubte, vorgesetzt bekommen zu haben. Wurde ein Getränk als alkoholisch bezeichnet, so löste es – unabhängig von seinem tatsächlichen Inhalt – bei Alkoholikern wie auch bei sozialen Trinkern eine signifikante Erhöhung des Konsums und der durchschnittlich konsumierten Flüssigkeitsmenge pro Schluck auf das doppelte Volumen aus.

Diese Untersuchungen sprechen für die grosse Beteiligung psychischer Faktoren beim Auftreten des Kontrollverlusts und werden häufig als Argument gegen die Abstinenz als Therapieziel angeführt (siehe Kapitel 6).

## 5. Psychotherapeutische Massnahmen

Da die Ätiologie des Alkoholismus nur einer multidimensionalen Betrachtungsweise zugänglich ist, muss auch die Therapie in mehreren Ebenen mit verschiedener Wertigkeit geführt werden. Es gibt keine pharmakotherapeutische, psychotherapeutische oder verhaltenstherapeutische bzw. soziotherapeutische Methode, die in der Mehrzahl der Fälle von Alkoholabhängigkeit allein imstande ist, einen nachhaltigen Effekt zu erzielen [66]. Berücksichtigt man ferner, dass es sich bei den Alkoholabhängigen um ein äusserst heterogenes Krankheitsbild handelt [67], so bedarf es des Einsatzes einer Vielzahl von therapeutischen Methoden und Instrumenten.

Aus obengenannten Gründen ist auch die Bewertung der Ergebnisse einzelner therapeutischer Methoden äusserst schwierig [3].

Der Einsatz psychotherapeutischer Methoden ist eine unabdingbare Notwendigkeit in der Therapie Alkoholabhängiger und die einzige Möglichkeit, die Motivation des Patienten, an der alles therapeutische Geschehen hängt, zu wecken bzw. aufrechtzuerhalten.

*Tiefenpsychologische Methoden:* Gemäss dem tiefenpsychologischen Verständnis müssen die schwachen Ich-Funktionen des Alkoholikers gestützt, die Frustrationstoleranz erhöht und die emotionale Reife gestärkt werden. Primär bauen diese Methoden auf der Behandlung der neurotischen Grundkonflikte auf. Dabei wurde die Tatsache zu wenig berücksichtigt, dass der Alkoholismus ein sich selbst perpetuierender Zustand ist, bei dem das Symptom als solches unmittelbaren Lustgewinn bedeutet. Eine weitere Schwierigkeit bildet die infantile Abhängigkeit des Alkoholikers vom Therapeuten, weshalb die Indikation für eine individuelle Psychoanalyse bei Alkoholikern heute stark eingeschränkt wird bzw. zumindest in der ersten Phase der Entwöhnung bis zur Rückbildung der alkoholismusbedingten Wesensänderung nicht indiziert ist [37]. In der Initialphase der Entwöhnung ängstigen allzu intensive analytische Bemühungen den Patienten und führen zu häufigen Rückfällen.

*Gesprächstherapie:* Einzelgespräche sind der Beginn und die Basis aller Psychotherapieformen beim Alkoholismus. Sie dienen zunächst der Diagnostik und zur Information des Patienten, vor allem zur Motivationsfindung, später dann zur Vertiefung der in anderen Therapieformen gewonnenen Erfahrungen bzw. zur Aufarbeitung individueller Probleme [40].

Analog den tiefenpsychologischen Behandlungsmethoden sollte eine klassische klientenzentrierte Psychotherapie erst im späteren Stadium der Therapie durchgeführt werden. Der Therapeut verzichtet dabei auf direktive Ratschläge oder analytische Deutungen; die Therapie findet häufig in Gruppen statt.

*Gruppen-Psychotherapie:* Diese Form der Therapie ist die rationellste, bei den meisten Patienten beliebteste und so eine allen individualpsychotherapeutischen Methoden überlegene Methode, die sowohl während der stationären Behandlung als auch während der ambulanten Nachbetreuung eingesetzt werden kann [66, 100].

Sinngemäss müsste die Technik der Gruppentherapie in den einzelnen Phasen der Entwöhnung geändert werden. Zuerst zielt sie auf die Gewinnung der Krankheitseinsicht und die Erarbeitung des Krankheitscharakters des Alkoholismus ab, später wird die Besprechung aller für den Alkoholabhängigen charakteristischen Schwierigkeiten in seiner Umwelt die Zielsetzung sein.

Zugehörigkeit zu einer Gruppe stärkt den Alkoholabhängigen in seiner Position gegenüber der trinkenden Umwelt, fördert entscheidend die Einsicht in das eigene krankhafte Verhalten, entlastet ihn von Schuldgefühlen und vermittelt ihm nach langer Zeit der Isolierung ein Erlebnis der Gemeinschaft [114].

Als Sonderformen der Gruppenpsychotherapie sind noch Psycho- und Soziodrama [90] sowie Marathontraining, Gestalttherapie und vor allem familientherapeutische Massnahmen zu nennen.

*Familientherapie:* Ebenso wie die Anwendung der Gruppentherapie ist die Berücksichtigung der Umweltfaktoren einer der wenigen einheitlichen Gesichtspunkte, der von den verschiedenen therapeutischen Schulen anerkannt wird. Auch die individuellen Therapiemethoden im Bereich der Suchtkrankenbehandlung (Gesprächspsychotherapie, Verhaltenstherapie usw.) werden heute nur unter Berücksichtigung der gestörten Sozialbeziehungen des kranken Individuums angewandt.

Durch den Alkoholismus der Patienten veränderte und gestörte Rollenbeziehungen der Familienmitglieder bringen Schwierigkeiten in der

Kommunikation mit sich. Das Hauptgewicht der Familientherapie muss sich daher auf die Modifikation des Partnerverhaltens richten, wobei drei klassische Therapieformen (Kommunikationstraining, Verhaltensmodifikation und tiefenpsychologisch orientierte aufdeckende Verfahren) kombiniert werden [28, 36, 40].

*Psychotherapeutische Hilfsverfahren:* Das autogene Training, die gestufte Aktivhypnose, aber auch die Hypnose selbst und Entspannungsübungen können die Situation des Alkoholkranken erleichtern und ein gewisses Ritual schaffen, sind aber nicht ausschliesslich anzuwendende Therapiemethoden und den anderen Verfahren nicht überlegen [33].

*Verhaltenstherapie:* Im Sinne einer «Breitband-Verhaltenstherapie» schlug LAZARUS [44, 91, 108] vor, durch den Einsatz einer Vielzahl von Methoden das unerwünschte Trinkverhalten abzubauen, zum Alkoholtrinken alternative Befriedigungsmöglichkeiten aufzubauen und auch andere Störungen zu behandeln, die möglicherweise neben dem exzessiven Alkoholtrinken bestehen. Dazu kommen eine Reihe verhaltenstherapeutischer Methoden in Frage.

Unabhängig von den lerntheoretischen Konzepten wurden aversive medikamentöse Therapien bereits lange vor der lernpsychologischen Erfassung des Alkoholismus angewandt. Die Wirkung der verwendeten Substanzen (Apomorphin, Emetin usw.) wurde schon seit jeher nicht rein pharmakologisch interpretiert, sondern psychologische Mechanismen wurden in diesem Zusammenhang diskutiert [29, 44, 117].

Analog der chemischen Aversion beruht die elektrische Aversion darauf, beim Trinken von Alkohol aversive Reize (elektrische Stromstösse) anzuwenden. Auch hier wird Vermeidungslernen angestrebt, wobei ein stärkeres Gewicht auf die Generalisierung gelegt wird: in den meisten Untersuchungen findet die Therapie in einer Bar-ähnlichen Atmosphäre statt.

In Anbetracht der Selbstbestrafungstendenz des Süchtigen erscheint eine Aversionstherapie eher problematisch. Ausserdem ist bekannt, dass die unter Aversionsbedingungen erworbenen Reaktionen relativ rasch spontan gelöscht werden. Ein positiver Effekt von Aversionsbehandlungen bei Alkoholikern ist also von vornehrein kaum zu erwarten [3, 19, 86]. Als effektivste Aversionsmethode hat sich die verdeckte Sensibilisierung (covert sensitization nach CAUTELA) bewährt. Sie beruht darauf, beim Patienten in der Vorstellung Ereignisse hervorzurufen, die das Suchtverhalten auslösen und diese – ebenfalls in der Vorstellung – mit unangenehmen Situationen zu koppeln, so dass sich über die Vorstellung eine bedingte Reaktion aufbaut. Diese Vorgangsweise wird mit Entspannungsübungen kombiniert [3, 16].

Zur Reduktion angstbesetzter Inhalte wird die systematische Desensibilisierung diskutiert [1, 3, 64], die nur dann indiziert ist, wenn sich in einer Verhaltensanalyse eine Hierarchie von angstauslösenden und zum Alkoholkonsum führenden Situationen erstellen lässt bzw. andere, nichtalkoholassoziierte Ängste explorierbar sind.

Daneben werden Selbstkonfrontationstechniken mit Hilfe von Video-Techniken angewandt (zur Demonstration bzw. Abbau des state dependent learning – siehe Kapitel 4.1.3 – wird dem (nüchternen) Patienten sein Verhalten in alkoholisiertem Zustand vorgespielt [1, 2, 91, 108]).

Bei Verhaltensdefiziten im sozialen Bereich bzw. als Alkoholablehnungstraining erweist sich das Selbstbehauptungstraining als günstig [1, 2, 38].

Selbstkontrollverfahren sollen den Patienten in die Lage versetzen, mit Gedanken, Gefühlen und Situationen, die den Alkoholkonsum auslösen, anders als bisher fertig zu werden und seine Einstellung dem Alkoholkonsum gegenüber zu verändern (Selbstbeobachtung bzw. -protokollierung, [30, 38]).

Unter «shaping» wird die sukzessive Annäherung an das endgültige Therapieziel verstanden, wobei als richtige Reaktion jede verstärkt wird, die der erwünschten ähnelt oder innerhalb einer gewünschten Verhaltensabfolge einen Schritt weiter bedeutet, was besonders beim Erlernen von sozialen Fertigkeiten, an denen es Alkoholkranken häufig mangelt, zielführend ist.

Das Modellernen nützen alle Therapieformen aus, die abstinente Personen oder Patienten mit ähnlichen Problemen zusammenfassen, die sich gegenseitig verstärken und als «Modell» dienen sollen. Das Modellernen ist auch ein Mechanismus der Selbsthilfegruppen.

Münz-Verstärkungssysteme haben in der Behandlung von Alkoholikern eine vergleichsweise geringere Bedeutung und werden hauptsächlich dazu eingesetzt, Verhaltensweisen herauszufinden, die mit dem Trinkverhalten, das man ändern möchte, zusammenhängen [44].

Neuere Untersuchungen beschreiben auch Methoden wie Gedankenstoppen, Alkoholablehnungstraining, direktes Training von Alternativreaktionen und Rollenspiel [16, 19, 30].

Manchmal erweist sich auch der Abschluss eines Behandlungsvertrages als wirksame Zusatzmethode, so z.B. zwischen Ehefrauen und ihren trinkenden Männern bzw. zwischen Therapeut und Patient [30, 38].

Es ist naheliegend, dass ein Grossteil der positiven Verstärker aus der natürlichen Umgebung des Alkoholabhängigen kommen sollte (z.B. aus beruflicher Anstellung, intakter Partnerschaft, sozialem Kontakt zu Nichttrinkern usw.), da sich der Patient später dort bewähren sollte. Deshalb werden viele Therapien ambulant «gemeindenah» durchgeführt [66]. Dabei wird versucht, die Verbindung zur Familie, zum Freundeskreis, zum Arbeitsplatz usw. zu fördern [19, 53], ein Prinzip, das Jahrzehnte vor Einführung verhaltenstherapeutischer Techniken bereits bekannt war. Häufig kann es sich jedoch auch als günstig erweisen, den Alkoholkranken vorübergehend aus dem gewohnten Milieu herauszunehmen.

## 6. Abstinenz und kontrolliertes Trinken

Zielsetzung jeglicher Therapie des Alkoholismus kann in bezug auf den Konsum des Alkohols die Abstinenz oder das Training auf normales, sozial-kontrolliertes Trinken sein. Spricht man von Alkoholismus als Krankheit im Sinne der eingangs dargestellten Definition der WHO, so muss erfahrungsgemäss – und das betont die deutschsprachige Literatur einheitlich – die Abstinenz gefordert werden. Dies schon im Hinblick auf die meist mit dem Krankheitsprozess einhergehenden somatischen Ausfallserscheinungen.

Tatsache ist, dass ein kleiner Teil von behandelten Alkoholikern nach einer auf Abstinenz ausgerichteten Behandlung von sich aus zu einem kontrollierten Trinkstil zurückkehrt und über einen langen Zeitraum kleine Mengen Alkohol ohne rauschhafte Exzesse konsumiert [34, 112]. Wesentlich grösser ist aber die Zahl der «Alkoholmissbraucher» bzw. der «Problemtrinker», die heute dem «Alkoholismus» zugerechnet werden (wobei sich zwangsläufig Abgrenzungs- und Zuordnungsschwierigkeiten zum medizinischen Krankheitsbegriff ergeben, siehe Kapitel 7) und für die unter Umständen die Einhaltung einer lebenslangen Abstinenz ein zu hoch gestecktes und damit schwer einzuhaltendes Therapieziel darstellt [39, 109]. Zweifelsohne entspricht aufgrund der kulturell bedingten Erwartung eines gewissen Alkoholkonsums ein kontrollierter Alkoholkonsum auch am meisten dem Wunsch jedes Behandlungsbedürftigen.

Zum Erlernen des kontrollierten Trinkens wird vielfach das Diskriminationslernen verwendet. Der Patient soll durch eine Art Biofeedback seinen Blutalkoholspiegel (BAS) schätzen lernen, in dem das Trinken über eine gewisse, vorher vereinbarte Promillegrenze hinaus (meist 0,6‰) mit unangenehmen Reizen (z.B. elektrischen Schlägen) gekoppelt wird [1, 72]. Unterhalb der Schwelle bleibt das Trinken konstant straffrei. Beim Trinken über diese Promillegrenze hinaus folgen für den Patienten in bezug auf die zeitliche Abfolge unkontrollierbare Strafreize. Zusätzlich werden zum Abbau von Verhaltensdefiziten – unabhängig davon, ob sie

Ursache des überhöhten Alkoholkonsums waren, oder durch ihn ausgelöst wurden – die im Abschnitt 5 diskutierten verhaltenstherapeutischen Methoden individuell eingesetzt.

Das Therapieziel «kontrolliertes Trinken» wird vielfach mit der Tatsache begründet, dass der Kontrollverlust experimentell nicht provozierbar ist (siehe Abschnitt 4.3). Lerntheoretisch wird der Kontrollverlust mit einem latent konditionierten Entzugssyndrom zu erklären versucht [38]: der Alkoholabhängige strebt mit dem Trinken von Alkohol ein schon durch frühere Erfahrungen mit dem Alkoholkonsum verknüpftes Ziel an, sodass sich der Trinkvorgang als ein ständiger interner Bewertungsprozess zwischen Ist- und Sollzustand beschreiben lässt, wobei der Ausgleich zwischen Ist- und Sollzustand im späteren Stadium nicht mehr gelingt. Als gelerntes Phänomen müsste der Kontrollverlust auch wieder verlernt werden können (ausserdem zeigen nicht alle Alkoholiker einen Kontrollverlust, entweder, weil der Prozess noch nicht so weit fortgeschritten ist oder es sich um eine Verlaufsform handelt, bei der ex definitione ein Kontrollverlust nicht vorkommt, siehe Kapitel 3.1).

Die Propagierung des kontrollierten Trinkens als Therapieziel vor allem in den USA hat intensive wissenschaftliche Kontroversen ausgelöst. Der Ansatz ist auch nicht neu, da bereits KNIGHT 1937 [62] von psychoanalytischer Seite her theoretisch die Möglichkeit des kontrollierten Trinkens nach erfolgreicher Problemlösung diskutiert hat.

Verhaltenstherapeutisch orientierte Untersuchungen mit dem Therapieziel des kontrollierten sozialen Trinkens stammen vorwiegend aus dem angloamerikanischen Raum (z.B. [72, 87, 99, 108]). Im mitteleuropäischen Einzugsgebiet ist die untersuchte Anzahl der Fälle, in denen die Therapie von vornherein das kontrollierte Trinken anvisiert noch zu gering und die Katamnesezeit zu kurz [38], um über die Effektivität bereits Aussagen machen zu können. An einem nach dem eingangs definierten medizinischen Krankheitsbegriff ausgewählten Patientenkollektiv konnte das Therapieziel des kontrollierten Trinkens nicht erreicht werden [22]. Auch aufgrund einer Zusammenstellung verschiedener Untersuchungen zu diesem Thema [112] muss der kontrollierte Alkoholkonsum als Behandlungsziel für wohldefinierte Fälle von Alkoholkrankheit derzeit abgelehnt werden. Die wissenschaftliche Bearbeitung der Frage, warum Alkoholkranke nicht Alkohol konsumieren können, ohne letztendes – wenn auch manchmal nach langer Zeit – einem Persönlichkeitswandel zu unterliegen, führt an die Wurzeln des Alkoholismus an sich, gleichgültig ob sich diese einmal biochemisch, psychologisch oder multidimensional erweisen werden oder nicht.

# 7. Diskussion des Begriffs «Alkoholismus»

Alle Ergebnisse der psychologischen Alkoholismusforschung sind abhängig von den Charakteristika der untersuchten Populationen, die in der Regel eine hochgradige Varietät aufweisen und dadurch schwer vergleichbar sind. Alter und Geschlecht der Alkoholabhängigen, Dauer des Trinkens, Mischung mit anderen Suchtmitteln, Selektionsmechanismen bei stationär aufgenommenen Alkoholikern, soziokulturelle Bedingungen usw. stellen eine Auswahl aus einer Vielzahl von Faktoren dar, die die einheitliche Beurteilung erschweren. Ebenso scheinen die unterschiedlichen Angaben über die Prävalenz des Alkoholimus, so sie nicht rein propagandistischen Charakter tragen, sondern als wissenschaftlich seriös anzusehen sind, mit Differenzen im Selektionsmechanismus zusammenzuhängen.

Untersuchungen am relativ gut gefassten Prototyp des chronischen Alkoholikers sind wegen der vielen Sekundär- und Tertiärschäden, die er im psychologischen, sozialen und somatischen Bereich erlitten hat, ebenso problematisch. Die ursprüngliche Persönlichkeitsstruktur, lerntheoretisch zu beurteilende Auslösermechanismen, aber auch Studien der familiären Interaktionsstörungen und sozialer Faktoren, sind daher bei diesen Patienten auch schwer zu fassen.

Sowohl den Vertretern des medizinischen Krankheitsmodells, das besonders bei Beurteilung chronischer Stadien die Einheitlichkeit besser sichert, als auch dem rein psychologischen Ansatz, der den Mechanismus der Initialstadien präziser durchleuchtet, müssen tragfähige Argumente zugebilligt werden. Die Dichotomie im Forschungsansatz und bei Konstruktion therapeutischer Modelle etabliert sich jedoch sicherlich nicht zum Vorteil der Alkoholkranken. Dabei zeichnet sich ein Konsens insofern ab, als von den meisten relevanten Untersuchern der interdisziplinäre Ansatz für Forschung und Therapie als unabdingbar angesehen wird. Entsprechend der Vielfalt der am Alkoholismus beteiligten Faktoren muss auch das Therapieangebot vielschichtig geführt werden. Dies sollte bedeuten, dass durch individuelle Therapiewahl und Methodenauslese für den entsprechenden Fall ein optimaler Erfolg zu erzielen versucht wird. Dabei erweist sich die Gliederung in die verschiedenen Alkoholismusformen, die Beachtung des Familienhintergrundes, die Berücksichtigung der somatischen Schäden usw. als sehr wesentlich.

Derzeit noch hinderlich in der Konzeption therapeutischer Methoden ist die wissenschaftliche Auseinandersetzung über den Wert und Unwert des Krankheitsbegriffes des Alkoholismus und dessen unscharfe Abgrenzung gegenüber «normalen» Konsumgewohnheiten unter der Annahme des fliessenden Übergangs zum pathologischen Trinken. Die soziologische Diskussion um die «Stigmatisierung des Alkoholkranken» als Patient, die mit der Wegnahme der Eigeninitiative bzw. der «Heilungsverpflichtung» einhergehen soll bzw. das «disease concept of alcoholism» (JELLINEK), das moralisierende und punitive Verhaltensschablonen eher hintanhält, komplizieren die Diskussion besonders im Hinblick auf die Anwendung therapeutischer Techniken noch zusätzlich.

*Literatur*

[1] ANTONS, K. Verhaltenstherapie bei Alkoholkranken. Kassel: Nicol, 1975.
[2] ANTONS, K., SCHULZ, W. Normales Trinken und Suchtentwicklung. Göttingen: Hogrefe, 1976.
[3] BAEKELAND, F., LUNDWALL, L., KISSIN, B. Methods for the treatment of chronic alcoholism: a critical appraisal. In R.W.Gibbins, Y.Israel, H.Kalant, R.E.Popham, W.Schmidt, R.G.Smart (Eds.) Research advances in alcohol & drug problems. Vol 2. New York: John Wiley & Sons, 1975. Pp.247-327.
[4] BEAN, K.L., KARASIEVICH, G.O. Psychological test results at three stages of inpatient alcoholism treatment. Quarterly Journal of Studies on Alcoholism, 1975, 7, 838-852.
[5] BENNETT, A.E. Problems in rehabilitation of the alcoholic. Clinical Medicine, 1968, 75, 21-28.
[6] BENOS, J. Alkoholismus und Trinksitten. Zeitschrift für Allgemeine Medizin, 1973, 49, 974-977.
[7] BERGMANN, H. The Karolinska project for research and treatment of alcohol dependence (Kartad): IV.Psychological aspects. In C.M.Ideström (Ed.) Recent advances in the study of alcoholism. Amsterdam: Excerpta Medica, 1977. Pp.88-92.
[8] BIERICH, J.R., MAJEWSKI, F., MICHAELIS, R., TILLNER, I. Über das embryo-fetale Alkoholsyndrom. European Journal of Pediatrics, 1976, 121, 155-177.
[9] BLUM, E.M. Psychoanalytic views of alcoholism. Quarterly Journal of Studies on Alcoholism, 1966, 27, 259-299.
[10] BLUM, R.H. A history of alcohol. In R.H.Blums & associates (Eds.) Society and Drugs I/1974. Pp.25-42.
[11] BOCHNIK, H.J., BURCHARD, J., DIECK, C. Alkoholmissbrauch bei Frauen. Klinische Erfahrung zwischen 1936 und 1957. Nervenarzt, 1959, 30, 433-442.
[12] BOWEN, M. Alcoholism as viewed through family systems theory and family psychotherapy. Annuals of the New York Academy of Sciences, 1974, 233, 115- 122.
[13] CAPPELL, H., HERMAN, C.P. Alcohol and tension reduction. Quarterly Journal of Studies on Alcoholism, 1972, 33, 33- 64.
[14] CAPPELL, H. An evaluation of tension models of alcohol consumption. In R.J.Gibbins, Y.Israel, H.Kalant, R.E.Popham, W.Schmidt, R.G.Smart (Eds.) Research advances in alcohol and drug problems. Vol 2. New York: John Wiley & Sons, 1975. Pp.177-209.
[15] CAUDILL, B.D., MARLATT, G.A. Einflüsse des Modellernens auf das soziale Trinken: eine experimentelle Analogie In [109], Pp.47-62.
[16] CAUTELA, J.H. Die Behandlung des Alkoholismus durch verdeckte Sensibilisierung (covert sensitization). In [109], Pp.65-72.
[17] CERMAK, L.S., RYBACK, R.S Recovery of short term memory in alcoholics. Quarterly Journal of Studies on Alcoholism, 1976, 37, 46-52.
[18] CLARKE, J., HAUGHTON, H. A study of intellectual impairment and recovery rates in heavy drinkers in Ireland. British Journal of Psychiatry, 1975, 126, 178-184.

[19] COHEN, R., DAVIES-OSTERKAMP, S., KOPPENHÖFER, E., MÜLLNER, E., OLBRICH, R., RIST, F., WATZL, H. Ein verhaltenstherapeutisches Behandlungsprogramm für alkoholkranke Frauen. Nervenarzt, 1976, 47, 300-306.

[20] CONGER, J.J. Reinforcement theory and the dynamics of alcoholism. Quarterly Journal of Studies on Alcoholism, 1956, 17, 291-324.

[21] CURLEE, J. A comparison of male and female patients at an alcoholism treatment center. Journal of Psychology, 1970, 74, 239-247.

[22] CZYPIONKA, A., DEMEL, I. Kontrolliertes Trinken bei Alkoholkranken. Zeitschrift für klinische Psychologie, 1976, 5, 92-108.

[23] DEMEL, I. Veränderungen des Persönlichkeitsprofils von Alkoholikern unter Abstinenzbedingungen. Zeitschrift für klinische Psychologie, 1974, 3, 221-237.

[24] DEMEL, I., KRYSPIN-EXNER, K. Restitution im Bereich der Motorik und der Hirnleistung chronischer Alkoholiker unter Abstinenzbedingungen. Zeitschrift für klinische Psychologie, 1975, 4, 18-37.

[25] DEMEL, I., WITTCHEN, H.U. Versuch der Erfassung als «typisch» beschriebener Alkoholismusverläufe mittels einer Fragebogenmethode. In K.Kryspin-Exner, A.Springer, I.Demel (Eds.) Alkoholismus und Drogenabhängigkeit. Wien: Hollinek, 1975, Pp.91-113.

[26] DEMEL, I., KÖHLER, I. Alkoholismus bei Frauen: Vergleich mit einer männlichen Alkoholikergruppe an Hand psychologischer Testmethoden. In A.Springer (Ed.) Suchtverhalten und Geschlechtlichkeit. Wien: Hollinek, 1977. Pp.57-75.

[27] DEMEL, I., KÖHLER, I. Alkoholismus bei Frauen: Ergebnisse aus den Anamnesedaten zur Situation der alkoholkranken Frau. In A.Springer (Ed.) Suchtverhalten und Geschlechtlichkeit. Wien: Hollinek, 1977. Pp.41-57.

[28] DEMEL, I. Die Rolle des Partners und der Familie in der Behandlung von Abhängigkeitsprozessen, insbesondere bei Suchterkrankung der Frau. Suchtgefahren, 1977, 1, 10-23.

[29] DILLING, H., ROSEFELDT, H., KOCKOTT, G., HEYSE, H. Verhaltenstherapie bei Phobien, Zwangsneurosen, sexuellen Störungen und Süchten. Fortschritte der Neurologie, Psychiatrie u. ihre Grenzgebiete, 1971, 6, 294-344.

[30] DITTMAR, F., FEUERLEIN, W., VOIT, D. Entwicklung von Selbstkontrolle als ambulante verhaltenstherapeutische Behandlung bei Alkoholkranken. Programm und erste Ergebnisse. Zeitschrift für klinische Psychologie, 1978, 7, 90-110.

[31] DOCTER, R.F., NAITOH, P., SMITH, J.C. Electroencephalographic changes and vigilance behavior during experimentally induced intoxication with alcoholic subjects. Psychosomatic Medicine, 1966, 28, 605-615.

[32] DOLLARD, J., MILLER, N.E. Personality and psychotherapy: an analysis in terms of learning, thinking and culture. New York: McGraw-Hill, 1950.

[33] EDWARDS, G. Hypnosis in the treatment of alcohol addiction: controlled trial, with an analysis of factors affecting treatment outcome. Quarterly Journal of Studies on Alcoholism, 1966, 27, 221-241.

[34] EMRICK, C.D. A review of psychologically oriented treatment of alcoholism. I. The use and interrelationships of outcome criteria and drinking behavior following treatment. Quarterly Journal of Studies on Alcoholism, 1974, 35, 523-549.

[35] ENGLE, K.B., WILLIAMS, T.K. Effect on an ounce of vodka on alcoholic's desire for alcohol. Quarterly Journal of Studies on Alcoholism, 1972, 33, 1099-1105.

[36] ESSER, P.H. Conjoint family therapy with alcoholics – a new approach. British Journal of Addiction, 1970, 64, 275-286.

[37] EWING, J.A. Different approaches to the treatment of alcoholism. In C.M.Ideström (Ed.) Recent advances in the study of alcoholism. Amsterdam: Excerpta Medica, 1977. Pp.23-32.

[38] FELDHEGE, F.J., KRAEMER, S., SCHNEIDER, R., SCHULZE, B., VOLLMER, H. Ambulante Therapie für Jugendliche und junge Erwachsene mit Alkoholproblemen. Beschreibung des Programms und erste Ergebnisse. Max-Planck-Institut für Psychiatrie, Psychologische Abteilung, Projektgruppe Rauschmittelabhängigkeit. XVII. Zwischenbericht. München: November, 1976.

[39] FERSTL, R., KRAEMER, S. (Eds.) Abhängigkeiten. München: Urban & Schwarzenberg, 1976.

[40] FEUERLEIN, W. Alkoholismus – Missbrauch und Abhängigkeit. Stuttgart: Thieme, 1975.

[41] FEUERLEIN, W., KÜFNER, H., RINGER, CH., ANTONS, K. Kurzfragebogen für Alkoholgefährdete (KFA). Archiv für Psychiatrie und Nervenkrankheiten, 1976, 222, 139–152.

[42] FEUERLEIN, W., RINGER, CH., KÜFNER, H., ANTONS, K. Diagnose des Alkoholismus. Der Münchner Alkoholismustest (MALT). Münchner Medizinische Wochenschrift, 1977, 119, 1275–1282.

[43] FITZHUGH, L.C., FITZHUGH, K.B., REITAN, R.M. Adaptive abilities and intellectual functioning of hospitalized alcoholics; further considerations. Quarterly Journal of Studies on Alcoholism, 1965, 26, 402–411.

[44] FRANKS, C.M. Alkoholismus. In R.Ferstl, S.Kraemer (Eds.) Abhängigkeiten. München: Urban & Schwarzenberg, 1976. Pp.12–56.

[45] GOODWIN, D.W., POWELL, B., BREMER, D., HOINE, H., STERN, J. Alcohol and recall. State Dependent Effects in Man.Science, 1969, 163, 1358–1360.

[46] GRIFFITHS, R., BIGELOW, G., LIEBSON, I. Unterdrückung von Alkoholkonsum bei Alkoholikern durch kontingenten Ausschluss von Sozialkontakt. In [109], Pp.86–96.

[47] GRÜNBERGER, J., KRYSPIN-EXNER, K. Psychovisuelles Merken nach metalkoholischen Psychosen unter Abstinenzbedingungen. Wiener Medizinische Wochenschrift,1971, 20/21, 416–421.

[48] GRÜNBERGER, J. Psychodiagnostik des Alkoholkranken. Wien: W.Maudrich, 1977.

[49] HEATH, D.B. A critical review of ethnographic studies of alcohol use. In R.J. Gibbins, Y.Israel, H.Kolant, R.E.Popham, W.Schmidt, K.G.Smart (Eds.) Research advances in alcohol & drug problems. Vol.2., New York: John Wiley & Sons, 1975. Pp.1–92.

[50] HOFFMANN, H., LOPER, R.G., KAMMEIER, M.L. Identifying future alcoholics with MMPI alcoholism scales. Quarterly Journal of Studies on Alcoholism, 1974, 35, 490–498.

[51] HORN, J.L., WANBERG, K.W., ADAMS, G. Diagnosis of alcoholism factors of drinking, background and current conditions in alcoholics. Quarterly Journal of Studies on Alcoholism, 1974, 35, 147–175.

[52] HOY, R., ELLISON, B. Alcoholism and brain damage. British Journal of Addiction, 1973, 3, 201–204.

[53] HUNT, G.M., AZRIN, N.H. Gemeindenahe Kontingenzen zur Alkoholismusbehandlung. In [109], Pp.97–109.

[54] JELLINEK, E.M. Alcohol addiction and chronic alcoholism. New Haven: Yale Univ. Press, 1942.

[55] JELLINEK, E.M. Phasis of alcohol addiction. Quarterly Journal of Studies on Alcoholism, 1952, 13, 673–684.

[56] JELLINEK, E.M. The disease concept of alcoholism. New Haven: College and University Press, 1960.

[57] JESSOR, R., JESSOR, S. Die Entwicklung Jugendlicher und der Beginn des Alkoholismus. In [109], Pp.19–44.

[58] JONES, M.C. Personality correlates and antecedants of drinking patterns in adult males. Journal of Consulting and Clinical Psychology, 1968, 32, 2-12.
[59] KINGHAM, R.J. Alcoholism and the reinforcement theory of learning. Quarterly Journal of Studies on Alcoholism, 1958, 19, 320-330.
[60] KISH, G.B., CHENEY, T.M. Impaired abilities in alcoholism. Quarterly Journal of Studies on Alcoholism, 1969, 30, 384-389.
[61] KLEINKNECHT, R.A., GOLDSTEIN, S.G. Neuropsychological deficits associated with alcoholism. Quarterly Journal of Studies on Alcoholism, 1972, 33, 999-1019.
[62] KNIGHT, R.P. The psychodynamics of chronic alcoholism. Journal of Nervous & Mental Disease, 1937, 86, 538-548.
[63] KÖHLER, W. Kriterien verstandesmässigen Leistungsverlustes chronisch Alkoholkranker im HAWIE. Zeitschrift für experimentelle und angewandte Psychologie, 1974, 21, 103-114.
[64] KRAFT, T., WIJESINGHE, B. Systematic desensitization of social anxiety in the treatment of alcoholism. A psychometric evaluation of change. British Journal of Psychiatry, 1970, 117, 443-444.
[65] KRYSPIN-EXNER, K. Psychosen und Prozessverläufe des Alkoholismus. Wien: Ueberreuter, 1966.
[66] KRYSPIN-EXNER, K. Behandlung des Alkoholismus. Nervenarzt, (im Druck).
[67] KRYSPIN-EXNER, K. Therapie und Rehabilitation des Alkoholkranken. Öffentliches Gesundheits-Wesen, 1978, 1, 33-38.
[68] LADEWIG, D. Biologische und lerntheoretische Aspekte süchtigen Verhaltens. Schweizerische Medizinische Wochenschrift, 1974, 104, 545-550.
[69] LEVY, R.I. The psychodynamic functions of alcohol. Quarterly Journal of Studies on Alcoholism, 1958, 19, 649-659.
[70] LISANSKY, E.S. Alcoholism in Women. Social and psychological concomitants. I. Social History Date. Quarterly Journal of Studies on Alcoholism, 1957, 18, 588-623.
[71] LONG, J.A., MCLACHLAN, J.F.C. Abstract reasoning and perceptual motor efficiency in alcoholics. Impairment and reversibility. Quarterly Journal of Studies on Alcoholism, 1974, 35, 1220-1229.
[72] LOVIBOND, S.H., CADDY, G. Ein Diskriminationstraining zur Kontrolle des Trinkverhaltens. Aus R.Ferstl, S.Kraemer (Eds.) Abhängigkeiten. München: Urban & Schwarzenberg, 1976, Pp.74-82.
[73] LÜRSSEN, E. Psychoanalytische Theorien über die Suchtstruktur. Suchtgefahren, 1974, 20, 145-151.
[74] MAC ANDREW, C., GEERTSMA, R.H. A critique of alcoholism scales derived from the MMPI. Quarterly Journal of Studies on Alcoholism, 1964, 25, 68-76.
[75] MAC ANDREW, C. The differentiation of male alcoholic outpatients from nonalcoholic psychiatric outpatients by means of the MMPI. Quarterly Journal of Studies on Alcoholism, 1965, 26, 238-246.
[76] MAJEWSKI, F., BIERICH, J.R., MICHAELIS, R. Diagnose: Alkoholembryopathie. Deutsches Ärzteblatt, 1977, 17, 1133-1136.
[77] MARLATT, G.A., DEMMING, B., REID, J.B. Loss of control drinking in alcoholics. An experimental analogue. Journal of Abnormal Psychology, 1973, 81, 233-241.
[78] MAYFIELD, D.G. Psychopharmacology of alcohol. I. Affective change with intoxication, drinking behavior and affective state. Journal of Nervous & Mental Disease, 1968, 146, 314-321.
[79] MAYFIELD, D.G. Psychopharmacology of alcohol. II. Affective tolerance in alcohol intoxication. Journal of Nervous & Mental Disease, 146, 322-327.

[80] MCCLELLAND, D.C., DAVIS, W.N., KALIN, R., WANNER, E. The drinking man. Alcohol and human motivation. New York: The Free Press, 1972.
[81] MCCORD, J. Etiological factors in alcoholism. Family and personality characteristics. Quarterly Journal of Studies on Alcoholism, 1972, 33, 1020–1027.
[82] MEISSNER, W.W. Memory function in the Korsakoff-Syndrome. Journal of Nervous & Mental Disease, 1967, 145, 106–122.
[83] MENDELSON, J.H. Experimentally induced chronic intoxication and withdrawal in alcoholics. Quarterly Journal of Studies on Alcoholism, 1964, Suppl. 2.
[84] MERRY, J. The «loss of control» myth. Lancet 1966, 1, 1257–1258.
[85] MILLER, P.M., EISLER, R.M. Alcohol and drug abuse. In W.E. Craighead, A.E. Kazdin, M.S. Mahoney (Eds.) Behavior modification principles, issues and applications. Boston: Houghton Mifflin., 1975.
[86] MILLER, P.M., HERSEN, M., EISLER, R.M., HEMPHILL, D.P. Elektrische Aversionstherapie bei Alkoholikern: Eine Analogiestudie. In [109], Pp. 76–83.
[87] MILLS, K.C., SOBELL, M.B., SCHAEFER, H.H. Training social drinking as an alternative to abstinence for alcoholics. Behavior Therapy, 1971, 2, 18–27.
[88] NATHAN, P.E., TITLER, N.A., LOWENSTEIN, L.M., SOLOMON, P., ROSSI, A.M. Verhaltensanalyse bei chronischem Alkoholismus. Interaktion von Alkohol und sozialem Kontakt. In R. Ferstl, S. Kraemer (Eds.) Abhängigkeiten. München: Urban & Schwarzenberg, 1976. Pp. 57–74.
[89] OVERTON, D.A. State-dependent learning produced by alcohol and its relevance to alcoholism. In B. Kissin, M. Begleiter (Eds.) The Biology of Alcoholism. Vol. 2. New York: Plenum-Press, 1972. Pp. 193–217.
[90] PETZOLD, H. Psychodramatische Techniken in der Therapie mit Alkoholikern. Zeitschrift für praktische Psychologie, 1970, 8, 387–408.
[91] POHL, H. Verhaltenstherapie bei Alkoholismus. Zeitschrift für Klinische Psychologie 1975, 4, 287–297.
[92] RAUCHFLEISCH, U. Zur Psychodynamik der Sucht. Praxis der Psychotherapie, 1971, 13, 1–8.
[93] ROHAN, W.P., TATRO, R.L., ROTMAN, S.R. MMPI-Changes in alcoholics during hospitalization. Quarterly Journal of Studies on Alcoholism, 1969, 30, 389–400.
[94] RON, M.A. Brain damage in chronic alcoholism: a neuropathological, neuroradiological and psychological review. Psychological Medicine, 1977, 7, 103–112.
[95] ROSEN, A.C. A comparative study of alcoholics and psychiatric patients with the MMPI. Quarterly Journal of Studies on Alcoholism, 1960, 21, 253–266.
[96] SCHAEFER, H.H., SOBELL, M.B., MILLS, K.C. Baseline drinking behaviors in alcoholics and social drinkers: kinds of drinks and slip magnitude. Behaviour Research and Therapy, 1971, 9, 23–27.
[97] SCHUCKIT, M. The alcoholic woman: a literature review. Psychiatric Medicine, 1972, 3, 37–43.
[98] SMITH, J.W., BURT, D.W., CHAPMAN, R.F. Intelligence and brain damage in alcoholics. A study in patients of middle and upper social class. Quarterly Journal of Studies on Alcoholism, 1973, 34, 414–422.
[99] SOBELL, L.C., SOBELL, M.B., CHRISTELMAN, W.C. The myth of one drink. Behaviour Research and Therapy, 1972, 10, 119–123.
[100] SOLMS, H.M., MEURON, M. Gruppentherapie Alkoholkranker in der psychiatrischen Klinik. In K. Kryspin-Exner & T. Olteanu (Eds.) Klinik und Therapie des Alkoholismus. Wien: Verlag der Wiener Medizinischen Akademie, 1968. Pp. 47–61.
[101] SPUY, H.I.J. The influence of alcohol in the mood of the alcoholic. British Journal of Addiction, 1972, 67, 255–265.

[102] STORM, T., SMART, R.G. Dissociation: a possible explanation of some features of chronic alcoholism and implication for treatment. Quarterly Journal of Studies on Alcoholism, 1965, 26, 111–115.
[103] TALLAND, G.A., EKDAHL, M. Psychological studies of Korsakoff's psychosis. IV. The rate and mode of forgetting narrative material. Journal of Nervous & Mental Disease, 1959, 129, 391–404.
[104] TALLAND, G.A., MENDELSON, J.H., RYACK, P. Experimentally induced chronic intoxication and withdrawal in alcoholics. Test of attention. Quarterly Journal of Studies on Alcoholism, 1964, 25, 53–73.
[105] TRIPP, C.A., FLUCKINGER, F.A., WEINBERG, G.H. Effects of alcohol on the graphomotor performances of normal and chronic alcoholics. Perception & Motor Skills, 1959, 9, 227–236.
[106] VOGEL-SPROTT, M.D., BANKS, R.K. The effect of delayed punishment of a rewarded response in alcoholics and nonalcoholics. Behaviour Research and Therapy, 1965, 3, 69–73.
[107] VOGEL-SPROTT, M.D. Individual differences in the suppressing effect of punishment on a rewarded response in alcoholics and nonalcoholics. Quarterly Journal of Studies on Alcoholism, 1967, 28, 33–42.
[108] VOGLER, R.E., COMPTON, J.V. WEISSBACH, T.A. Ein integriertes Programm zur Verhaltensänderung bei Alkoholikern. In [109] Pp.117–137.
[109] VOGLER, R.E., REVENSTORF, D. (Eds.) Alkoholmissbrauch. München: Urban & Schwarzenberg, 1978.
[110] WALTON, H.J. Personality as a determinant of the form of alcoholism. British Journal of Psychiatry, 1968, 114, 761–766.
[111] WANKE, K. Alkoholismus bei Frauen – Analyse klinischer Erfahrungen. In: Alkoholismus bei Frauen. Hamm: Hoheneck, 1970. Pp.68–81.
[112] WATZL, H., OLBRICH, R. Kontrolliertes Trinken in der Behandlung des Alkoholismus. Psychiatrische Praxis, 1976, 3, 204–213.
[113] WEINGARTNER, H., FAILLACE, L.A., MARKLEY, H.G. Verbal information retention in alcoholics. Quarterly Journal of Studies on Alcoholism, 1971, 32, 293–303.
[114] WINDISCHMANN, H. Gruppentherapie bei Alkoholkranken. Zeitschrift für ärztliche Fortbildung, 1970, 64, 285–288.
[115] WINOKUR, G., CLAYTON, P.J. Family history studies. IV. Comparison of male and female alcoholics. Quarterly Journal of Studies on Alcoholism, 1968, 29, 885–891.
[116] WINOKUR, G., REICH, T., RIMMER, J., PITTS, F.N. Alcoholism. 3. Diagnosis and familial psychiatric illness in 259 alcoholic probands. Archives of General Psychiatry, 1970, 23, 104–111.
[117] WOLPE, J. Praxis der Verhaltenstherapie. Bern: Huber, 1972. Pp.209–226.
[118] World Health Organisation. Expert committee on drug dependence. Sixteenth report. WHO techn.Rep.Ser.No.407, 1969.
[119] ZELEN, S.L., FOX, J., GOLD, E., OLSON, R.W. Sex-contingent differences between male and female alcoholics. Journal of Clinical Psychology, 1966, 22, 160–165.
[120] ZERBIN-RÜDIN, E. Genetische Aspekte des Suchtsproblems. In: Familie und Suchterkrankung. Hamm: Hoheneck, 1977. Pp.23–33.
[121] WHITE, T.G., VON WARTENBURG, J.P.: Models, addiction and a model of addiction. Referat auf dem 30.int.Kongress über Alkoholismus und Drogenabhängigkeit, 1972.

# VII. Altersstörungen

U. LEHR, H. THOMAE

## 1. Zur Epidemiologie und Klassifikation psychischer Störungen im Alter

Den Ergebnissen neuerer gerontologischer Forschung entsprechend ist die Annahme einer linearen Beziehung zwischen Lebensalter und Zunahme von Störungen von kognitiven wie emotional-affektiven Prozessen nicht haltbar. Das Lebensalter ist nur eine unter ca. acht Variablen, welche Leistung, Anpassung und psychisches Wohlbefinden beeinflussen. Eine Varianzanalyse der in einer Querschnittuntersuchung an 700 Personen der Altersgruppen 17 bis 91 Jahren gewonnenen HAWIE-Werte ergab, dass die Variabilität im gleichen Ausmass durch das Lebensalter wie durch die Intelligenz erklärt wurde, nämlich je durch 23%. Ausserdem trugen Beruf, Gesundheit und andere Faktoren zur Erklärung der Varianz bei. Insgesamt wurden selbst bei dieser grossen Altersspanne somit 77% der Varianz nicht durch das Lebensalter erklärt [125].

In zahlreichen anderen Studien wurde der Einfluss der Gesundheit, aber auch jener der Anregung seitens der Umgebung, der Motivation und anderer Faktoren hervorgehoben (zusammenfassend [81]). Soziale und biographische Momente sind aber noch weit stärker für Veränderungen im emotional-affektiven Bereich verantwortlich zu machen. Bei einigermassen stabilisierter Gesundheit, bei entsprechender bildungsmässiger und beruflicher Anregung und sozialer Integration kann von einem hohen Ausmass an Konstanz von Persönlichkeitsmerkmalen wie Aktivität, Stimmung, Angepasstheit, Ich-Kontrolle usf. im Übergang vom mittleren zum höheren Alter gerechnet werden. Darüber hinaus haben Längsschnittstudien die Konstanz vieler fundamentaler Persönlichkeitszüge von 30 bis 70 Jahren nachgewiesen [97].

Wenn in diesem Kapitel somit von «Altersstörungen» gesprochen wird, so geht es nicht um ausschliesslich durch das chronologische Alter oder biologisch bedingte Störungen. Es geht um Verhaltensprobleme und Anpassungserschwernisse, wie sie durch die soziale, biologische und psychologische Situation des älteren Menschen bedingt sind.

Die Verbreitung solcher Verhaltens- und Anpassungsprobleme wird von der geronto-psychiatrischen Epidemiologie sehr unterschiedlich beurteilt. Nach einer von LAUTER [76] gegebenen Übersicht über die Ergebnisse vor allem angelsächsischer Studien leiden je nach Autor zwischen 15 und 25% der über 65jährigen Personen an psychotischen bzw. neurotischen Störungen und zwischen 5,7 und 15,4% an «leichtem organischen Leistungsabbau». LAUTER selbst folgerte daraus, dass bei etwa 25 bis 30% der über 65jährigen Risikobevölkerung «psychische Störungen im weitesten Sinne des Wortes vorhanden seien».

Dagegen wurde die gleiche Faktenlage durch BERGENER und Mitarbeiter [14] weit zurückhaltender beurteilt: «Daher lassen sich meines Erachtens nicht einmal mit einem ‹gewissen Anspruch auf Allgemeingültigkeit› Angaben über die Häufigkeit psychischer Störungen in der Altersbevölkerung machen. Sie bleiben auch dann spekulativ, wenn sie in Prozentzahlen ausgedrückt Eingang in die einschlägigen Handbücher finden. Sie nützen hier niemandem, stiften Verwirrung und Unsicherheit und erschweren vielfach den Rückzug bis zum Eingeständnis des Noch-nicht-Wissens» ([14], S.373).

Diese «Verwirrung» ist besonders dann verhängnisvoll, wenn die Kriterien für ‹psychiatrische› Störungen vom organischen Hirnsyndrom bis zur reaktiven Depression reichen. Dies muss besonders schwerwiegende Folgen haben, wenn dann aus solchen zum Teil doch sehr problematischen Zahlen die Folgerung abgeleitet wird, «die Mehrzahl» älterer Personen weise psychische Störungen auf. Gerade wenn man die soziogenen und psychogenen Wurzeln von depressiven Reaktionen, die man bei solchen Analysen gewöhnlich an erster Stelle nennt, berücksichtigt, sollte man vermeiden, aus einem durchaus anzuerkennenden Streben nach psychiatrischer Hilfe heraus die «Alten» erneut zu einer mit negativen Kennzeichen versehenen Sondergruppe zu deklarieren, – zumal sehr viele Anhaltspunkte dafür vorhanden sind, dass im jüngeren und mittleren Erwachsenenalter beim Anlegen gleicher Diagnose-Massstäbe zumindest der gleiche Anteil an Personen anzutreffen wäre, die einer so definierten psychiatrischen Hilfe bedürfen würden.

Noch grösser wäre der Anteil an «Altersstörungen», wenn wir die Zustandsbilder berücksichtigen, bei denen körperliche Behinderungen und chronische Erkrankungen im Mittelpunkt stehen. Nach den Daten des Gesundheitswesens (Ausgabe 1977) finden sich unter 10000 Einwohnern bei den 40 bis 65jährigen 2262 «kranke Personen», bei den über 65jährigen 4146 kranke Personen, wobei akute wie chronische Zustände zu berücksichtigen sind. Die stärksten altersspezifischen Erhöhungen des Anteils finden sich bei den Erkrankungen des Kreislaufsystems, des Bewegungssystems und der Atmungsorgane.

Nach den Erkenntnissen der modernen Geriatrie ist ausserdem für den somatischen Zustand der älteren Person die Multimorbidität kennzeichnend, d.h. die Kombination z.B. von Behinderungen der Mobilität, Atem- und Kreislaufbeschwerden usf. Bei den schon erwähnten Zusammenhängen zwischen somatischem und psychischem Zustand wäre somit ein hoher Anteil an psychischen «Altersstörungen» zu erwarten.

Diesen Schlussfolgerungen widersprechen jedoch geriatrische Erhebungen, die als Klassifikationsprinzip nicht bestimmte klinische Syndrome, sondern das Ausmass der Anpassung des älteren Menschen an seine Lebenssituation wählen. JUNOD [66] berichtet aufgrund einer Studie an allen über 65jährigen Einwohnern der Stadt Genf, dass 81% von ihnen «völlig unabhängig» waren, sich also selbständig versorgen und bewegen konnten; 13% waren in ihrer Beweglichkeit so eingeschränkt, dass sie (ohne Transporthilfe) nur in der näheren Nachbarschaft ihrer Wohnung sich bewegen konnten, und 6% waren an ihre Wohnung gebunden bzw. lebten in Institutionen. JUNOD folgerte aus diesen Daten, dass 90% der älteren Bürger bei der Einschaltung einiger sozialer Dienste (wie Essen auf Rädern usf.) in ihrem eigenen Haushalt leben können; 4% sollten in Altenwohnungen leben, in denen eine sozial-medizinische Versorgung zur Verfügung steht, und 6% sollten in Institutionen der geschlossenen Altenhilfe untergebracht sein. Gegenüber dem augenblicklichen Anteil an Heimbewohnern (2,7%) würde das mehr als eine Verdoppelung der Heimplätze bedeuten.

## 2. Diagnostische Probleme

Die sehr unterschiedliche Bewertung vorliegender epidemiologischer gerontopsychiatrischer und anderer geriatrischer Forschungsergebnisse ist sicher durch Probleme der Stichprobengewinnung zu erklären. Da es schwer ist, aktive, unabhängige und sozial kompetente ältere Personen zur Mitarbeit an einem Forschungsprojekt zu gewinnen, liegt es nahe, dass die erfasste Stichprobe mehr und mehr mit einer Problemstichprobe identisch wird, die man mit Hilfe von Gesundheits- oder Sozialamt oder des Aussendienstes psychiatrischer Einrichtungen gewann.

Aber auch dann, wenn es möglich geworden sein sollte, eine nicht zu verzerrte Stichprobe zu gewinnen, ergeben sich Probleme. Viele der Untersuchungen, gleichgültig ob sie unter ausschliesslicher psychiatrischer Verantwortung oder in echter psychiatrisch-psychologischer Kooperation entstanden, bleiben in ihrer methodischen Anlage weit hinter sonst weithin erreichten Standards zurück. So beruht die Diagnose ‹psychische Störung› meist auf einem einstündigen Interview, die Diagnose ‹Hirnorganische Störung› auf einem Gedächtnistest, der niemals psychologischen Gütekriterien unterworfen wurde [73]. Es wäre aber ungerecht, ausschliesslich Psychiater für methodisch bedingte Fehler bei der Beurteilung von Altersstörungen verantwortlich zu machen. So wurde durch Skalen, welche Rigidität zu messen beanspruchen, das Stereotyp vom Altersstarrsinn bekräftigt [122], obwohl viele der Items einfach die Frage des generationsspezifischen Geschmacks betreffen (z.B. würden Sie Ihre alten Möbel lieber durch moderne ersetzen?). Auch die Verwendung der MMPI-Skalen für klinische Untersuchungen bietet viele Gefahren. SAVAGE et al. [131] verweisen auf die Schwerfälligkeit des Verfahrens, wenn es ungekürzt verwendet wird. Der Aufwand an Zeit stehe nicht immer in einem angemessenen Verhältnis zu der Information, die man für den einzelnen Fall daraus gewinne. Sie empfehlen daher die Entwicklung stärker an die Alterspopulation angepasster Derivate des MMPI und setzen damit berechtigte Zweifel in die in der Literatur vorgelegten Vergleiche von MMPI-Werten jüngerer und älterer Populationen, welche auf eine höhere Inzidenz psychopathologischer Merkmale verweisen.

Auf der anderen Seite aber sehen SAVAGE et al. [131] die von ihnen aufgefundenen Unterschiede in den 16 PF-Werten zwischen der amerikanischen Standardisierungsstichprobe [27] und ihrer Seniorenstichprobe aus Newcastle upon Tyne als validen Hinweis auf ein höheres Ausmass an Introversion, «Schweigsamkeit», Egozentrizität, Vorsicht im emotionalen Ausdruck und eine Tendenz zur Distanzierung im höheren Alter. Die Frage der interkulturellen Vergleichbarkeit wurde dabei nicht aufgeworfen.

Von all diesen Informationen aus ist der Auffassung entgegenzutreten, als gäbe es psychische Störungen, die notwendig mit zunehmendem Alter auftreten bzw. als sei höheres Lebensalter in einem signifikanten Ausmass mit psychischer Störanfälligkeit verbunden. Die Korrekturbedürftigkeit solcher Anschauungen wird im übrigen auch durch sozialstatistische Angaben deutlich. In Anstalten und Heimen waren in der Bundesrepublik untergebracht (Mikrozensus von 1971) 2,7% der über 65 Jahre alten Personen. Die weit überwiegende Zahl dieser institutionalisierten älteren Personen lebt in Altenwohnheimen und Altenheimen und verfügt noch über einen mehr oder minder hohen Grad an Unabhängigkeit und Angepasstheit. Der Anteil der in Pflegeheimen und psychiatrischen Stationen untergebrachten Personen liegt unter 1% der über 65jährigen.

Wenn man diese relativ harten Daten aus der Wohn- oder Unterbringungsstatistik mit den Inzidenzwerten von psychischen Störungen vergleicht, wie sie von Psychiatern und/oder psychiatrisch geschulten Beurteilern erbracht werden (vgl. Tabelle I), so ergeben sich erhebliche Widersprüche. Sie lassen sich einmal durch die Annahme auflösen, dass Hospitalisierung oder Institutionalisierung älterer Menschen in keiner Weise

Tab. I. Klassifikation psychischer Störungen im Alter und geschätzte Inzidenzraten.

| Quelle | Syndromatik | Stichprobe | Inzidenz |
| --- | --- | --- | --- |
| LAUTER [76] | Psychosen | «Grundgesamt- | 3,0– 8,0% |
|  | Neurosen, abnorme Persönlichkeiten | heit» | 8,7–17,6% |
|  | leichter organischer Leistungsabbau |  | 5,7–15,4% |
| OESTERREICH [110] | Organische Psychosyndrome | o.A. | o.A. |
|  | organisches Psychosyndrom |  |  |
|  | vorzeitiger Versagenszustand |  |  |
|  | klimakterische Syndrome |  |  |
|  | präsenile Syndrome |  |  |
|  | dementielles Syndrom |  |  |
|  | Depressive Syndrome, manisch-depressive Erkrankungen | o.A. | o.A. |
|  | paranoide und schizophrene Syndrome |  |  |
|  | hypochondrische Syndrome |  |  |
|  | suizidales Syndrom |  |  |
|  | Hospitalismus |  |  |
|  | Schlafstörungen |  |  |
| BUSSE, DOVENMUEHLE, BROWN [24] | «normal», ohne Störungen | 222 von der Duke-Longitudinal-Studie zum Altersproblem | 89 (abs. Zahl) |
|  | a) psychoneurotisch |  | 56 |
|  | b) leichte, nichtpsychotische organische Veränderungen |  | 21 |
|  | c) Kombinationen von a und b |  | 42 |
|  | Psychosen |  | 14 |

auf deren psychiatrisch beurteilten Zustand bezogen ist, sei es, weil unsere Gesellschaft derart klassifizierten älteren Personen an sich notwendige institutionalisierte Hilfe verweigert, sei es, weil die bei weitem überwiegende Zahl älterer Personen mit ihrer Situation ganz gut zurecht kommt, sei es auch, weil noch weit mehr der älteren Mitbürger jede Form der Institutionalisierung ablehnen.

## 3. Klinisch-psychologische Beurteilung des Älteren

### 3.1 Explorationstechniken

In der europäischen Psychiatrie ist die gängige Bezeichnung für das diagnostische Gespräch die «Exploration». Mit dieser Bezeichnung ist diese Methode vom sozialwissenschaftlichen Interview oder von Methoden der Meinungsbefragung deutlich abgesetzt. Wir empfehlen daher auch für die klinische Psychologie diesen Gebrauch. Die normale Form der Exploration, wie sie für diagnostische Zwecke verwendet wird, ist strukturiert, d.h. enthält ein geordnetes System von Themen, die so behandelt werden, dass die Antwort «offen» bleibt.

Die häufig ausgesprochene Warnung, dass man zu lange Explorationen mit älteren Personen vermeiden solle, bedarf der Differenzierung [15, 132]. In der Bonner gerontologischen Längsschnittstudie [148, 149, 150] wurde für jeden Messzeitpunkt an drei verschiedenen Tagen je eine zweistündige Exploration vorgesehen, welche die Befragten selbst ohne Ermüdung um ein bis eineinhalb Stunden verlängerten. Auch bei Hausbefragungen bei alleinstehenden älteren Frauen und Männern wurde erkennbar, dass ein kurzes Gespräch eher als mangelndes Verständnis oder mangelnde Anteilnahme gewertet wurde [151]. Anders ist die Situation beim gesundheitlich beeinträchtigten älteren Menschen, gerade wenn besonders belastende Themen angesprochen werden müssen [49].

Im Zusammenhang mit epidemiologischen Studien wurden verschieden standardisierte Fragen-Inventare erarbeitet [50]. Insbesondere aber wurden Skalen zur Messung der Unabhängigkeit entwickelt.

Auf der Grundlage von Pflegerberichten bzw. von Aussagen der Angehörigen kann die von BERGENER, ZIMMERMANN und anderen entwickelte «Skala» zur Beurteilung der «Pflegebedürftigkeit» beantwortet werden. Von den fünf Faktoren erfasst einer Aspekte der körperlichen Gebrechlichkeit, die übrigen erfassen die Inzidenz psychopathologischer Verhaltensweisen, Reizbarkeit und Aggressivität, soziale Aktivität und Beeinträchtigungen der sensorischen Funktionen.

Der psychoanalytische bzw. tiefenpsychologische Gesprächstypus wurde vor allem in Studien von LOWENTHAL et al. [96] angewandt. Er erscheint besonders für die Erfassung der psychodynamischen Prozesse bei der Verarbeitung von Verlust und Belastung erfolgversprechend.

Die Zunahme der Beachtung kognitiver Theorien des Verhaltens und der Persönlichkeit in der Gerontologie [70, 147, 152] hat die Anwendung phänomenologisch orientierter Interviewleitfäden und Skalen gefördert. Wenn Verhalten die abhängige Variable der Situation ist, so wie sie wahrgenommen wird, dann erscheint die möglichst offene Beschreibung dieser Situation in der Exploration als die angemessenste Methode, welche durch gezielte Interview-Typen wie das «social space interview»-Verfahren [71] ergänzt werden kann, das zwischen kognitiver und emotionaler Abhängigkeit im höheren Alter zu differenzieren versucht.

## 3.2 Persönlichkeitsfragebögen und Skalen

Die am frühesten angewandte Methode zur Erfassung psychischer Störungen im Alter war das MMPI. Dabei wurde vor allem eine Zunahme der Werte bei der D-Skala gefunden [26, 72]. Bei psychiatrischen Patienten fanden GYNTHER und SHIMKUMAS [52] eine Zunahme der Werte bei den Skalen Hs, D, Hy und Pt mit zunehmendem Alter. Eine starke Zunahme in den Werten dieser Subskalen des MMPI fanden auch SAVAGE et al. [131] bei ihren im eigenen Haushalt lebenden englischen Senioren aus Newcastle upon Tyne. Auf der anderen Seite zeigten die Angehörigen dieser Stichprobe niederere Werte in fast allen Subskalen, wenn sie mit geropsychiatrischen Patienten verglichen wurden. Dennoch möchten die Autoren die MMPI-Skalen eher als Forschungsinstrument denn als Hilfsmittel zur individuellen Diagnose verwendet wissen. SCHAIE [132] bezweifelt auch den Wert *dieser* Anwendung, da die Normen des MMPI bei jüngeren Standardisierungsgruppen gewonnen wurden. Im übrigen ist bei diesen Skalen wie bei allen älteren zu fragen, inwieweit nicht Kohortenunterschiede manche der angeblichen Altersunterschiede erklären.

SAVAGE et al. führten bei ihren späteren Untersuchungen statt des MMPI den 16 PF-Test von CATTELL bei einer Gruppe von 82 im eigenen Haushalt lebenden Männern durch. Eine Clusteranalyse wurde unter Verwendung von WARDS Methode der «hierarchischen» Fusion angewandt. Es ergaben sich vier Persönlichkeitstypen: die «normalen», welche 54% der Stichprobe ausmachten, die «Introvertierten» (16 Personen), die «Verstörten» (9 Personen) und die «Reifen» (13 Personen). Die «Verstörten» (perturbed) erschienen vor allem sehr misstrauisch, schwer zu behandeln, emotional unreif und äusserst leicht erregbar. Eine von einem Psychiater ohne Kenntnis der 16 PF-Werte vorgenommene Beurteilung charakterisierte alle Angehörige dieser kleinsten Gruppe als psychiatrisch behandlungsbedürftig.

## 3.3 Skalen zur Beurteilung von «Lebenszufriedenheit», «Moral», «Ich-Stärke»

Da depressive Reaktionen zu den am häufigsten genannten psychischen Störungen im höheren Alter gerechnet werden [110], ist eine diagnostische Klärung hier von besonderem Interesse [69]. Als ein Mass der «Anpassung» an das Alter wie der «Lebenszufriedenheit» gilt der Lebenszufriedenheitsindex, wie er von HAVIGHURST [54] entwickelt wurde.

Schlechter Gesundheitszustand, Einsamkeit, soziale Integration und viele andere Lebensumstände stehen in signifikanter Korrelation zur Lebenszufriedenheit [1, 2]. Die deutsche Bearbeitung durch WIENDICK [157] weist ebenso wie die amerikanische Urfassung eine starke Tendenz auf, eher höhere Lebenszufriedenheit zu indizieren [133, 151]. Dennoch ergeben sich sehr hohe Übereinstimmungen zwischen dem Grad der Lebenszufriedenheit, gemessen mit dieser Skala, und der Beurteilung von Stimmung und Aktivität der Älteren durch Interviewer. Untersuchungen an Personen mit hoher gesundheitlicher und/oder ökonomischer Belastung zeigen, dass die mit der Skala gemessene Lebenszufriedenheit eine Bilanz zwischen den günstigen und ungünstigen Lebensumständen darstellt [138]. Insofern dürften auch jene Prozesse von hier aus erfassbar werden, die zu stärker depressive Reaktionen oder zu suizidalen Handlungen führen. Denn als wesentlichste Determinante suizidaler Handlungen wurde die Situation erkannt, wie sie das Individuum einschätzt [3, 158].

## 3.4 Beurteilung von kognitiver Kompetenz

Die am häufigsten gebrauchte Methode zur Beurteilung der kognitiven Kompetenz sind die WECHSLER-Tests in ihren verschiedenen nationalen Standardisierungen. Sie wurden nicht nur für normative Zwecke verwendet, sondern auch um spezifische klinische Indizes für Funktionsabbau in spezifischen Bereichen zu gewinnen.

Die mehrfach formulierte Hypothese, dass der Altersabbau der Intelligenz dem Abbau bei hirngeschädigten Personen analog sei, wurde nicht bestätigt [112]. Bei Hirngeschädigten findet sich im Gegensatz zu älteren

Menschen eine umgekehrte Beziehung zwischen den Werten im Verbal- und Handlungsteil des Tests. Deshalb sei es auch nicht möglich, allgemeine Erwachsenennormen für chronischen diffusen Leistungsverlust zu verwenden, um etwa eine Hirnschädigung im Alter nachzuweisen. Die Charakteristika des Altersabbaus der Leistung infolge hirnorganischer Veränderungen müssen vielmehr durch Vergleich mit der Leistung normaler älterer Personen gewonnen werden [132].

Der von WECHSLER [154] vorgeschlagene Abbauquotient scheint in den letzten Jahren weniger Berücksichtigung gefunden zu haben, obwohl er seine Brauchbarkeit nach SAVAGE, BRITTON et al. [130] und PAUL [113] gezeigt habe. PAUL fand bei Probanden mit «Voralterungssymptomen» nach KZ-Haft bzw. langer Kriegsgefangenschaft einen höheren Abbauquotienten bei beruflichem Abstieg. Personen mit hohem Abbauquotienten zeigten im BOURDON-Test signifikant mehr Konzentrationsstörungen bzw. Anzeichen starker Verlangsamung. SCHAIE [132] vertritt die Auffassung, die differentialdiagnostische Bedeutung des Abbauquotienten (hinsichtlich einer funktionalen oder organischen Hirnleistungsschwäche) hänge im wesentlichen davon ab, ob verlässliche Normen für ältere Gruppen verfügbar werden.

Die Unterscheidung von «fluider» und «kristallisierter» Intelligenz [59] hat noch nicht zu klinisch orientierten Untersuchungen geführt. Dagegen stellen Gedächtnistests eine weitverbreitete Methode zur Feststellung von «organischer Hirnleistungsschwäche» dar. Zum Teil werden kaum standardisierte Verfahren in epidemiologischen Untersuchungen zur Stützung der Diagnose «organische Hirnleistungsschwäche» verwendet. WALTON [153] glaubt nachgewiesen zu haben, dass eine viermalige Wiederholung der WECHSLER Memory Skalen unterschiedliche Reaktionen bei funktionaler und organischer Hirnleistungsschwäche hervorrufe. Die sehr komplexe Determination der Leistung bei den WECHSLER Memory Skalen wurde durch BÖCHER, HEEMSKERK und MARX [20] und HEEMSKERK [55] aufgewiesen. Neben dem Lebensalter standen Geschlecht, Bildung, Beruf, Einschätzung des Gesundheitszustandes, Lebenszufriedenheit und Lernmotivation zur Gedächtnisleistung in Beziehung. Von hier aus gesehen scheint die Interpretation von Gedächtnisleistungen als direkter Hinweis auf eine «organische Hirnleistungsschwäche», wie sie in der psychiatrischen Literatur zuweilen begegnet, kaum haltbar.

Von der Lebenssituation des älteren Menschen ausgehend wird bezweifelt, ob dessen kognitive Kompetenz mit den ursprünglich für Schulkinder entwickelten Intelligenz- und Gedächtnistests adäquat beurteilt werden könne [132]. FISHER [38] warf die Frage auf, ob die Intelligenz nicht eine problematische, wenn nicht bedeutungslose Art der Konzeptualisierung und Messung wesentlicher Verhaltensweisen älterer Menschen sei. Er schlägt deshalb vor, den von ROBERT WHITE [15] vorgeschlagenen Begriff der Kompetenz als Kriterium der Angepasstheit des Älteren an seine Situation einzuführen. Dabei wird auf die Tatsache verwiesen, dass auch bei objektiv nachweisbarer hirnorganischer Schädigung ein «Funktionieren in sozial völlig angemessener Weise» [137] möglich ist und deutliche Diskrepanzen zwischen dem nachweisbaren organischen Defizit und dem Nachlassen kognitiver Fähigkeiten bestehen. Als Mass zur Erfassung der Kompetenz des Älteren für seine Lebensführung schlägt er das Ausmass der kognitiven Zugänglichkeit (accessibility) und jenes der sozialen Zugänglichkeit vor. Jedes der beiden Masse beruht auf zwei Skalen, mit Hilfe deren Beobachtungen des Pflegepersonals über Verhalten und Anpassung des Älteren eingeordnet werden. Zweifellos ist dieses Mass für die Beurteilung der Rehabilitationsfähigkeit gerade stärker gestörter älterer Menschen wesentlicher als jenes der Intelligenz.

## 4. Intervention in der klinischen Gerontologie

### 4.1 Zum Begriff der Intervention

Die verschiedenen Formen klinisch-psychologischer Behandlung in der Gerontologie werden heute mehr und mehr unter dem Begriff «Intervention» eingeordnet. Die Verwendung dieses Begriffes reicht heute einerseits von der sehr engen Umschreibung der «Krisen-Intervention» [23, 109, 111] bis andererseits hin zur «sozialen Intervention» [75], die dann mit dem Insgesamt der Massnahmen der Altenpolitik und Altenarbeit – von der Veränderung des Images des Alters [34] bis zur finanziellen Unterstützung im Rahmen der Sozialhilfe – gleichzusetzen wäre.

EISDORFER und STOTSKY [33] machen zwar einen Versuch, «intervention», «treatment» und «rehabilitation» voneinander abzugrenzen, «Intervention and treatment refer to socially sanctioned practices and procedures for preventing, modifying or eliminating disordered or undesirable behaviors; rehabilitation refers to the restoration of the patient to the maximum possible level of psychological, physical and vocational function and self-sufficiency» ([33], S. 724), stellen dann aber fest, dass dies nahezu unmöglich ist: «Rehabilitation overlaps with intervention and therapy in so many ways that any distinction between them must be artificial» ([33], S. 724).

Der Begriff der Intervention ist der übergreifende; Behandlung (treatment) und Rehabilitation sind als typische Formen der Interventionsmassnahmen zu sehen.

Gewisse Unklarheiten in bezug auf den Begriff der Intervention bestehen auch im Hinblick auf die angestrebten Ziele. So möchte BALTES [8, 9] Intervention ganz neutral als Möglichkeit der Beeinflussung des Verhaltens verstanden wissen; Interventionsmassnahmen wurden von ihm ursprünglich angewandt zum Nachweis von Flexibilität und der möglichen Korrektur weitverbreiteter stereotyper Annahmen einer Altersstarrheit [10]. Dabei können, so gesehen, Interventionsmassnahmen sowohl zu einer Verschlechterung (bzw. zu einer Herbeiführung grösserer Verhaltensauffälligkeiten [5]) führen wie auch zu einer Verbesserung im Sinne eines Abbaus von unerwünschtem Verhalten. – In der massgeblichen neueren gerontologischen Literatur jedoch wendet man den Begriff «Intervention» nur dann an, wenn es um Massnahmen zur Herbeiführung eines grösseren psychophysischen Wohlbefindens des alternden Menschen geht (vgl. [33, 34, 75]).

Mit Intervention werden heute Massnahmen umschrieben, die einmal einem Altersabbau vorbeugen, also prophylaktisch oder präventiv wirken. STEINMANN [141] spricht in diesem Zusammenhang von einer «präventiven Rehabilitation» bzw. einer «prophylaktischen Rehabilitation», oder auch von Massnahmen, die eine Situation rückgängig machen bzw. die Gesundheit wiederherstellen und die helfen, die eingetretenen Problemsituationen zu «managen» und einer weiteren Verschlechterung vorzubeugen. ESTES und FREEMAN [34] führen hierzu wörtlich aus: «At one end are efforts designed to prevent the onset of a condition; intermediate are programs to restore the situation or cure a problem; at the other end are attempts to manage or contain conditions» ([34], S.550). Zwar könne diese Dreiteilung der Aufgaben am deutlichsten im Zusammenhang mit dem Gesundheits- bzw. Krankheitsgeschehen eines Menschen aufgezeigt werden, doch «it has relevance for all interventions in the aging field» ([34], S.550).

Diese dreifache Aufgabe der Intervention – das Vorbeugen, das Rückgängigmachen und das «Managen» von Problemsituationen – hat sich in den verschiedensten Bereichen zu vollziehen; BALTES [9] spricht neuerdings sogar von einer Vierteilung der Aufgaben:

1. der Optimierung der Entwicklung durch «enrichment»
2. der Prävention krankhafter Störungen bzw. des Altersabbaus
3. der Korrektur eingetretener Schäden und
4. der Rehabilitation.

Man spricht zwar von «medizinischer Intervention», psychologischer, sozialer und ökologischer Intervention [33, 34], betont jedoch mit Recht die Notwendigkeit des Zusammenwirkens dieser Massnahmen und ihrer wechselseitigen Beeinflussung.

Bestehen auch bezüglich der Frage der Abgrenzung des Interventionsbegriffes noch zum Teil widersprüchliche Auffassungen, so herrscht doch weitgehende Einigkeit

1. bezüglich des Zieles: nämlich ein psychophysisches Wohlbefinden bis ins hohe Alter hinein möglich zu machen, zu erhalten oder gar zurückzugewinnen;
2. bezüglich der mehrfachen Aufgabe: einer Optimierung der Entwicklungsbedingungen und damit einer Prävention; einer Korrektur oder Restauration von eingetretenen Störungen und eines Managements von Problemsituationen;
3. bezüglich der Notwendigkeit einer interdisziplinären Zusammenarbeit bzw. der Betonung der Mehrdimensionalität und Wechselwirkung der anzuwendenden Massnahmen.

Eine derartige Umschreibung bzw. ein Versuch der Charakterisierung dessen, was man heute als «Intervention» versteht, unterstreicht die Notwendigkeit der Auseinandersetzung mit dieser Thematik.

Intervention ist keinesfalls nur ein Ersatz für die üblichen Bezeichnungen der «Geroprophylaxe» und «Rehabilitation». Intervention bezeichnet einmal weit stärker die Zusammengehörigkeit beider Gruppen von Massnahmen und weitet darüber hinaus den Rehabilitationsbegriff auf die «Sicherung des Erreichten» («to contain conditions») und das «Managen» von Problemsituationen aus, zum anderen bleibt Intervention nicht auf den körperlichen bzw. medizinischen Bereich beschränkt (vgl. Tabelle II).

Die Anwendung von psychologischen Interventionsmassnahmen konzentriert sich nach der vorliegenden Literatur stark auf die Behandlung von hirnorganisch bedingten Zuständen (wie u.a. Schlaganfallfolgen oder Demenz, depressive Reaktionen, Desorientierung und Verwirrtheitszustände). Gerade in diesem Bereich aber begegnet ihre Anwendung den Auswirkungen des eingangs charakterisierten negativen Altersstereotyps.

So verwundert es gar nicht, wenn ESTES und FREEMAN [34] feststellen, dass auch von medizinischem Personal vielfach Interventionsmassnahmen aufgrund eines falschen Altersbildes und damit einhergehend fehlgerichteter Verhaltenserwartungen als überflüssig betrachtet werden: «It is fairly well documented that the aged are often regarded as ‹uninteresting›, ‹disreputable›, and ‹difficult› [25, 31, 108]. Medical practioners and others in the health field have been accused of neglecting the aged. Longterm terminal cases in particular are frequently regarded as burdensome by health practioners (SPENCE, FEIGENBAUM et al. [140])» ([34], S. 548).

Tab. II. Intervention als Inbegriff der Massnahmen zur Sicherung eines psychophysischen und psychosozialen Wohlbefindens im höheren Alter.

| Optimierung | Geroprophylaxe Prävention | Rehabilitation Therapie Restauration Korrektur | Management «Contain conditions» |
|---|---|---|---|
| (Schaffung günstiger Entwicklungsbedingungen) | (Vorbeugung eines Altersabbaus) | (Rückgängigmachen von Störungen, von bereits eingetretenen Schäden, von Abbauerscheinungen) | (Zurechtkommen mit irreversiblen Problemsituationen, Sicherung des Erreichten) |
| durch geistige Entwicklung, durch «enrichment», Anregung, körperliche Entwicklung, durch sportliche Betätigung, Interessenentwicklung | durch Erhaltung der körperlichen, geistigen und sozialen Fähigkeiten durch lebenslanges Training, Pflege der Interessen, richtige Ernährung | durch Wiedergewinnung der Kompetenz in den verschiedenen Lebensbereichen, Reaktivierung körperlicher, geistiger und sozialer Fähigkeiten durch gezieltes Neueinüben, Trainieren, Fördern durch Fordern | durch Auseinandersetzung mit der Problemsituation, Veränderung der inneren Einstellung, kognitive Umstrukturierung, Einüben von coping-Stilen, aber auch: Veränderung der ökologischen Bedingungen, prothetische Massnahmen |

Auch andere Untersuchungen haben gefunden, dass ältere Menschen vom Pflegepersonal oft mit Feststellungen wie «Unbeweglichkeit», «geringe Motorik», «allgemeines Desinteresse», «geringe Mobilität», «wenig soziale Interaktion», «dumpfes Dahindösen», «Teilnahmslosigkeit» u.ä.m. charakterisiert werden. Man erwartet diese starke Teilnahmslosigkeit und verstärkt damit gerade dieses Verhalten. Psychologische Studien haben nämlich gezeigt, dass die Verhaltenserwartungen der Umwelt das Verhalten des einzelnen beeinflussen. – Hier gilt es, aufgrund einer Korrektur des Altersbildes und damit der Verhaltenserwartungen, die man an den alten Menschen stellt, diesen herauszufordern – und damit zu fördern. Es gilt, dem älteren Menschen etwas zuzumuten, ihm Aufgaben zu stellen, Aktivität von ihm zu erwarten.

Die Korrektur des negativen Altersbildes ist insofern notwendig, als die psychologische Grundlagenforschung nachweisen konnte, dass unter bestimmten Bedingungen (Entwicklung von Fähigkeiten und Fertigkeiten, lebenslanges Training derselben, Anregung und stimulierende Umwelt) Altern nicht Abbau bedeuten muss, dass man Abbauprozessen vorbeugen kann. Ebenso konnte nachgewiesen werden, dass manche der eingetretenen Abbauerscheinungen keineswegs als biologisch bedingt und damit als irreversibel (im Sinne einer «Aufbrauchs-», «Abnutzungs-» oder «Verschleisstheorie») anzusehen sind. – Erst diese Erkenntnisse einer Flexibilität der Alternsprozesse machen überhaupt Interventionsmassnahmen sinnvoll.

## 4.2 Konsequenzen der Erkenntnisse psychologischer Grundlagenforschung für Interventionsmassnahmen

Die Bereitstellung empirischer Daten für eine Korrektur des negativen Altersbildes, die Einsicht in die Individualität der Altersvorgänge im Rahmen einer differentiellen Gerontologie, die festgestellte mehrdimensionale Determinierung von Alternszuständen und Alternsprozessverläufen und die Erkenntnis der biographischen Einflussgrössen wie auch die interindividuell unterschiedliche kognitive Repräsentanz gilt es zu berücksichtigen, wenn Interventionsmassnahmen (sowohl im Sinne der Optimierung, der Prävention, der Rehabilitation und des «Managements» von Problemsituationen) sinnvoll sein sollen und das psychophysische Wohlbefinden auch im Alter gewährleisten, stärken und herbeiführen sollen (vgl. Tabelle III).

Alle Interventionsmassnahmen haben mit einer detaillierten Analyse der jeweils spezifischen individuellen Situation und der kognitiven Reprä-

Tab. III. Erkenntnisse psychologischer Grundlagenforschung und praktische Konsequenzen für die Intervention.

| | |
|---|---|
| 1. *Korrektur des defizitären Altersbildes* Korrektur der Verhaltenserwartungen, die das Verhalten mitbestimmen | *Voraussetzung für sinnvoll erscheinende Intervention* Anforderungen auch an den älteren Menschen stellen, «Fördern durch Fordern» |
| 2. Stärkere Beachtung *differentieller Aspekte* (interindividuelle Unterschiede in den intraindividuellen Verlaufsformen) | *individuelle Interventionsmassnahmen* persönlichkeitsspezifisch und situationsspezifisch Abkehr von allgemeinen «Beschäftigungsprogrammen» |
| 3. Die *mehrfache Determinierung* von Alternszuständen und Alternsprozessen (Beachtung von Vergangenheits-, Gegenwarts- und Zukunftsaspekt) | Intervention (als Optimierung und Prävention) *von Kindheit* an |
| Altern als biologisches Schicksal Altern als soziales Schicksal Altern als finanzielles/ökonomisches Schicksal Altern als epochales Schicksal Altern als ökologisches Schicksal | Intervention als *mehrgleisige Massnahme:* physikalische Intervention/Medikation psychologische Intervention soziale Intervention ökologische/prothetische Intervention |
| 4. Die Bedeutung der kognitiven Repräsentanz, des *subjektiven Erlebens* | detaillierte *Analyse der spezifischen individuellen Situation und der kognitiven Repräsentanz* dieser Situation *vor* Beginn der Interventionsmassnahmen |

sentanz dieser Situation zu beginnen. Erst danach lassen sich Möglichkeiten und Grenzen der verschiedenen Interventionsprogramme – von Optimierungs- bzw. «Enrichment»-Massnahmen oder Präventionsmassnahmen, von Aktivierungsmassnahmen im körperlichen, seelisch-geistigen und sozialen Bereich über Reaktivierungsprogramme wie das Training zur Realitätsorientierung bis zu den mannigfachen verhaltenstherapeutischen Methoden hin, die für den einzelnen in seiner gegenwärtigen Situation sinnvoll sein können bzw. Erfolg versprechen, diskutieren (vgl. [83, 84]).

## 4.3 Intervention im Sinne einer Optimierung

Interventionsmassnahmen im Sinne einer Optimierung und Prävention, die das Ziel haben, Voraussetzungen für ein psychophysisches Wohlergehen im höheren Alter zu schaffen und die somit Altersstörungen zu vermeiden helfen, wären innerhalb des *körperlichen Bereiches* zu richten auf:

Sauberkeitserziehung und Hygiene,
Gesundheitspflege,
Teilnahme an Vorsorgeuntersuchungen,
körperliche Aktivitäten, Turnen, Gymnastik,
richtige Ernährungsweise;

innerhalb des *psychischen Bereiches* auf:

Entwicklung geistiger Fähigkeiten und deren lebenslanges Training, lebenslanges Lernen, Erfahrungen sammeln, um Anregungen bemüht sein, für Stimulation sorgen,

Entwicklung und Erhaltung von Selbständigkeit und Kompetenz, Gewinnung von Selbstsicherheit, positives Selbstbild, Entwicklung und Pflege weitreichender Interessen, Schaffung und Pflege sozialer Kontakte (auch ausserhalb des familiären Bereiches),

Suche nach Aufgaben, die dem Leben einen Sinn geben, Antizipation zukünftiger Lebenssituationen, die dann die Auseinandersetzung mit diesen erleichtern.

Dies wären Aufgaben, die jeder einzelne im Rahmen der Intervention zu leisten hätte. Doch auch seitens der Gesellschaft sind Interventionsmassnahmen notwendig, die dem Individuum zu einer Optimierung seiner Möglichkeiten verhelfen wie auch im Sinne einer Prävention etwaigen Altersstörungen vorbeugen. Neben der Bereitstellung von entsprechenden finanziellen Mitteln, sozialen Einrichtungen und ökologischen Gegebenheiten – sowohl im Rahmen der Gesundheitspflege, der Bildungseinrichtungen und Freizeitanlagen – wäre vor allem auf die Notwendigkeit einer Korrektur stereotyper Rollenauffassungen von Mann und Frau hinzuweisen, durch die ein Älterwerden als Frau (genauer: als Nur-Hausfrau) oft in jeder Hinsicht so problematisch wird (vgl. [86, 87]), dass hier Altersstörungen nicht zu vermeiden sind. Vor allem aber wäre im Hinblick auf das negative Altersbild, das in unserer Gesellschaft immer noch weit verbreitet ist, zu intervenieren.

### 4.4 Intervention im Sinne von Rehabilitation und «Management von Problemsituationen»

Die Bezeichnung «Rehabilitation» wurde erstmalig 1844 in den medizinischen Bereich übernommen (vgl. [143]), jedoch erst 1883/1884 dort fixiert durch die Einführung der allgemeinen Krankenversicherung und des ersten Unfallversicherungsgesetzes. Hiermit war jedoch keineswegs die einseitige Ausrichtung der Rehabilitation auf körperbezogene Massnahmen korrigiert. Dieses Verstehen von Rehabilitation als Bemühen, eine Wiedereingliederung in den Arbeitsprozess zu erreichen, hat sogar zunächst den älteren, bereits aus dem Berufsleben ausgeschiedenen Menschen von Rehabilitationsmassnahmen ausgeschlossen. Auch heute noch ist es leider durchaus üblich, unter Rehabilitation «die Wiedereingliederung in ein berufliches oder soziales Bezugssystem, aus dem der Patient durch Krankheit oder Unfall herausgerissen wurde und in das er wegen mehr oder weniger langsam sich zurückbildender oder bleibender Krankheitsfolgen nicht unmittelbar nach Abschluss der medizinischen Behandlung im engeren Sinne zurückkehren kann», ([32], S.176) zu begreifen.

Bemühungen um eine Korrektur dieses enggefassten Rehabilitationsbegriffes, der auch finanzielle Konsequenzen für den älteren Menschen mit sich bringt, sind bisher mehr oder minder erfolgreich. So scheiterten zum Beispiel Bemühungen in einer geriatrischen Klinik um eine Reaktivierung älterer Patienten (Ankleiden, Sich-selbst-Waschen, Essen ausserhalb des Bettes u. ä.) daran, dass der Wiedererwerb dieser «Fähigkeiten» den Pflegesatz herabsetzte, auf den die Klinik nun erst recht angewiesen war, da das Anleiten zur eigenen Aktivität weit mehr Personal erforderlich macht als das Betreuen «passiver» bzw. hilfloser Patienten.

Und wenn auch immer wieder betont wird, dass Rehabilitationsmassnahmen eine Teamarbeit verlangen, ein Hand-in-Hand-Arbeiten von Arzt, Physiotherapeuten, Psychologen, Ergotherapeuten, Pflegepersonal, Sozialarbeitern und anderen Kräften [63, 134], so entspricht doch die Realität nicht immer ganz diesen schriftlich fixierten Idealvorstellungen. Es lässt sich nicht übersehen, dass bei Rehabilitationsmassnahmen das Augenmerk etwas einseitig auf den körperlichen Zustand gelenkt wird, wovon Ausbildungsprogramme mancher Schulen zur Ausbildung medizinischen Hifspersonals zeugen. Intervention – auch im Sinne einer Rehabilitation – verlangt jedoch eine stärkere Beachtung sozialer und psychologischer Aspekte und fordert schon von daher eine interdisziplinäre Zusammenarbeit.

Zum Thema «Management von Problemsituationen» finden wir in historischen Abhandlungen zur Geriatrie wenig. Hier bedurfte es offenbar erst bestimmter technischer Entwicklungen, die notwendige Hilfsgeräte bzw. «prothetische Mittel» zur Verfügung stellen konnten; vor allem aber bedurfte es der Einsicht, dass ökologische, soziale und psychologische Massnahmen dem behinderten älteren Menschen helfen können, mit seiner spezifischen Situation leichter zurechtzukommen und das mühsam durch Rehabilitation Erreichte zu sichern und zu erhalten.

## 5. Probleme und Strategien der Interventionsforschung

### 5.1 Das Dilemma in bezug auf die Evaluationskontrolle

Interventionsmassnahmen im Sinne einer Optimierung und Prävention sind unter den Stichworten einer Vorbereitung auf das Alter hinreichend an anderer Stelle besprochen (vgl. [89]). Auf die Schwierigkeit der Erfolgsmessung, in die Längsschnittstudien über einen langen Zeitraum mit einbezogen werden sollten, ist mehrfach hingewiesen worden. Alle derartigen Interventionsprogramme, die bei uns in der Bundesrepublik unter dem Stichwort «Lernen für das Alter / Lernen im Alter» zur Zeit eine gewisse Förderung erfahren [85], leiden an der fehlenden Erfolgskontrolle. ESTES und FREEMAN [34], haben die Problematik der Evaluationsforschung bei Interventionsmassnahmen in ihrem Handbuchartikel «Strategies of design and research for intervention» deutlich analysiert und auch SEUBERT [135] kommt aufgrund ihrer Analyse zu der Feststellung: «Gegenwärtig besteht eine Diskrepanz zwischen der in der gesamten Literatur zur Prävention vertretenen Forderung nach wissenschaftlicher Kontrolle präventiver Aktivitäten als Voraussetzung für deren Rechtfertigung und fortgesetzte Korrektur und dem Umfang der tatsächlich geleisteten Evaluationsforschung. Diese befindet sich für die psychologische Prävention trotz theoretischer Beschäftigung mit dem Problemkreis noch im Anfangsstadium» ([135], S.3199).

Hier in unserem Zusammenhang interessieren mehr Interventionsmassnahmen im Sinne einer Rehabilitation und eines «Managements der Situation», – also Interventionsmassnahmen, die jenen älteren Menschen zugute kommen, die eine Behinderung haben und (vorwiegend) in Institutionen leben. Insofern sind hier, wo es um die Behebung oder wenigstens um die Besserung von allgemein wahrnehmbaren Störungen geht, oder auch, wo es um das Zurechtkommen mit veränderten Bedingungen geht, Erfolge eher feststellbar, – wenngleich das Dilemma darin besteht, dass man oft nicht angeben kann, welche Einzelmassnahme konkret zu welcher Verbesserung führte.

Eine Erfolgskontrolle von Interventionsmassnahmen dürfte ausserdem beeinträchtigt sein durch den unterschiedlichen «Hof»-Effekt bestimmter Interventionsprogramme. So wiesen FILER und O'CONNELL [37] die Effektivität einer Arbeitstherapie, bei der Belohnungen ausgesetzt waren, nach. Ähnliche Feststellungen machten GOTTESMAN et al. [46]. Dabei muss man aber davon ausgehen, dass diese gezielten Interventionsprogramme Auswirkungen auf die übrigen institutionellen Strukturen haben, die meist nicht erfasst werden. So münden auch Einzelmassnahmen oft in eine «Milieutherapie», indem von allen Seiten auf die unterschiedlichste Art und Weise Anstrengungen zur Mobilisierung und Aktivierung des älteren Patienten gemacht werden. «Several such studies have demonstrated experimentally that this broad-spectrum approach can favorably affect the status of the older patient. On the other hand, these studies ... have shown nothing about which particular aspect of the total program have had major roles in producing individual change» ([77], S. 307).

Auch BIRREN und RENNER [16] heben hervor, dass Messungen von Verhaltensweisen vor Beginn eines Interventionsprogrammes und danach zwar etwas über das Ausmass des Effektes aussagen, aber nichts über die Wirkung von Einzelmassnahmen, die zumindest im Falle von Altersstörungen meistens sowohl auf medizinischer Ebene (durch pharmakologische Beeinflussung in Form von «antipsychotic medication», «antidepressant medication», «antimanic medication», «antianxiety medication», «cognitive acting drugs» und/oder «sedatives and hypnotic» – nach einer Klassifizierung von EISDORFER und STOTSKY [33]), wie auch auf psychologischer Ebene und auf sozialer bzw. ökologischer Ebene liegen kann. Ebenso vermitteln die durch diese notwendige Multidimensionalität herbeigeführten Erfolge von Interventionsmassnahmen keine Erkenntnisse über die Ursache der Störung bzw. über die Umstände, die ursprünglich zur Einschränkung von bestimmten Funktionen führten.

Angesichts der hier nur angedeuteten Schwierigkeiten neigen viele streng methodisch orientierte Forscher dazu, sich mit Fragen der Intervention erst gar nicht zu befassen. Das bedeutet jedoch, das Feld allein den Praktikern zu überlassen, die manchmal auf dem Wege des «trial and error», des Ausprobierens, wertvolle Erfahrungen sammeln und Techniken entwickeln, die manchem älteren Menschen in seiner Situation zu einem grösseren Wohlbefinden verhelfen, – Techniken, deren Generalisierbarkeit aber in Frage zu stellen ist.

## 5.2 Interventionsstrategien

Die psychologische Intervention zu Beginn unseres Jahrhunderts war durch psychoanalytische Konzepte bestimmt, deren Anwendung bei Kindern, Jugendlichen und Personen im jüngeren und mittleren Erwachsenenalter man diskutierte, bei Personen des höheren Lebensalters aber ablehnte, da man ältere Menschen für zu rigide hielt und von der Annahme ausging, dass sie nicht mehr über die nötigen Kräfte verfügen würden, Veränderungen in ihrer Lebenssituation vorzunehmen und zu bewältigen (vgl. [80]).

Wenn auch heute noch die klassische Form der Psychotherapie bei Älteren relativ selten angewandt wird (aber auch bei Jüngeren zunehmend durch andere Therapieformen ersetzt wird), so gelangten doch während der letzten 10 bis 15 Jahre verschiedene Formen psychotherapeutischer Intervention auch bei älteren Menschen erfolgreich zur Anwendung [28, 29, 43, 44, 47, 56, 104, 114, 115, 118, 119, 120, 136]. Die psychotherapeutische Behandlung älterer Menschen versucht dabei in erster Linie ein Aufarbeiten der *aktuellen Problematik,* versucht eine aktuelle Konfliktlösung, die dann oft zur Symptombesserung oder gar zur Symptomfreiheit führt.

Die Frage, ob ein Aufarbeiten der aktuellen Thematik oder eine Analyse und Auseinandersetzung mit der bisherigen Lebensentwicklung sinnvoller erscheint, untersuchen INGERSOLL und SILVERMAN [62], indem sie das «Here-and-Now-Modell» dem «There-and-Then-Modell» gegenüberstellen. Die theoretische Begründung des Hier-und-Jetzt-Modells geht von der Annahme aus, dass die zu starke Beachtung der Vergangenheit wie auch die einseitige Ausrichtung auf die Zukunft eigentlich die Gegenwart verdrängt und deswegen «antitherapeutisch» ist, wie HARPER et al. [53] feststellten: «focusing on past or future issues and concerns is avoidance of the present and therefore antitherapeutic».

### 5.2.1   Gruppentherapeutische Ansätze

Die Ziele von Gruppentherapien sind - nach FEIL [36] - einmal in der Anregung zum Gespräch und zur sozialen Interaktion der Gruppenteilnehmer zu sehen, zum anderen in der Herbeiführung und Verstärkung eines positiven Selbstgefühls, der Gewinnung von Selbstsicherheit und einer gewissen Unabhängigkeit. Erfolgreiche Gruppentherapie bei psychotischen älteren Patienten setzt nach YALOM und TERRAZAS [159] allerdings voraus, dass realistische, d.h. erreichbare Ziele gesetzt werden, eine Zunahme der Interaktion zwischen den Patienten erreicht wird, die Massnahmen auf die noch vorhandenen Kräfte und Fähigkeiten gerichtet sind und das Gefühl des Gruppenzusammenhalts verstärkt wird. Allerdings wird auch hier diskutiert, welche Auswirkungen gruppentherapeutischer Interventionsmassnahmen überhaupt erwünscht sind: Ist zunehmende Unabhängigkeit überhaupt ein Ziel, oder gilt es vielmehr, den Patienten zu einem Akzeptieren seiner Abhängigkeit zu bringen? Ist persönliche Freiheit ein Vorteil oder eine Belastung? Ist Kritikfähigkeit zweckmässig oder problematisch? - Was trägt eher zum psychophysischen Wohlergehen welcher Patienten in welcher Situation bei, das wäre hier wohl die für jeden Einzelfall zu beantwortende Frage.

*Die verschiedenen Formen der Gruppentherapien,* der Gruppenarbeit mit älteren Menschen, unterscheiden sich hinsichtlich ihres Strukturierungsgrades, der zur Anwendung gelangenden Techniken, der Grösse der Teilnehmerzahl, dem Grad der Festlegung des zeitlichen Ablaufs und der Aufeinanderfolge. Während z.B. die Realitäts-Orientierungs-Sitzungen nach einem festen Programm arbeiten [39, 146], von anderen Gruppentherapien lediglich die Aufeinanderfolge der einzelnen Ziele angegeben wird [62, 136], sind andere Gruppen relativ unstrukturiert. Hierbei handelt es sich um spontan gebildete oder durch äussere Anregung entstandene Interessen- oder Aktivitätsgruppen, deren Effektivität sich schwer erfassen lässt.

Auch TURBOW [163] berichtet über die Vielfalt therapeutischer Gruppenbildungen in der Tagesklinik, die von der Gruppenpsychotherapie über Kunsttherapie, Diskussionsgruppen über Tagesereignisse, Tanztherapie, Spielgruppentherapie (Bridge, Scrabble) reicht bis hin zu Gruppen, die gemeinsame Unternehmungen starten im Sinne einer weitergehenden Realitätsorientierungstherapie: Kochgruppen mit gemeinsamem Einkaufengehen, oder auch Gruppen, die ein gemeinsames Essen im Restaurant in ihrem Programm haben, oder auch Museumsbesuche. Diese unterschiedlichen therapeutischen Ansätze scheinen sich in ihrer Auswirkung nicht voneinander zu unterscheiden.

### 5.2.2 Realitätsorientierungs-Therapie

Etwas besser methodisch abgesichert sind Programme und Techniken zur Realitätsorientierung. Sie sind gedacht für Personen, die unter Gedächtnisverlust leiden, Verwirrtheitszustände haben, im Hinblick auf Zeit und Raum desorientiert sind. Trotz der Vielseitigkeit der Ursachen für diese Störungen erlaubt die ursprünglich von FOLSOM 1959 am Topeka Veteran's Administration Hospital entwickelte Technik, die von ihm mit TAULBEE [146] modifiziert wurde, nachweisbare Besserungserfolge, die mit der «Realitätsorientierungsskala» (23 Fragen an den Patienten über persönliche Dinge, Ort, Raum, Zeit usw.) gemessen werden können. Darüber hinaus zeigt sich ein Ausstrahlungseffekt der erfolgreichen Reorientierung auf zunehmende Remotivation, Selbständigkeitssteigerung und zunehmende soziale Integration, wie generell zunehmende Aktivierung (vgl. [41, 160]).

Umfassend kann man mit Realitätsorientierung eine Behandlung bezeichnen, die die soziale Struktur einer institutionellen Umgebung so organisiert, dass die Bewohner ermuntert werden, sich in einer stärker orientierten Weise zu verhalten und ihren Verhaltensradius zu erweitern.

Man unterscheidet bei dieser Therapie 1) das sog. «24-Stunden-Programm», 2) ergänzende Gruppensitzungen und 3) die Einstellungstherapie.

Folsom [39] berichtet über einen ein Jahr dauernden Versuch. 76% der Patienten zeigten erhebliche Verbesserungen im Hinblick auf mehr Selbstsicherheit, bessere soziale Anpassung und Interaktion, mehr Interesse an Radio und TV-Sendungen, mehr Interesse an der eigenen Erscheinung. Barns [11] hingegen konnte bei einem 6wöchigen Training zwar zunächst Erfolge feststellen, die jedoch bald wieder nachliessen; der einzige nachweisbar bleibende Effekt war eine Selbständigkeitssteigerung. Stephens [142] berichtet über ein Training bei 227 geriatrischen Patienten über vier Jahre hinweg, von denen nur 50 eine volle Realitätsorientierung gewonnen und beibehalten haben. Citrin und Dixon [30] haben einer Experimentalgruppe (12 Personen, Durchschnittsalter 84 Jahre) sowohl das 24-Stunden-Training wie auch tägliche Gruppensitzungen gegeben, der Kontrollgruppe nur das 24-Stunden-Training ohne zusätzliche Gruppensitzungen. Während die Kontrollgruppe zwischen Pre- und Posttest keine Veränderungen zeigte, war bei der Experimentalgruppe eine sehr signifikante Zunahme der Orientierung nachweisbar. Aus diesen Ergebnissen folgern die Autoren die Notwendigkeit zusätzlicher Gruppensitzungen. – Letcher et al. [93] führten bei 125 männlichen Patienten (Durchschnittsalter 82,8 Jahre) ein Realitätstraining durch: 32% zeigten eine anhaltende Besserung, und zwar jene, die dieses Training 18 und mehr Monate mitmachten. Bei 68% ist keine Änderung eingetreten, doch die Autoren betrachten es als Erfolg, dass diese Personen wenigstens keinen Abfall in der Realitätsorientierung zeigten, der ohne Training zu erwarten gewesen wäre.

Realitätstraining unter kontrollierten Bedingungen wurde von Brook, Degun und Mather [21] wie auch von Holden und Sinebruchow [57] durchgeführt. Neben dem 24-Stunden-Training wurden Therapie-Sitzungen von einstündiger Dauer über drei Monate hinweg (5 bis 6mal die Woche) durchgeführt. Zu drei Messzeitpunkten wurde die *Stockton geriatric rating scale* angewandt, die soziales Verhalten, Kommunikation und Apathie misst, ebenso die *Clifton assessment scale,* die den Grad der Abhängigkeit erfasst. Es zeigten sich besondere Trainingserfolge bei jenen Personen, die kürzer als zwei Jahre in der Institution lebten.

MacDonald und Settin [99] haben zwei Gruppen im Pflegeheim miteinander verglichen: Eine Gruppe erhielt – in Fünfergruppen – Realitätsorientierungstraining, 15 Gruppensitzungen; gemessen wurde vor Beginn und nach Abschluss mit Hilfe der Life-Satisfaction-Scale, der 20-item-self-report-scale, dem Rating des Pflegepersonals und durch Verhaltensbeobachtung. Die Vergleichsgruppe arbeitete in einer beschützenden Werkstätte und sollte Geschenke für die Schüler einer in der Nähe gelegenen Behindertenschule unter Anleitung basteln. Der Ablauf der Sitzungen war entsprechend dem der ersten Gruppe, allerdings wurden das letzte Treffen in der Behindertenschule selbst abgehalten und die Geschenke persönlich übergeben. Während bei dieser zweiten Gruppe eindeutige Verbesserungen deutlich wurden, zeigte sich bei der Realitätsorientierungsgruppe keine eindeutige positive Veränderung (allerdings wurde die Realitätsorientierung selbst auch nicht gemessen) – im Gegenteil, es wurde sogar ein Absinken des Life-Satisfaction-Index konstatiert, so dass die Möglichkeit besteht, dass «under some conditions this treatment may have detrimental effects on participant affect» ([99], S. 419). Die Gruppe, die in der beschützenden Werkstätte arbeitete, äusserte sich zufrieden darüber, für andere etwas tun zu können (vgl. auch [161]), während den Teilnehmern der anderen Gruppe die Sitzungen langweilig und nutzlos erschienen. – Auch GUBRIUM et al. [48] zeigen die Probleme der Realitätsorientierungs-Therapie auf, weisen jedoch auf das oft ungeschickte Therapeutenverhalten hin. Der Therapeut muss bedenken, dass er es nicht mit Kindern zu tun hat, darf nicht infantilisieren. – FALCK [35] macht ebenso auf Probleme dieser Technik aufmerksam und betont die Notwendigkeit des Trainings des Pflegepersonals; allerdings wurde hier offenbar auch nur das 24-Stunden-Training versucht und nicht die ergänzenden – und nach den Ergebnissen von CITRIN und DIXON [30] sogar notwendigen – Gruppensitzungen durchgeführt.

### 5.2.3 Resensibilisierung

Die Resensibilisierung, die Wiederbelebung der fünf Sinne, wird als Ergänzung des Grundprogramms der Realitätsorientierung angesehen [12, 61, 121]. Für beeinträchtigte ältere Personen, die unfähig sind, mit ihrer Umwelt zu interagieren, die als «stumpf» und «apathisch» bezeichnet werden, zeigten sich strukturierte Gruppen- und Einzelbehandlungen erfolgreich. Dem Patienten werden verschiedene Stimuli gegeben, um die differenzierte Wahrnehmung der dinglichen und sozialen Umwelt zu stärken.

Hier sind sowohl prothetische Massnahmen (Gestaltung der dinglichen Umwelt) wie auch therapeutische Massnahmen, d. h. Anregung durch den Therapeuten, notwendig. Dabei sollte der Therapeut sich dessen bewusst sein, dass er mit Erwachsenen arbeitet, die diese Differenzierungsfähigkeit bereits einmal besessen hatten; er sollte keinesfalls – wie beobachtet – in infantile Verhaltensweisen zurückfallen [12].

Die Resensibilisierung des Sehens kann durch Farbgebung, häufiger wechselnde Bilder, bunte fröhliche Ausstattung der Räume, Mobiles, Wandschmuck (Posters, die wechseln) gefördert werden. Der Geruchssinn wird gestärkt, wenn Kontraste zwischen scharfen und bitter riechenden Essenzen geboten werden und süssen, angenehmen Düften. – Der Gehörsinn kann durch Schallplattenmusik, aber auch durch selbsterzeugte unterschiedliche Töne, durch Trommeln, Singen, Flüstern, Summen, Pfeifen, Klatschen usw. sensibel gemacht werden. Die von SHAPIRO [136] entwickelte Musiktherapie trägt ein Übriges dazu bei. – Geschmacksdifferenzierungen werden durch das gleichzeitige Anbieten von Bonbons, Mixedpickles, Kartoffelchips, Salzstangen, Schokolade usw. erreicht. – Eine Sensibilisierung im taktilen Bereich wird ermöglicht durch die Gelegenheit, weiche, harte, zarte, rauhe, heisse, kalte Gegenstände zu berühren und zu vergleichen.

Hier wäre vor allem die Studie von LOEW und SILVERSTONE [95] zu nennen, die Experimente in zwei vergleichbaren geriatrischen Stationen bei jeweils 14 männlichen Patienten durchführten.

Hier wurden auch Evaluationsuntersuchungen durchgeführt. Zu Beginn der Untersuchung und sechs Monate danach wurde bei der Experimental- und Kontrollgruppe eine Testbatterie durchgezogen (Mental Status Questionnaire, Bender-Gestalt-Test, Mosaik-Test, Oberleder-Skala, Einstellungsfragebogen zum Alter, «Energy-Scale»). Während bei der Kontrollgruppe eher ein Sinken der Ausgangswerte festzustellen war, wurden bei der Experimentalgruppe einige Verbesserungen in bezug auf die kognitiven Funktionen, den affektiven Zustand und die sozialen Haltungen deutlich. Man konstatierte darüber hinaus eine zunehmende Nachfrage nach Tageszeitungen und einen Rückgang der Inkontinenz. Ausserdem war die Stimmung beim Pflegepersonal nicht mehr so gedrückt wie zuvor. Die Autoren stellen fest: «The functioning of the *very old* can be influenced in a limited way by changes in social, psychological and physical environment». Eine generell höhere Motivation, eine Remotivierung, wird vor allem als Funktion zunehmender Resensibilisierung, herbeigeführt durch zunehmende sensorische Stimulation, gesehen. Exakt nachweisen lässt sich diese Annahme allerdings nicht.

### 5.2.4 Remotivation

Bei den Interventionstechniken der Remotivation, die erst nach erfolgreicher Realitätsorientierungstherapie eingesetzt werden können, [12] gilt es, den Patienten zu Gedanken, Plänen und Aktionen anzuregen, die mit der realen Umwelt verknüpft sind – und darüber hinaus, ihn zur Interaktion mit anderen (Resozialisation) zu ermuntern.

BARNS et al. [12] empfehlen 12 Wochen lang eine einstündige wöchentliche Gruppensitzung (5 bis 12 Gruppenteilnehmer), die durch das Klima des gegenseitigen Akzeptierens bestimmt wird, die durch Diskussionen aktueller Themen (Beobachtungen, Erlebnisse, Zeitungsartikel) einen Brückenschlag zur Realität herbeiführen. Mitteilungen aus der Welt, in der wir leben (durch Anschauungsmaterial unterstützt), sollen dazu dienen, den Patienten zu motivieren, sich für seine Umwelt zu interessieren, Arbeiten und Aufgaben zu übernehmen, für sich und für andere tätig zu werden.

Eine spezielle Art der Remotivierung – und auch Resozialisierung, die schwer voneinander zu trennen sind – haben ARTHUR et al. [4] unter der Bezeichnung «companionship therapy» erfolgreich durchgeführt. Aus einer geriatrischen Institution hat man 30 Personen ausgewählt, die besonders passiv waren, wenige oder gar keine Interessen hatten, sich für keinerlei Aktivitäten begeistern konnten, unkooperativ waren und deren Lebenswillen äusserst gering war. Man bildete aus dieser Gruppe eine Kontroll- und zwei Experimentalgruppen, erhob den Life-Satisfaction-Index und wandte einen Pflegerfragebogen an. 10 Wochen lang erhielten nun beide Experimentalgruppen wöchentlich für eineinhalb Stunden Besuch: die eine Gruppe von jeweils dem gleichen Besucher, bei der anderen Gruppe kam jeweils ein anderer Besucher. Nach 10 Wochen zeigte die Kontrollgruppe keinerlei Verbesserung der Werte, eher eine Tendenz zur Verschlechterung. Die Experimentalgruppe, die immer den gleichen Besucher begrüssen konnte, zeigte geringfügige Verbesserungen, und diejenigen, die zehnmal verschiedene Besucher hatten, zeigten die stärksten Verbesserungen: eine deutliche Verbesserung ihrer Stimmungslage, eine Verbesserung der Werte für Anpassung und Interaktion, eine stärkere Aufgeschlossenheit und generelle Motivierung. – Den Grund sehen die Autoren in der Tatsache, dass diese Patienten von mehreren Menschen Beachtung und Wertschätzung erfahren durften. «Attention is the core element in a companionship therapy program» ([4], S.169).

Sicher wären unter Remotivation sowohl Programme der Milieutherapie wie auch vor allem «Reinforcement-Programme» zu erwähnen, die jedoch hier gesondert behandelt werden sollen.

### 5.2.5 Resozialisierung

Bei Resozialisierungstechniken kommt es darauf an, die interpersonale Interaktion zu verstärken, Anteil an der Umwelt zu nehmen, neue Kontakte zu finden. Sowohl Techniken des operanten Konditionierens wie auch Techniken der Milieutherapie und vor allem gruppentherapeutische Massnahmen haben eine Resozialisierung zum Ziel. PULLINGER [162] schlägt Gruppeninteraktion vor und hält die Diskussion um gegenwärtige Alltagsereignisse oder allgemein interessierende Themen für geeignet; LINDSLEY [94] weist auf die Bereitstellung prothetischer Mittel hin (Raumausstattung, Sitzgelegenheiten) und CAUTELA [28] spricht sich für Verstärkungstechniken aus. Allen Versuchen gemeinsam ist nach MUELLER und ATLAS [107] das Ziel, eine Resozialisation, eine Wiedereingliederung in die Gemeinschaft zu erreichen durch Einflussnahme auf die motivationalen Aspekte. MUELLER und ATLAS [107] haben eine Zunahme der sozialen Interaktion bei 70jährigen Männern schon nach 11 Gruppensitzungen feststellen können, in denen eine soziale Kontaktaufnahme zunächst durch Süssigkeiten und Zigaretten, dann durch «tokens» (Wertmarken) verstärkt wurde. Man fand eine Zunahme der sozialen Interaktion durch die Kombination von Remotivierungstechniken und verstärkender Belohnung, «token reinforcement».

Auch LAZARUS [79] will die Ergebnisse seiner Studien als Beitrag zum Resozialisierungsprozess gewertet wissen. Er hat individuelle Behandlungsprogramme für Patienten mit Gedächtnisverlust oder mit starken Depressionen durchgeführt und kommt zu positiven Ergebnissen.

### 5.2.6 Revitalisierung: Musiktherapie, Tanztherapie

Interventionsmassnahmen, die zweifellos auch zu einer Resozialisierung beitragen und gleichzeitig als Remotivierung und Reaktivierung bzw. Revitalisierung gesehen werden können, sind in der Musiktherapie, begleitet von Bewegungstherapie [136], wie auch in der Tanztherapie [22] und nicht zuletzt im «Altersturnen» bzw. der Gymnastik zu sehen.

SHAPIRO [136] bezeichnet das von ihm aufgestellte musiktherapeutische Programm als spezielle Form geistiger, emotionaler und körperlicher Stimulation. Er hebt hervor, dass die Gruppenteilnehmer so viel Spass und Vergnügen an dieser wöchentlichen Stunde haben, dass für sie die Zukunft dadurch strukturiert erscheint, dass sie in ihrer Zukunftsorientierung darauf gerichtet sind. Selbst Sprachgestörte wissen die Äusserungsmöglichkeiten durch Taktschlagen, Bewegungen, Zeichnen und Mitsummen zu schätzen. Verständigungsprobleme werden abgebaut. Selbst Desorientierte fügen sich ein, arbeiten mit, können sogar Takt halten und haben Spass an den begleitenden Bewegungen. Wesentlich scheint jedoch SHAPIROS Feststellung, derzufolge diejenigen Personen, die an dem Programm Interesse gewinnen, dann auch andere vom Heim angebotene Aktivitäten wahrnehmen (vgl. ähnliche Beobachtungen eines «Transfer-Effektes» bei LEHR, SCHMITZ-SCHERZER und QUADT [91]). Insofern wirkt die Musiktherapie reaktivierend, revitalisierend, remotivierend und resozialisierend, indem sie Kontakte stiftet und zu stärkerer Interaktion anregt.

Weitere Versuche, Erfahrungen oder gar methodisch abgesicherte Experimente mit der Musiktherapie liegen u.W. nicht vor, doch dürften die Techniken des «Seniorentanzes» [22] und des Altersturnens [13, 89] ähnlich zu einer Revitalisierung beitragen.

### 5.2.7 Selbstbildtherapie

Die meisten Interventionstechniken – sowohl im gruppentherapeutischen Ansatz wie auch im individuellen Ansatz – haben das Ziel einer Hilfe zum Selbstverständnis, eine Korrektur der Einstellung zu sich selbst, der Selbsteinschätzung. Diese Selbsteinschätzung bestimmt weitgehend das psychophysische Wohlbefinden im höheren Erwachsenenalter, zumal von hier einerseits Ausstrahlungseffekte auf die Art und Weise sozialer Bezüge ausgehen – und andererseits das Erleben sozialer Bezüge gleichsam wie in einem Kreisprozess Rückwirkungen auf das Selbstbild und das Wohlbefinden hat [80, 90, 103, 123, 124].

Die Selbstbildtherapie, besonders in Krisensituationen, bei depressiven Störungen [117] und in Gruppenarbeit mit Patienten, die besonders behindert sind (Parkinson, Multiple Sklerose, Rheumatische Arthritis, Amputationen u.dgl. mehr) angewandt, hat das Ziel, eine Zunahme der Selbstwertschätzung zu erreichen (eine zu positive Selbsteinschätzung, die ebenso einer Korrektur bedürfte, kommt bei den hier genannten Gruppen kaum vor). Es gilt, durch Gruppenarbeit ein Akzeptieren seiner selbst und anderer Menschen zu erreichen, mit der Gruppe gemeinsam Ähnlichkeiten und Unterschiede der Beeinträchtigungen mit den jeweils gegebenen Möglichkeiten und Grenzen zu diskutieren. Dabei sollten Erfolge wie auch durch die Behinderung herbeigeführte Misserfolge ausgetauscht werden und nach Wegen gesucht werden, diesen zu begegnen [12]. JOHNSTON [64] berichtet über gute Erfahrungen mit gemeinsamem Bücherlesen und anschliessender Gruppendiskussion; auch Filme oder Posters werden als Hilfsmittel empfohlen.

Eine umfassendere Interventionstechnik bei depressiven Personen beschreiben POWER et al. [117]. Dabei sei dahingestellt, ob die Depression als Folge eines verlorenen Selbstwertgefühls zu sehen ist, oder umgekehrt, die geringe Selbsteinschätzung aus der allgemein depressiven Stimmungslage resultiert. Der Wunsch, beschützt zu werden, geht in diesen Fällen oft einher mit der Angst, jede Selbständigkeit zu verlieren. Solche Personen sind mit verbalen Techniken oft nicht anzusprechen; POWER hebt die Notwendigkeit des Körperkontaktes hervor. Liebevolles «Auf-die-Schulter-Klopfen», am Oberarm streicheln, bei der Begrüssung die Hand eine zeitlang fest umschlossen halten bewirke beim Patienten einmal das Gefühl der Geborgenheit, zum anderen das der Wertschätzung. – Der Vergleich der Werte des Pre- und Post-Tests zeigt geringere Werte in der Depressionsskala, positive Stimmungslage und eine positivere Selbsteinschätzung bei der Gruppe, die diese Behandlung erfahren hatte, nicht aber bei der Kontrollgruppe.

Auch SALTER und SALTER [129] versuchten, durch ein individualisiertes Aktivierungsprogramm das Selbstwertgefühl älterer Patienten zu stärken. Bei diesem Versuch wurde auf die Vorbereitung, auf die Ausbildung des Mitarbeiterstabes, grosser Wert gelegt; durch bunte Poster an den Wänden versuchte man, diese Bemühungen noch zu unterstützen. Als Auswirkung dieses Gesamtprogramms wurde eine zunehmende Orientierung bzw. Abnahme der Verwirrtheit bei der Experimentalgruppe festgestellt, ebenso eine beachtliche Zunahme der Selbständigkeit (gemessen anhand der vom Pfleger auszufüllenden Checkliste in bezug auf Alltagsaktivitäten: z. B. sich alleine dem Wetter entsprechend anziehen) und Zunahme der sozialen Interaktion. Deutlich wird auch hier die Notwendigkeit, mehrere Interventionstechniken anzuwenden – selbst auf die Gefahr hin, dass sich nicht methodisch einwandfrei feststellen lässt, welche spezielle Massnahme für welche konkrete Veränderung verantwortlich zu machen ist.

### 5.2.8 Milieu-Therapie

Die Milieu-Therapie umfasst Techniken der Remotivation, der Resozialisation, der Reorientierung und Revitalisierung und Reaktivierung von Patienten. Bei dieser Technik sind alle in den Institution Lebenden und der gesamte Mitarbeiterstab miteinbezogen. Verschiedene Autoren [45, 47, 67, 68, 102, 144, 145] berichten über Erfolge derartiger umfassender Programme. Dabei wird die stimulierende Wirkung gemischter Stationen hervorgehoben (Männer und Frauen auf dem gleichen Flur), die Reaktivierung durch tägliches Ankleiden, die Schaffung von gemütlichen und praktischen Sitzgelegenheiten bzw. von Zentren im Flur, die zur Unterhaltung einladen, die räumliche Ausgestaltung der Institution, die Farbgebung von Wänden, Fluren, Türen, Vorhängen usw. Auch Formen der «Recreation-Therapie», des Verbringens der Freizeit ausserhalb des Heimes, oder gar eine längere Urlaubszeit in einem anderen Ort werden in diesem Zusammenhang diskutiert [74, 139]. – Ebenso werden zur Milieu-Therapie «Besuchsprogramme» gezählt [58, 65]. Auch dem «Fostergrandparents-program» [128] werden Interventionseffekte zugesprochen.

Die Milieutherapie hat das Ziel, dem Patienten zu helfen, früher vorhandene, aber verlorengegangene Fähigkeiten und Fertigkeiten neu zu entwickeln, sie in einer sicheren Umgebung auszuprobieren, eine realistische Einschätzung seiner zwischenmenschlichen Beziehungen zu gewinnen und sein Selbstwertgefühl zu steigern [12]. Die vier wesentlichen Stufen der Milieutherapie sind

1. die Einstellungsänderung und das Training des gesamten Mitarbeiterstabes («Every milieu depends on its staff's attitudes and changes in milieu depend on changing staff attitudes» [45], S. 26);
2. die Veränderung der räumlichen Umgebung im Sinne zunehmender Stimulation im physischen, psychischen und sozialen Bereich [100];
3. Bereitstellung von Aktivitätsmöglichkeiten (wie z.B. beschützende Werkstätte, Einkaufsladen u.a.m.);
4. Anwendung verschiedener Techniken zur Verhaltensänderung.

### 5.2.9 Operantes Konditionieren / Verstärkungstechniken

Einer der ersten, der die Methode des operanten Konditionierens auch bei älteren Menschen angewandt hatte, war LINDSLEY [94]. Er wurde damit zu einem der wichtigsten Exponenten dieser Ansätze.

MISHARA et al. [106] haben die Notwendigkeit der individuellen Vorgehensweise herausgearbeitet und anhand von ganz eindrucksvollen Fallbeispielen berichtet, wie z.B. ein älterer männlicher Patient, der sich nicht ankleiden wollte, für jedes Kleidungsstück, das er sich richtig angezogen hatte, zunächst ein kleines Glas Bier bekam, später nur für vollständiges richtiges Anziehen eine Flasche Bier; bei einer 72jährigen Patientin hingegen konnte man das gleiche unerwünschte Verhalten (weigern, sich anzukleiden) durch eine Motivation für andere Aktivitäten erreichen.

Die meisten Studien hören jedoch mit dem Zeitpunkt auf, zu dem eine

Veränderung erreicht ist. Dabei bleibt oft unklar, in welchen Fällen die Verhaltensänderung anhält, und in welchen Fällen beim Ausbleiben der Belohnung ein Rückfall erfolgt (vgl. [5]).

Gerade in bezug auf das *Ankleiden* ist hervorzuheben, dass in den meisten Institutionen eher die Unselbständigkeit in dieser Beziehung verstärkt wird (der Patient erlebt, dass beim Angekleidetwerden die Schwester sich mit ihm abgibt, er Zuwendung erhält), zumal ein Ankleiden-Lernen, ein Hilfegeben beim Ankleiden, von der Schwester oft mehr Zeit beansprucht.

Eine ähnliche Problematik liegt beim *Rollstuhlfahren* vor. MacDonald und Butler [98] haben aufgezeigt, dass die «Rolle des Kranken» für manchen Menschen die einzige Rolle ist, die er noch ausfüllt. In dieser Rolle erwartet er Zuwendung von anderen und fühlt sich nicht verantwortlich für seinen Zustand. – Die Autoren haben festgestellt, dass etwa 25% der Heimbewohner nicht zur *Fortbewegung* ohne fremde Hilfe fähig sind und dass die meisten Pflegeheimbewohner, die an sich noch laufen könnten, geradezu dazu ermuntert werden, sich im Rollstuhl fahren zu lassen – und dann mit der Zeit wirklich nicht mehr laufen können.

Weitere Konditionierungsversuche wurden durchgeführt, um die *Essgewohnheiten* zu beeinflussen. Geiger und Johnson [40] berichten von einem erfolgreichen Konditionierungstraining (individuelle Belohnung in Form eines besonders beliebten Desserts, Zigaretten, und auch Erlaubnis zum Klavierspielen) bei 6 Patienten im Alter von 65 bis 91 Jahren, die zunächst mehr als 50% der Mahlzeit auf dem Teller zurückliessen.

Baltes und Zerbe [6, 7] konditionierten das selbständige Essen, wobei sie – im Gegensatz zu Geiger und Johnson [40] – die Methode des «shaping» anwandten.

Nicht uninteressant sind auch die Versuche, *inkontinentes Verhalten* durch Konditionierung zu ändern. Pollock und Liberman [116] hatten zunächst einmal nachgewiesen, dass neben den verschiedenen krankheitsbedingten Ursachen der Inkontinenz zweifelsohne die Heimatmosphäre verstärkend wirkt. Inkontinenz sichert einen verstärkten Kontakt mit den Pflegekräften (regelmässiger Wäschewechsel, häufiges zum WC Führen) und dieser wird so – oft unbewusst – herbeigeführt.

Hoyer, Kafer et al. [60] berichten über erfolgreiche Konditionierungsexperimente bei über 65jährigen psychiatrischen Patienten (diagnostiziert als Schizophrene), die gar nicht oder äusserst wenig gesprochen haben. Auch Mueller und Atlas [107] gelang es, die *Verbalisation* durch Nahrungsmittel oder Wertmarken bei sehr unkommunikativen älteren Patienten zu verstärken.

Auf eine Reaktivierung bzw. eine *Zunahme der sozialen Interaktion* hatten BLACKMAN, HOWE et al. [17] abgezielt, als sie den Frauen eines Pflegeheimes das Angebot machten, schon eine Stunde vor der normalen Frühstückszeit morgens im Solarium oder im «Recreation-Room» Kaffee oder Saft zu bekommen. Notiert wurde jeweils die Anwesenheit, Grad der Aktivität (nimmt sich selbst Kaffee oder Saft – oder wartet, bis ihr eingeschenkt wird), prosoziales Verhalten, antisoziales Verhalten. Man konstatierte einen zunehmenden Zuspruch auf dieses Angebot, eine steigende soziale Interaktion und damit einhergehend auch steigende Verbalisation.

### 5.2.10 Interventionsstrategien im Sinne eines «Managements von Problemsituationen»

Während die bisher genannten Techniken nahezu allesamt auf eine Rehabilitation, eine Verbesserung der Situation, zielen, wäre nun eine letzte Gruppe von Interventionsmassnahmen zu besprechen, deren Aufgabe es ist, den erreichten Zustand zu erhalten bzw. dem einzelnen ein Training und Hilfen zu geben, mit dieser Situation leichter fertig zu werden und trotz Behinderung eine relative Unabhängigkeit zu erlangen und zu erhalten.

Dabei gewinnen sowohl ökologische Massnahmen, d. h. die Gestaltung bzw. Veränderung der Wohnsituation, ein grosses Gewicht wie auch soziale Massnahmen (vom Angebot der Dienste im Bereich der offenen Altenhilfe bis zu finanziellen Massnahmen). Neuerdings haben sich Sozialstationen (vgl. [92], S. 79–91) die Aufgabe gestellt, hier intervenierend zu wirken. Allerdings sei auch erwähnt, dass Studien von BLENKNER [18] und BLOOM und BLENKNER [19] die ungewollten Nebenwirkungen zu starker Intervention deutlich gemacht haben. Sie fanden, dass manchmal durch ein intensives «social service system» nicht Unabhängigkeit, sondern die Abhängigkeit älterer Menschen gefördert wurde. Jene Personen, die am meisten «social services» erhielten, hatten eine höhere Institutionalisierungsrate nach einem Jahr und nach fünf Jahren und auch eine höhere Mortalitätsrate nach einem und nach vier Jahren als jene Betagten, die weniger Service erhielten. Diese Befunde sollten aufhorchen lassen und vor zu weitgehenden sozialen Massnahmen im Rahmen vermeintlicher Intervention warnen.

Erwähnenswert sind aber vor allem in diesem Zusammenhang die Bemühungen um den Patienten, nachdem dieser aus der geriatrischen Institution entlassen ist. Hier hat bei uns in Deutschland RUSTEMEYER [126, 127] entscheidende Wege über die Krankenhausgrenzen hinaus beschritten und versucht, durch poststationäre Behandlung eine dauerhafte Rehabilitation zu erreichen. Die bei ihm an der Klinik etablierte Abteilung für Ergotherapie z.b. übernimmt vor der Entlassung des Patienten die Überprüfung der Wohnung im Hinblick auf die einrichtungsmässigen Gegebenheiten:

Prüfung auf Schwierigkeiten bei der Benutzung der/des

1. Badezimmers, z.B. Art und Höhe des Waschbeckens, der Badewanne, Sitz- und Haltemöglichkeiten?
2. WC, z.B. Höhe? Haltemöglichkeiten?
3. Bettes, z.B. Art und Höhe? Aufrichtehilfen?
4. Küche, z.B. Sitzmöglichkeiten an Herd und Spüle? Erreichbarkeit der Schränke? Erforderliche Hilfsmittel (z.B. Greifhilfen, Einhänderhilfen)? Gefahrenquellen, z.B. Gasherd?
5. Flure und Wohnräume, insbesondere bei Gehbehinderung? Bewegungsfreiraum? Hindernisse und Gefahrenquellen, z.B. lose Teppiche, Brücken, Türschwellen, Stufen? Ggf. Manövrierfläche bei Rollstühlen?
6. Treppen, z.B. fehlende Handläufe, Steilheit, Läufer?
7. Strasse, z.B. durch Verkehrsreichtum? Fehlende markierte oder geschützte Übergänge?

Das «Selbsthilfetraining» mit dem Patienten (tägliches systematisches Wasch-, Ess-, An-und-Ausziehtraining, der Einsatz der Übungstreppe, deren Stufen wie die Höhenabmessung der öffentlichen Verkehrsmittel sind; Training im Freigelände auf Gehwegen und Wegeverhältnissen mit steigendem Schwierigkeitsgrad; Plattenwege, Sandwege, Kieswege, Schotterwege, Kleinpflaster, Grobpflaster, Gefällstrecken) soll helfen, die vielseitigen Anforderungen des Alltags zu bewältigen [127]. Einen Bericht aus der geriatrischen Klinik Hofgeismar, deren Chefarzt Dr. LEUTIGER entsprechende Interventionstechniken entwickelte, geben MENGGE und STEUR [105].

Die in den letzten Jahren eingerichteten «Day-care-centers» oder Tageskliniken für ältere Mitbürger [42, 51, 101, 156] haben eine Reihe zusätzlicher Interventionstechniken in ihre Programme aufgenommen.

## 6. Zusammenfassung

Es wurde versucht, einen Überblick über den heutigen Stand der Gerointervention zu geben, wobei Interventionsmassnahmen im Sinne einer Optimierung und auch einer Prävention hier nur kurz erwähnt wurden, ebenso jene im Hinblick auf ein Management der Problemsituation, hingegen Interventionsmassnahmen im Sinne einer Rehabilitation oder Restauration, ausführlicher behandelt wurden. Die Gerointervention ist eine sehr junge Wissenschaft, wenngleich ihre Vorläufer bis in die Antike hineinreichen. Interventionstechniken sind selbst vielfach noch im Experimentierstadium; methodisch abgesicherte Erfolgskontrollen, die über Einzelfallanalysen hinausgehen, sind selten. Die Schwierigkeiten, die sich derartigen Evaluationsversuchen entgegenstellen, sind mannigfaltig und zum Teil kaum überwindbar. Sollte man deswegen auf die Anwendung von Interventionsstrategien verzichten? Sicher nicht! Man sollte die bisherigen Erfahrungen vielmehr kritisch zur Kenntnis nehmen, sie als Anregung auffassen und sehr vorsichtig individuelle Programme entwickeln, mit denen manchen älteren Menschen geholfen werden kann. Hierzu allerdings bedarf es Zeit, Entwicklung eigener Ideen, Mut und Möglichkeiten, diese zu verwirklichen, finanzieller Unterstützung – und vor allen Dingen aber der Überzeugung, dass sich Abbauprozesse im Alter und die meisten der sog. «Altersstörungen» beeinflussen lassen.

*Literatur*

[1] ADAMS, D.L. Analysis of a life satisfaction index. Journal of Gerontology, 1969, 24, 470–474.
[2] ADAMS, D.L. Correlates of satisfaction among the elderly. Gerontologist, 1973, 13, 58–61.
[3] ANGER, H. Sozialpsychologische Aspekte des Suicids im Alter. Actuelle gerontologie, 1977, 7, 75–80.
[4] ARTHUR, G.L., DONNAN, H.H., LAIR, C.V. Companionship therapy with nursing home aged. Gerontologist, 1973, 13, 167–170.
[5] BALTES, M.M., BARTON, E.M. Functional-operant analysis of aging: a theoretical model, research and intervention paradigm. Paper presented at the Conference «Interventionsgerontologie», Heidelberg 1978.
[6] BALTES, M.M., ZERBE, M.B. Re-establishing self-feeding in a nursing home resident. Nursing research, 1976, 25, 24–26.
[7] BALTES, M.M., ZERBE, M.B. Independence training in the nursing home resident. Gerontologist, 1976, 16, 428–432.
[8] BALTES, P.B. Strategies for psychological intervention in old age. Gerontologist, 1973, 13, 4–6.
[9] BALTES, P.B. Intervention in life-span development and aging: a preliminary catalogue of issues and concepts. Paper presented at the Conference «Interventionsgerontologie», Heidelberg 1978.
[10] BALTES, P.B., WILLIS, S.L. Toward psychological theories of aging and development. In J.E. Birren, K.W. Schaie (Eds.) Handbook of the psychology of aging. New York: Van Nostrand, 1977, Pp. 128–154.
[11] BARNS, J. Effects of reality orientation. Classroom on memory loss, confusion and disorientation in geriatric patients. Gerontologist, 1974, 14, 138–144.
[12] BARNS, E.K., SACK, A., SHORE, H. Guidelines to treatment approaches. Gerontologist, 1973, 13, 513–527.

[13] BARTH, E. Altersturnen. – Schriftenreihe der Eidgenössischen Turn- und Sportschule Magglingen 26, 1976.

[14] BERGENER, M., BEHRENDS, K., ZIMMERMANN, R. Psychogeriatrische Versorgung in Nordrhein-Westfalen. Ergebnisse eines interdisziplinären Forschungsprojekts. Altenhilfe, 3, Ministerium für Arbeit, Gesundheit und Soziales, Düsseldorf, 1975.

[15] BIRREN, J.E., BUTLER, R.N., GREENHOUSE, S.W., SOKOLOFF, L., YARROW, M.R. (Eds.) Human Aging. U.S. Government Printing Office, Washington, D.C., 1963.

[16] BIRREN, J.E., RENNER, V.J. Research on the psychology of aging: principles and experimentation. In J.E. Birren, K.W. Schaie (Eds.) Handbook of the psychology of aging. New York: Van Nostrand, 1977, Pp.3-38.

[17] BLACKMAN, D.K., HOWE, M., PINKSTON, E.M. Increasing participation in social interactions of the institutionalized elderly. Gerontologist, 1976, 16, 69-76.

[18] BLENKNER, M. Environmental change and the aging individual. Gerontologist, 1976, 7, 101-105.

[19] BLOOM, M., BLENKNER, M. Assessing functioning of older persons living in the community. Gerontologist, 1970, 10, 31-37.

[20] BÖCHER, W., HEEMSKERK, J.J., MARX, M.W. Rehabilitationsmöglichkeiten alternder Menschen. Schriftenreihe des Bundesministers für Jugend, Familie und Gesundheit. Bonn 1973.

[21] BROOK, P., DEGUN, G., MATHER, M. Reality orientation: a therapy for psychogeriatric patients: a controlled study. British Journal of Psychiatry, 1975, 127, 42-45.

[22] BRÜGMANN, E. Tanz für den alten Menschen – Seniorentanz medizinisch gesehen. Geriatrie, 1977, 7, 395-397.

[23] BURNSIDE, I.M. Crisis intervention with geriatric hospitalized patients. Journal of Psychiatric Nursing and Mental Health Services, 1970, 8, 17-20.

[24] BUSSE, E.W., DOVENMUEHLE, R.M., BROWN, R.G. Psychoneurotic reactions of the aged. In E. Palmore (Ed.) Normal Aging. II Durham, N.C.: Duke Univ. Press, 1974, Pp.75-83.

[25] BUTLER, R. Age-ism: another form of bigotry. Gerontologist, 1969, 9, 243-246.

[26] CALDEN, G., HOKANSON, J.E. The influence of age on MMPI responses. Journal of Clinical Psychology, 1959, 15, 194-195.

[27] CATTELL, R.B. Handbook supplement for form C of the 16PF Questionnaire. Institute for Personality and Ability Testing, Illinois 1962.

[28] CAUTELA, J.R. Behavior therapy and geriatrics. Journal of Genetic Psychology 1966, 108, 9-17.

[29] CAUTELA, J.R. A classical conditioning approach to the development and modification of behavior in the aged. Gerontologist, 1969, 9, 109-113.

[30] CITRIN, R.S., DIXON, D.N. Reality orientation: a milieu therapy usend in an institution for the aged. Gerontologist, 1977, 17, 39-43.

[31] COE, R. Professional perspectives on the aged. Gerontologist, 1976, 7, 114-119.

[32] EHRHARDT, H.E. Rehabilitationsmöglichkeiten in der Psychiatrie in Gegenwart und Zukunft. In W. Nessweth (Ed.) Gesundheitswesen in Bewegung. 13. Kongr. Dt. Zentrale für Volksgesundheit, Frankfurt 1973.

[33] EISDORFER, C., STOTSKY, B.A. Intervention, treatment and rehabilitation of psychiatric disorders. In J.E. Birren, K.W. Schaie (Eds.) Handbook of the psychology of aging. New York: Van Nostrand 1977, Pp.724-748.

[34] ESTES, C.L., FREEMAN, H.E. Strategies of design and research for intervention. In R.H. Binstock, E. Shanas. (Eds.) Handbook of aging and the social sciences. New York: Van Nostrand, 1976, Pp.536-560.

[35] FALCK, I. Interventionsmöglichkeiten im geriatrischen Krankenhaus. Zeitschrift für Gerontologie, 1979, 12, (im Druck).

[36] FEIL, N.W. Group therapy in a home for the aged. Gerontologist, 1967, 7, 192-195.
[37] FILER, R.N., O'CONNELL, D.D. A useful contribution climate for the aging. Journal of Gerontology, 1962, 17, 51-57.
[38] FISHER, J. Competence, effectivenss, intellectual functioning, and aging. Gerontologist, 1973, 13, 62-68.
[39] FOLSOM, J.C. Reality orientation for the elderly mental patient. Journal of Geriatric Psychiatry, 1968, 1, 291-307.
[40] GEIGER, G., JOHNSON, L. Positive education for elderly persons: correct eating through reinforcement. Gerontologist, 1974, 14, 432-436.
[41] GLASSER, W. Reality therapy, a new approach to psychiatry. New York: Harper & Row, 1965.
[42] GÖSSLING, S. Interventionsmassnahmen im Altenzentrum. Zeitschrift für Gerontologie, 1979, 12, (im Druck).
[43] GOLDFARB, A.J. The psychotherapy of elderly patients. In H.T. Blumenthal (Ed.) Medical and clinical aspects of aging. New York: Columbia Univ., 1962. Pp. 106-114.
[44] GOLDFARB, A.J. Psychiatry in geriatrics. Med. clin. N. Am., 1967, 1515-1527.
[45] GOTTESMAN, L.E. Milieu treatment of the aged in institutions. Gerontologist, 1973, 13, 23-26.
[46] GOTTESMAN, L.E., CIARLO, J.A., COONS, D., DONAHUE, W. A model for milieu treatment to the elderly. Paper presented at the first workshop on services of the mentally ill aged. Social Rehabilitation Service, US Department of HEW, Washington 1968.
[47] GOTTESMAN, L.E., QUARTERMAN, C.E., COHN, G.M. Psychosocial treatment of the aged. In C. Eisdorfer, M.P. Lawton (Eds.) The psychology of adult development and aging. American Psychological Ass., Washington, D.C., 1973. Pp. 378-427.
[48] GUBRIUM, J.E., KANDER, M. On multiple realities and reality orientation. Gerontologist, 1975, 15, 142-145.
[49] GURLAND, B.J. A broad clinical assessment of psychopathology in the aged. In C. Eisdorfer, M.P. Lawton (Eds.) The psychology of aging. American Psychological Ass., Washington, D.C., 1973. Pp. 343-377.
[50] GURLAND, B.J., FLEISS, J.L., GOLDBERG, K., SHARPE, L., COPELAND, J.R.M., KELLEHER, M.J., KELLET, J.M. The Geriatric Mental Status Scale. Psychological Medicine, 1976, 6, (zit. nach [132]).
[51] GUSTAFSON, E. Day care for the elderly. Gerontologist, 1974, 14, 46-49.
[52] GYNTHER, M.D., SHIMKUMAS, A.M. Age and MMPI performance. Journal of Consulting and Clinical Psychology, 1966, 30, 118-121.
[53] HARPER, R., BAUER, R., KOMMARKAT, J. Learning theory and gestalt. American Journal of Psychotherapy, 1976, 30, 55-71.
[54] HAVIGHURST, R. Successful aging. Gerontologist, 1961, 1, 8-13.
[55] HEEMSKERK, J.J. Gedächtnis- und Lernleistungen im höheren Erwachsenenalter. Actuelle gerontologie, 1974, 4, 9-19.
[56] HIATT, H. Dynamic psychotherapy with the aging patient. American Journal of Psychotherapy, 1971, 25, 591-600.
[57] HOLDEN, U.P., SINEBRUCHOW, A. Reality orientation therapy: a study investigating the value of this therapy in the rehabilitation of elderly people. Age and Aging, 1978, 7, 83-90.
[58] HOLZMAN, S., SABEL, N.E. Improving the morale of the patients and the staff in a geriatric institution by a supervised visiting program. Gerontologist, 1968, 8, 29-33.
[59] HORN, J.L., CATTELL, R.B. Age differences in primary mental ability factors. Journal of Gerontology, 1966, 21, 210-220.

[60] HOYER, W.J., KAFER, R.J., SIMPSON, S.C., HOYER, F.W. Reinforcement of verbal behavior in elderly mental patients using operant procedures. Gerontologist, 1974, 14, 149–152.
[61] HUBER, R. Sensory training for a fuller life. Nursing Homes, 1973, 22, 14–15.
[62] INGERSOLL, B., SILVERMAN, A. Comparative group psychotherapy for the aged. Gerontologist, 1978, 18, 201–206.
[63] JOCHEIM, K.A. Rehabilitation im Krankenhaus. Kongressbericht Heidelberger Rehabilitationskongress 1968. Stuttgart: Genter, 1968.
[64] JOHNSTON, N. Group reading as a treatment toal with geriatrics. American Journal of Occupational Therapy, 1965, 19, 4.
[65] JONAS, R., OBERDALHOFF, H.E., SCHULZE, H.H. Visitor attendance at psychiatric and nonpsychiatric hospitals. Social Psychiatry, 1969, 4, 69–75.
[66] JUNOD, J.P. Programmes and provisions for the older generation at large. In: Seminar on local participation in programmes for the elderly (Gummersbach 1971), UNO, New York 1972.
[67] KAHANA, E. The human treatment of old people in institutions. Gerontologist 1973, 13, 282–289.
[68] KAHANA, E., KAHANA, B. The therapeutic potential of age integration. Archives of General Psychiatry, 1970, 23, 20–29.
[69] KANOWSKI, S. Vitale Verstimmungen im Alter. Actuelle gerontologie, 1975, 5, 693–702.
[70] KASTENBAUM, R. Engrossment and perspective in later life: a developmental field approach. In R.Kastenbaum (Ed.) Contributions to the psychobiology of aging. New York: Springer, 1965, Pp.3–18.
[71] KASTENBAUM, R.D., CAMERON, P. Cognitive and emotional dependency in later life. In R.A.Kalish (Ed.) The dependencies of old people. Michigan: Univ. of Michigan Press, 1969, Pp.39–57.
[72] KORNETZKY, C. Minnesota Multiphasic Personality Inventory Results on aged population. In [15], Pp.217–252.
[73] KRAUSS, B. Alter und Gesundheit. Epidemiologische Befunde zur sozialen Situation und gesundheitlichen Verfassung 70jähriger und Älterer unter besonderer Berücksichtigung des psychischen Gesundheitszustandes. Unveröff.Manuskript, Göttingen 1978.
[74] KRETSCHMAR, J.H. Interventionsmöglichkeiten in der gerontopsychiatrischen Versorgung durch das psychiatrische Krankenhaus. Zeitschrift für Gerontologie, 1979, 12, (im Druck).
[75] LAKOFF, S.A. The future of social intervention. In R.H.Binstock, E.S.Shanas (Eds.) Handbook of aging and the social sciences. New York, Van Nostrand, 1976, Pp.643–664.
[76] LAUTER, H. Epidemiologie der grossen psychiatrischen Störungen. In M.Blohmke, C.v.Ferber, K.P.Kisker, M.Schaefer (Eds.) Handbuch der Sozialmedizin, Bd.II, Stuttgart: Enke, 1977, Pp.374–447.
[77] LAWTON, M.P. Institutions for the aged: theory content and methods for research. Gerontologist, 1970, 10, 305–312.
[78] LAWTON, M.P. Ecology and aging. In L.A.Pastalan, D.H.Carson (Eds.) Spatial behavior of older people. Michigan: Ann Arbor, 1970, Pp.40–83.
[79] LAZARUS, L.W. A program for the elderly at a private psychiatric hospital. Gerontologist, 1976, 16, 125–131.
[80] LEHR, U. Psychologische Aspekte einer Psychotherapie im Alter. In V.Böhlau (Ed.) Alter und Psychotherapie. Stuttgart: Schattauer, 1971, Pp.65–77.

[81]  LEHR, U. Psychologie des Alterns. Heidelberg: Quelle & Meyer, 1972 (3.erw.Aufl. 1977).
[82]  LEHR, U. Alter und Rehabilitation – psychologische Aspekte. In V.Böhlau (Ed.): Alter und Persönlichkeit. Stuttgart: Schattauer, 1974, Pp.86–99.
[83]  LEHR, U. Die psychologischen Veränderungen im Alter als Voraussetzung der Rehabilitation. Actuelle gerontologie, 1975, 5, 291–304.
[84]  LEHR, U. Psychologie der Langlebigkeit. In V.Böhlau (Ed.) Alter und Langlebigkeit. Stuttgart: Schattauer, 1975, Pp.111–146.
[85]  LEHR, U. Die Thematik der Bildung in der Gerontologie. Actuelle gerontologie, 1977, 7, 343–361.
[86]  LEHR, U. Älterwerden als Frau – ein Beitrag zur differentiellen Gerontologie. Zeitschrift für Gerontologie, 1978, 11, 1–5.
[87]  LEHR, U. Die Situation der älteren Frau – psychologische und soziale Aspekte. Zeitschrift für Gerontologie, 1978, 11, 6–26.
[88]  LEHR, U. Das mittlere Erwachsenenalter – ein vernachlässigtes Gebiet der Entwicklungspsychologie . In R.Oerter (Ed.)Entwicklung als lebenslanger Prozess. Hamburg: Hoffmann & Campe, 1978, Pp.147–177.
[89]  LEHR, U. Körperliche und geistige Aktivität – eine Voraussetzung für ein erfolgreiches Altern. Zeitschrift für Gerontologie, 1978, 11, (im Druck).
[90]  LEHR, U., MERKER, H. Jugend von heute in der Sicht des Alters – ein Beitrag zum Generationenproblem. Kongr.d.Dt.Ges.f.Gerontologie, Nürnberg 1969. Darmstadt: Steinkopff, 1970, Pp.232–239.
[91]  LEHR, U., SCHMITZ-SCHERZER, R., QUADT, E. Weiterbildung im höheren Erwachsenenalter – eine empirische Studie zur Frage der Lernbereitschaft älterer Menschen. Forschungsbericht vorgelegt dem Bundesministerium für Jugend, Familie und Gesundheit, Bonn, März 1978.
[92]  LEHR, U. THOMAE H. Soziale Dienste für alte Menschen. Bonn: Eichholz Verlag, 1974.
[93]  LETCHER, P., PETERSON, L., SCARBROUGH, D. Reality orientation: a historical study of patient progress. Journal of Hospital and Community Psychiatry, 1974, 25, 801–803.
[94]  LINDSLEY, O.R. Geriatric behavioral prosthetics. In R.Kastenbaum (Ed.) New thoughts on old age. New York: Springer, 1964.
[95]  LOEW, C.A., SILVERSTONE, B.M. A program of intensified stimulation and response facilitation for the senile aged. Gerontologist, 1971, 11, 341–347.
[96]  LÖWENTHAL, M., BERKMAN, P.L. Aging and mental disorder in San Francisco. San Francisco: Jossey-Bass, 1967.
[97]  MAAS, H.S., KUYPERS, J.A. From thirty to seventy. San Francisco: Jossey-Bass, 1974.
[98]  MACDONALD, M.L., BUTLER, A.K. Reversal of helplessness: Producing walking behavior in nursing home wheelchair residents using behavior modification procedure. Journal of Gerontology, 1974, 29, 97–101.
[99]  MACDONALD, M.L., SETTIN, J.M. Reality orientation versus sheltered workshops as treatment for the institutionalized aging. Journal of Gerontology, 1978, 33, 416–421.
[100]  MCCLANNAHAN, L.E. Therapeutic and prosthetic living environments for nursing home residents. Gerontologist, 1973, 13, 424–429.
[101]  MCCUAN, R.E. Geriatric day care: a family perspective. Gerontologist, 1976, 16, 517–521.
[102]  MCGINITY, P.J., STOTSKY, B.A. The patient in the nursing home. Nursing Forum, 1967, 6, 238–261.

[103] MASON, E.P. Some correlates of self-judgements of the aged. Journal of Gerontology,1954, 9, 324-337.
[104] MEERLOO, J.A. Psychotherapy with the aged. Nederlands Tijdschrift Voor Gerontologie, 1971, 2, 160-169.
[105] MENGGE, E., STEUR, M. Bewegungstherapie und Beschäftigungstherapie in einer geriatrischen Spezialklinik. Altenpflege, 1977, 2, 206-211.
[106] MISHARA, B.L., ROBERTSON, B., KASTENBAUM, R. Self-injurious behavior in the elderly. Gerontologist, 1973, 13, 311-314.
[107] MUELLER, D.J., ATLAS, L. Resocialization of depressed elderly residents: a behavioral management approach. Journal of Gerontology, 1972, 27, 390-392.
[108] MUTSCHLER, P. Factors affecting choice of and perseveration in social work with the aged. Gerontologist, 1971, 11, 231-241.
[109] OBERLEDER, M. Crisis therapy in mental breakdown of the aging. Gerontologist, 1970, 10, 111-114.
[110] OESTERREICH, K. Psychiatrie des Alterns. Heidelberg: Quelle & Meyer, 1975.
[111] OESTERREICH, K. Krisenintervention bei alten Menschen. Therapiewoche, 1978, 28, 2908-2910.
[112] OVERALL, J.E., GORHAM, D.R. Organicity versus old age in objective and projective test performance. Journal of Consulting and Clinical Psychology, 1972, 39, 98-105.
[113] PAUL, H.A. Persönlichkeit und Leistungsabbau bei Vorgealterten. In R.Schubert (Ed.): Aktuelle Probleme der Geriatrie, Geropsychologie, Gerosoziologie und Altenfürsorge. Darmstadt: Steinkopff, 1970, Pp.280-290.
[114] PETRILOWITSCH, N. Probleme der Psychotherapie alter Menschen. Bibliotheca Psychiatrica et Neurologica, 1964, 123, 1-108.
[115] PETZOLD, H. Der Gestaltansatz in der psychotherapeutischen, soziotherapeutischen und pädagogischen Arbeit mit alten Menschen. Zeitschrift für Gruppendynamik, 1977, 8, 32-48.
[116] POLLOCK, D.D., LIBERMAN, R.P. Behavior therapy of incontinence in demented inpatients. Gerontologist, 1974, 14, 488-491.
[117] POWER, C.A., MCCARRON, L.T. Treatment of depression in persons residing in homes for the aged. Gerontologist, 1975, 15, 132-135.
[118] RADEBOLD, H. Psychoanalytische Gruppenpsychotherapie mit älteren und alten Patienten. Zeitschrift für Gerontologie, 1976, 9, 128-142.
[119[ RADEBOLD, H. Interventionsmöglichkeiten im Rahmen der Psychotherapie/Psychosomatik und der Sozialen Therapie. Zeitschrift für Gerontologie 1979, 12 (im Druck).
[120] RADEBOLD, H., BECHTLER, H., PINA, I. Psychosoziale Arbeit mit älteren Menschen. Freiburg: Lambertus, 1973.
[121] RICHMAN, L. Sensory training for geriatric patients. American Journal of Occupational Therapy, 1969, 23, 254-257.
[122] RIEGEL, K., RIEGEL, R. A study on changes of attitudes and interests during later years of life. Vita humana, 1960, 3, 177-206.
[123] ROGERS, C.R. Client-centered therapy. Boston: Mifflin, 1951.
[124] ROGERS, C.R., DYMOND, R. (Eds.) Psychotherapy and personality change. Chicago: Univ.Chicago Press, 1954.
[125] RUDINGER, G. Eine Querschnittuntersuchung im Altersbereich 20-90 Jahre. Zeitschrift für Gerontologie, 1974, 7, 323-333.
[126] RUSTEMEYER, J. Langzeittherapie und Rehabilitation im höheren Lebensalter. Geriatrie, 1977, 7, 477-485.
[127] RUSTEMEYER, J. Interventionsmöglichkeiten in der geriatrischen Versorgung in der

geriatrischen Rehabilitationsklinik. Zeitschrift für Gerontologie,1979, 12 (im Druck).
[128] RYBAK, W.S., SADNAVITCH, J.M., MASON, B.J. A foster grandparent program. Hospital & Community Psychiatry, 1968, 19, 47ff.
[129] SALTER, C.L., SALTER, C.A. Effects of individualized activity program on elderly patients. Gerontologist, 1975, 15, 404-406.
[130] SAVAGE, R.D., BRITTON, P.G., BOLTON, N., HALL, E.H. Intellectual functioning in the aged. New York: Harper & Row, 1973.
[131] SAVAGE, R.D., GABER, L.B., BRITTON, P.G., BOLTON, N., COOPER, A. Personality and adjustment in the aged. London – New York: Academic Press, 1977.
[132] SCHAIE, K.W., SCHAIE, J.P. Clinical assessment and aging. In J.E.Birren, K.W.Schaie (Eds.) Handbook of the psychology of aging. New York: Van Nostrand, 1977, Pp.692-723.
[133] SCHICK, I. Korrelate des psychischen und sozialen Wohlbefindens bei institutionalisierten alten Menschen. Phil.Diss., Bonn 1978.
[134] SCHUBERT, R. Projekt Altenforschung – Dokumentation, Lückenanalyse, Vorschläge – Geriatrie. Forschungsbericht für das Bundesministerium für Jugend, Familie, Gesundheit, Bonn 1974.
[135] SEUBERT, E. Gegenwärtiger Stand der Präventionsforschung. In L.Pongratz (Ed.) Klinische Psychologie, Band 8/2 des Handbuchs für Psychologie. Göttingen: Hogrefe, 1978, Pp.3172-3201.
[136] SHAPIRO, A. A pilot program in music therapy with residents of a home for the aged. Gerontologist, 1969, 9, 128-133.
[137] SIMON, A. The psychiatric problems of aging. In E.Feldman, D.P.Buch (Eds.) Seventh Annual Training Sessions for Psychiatrist-Teachers of Practing Physicians. Campus, Boulder, Col.Univ.East, 1967.
[138] SMITH, K.J., LIPMAN, A. Constraint and life satisfaction. Journal of Gerontology, 1972, 27, 77-82.
[139] SROUR, G.M., FINNEGAN, R.J., DELCIOPPO, C.A. A new approach to recreational therapy with older chronically hospitalized patients. Psychiatric Quarterly Supplement, 1966, 40, 10-16.
[140] SPENCE, D.L., FEIGENBAUM, E.M. FITZGERALD, F., ROTH, J.M. Medical student attitudes toward the geriatric patient. Journal of the American Geriatrics Society, 1968, 16, 976-983.
[141] STEINMANN, B. Rehabilitation in der Geriatrie und Altersturnen. Sozialmedizin, 1972, 4, 406-411.
[142] STEPHENS, L.P. Reality orientation: a technique to rehabilitate elderly and braindamaged patients with moderate to severe degree of disorientation. American Psychiatr.Ass., Washington 1969 (zit. nach [30]).
[143] STÖRMER, A. Kritische Gedanken zur Rehabilitation im Alter. In A.Störmer (Ed.) Geroprophylaxe, Rehabilitation und Asozialstatus im Alter. Darmstadt: Steinkopff, 1970, Pp.253-257.
[144] STOTSKY, B.A. A systematic study of therapeutic interventions in nursing homes. Genetic Psychology Monographs, 1967, 76, 257-320.
[145] STOTSKY, B.A. The nursing home and the aged psychiatric patient. New York: Appleton Century-Crofts, 1970.
[146] TAULBEE, L.R., FOLSOM, J.C. Reality orientation for geriatric patients. Hospital and Community Psychiatry, 1966, 17, 23-25.
[147] THOMAE, H. Die Bedeutung einer kognitiven Persönlichkeitstheorie für die Theorie des Alterns. Zeitschrift für Gerontologie, 1971, 4, 8-18.

[148] THOMAE, H. (Ed.) Patterns of aging. Findings from the Bonn Longitudinal Study of Aging. Basel – New York: Karger, 1976.
[149] THOMAE, H. Patterns of «successful aging». In H.Thomae (Ed.) Patterns of aging. Basel: Karger, 1976, Pp.147-161.
[150] THOMAE, H. Ökologische Aspekte der Gerontologie. Zeitschrift für Gerontologie, 1976, 9, 407-410.
[151] THOMAE, H. Besuch von Einrichtungen der offenen Altenhilfe und Lebenszufriedenheit. Bericht an das Bundesministerium für Jugend, Familie und Gesundheit, Bonn 1978.
[152] THURNHER, M. Adaptability of life history interviews to the study of adult development. In L.F.Jarvik, C.Eisdorfer, J.E.Blum (Eds.) Intellectual functioning in adults. New York: Springer, 1973, 137-142.
[153] WALTON, D. The diagnostic and predictive accuracy of the Wechsler-Memory Scale in psychiatric patients over 65. Journal of Mental Science, 1958, 104, 1111-1118.
[154] WECHSLER, D. The measurement and appraisal of adult intelligence. (4.Aufl.) Baltimore: Williams & Wilkins, 1958.
[155] WHITE, R.W. The abnormal personality. (3.Aufl.) New York: Ronald Press, 1964.
[156] WEILER, P.G., MCCUAN, R.E. Adult day care. New York: Springer, 1976.
[157] WIENDICK, G. Entwicklung einer Skala zur Messung der Lebenszufriedenheit in höherem Lebensalter. Zeitschrift für Gerontologie, 1970, 3, 215-224.
[158] WIENDICK, G. Zur psychosozialen Bedingtheit des Alterssuizids. Actuelle gerontologie, 1973, 3, 271-274.
[159] YALOM, I.P. TERRAZAS, F. Group therapy for psychiatric elderly patients. American Journal of Nursing, 1968, 68, 1690-1694.
[160] ZEPELIN, H., WADE, S. A study of the effectiveness of reality orientation classes. Paper presented at annual meeting of Gerontological Society. Louisville, October 1975.
[161] ZIMMERMANN, J., OVERPECK, C., EISENBERG, H., GARLICK, B.J. Operant conditioning in a sheltered workshop. Rehabilitation Literature, 1969, 30, 326-334.
[162] PULLINGER, W.F. Remotivation. Mental Hospitals, 1958, 9, 16-18.
[163] TURBOW, S.R. Geriatric group day care and its effect on independent living. Gerontologist, 1975, 15, 508-510.

# VIII. Schulische Lernstörungen als normendiskrepante Lernprozesse

D. EGGERT, I. TITZE

## 1. Zur Mehrdeutigkeit des Forschungsgegenstandes

Die Verfasser wollen sich mit dem folgenden Artikel an den klinisch arbeitenden Psychologen wenden, dem Lernstörungen wohl vor allem als schulische Lern- und Leistungsstörungen in seiner Praxis in Erscheinung treten werden. Dem besonderen Aufgabenfeld der Verfasser entsprechend wird dabei der Versuch unternommen, dieses Ziel nicht nur in einer Bearbeitung der relevanten psychologischen Literatur zu erreichen, sondern vor allem auch behindertenpädagogische Ansätze mit einzuführen, die in der Regel dem klinischen Psychologen nicht ohne weiteres zugängig sind.

### 1.1 Zur Begriffsbildung

Eine Auseinandersetzung mit der Thematik «Lernstörungen» wird durch die Unübersichtlichkeit der vorliegenden Literatur erschwert. Es sind daher auch in letzter Zeit Versuche unternommen worden, das Forschungsfeld übersichtlicher zu machen [71, 53, 86].

Ein Überblick und eine Systematisierung wird jedoch aufgrund folgender Ausgangssituation erschwert:
- Es findet sich keine einheitliche Begriffsbildung bezüglich des Gegenstandes; Begriffe wie Schulversagen, Schulleistungsschwierigkeiten, Schulleistungsunterschiede, Schulschwierigkeiten, Lernschwierigkeiten, Lernstörungen usw. stehen nebeneinander.
- Unterschiedliche Definitionen und Systematiken werden in Abhängigkeit von der theoretischen Orientierung sowie der jeweiligen Fachdisziplin verwendet (Sonderpädagogik, Medizin, Psychologie, Pädagogik, Soziologie), die sich mit dem Gegenstand «Lernstörung» auseinandersetzen.
- Zusätzlich erschwert eine unübersehbare Anzahl von Veröffentlichungen über Bedingungsfaktoren bzw. Determinanten von Lernstörungen eine Übersicht. «Da die Einzelarbeiten jeweils verschiedene Variablen-

gruppen berücksichtigen und unterschiedliche theoretische Positionen vertreten, ergibt eine Zusammenfassung der Einzelbefunde lediglich ein buntes Bild heterogener Forschungsrichtungen und widersprüchlicher Einzelbefunde, aber keine in sich schlüssige Systematik» [71, S.91].
- Es liegen viele Einzelbefunde vor (es gibt kaum ein Persönlichkeitsmerkmal, das nicht in irgendeiner Untersuchung mit Schulleistungskriterien in Verbindung gebracht worden wäre!), dem steht aber ein Mangel an Theorie gegenüber.

«Bislang fehlt es an einer empirisch-wissenschaftlich gesicherten Theorie der Schulleistung, welche die Bedingungsfaktoren des Leistungsverhaltens in eine sinnvolle strukturelle Ordnung bringt und damit die Voraussetzung für gezielte pädagogische Massnahmen und Entscheidungen schafft» ([136], S.53).

Der bislang überwiegend deskriptive Forschungsansatz sollte zugunsten einer mehr theoriebezogenen Analyse ersetzt werden [71, 136, 140].

## 1.2 Theoretische Grundstrukturen

Die theoretische Perspektive bzw. das Forschungsparadigma [62, 75, 138], das der wissenschaftlichen Betrachtung des Gegenstandes «Lernstörung» zugrunde liegt, war lange Zeit fast ausschliesslich am «medizinischen Modell» orientiert. Erst in den letzten Jahren fand ein Paradigmenwechsel statt. Die damit festgelegten bedeutsamen Fragestellungen führen zu situationstheoretischen und interaktionstheoretischen Ansätzen von Lernstörungen. Sie lösen dispositionstheoretische Ansätze ab [126].

### 1.2.1 Individualpsychologisches Paradigma

Ursachen für Lernstörungen werden in der Persönlichkeit des Individuums gesucht und finden in Begriffen wie der «gestörte Schüler», der «dumme oder faule Schüler» ihren Ausdruck. Schulischer Erfolg bzw. Misserfolg wird als Ergebnis dispositioneller Fähigkeits- und Motivunterschiede betrachtet. Diese eigenschaftsorientierte Sichtweise von Lernstörungen kennzeichnet die Auffassung der traditionellen Pädagogischen Psychologie, aber auch die Ansicht von praktisch tätigen Pädagogen, dass Lernstörungen «Defizite» des Schülers seien (Defizit-Theorie).

«Schulschwierigkeiten» werden auf «Ursachen zurückgeführt, die man im abstrakt-isolierten Individuum vermutet, obwohl es mittlerweile genügend Beweise dafür gibt, dass sie in einem erklärbaren und sinnvoll verstehbaren sozialen Kontext entstanden sind und durch diesen aufrechterhalten und verstärkt werden» ([64] S.425).

Die individualpsychologische Sichtweise, nach der Lernstörungen auf «krankhafte» Prozesse im Individuum zurückzuführen sind, hat in der Sonderpädagogik als vorwiegende Anlaufstelle für die Erfassung und Betreuung lerngestörter Schüler eine lange Tradition. Mit VON STRÜMPELLS «Pädagogischer Pathologie» [129] begann das explizite Verständnis von Sonderpädagogik als angewandter Kinderpsychiatrie, das sich auch in der «Heilpädagogik» von ASPERGER [5] findet. Die Häufigkeit der Etikettierung schulversagender Kinder als «Oligophrene» oder «hirnorganisch Geschädigte» ist auch heute noch frappierend, obwohl die Nutzlosigkeit derartiger Kategorien für eine Planung von pädagogischen Interventionsstrategien längst erkannt wurde [103]. Eine Übersicht über Prinzipien, Basis-Annahmen, Ursachenfaktoren, Beschreibungsarten, Therapieformen verschiedener Theorieperspektiven zum abweichenden Verhalten, sowie eine ausführliche Diskussion des medizinischen Modells findet sich bei BARKEY ([10], S.43ff.), der infektiöse, traumatische und systematische Krankheitsmodelle [22] skizziert.

Die Over- und Underachievementforschung, die inzwischen vielfach einer kritischen Analyse unterzogen wurde und als unzulänglich bezeichnet wird [66, 136, 139], weist Parallelen zum medizinischen Modell auf. Abgesehen von methodologischen Problemen dieses Forschungsansatzes ([136], S..42ff.) werden Ursachen von Lernstörungen ausschliesslich oder weitgehend im Schüler gesehen und Bedingungsfaktoren ausserhalb der Schülerpersönlichkeit weitgehend unberücksichtigt gelassen. Das Over- und Underachievementkonzept basiert auf der Annahme, dass Schulleistungen eines Individuums im wesentlichen durch seine intellektuellen Fähigkeiten determiniert werden. Wird weniger geleistet, als aufgrund der Intelligenz zu erwarten wäre, werden Ursachen hierfür in den Defiziten der Schülerpersönlichkeit gesucht und nicht- kognitive Variablen zur Erklärung herangezogen.

Aber auch die Alltagstheorie des Lehrers über Lernstörungen stimmt oft mit dem medizinischen Modell überein. Seine Wahrnehmungs- und Urteilungsprozesse über Schüler obliegen seiner «impliziten Persönlichkeitstheorie» bzw. «pragmatischen Alltagstheorie» [50, 64], die Ursachen von Lernschwierigkeiten im Individuum vermutet und in ihrer praktischen Konsequenz aufgrund der darin enthaltenen Einstellungen und Stereotypen zur Genese abweichenden Verhaltens beitragen kann.

## 1.2.2 Interaktionistisches Paradigma («Sozialwissenschaftliches Modell»)

Die gegenwärtige Fachdiskussion vermeidet die eigenschafts- bzw. dispositionstheoretische Orientierung und wendet sich eher einer situationsorientierten oder interaktionistischen Ansicht zu, in der die Interaktion zwischen Person und Situation bei der Genese von Lernstörungen betrachtet wird. «Ohne dass das Individuum in einer platten milieutheoretischen Sichtweise nur als Summe gerade wirksamer sozialer Determinanten betrachtet wird, beachtet man doch zunehmend die situationsspezifischen Verhaltensausprägungen als Folge sozial-kognitiver Lernprozesse, und es wird auch der sozialstrukturelle Rahmen thematisiert, in dem Persönlichkeit als Produkt und zugleich als Subjekt gesellschaftlicher Verhältnisse gesehen wird» ([64], S. 424 ff.).

WEINERT & ZIELINSKI ([140,], S. 294) halten für die Untersuchung der Frage nach dem Zusammenwirken zwischen personalen und situativen Faktoren (familialen und schulischen) in der Genese von Lernschwierigkeiten ein längsschnittlich definiertes Interaktionskonzept für erforderlich:

«Die individuell (oder institutionell) verarbeiteten Rückwirkungen aller vorausgegangenen Interaktionen zwischen einer Person und Klassen von Situationen definieren Art und Wahrscheinlichkeit, wie künftig Lern- oder Lehrsituationen wahrgenommen, kategorisiert und beantwortet werden. Bei der Analyse von Lernschwierigkeiten gilt dies sowohl für den (defizitären) Erwerb aufgabenrelevanten Wissens und der damit verknüpften Prozesse der Informationsverarbeitung bzw. der Strategien des Problemlösens als auch für die Veränderungen von Motiven, Einstellungen, Erwartungen und zielgerichteten (oder defensiven) Verhaltensmustern. Person und Umgebung beeinflussen sich gegenseitig. Abfolgen in der Zeit stehen im Vordergrund: die Umgebung beeinflusst die Handlungen der Person, die dann die Umgebung verändert, diese wiederum wirkt auf die Handlungen der Person usw.» ([93], S. 178, S. 294). WEINERT et al. [140] sehen bislang jedoch für die theoretischen und methodologischen Probleme dieses Ansatzes nur wenige Lösungsmöglichkeiten.

## 1.2.3 Handlungstheoretische Konzepte zur Erfassung von Störungen und Behinderungen

Eine Fortentwicklung interaktionistischer Ansätze findet sich in der handlungsorientierten Sonderpädagogik und in der materialistischen Behindertenpädagogik, deren Grundannahmen im folgenden kurz skizziert werden sollen. Sie tragen einerseits zu dem Versuch bei, Störungen und Behinderungen von Lernprozessen an die Sichtweise der sich fortentwickelnden Sozialwissenschaften anzupassen, andererseits weisen sie aber auch auf weitergehende entwicklungspsychologische theoretische Grundannahmen hin.

So berufen sich die Vertreter einer handlungsorientierten Sonderpädagogik [49, 57] einerseits auf eine dynamische Entwicklungspsychologie im Sinne PIAGETs und andererseits auf den Entwurf einer psychologischen Handlungstheorie durch MILLER, GALANTER & PRIBRAM [84]. Die materialistische Behindertenpädagogik, die sich auf den Entwurf einer materialistischen Persönlichkeitspsychologie gründet (vgl. den Versuch von JANTZEN [55], die Persönlichkeitspsychologie SEVES [128] für die Behindertenpädagogik nützlich zu machen), versucht von einem Begriff von Lernstörungen als Störungen des Anpassungsprozesses auf verschiedenen Ebenen auszugehen.

Die wichtigsten Merkmale beider Ansätze sind dabei: Das sich entwickelnde Kind wird als aktiv tätig in Auseinandersetzung mit seiner Umwelt gesehen, es ist nicht lediglich Objekt von Umweltreizen. HARRE & SECORD [45] fassen die dieser Ansicht zugrundeliegende Veränderung des Menschenbildes in der Psychologie so zusammen: Der Mensch wird als System gesehen, das Veränderungen initiieren kann, das Pläne und Absichten hat, Gegebenheiten seiner Umwelt bewusst Bedeutungen zuweist, seine Handlungen steuert und sich der Umwelt und des eigenen Verhaltens bewusst ist. Psychologie auf diese Grundlage fragt nicht nach der Abhängigkeit menschlichen Verhaltens von gegebenen Situationen und früheren Erfahrungen, sondern untersucht beispielsweise, zu welchen Handlungszielen bestimmte Interpretationen in gegebenen Situation führen, wie Absichten und Ziele mit Handlungsplänen zusammenhängen und wie solche Pläne strukturiert sind, wie eine Kontrolle des eigenen Handelns und die Interpretationen von Handlungskonsequenzen zu Neuinterpretation von Situation und/oder Veränderung von Zielen und Plänen führen.

In der handlungsorientierten Sonderpädagogik steht im Mittelpunkt die Erziehung zur *Geschäftsfähigkeit,* die auf die Entwicklung der Fähigkeit und Bereitschaft abzielt, Formen des Zusammenlebens auf der Basis kooperativer, verbindlicher Übereinkunft zu finden. Menschliche Handlungen werden als hierarchisch gegliedertes Gefüge unterschiedlicher Dimensionierung und Charakterisierung ausgewiesen. Es wird weiterhin angenommen, dass es eine Kontinuität der Entwicklung des menschlichen Lernens von den ersten Handlungsplänen des Kindes bis zu gesellschaftlicher Handlungsfähigkeit gibt. Grundlage der Entwicklung dieser Handlungspläne ist nach HILLER & SCHÖNBERGER [49] das Konzept der Geschäftsfähigkeit: «Die Handlungsfähigkeit der Handlungsträger ist als Geschäftsfähigkeit, d.h. als Vertragsbereitschaft und Vertragsfähigkeit zu fassen» (S.255). Dies geschiet in Kooperation beider Partner in Form eines Prozesses, der in rückgekoppelten Phasen von der Zielfindung zur Zielverwirklichung so lange abläuft, bis die Regeln, nach denen sie agieren, ausgehandelt sind. Die gemeinsam aufgestellten Regeln bestimmen zukünftige Aktionen beider Partner. «Die Bedingungen, die Zwecke, die Erwartung und die Sanktionen der intendierten Handlungen sind Verhandlungsgegenstand und werden zum nach innen wie nach aussen gültigen Vertragsbestandteil» (S.255). Nur in diesem allgemeinen Auslegungsschema kann ein Handlungsverständnis im Sinne von Selbstverwirklichung, von Anpassung oder Training von Anpassungsleistungen seine Berechtigung haben.

Auch in der materialistischen Behindertenpädagogik wird ausgegangen vom Konzept der Handlung. Jedoch wird von einer anderen Gegenstandsbestimmung von Psychologie ausgegangen: «Psychologie befasst sich in jedem Fall mit bestimmten Daseinsformen lebendiger Materie. Sie ist die Wissenschaft von der Tätigkeit der individuellen gesellschaftlichen Menschen» [56], S.3/4). Menschliche Tätigkeit wird als linear und hierarchisch strukturiert angesehen, wobei die Strukturierung über Handlungen im Aneignungsprozess geschieht. Der Aneignungsprozess umfasst den Erwerb des gesellschaftlichen Erbes (Erwerb des kulturhistorisch bedingten Wissens über gesetzmässige Zusammenhänge in Natur und Gesellschaft) durch das einzigartige Individuum mit einer einzigartigen Biographie. Störungen der Lerntätigkeit können als Störungen der Aneignungsprozesse beschrieben werden. Wichtig ist, dass zum Gegenstand von Analyse die Logik der Biographie des handelnden Individuums wird, die Anwendung seiner Handlungspläne, Perspektiven und Fähigkeiten in verschiedenen Situationen und dass die Veränderung von Störungen als Veränderung auch störender Bedingungen angesehen wird.

Vor allem die handlungsorientierte Sonderpädagogik führt einerseits zu einem veränderten Begriff von Störung und Behinderung – auf den im folgenden näher eingegangen werden soll – sie führt aber andererseits auch aus einer dynamischen Entwicklungspsychologie hin zu einem auf Kooperation und Einschliessung der Realität in Unterricht und Intervention orientierten pädagogischen Modell. In einer kooperativen Didaktik soll der Schüler im kooperativen Prozess der Erschliessung der Realität die eigenen Handlungsmöglichkeiten und Handlungsfähigkeiten erfahren und einbringen lernen. Hier finden sich Anschlusspunkte an das Konzept des selbstinitiierten Unterrichtes nach ROGERS [146], des schülerzentrierten Unterrichts und der nicht-direktiven Gesprächspsychotherapie.

Für die begriffliche Fassung von Lernstörungen ist die handlungsorientierte Sichtweise wichtig, weil sie zu einem veränderten Begriff von Behinderung geführt hat. Dieser veränderte Begriff von Behinderung überwindet die traditionelle Bindung an das individualpsychologische Paradigma und umschliesst die fortentwickelten interaktionstheoretischen Ansätze. Er ist für eine Betrachtung von Lernstörungen fruchtbar, da Lernstörung und Behinderung unter einem solchen Konzept auswechselbar sind (und nicht wie in der traditionellen Heilpädagogik ein Kontinuum von Beeinträchtigung über Störung zu Behinderung angenommen wird [8]).

Zum Schluss dieses Kapitels sei der von SCHÖNBERGER [121] formulierte Behindertenbegriff der handlungsorientierten Sonderpädagogik angeführt:

«Behindert (im übertragenen Sinne gestört, Anm. d. Verf.) ist, wer
(1) infolge einer biologisch-psychisch oder sozial verursachten Schädigung in seiner Lernfähigkeit, seiner Sinnestätigkeit, seinem Sprachvermögen, seiner Bewegungsfähigkeit und/oder seinem Sozial- und Leistungsverhalten so beeinträchtigt ist,
(2) dass er in seinem Kultursystem und in den Sozialsystemen, deren wertorientierte Normen für die Regelung seiner eigenen Einstellungen und Verhaltensweisen und der seiner Sozialpartner jeweils bestimmend sind,
(3) nicht oder nur unter aussergewöhnlichen individuellen und kollektiven Bedingungen lernt, die Ziele, Bilder und Pläne seines Handelns verantwortlich mitzubestimmen,
(4) und daher zu einer schädigungs- und persönlichkeitsspezifischen Interpretation oder Veränderung jener wertorientierten Normen finden muss ([121], S.3).

In dieser Definition finden sich die später in der Auffasung von Lernstörungen als normendiskrepante Lernprozesse aufgeführten Elemente einer möglichen Schädigung des Organ- und Verhaltenssystems, einer Einbindung der Störung in das Kultursystem und in die Sozialsysteme wieder. SCHÖNBERGER [121] fügt seiner Definition hinzu, dass eine Schädigung sich für den Betroffenen nur dann als Behinderung auswirkt, «insofern ihn die Umwelt und in der Folge er sich selbst an soziokulturellen Normen gemessen als auffällig und das heisst in der Regel als minderwertig einschätzt» (S.4). Die Ziele einer pädagogischen Intervention (auch die Ziele einer psychologischen Intervention) aus einem so verstandenen Behinderungsbegriff sind weiter definierbar als im individualpsychologischen Modell. «Sonderpädagogik erhält also in diesem Denkzusammenhang den Auftrag, für den Behinderten Bedingungen zu schaffen, unter denen er trotz aller schädigungsbedingten Erschwernisse dem allgemeinen Erziehungs- und Bildungsziel möglichst nahe kommt; nämlich alle Möglichkeiten ausschöpfen zu lernen für ein verantwortliches Handeln als Mitglied dieser Gesellschaft, um das allgemeine Ziel zu erreichen, den in unserer Demokratie grundgesetzlich garantierten Spielraum für die Interpretation und Veränderung soziokultureller Normen voll zu nutzen» ([121], S. 5).

## 2. Bedingungen schulischer Lernprozesse und Modelle der Entstehung normendiskrepanter Lernprozesse

Im folgenden Abschnitt soll aus einer Analyse der Bedingungsfaktoren der Schulleistung ein Modell zur Entstehung normendiskrepanter Lernprozesse (Lernstörungen) entwickelt werden. Auf die im ersten Kapitel skizzierten Schwierigkeiten der definitorischen Abgrenzungen sei hier noch einmal hingewiesen.

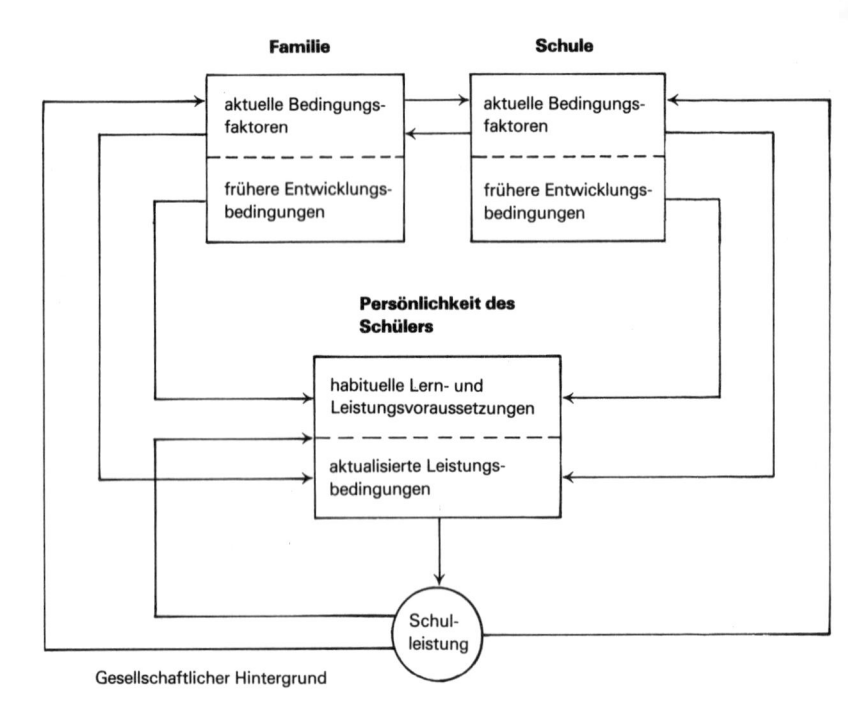

Abb. 1. Modell der Bedingungsfaktoren der Schulleistung (Entnommen aus: KRAPP, [71]).

## 2.1 Bedingungsfaktoren der Schulleistung

KRAPP [71] nähert sich einer Fassung der Dimensionen der Schulleistung über die Beschreibung verschiedener Variablengruppen:

- Bedingungsfaktoren der Schülerpersönlichkeit,
- Bedingungsfaktoren der Familie,
- Bedingungsfaktoren der Schule,
- gesellschaftlicher Hintergrund.

Die Abbildung 1 enthält eine Übersicht über die Beziehungen zwischen diesen Bereichen.

Das Problem der Analyse von Bedingungen der Schulleistung liegt nach KRAPP ([71], S. 96) darin, dass man in der Regel lediglich Querschnittsdaten zur Verfügung hat und so nur Hinweise auf das aktuelle Bedingungsgefüge erhalte. Dadurch entstehe die Gefahr, dass der Schülerpersönlichkeit für die Erklärung des Schulleistungsverhaltens eine zu hohe Bedeutung beigemessen werde, weil die in den Lernvoraussetzungen des Schülers enthaltenen Anteile vorausgegangener Erfahrung in Schule und Familie nicht sichtbar seien. Zu einer genaueren Analyse seien Untersuchungen von Prozessvariablen erforderlich.

## 2.2 Das Bedingungsgefüge schulischer Schwierigkeiten

Instruktiv in bezug auf die am Entstehen von schulischen Lernstörungen beteiligten Organisationen, Institutionen und Sichtweisen ist das von KORNMANN [70] skizzierte Modell eines Bedingungsgefüges schulischer Schwierigkeiten, das sich in der Abbildung 2 findet.

Das Schülerverhalten wird hier in seiner Abhängigkeit von genetischen und organischen Faktoren einerseits, familiären, sozioökonomischen, soziokulturellen Bedingungen und gesellschaftlichen Verhältnissen andererseits beschrieben. Die Einflüsse dieser Faktoren auf Bildungswesen, Schulorganisation, Bildungsinhalte, Ausbildung der Lehrer, auch die Ausbildung der impliziten Persönlichkeitstheorie und der Einstellungen des Lehrers sowie die Auswirkungen auf das Lehrerverhalten und die inhaltliche Unterrichtsgestaltung werden erwähnt. Weiter werden beurteiltes Schülerverhalten und tatsächliches Schülerverhalten voneinander unterschieden (wie dies z. B. in KUTSCHER [76] betont herausgearbeitet wird).

Die bei KRAPP [71] und KORNMANN [70] verdeutlichten Aspekte sollen nun im folgenden im Versuch einer Gegenstandsbeschreibung zusammengefasst werden, wobei einerseits unter interaktionistischem Verständnis

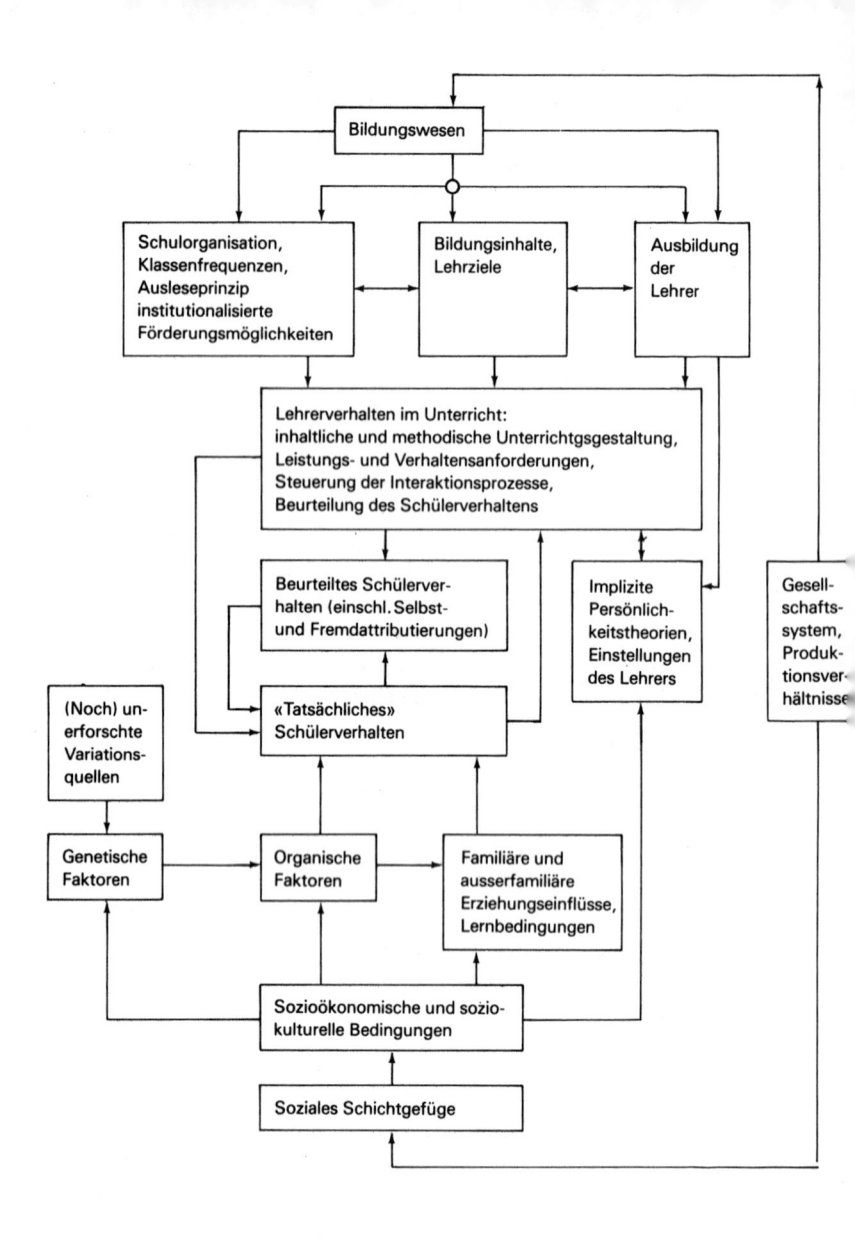

Abb. 2. Bedingungsgefüge schulischer Schwierigkeiten (Entnommen aus: KORNMANN, [70]).

die Dynamik der Wechselwirkungsprozesse zwischen Individuum und Umwelt gesehen werden sollen, anderseits unter systemtheoretischen Überlegungen die Dynamik der Veränderungen des Gesamtsystems in Veränderung einzelner Strukturelemente gesehen werden sollen.

## 2.3 Soziologische Ansätze zur Erklärung abweichenden Verhaltens

Eine Einbeziehung der soziologischen Ansätze zur Erklärung abweichenden Verhaltens gewinnt mit dem zu verzeichnenden Wechsel vom individualpsychologischen zum interaktionistischen Paradigma an Bedeutung. Im Zentrum der Soziologie abweichenden Verhaltens steht zwar die Abweichungsform Kriminalität, jedoch können ihre entsprechenden Erklärungsansätze auch für andere Abweichungsformen herangezogen werden. Devianz wird in der Soziologie unter verschiedenen Fragestellungen behandelt. Während in den ätiologischen Theorien (z. B. Anomietheorie von MERTON [83]) abweichendes Verhalten schon vorausgesetzt und primär nach seinen Ursachen gefragt wird, wird es hingegen beim interaktionistischen Ansatz, dem Labeling-Approach [21, 62], erst durch soziale Prozesse der Zuschreibung konstituiert, in der Reaktion der Gesellschaft auf dieses Verhalten, und es wird die Folge dieser Reaktion für das betroffene Individuum betrachtet. Abweichendes Verhalten und die Etikettierung als Abweichler mit ihren stigmatisierenden Folgen werden als Ergebnis eines sozialen Interaktionsprozesses verstanden. Statt der Frage nach den Ursachen abweichenden Verhaltens steht im interaktionistischen Ansatz daher die Wirkung des Sanktionsverhaltens, wie z. B. Stigmatisierung, im Vordergrund, die Frage nach den Selektionsprozessen, die zur Sanktionierung des Verhaltens bestimmter Gruppen bzw. Individuen führen, nach den Funktionen der sozialen Kontrollinstanzen und die Frage nach der Entstehung von Normen, die bei der Sanktionierung angewendet werden. Auf Prozesse der Stigmatisierung in der Schule weisen u. a. THIMM [135] und LÖSEL [80] hin.

## 2.4 Lernstörungen als normendiskrepante Lernprozesse in Interaktionssystemen

Lernstörungen werden sich dem klinischen Praktiker in der Erziehungsberatungsstelle oder dem Schulpsychologischen Dienst oder ähnlichen Einrichtungen meist als schulische Leistungs- oder Anpassungsprobleme zeigen, die ihm zuerst von den Eltern oder den Lehrern, selten von den unmittelbar Betroffenen geschildert werden: mangelnde Konzentration, mangelnde Ausdauer, abfallende Schulleistungen, eventuell Teilleistungsschwächen im Sinne der sogenannten Legasthenie, Nicht-mehr-lernen-wollen oder gar Schulversagen. Oft zeigt sich dabei schon im einleitenden Gespräch, dass es nur vordergründig um die schulische Leistungs- oder Anpassungsstörung des Kindes geht. Dahinter zeigt sich meist ein sich wechselseitig bedingendes Gefüge von unterschiedlichen Erwartungen und Einstellungen, das normendiskrepante Lern-, Leistungs- und Anpassungsprozesse des sogenannten Probanden hervorruft, an dessen Aufrechterhaltung bewusst oder unbewusst eine Reihe von Bezugspersonen in einem Interaktionsgefüge beteiligt ist. So kann z.B. die Frage, ob ein Kind geistig behindert oder eher verhaltensgestört ist, durchaus auf das schulische Unvermögen und die kognitive Inkompetenz des Betroffe-

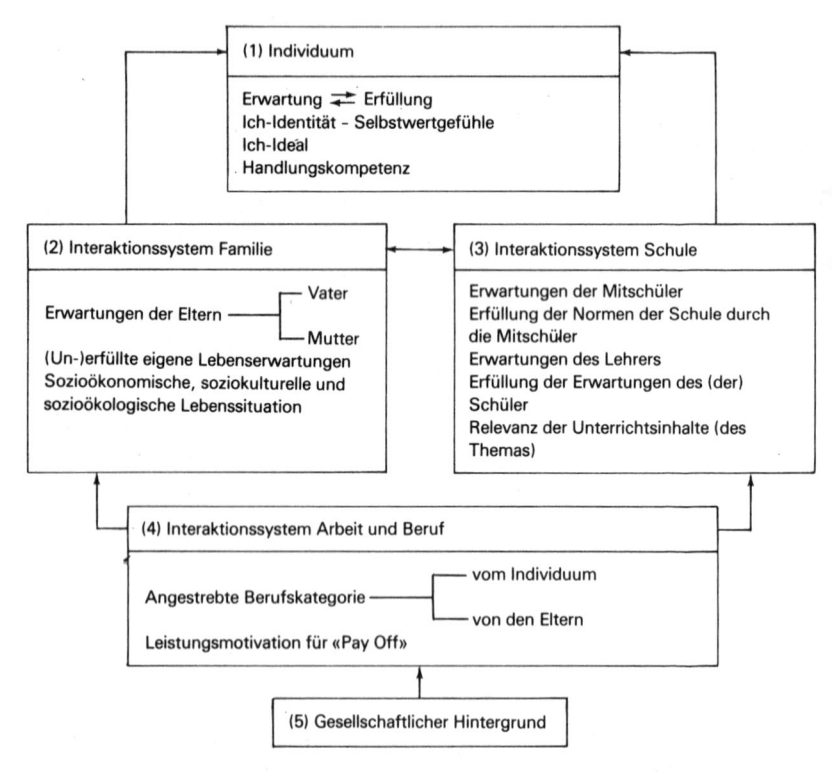

Abb. 3. Schulisches Leistungs- und Anpassungsverhalten als balancierte Normenerwartungen und -erfüllungen.

nen zurückzuführen sein, sie kann jedoch auch eine Funktion darin haben, dass sie die Familienbeziehungen auf einem von der Mutter gewünschten Aktivationsniveau hält. Desgleichen kann die Legasthenie einer vierzehnjährigen Schülerin durchaus mangelndes Leistungsvermögen in einem isolierten Schulfach bedeuten, sie kann aber auch Signal für krasse Veränderungen im Unterrichtsstil nach Lehrerwechsel oder für emotionale Veränderungen innerhalb der Familie sein.

So können sich schulische Lernstörungen als *vorübergehendes oder andauerndes normendiskrepantes Lern- und Anpassungsverhalten* auf der Grundlage veränderter Aneignungsprozesse zwar an einem Probanden zeigen, sie sind jedoch Signal für Probleme gestörter wechselseitiger Erwartungen, gestörter Kommunikation oder einer gestörten Normenbalance in Interaktionssystemen wie z.B. der Familie. Die folgende Abbildung 3 versucht Zusammenhänge dieser Art zu verdeutlichen.

Vorweg sei bemerkt, dass dabei davon ausgegangen wird, dass sogenannte Leistungsstörungen Indikatoren (Signalverhalten) für unausgeglichene Normenerwartungen und Normenerfüllungen in Interaktionssystemen sind. Dieser – vielleicht systemtheoretisch – zu nennende Ansatzpunkt will das Schwergewicht darauf legen, dass nicht die an einem Individuum festgestellte Normabweichung im schulischen Leistungs- oder Anpassungsverhalten Symptom für eine individuelle Störung ist, sondern Signal für ein Ungleichgewicht in Normen bzw. Rollenerwartungen und -erfüllungen, die dem Leistungsverhalten zugrunde liegen.

Die einzelnen Faktoren dieses mit dem Ziel eines ausgeglichenen Fliessgleichgewichts funktionierenden Systemverbundes sind:
1. das Individuum,
2. das Interaktionssystem Familie,
3. das Interaktionssystem Schule,
4. das Interaktionssystem Arbeit und Beruf und
5. das diese Interaktionssysteme bestimmende gesellschaftliche System (gesellschaftlicher Hintergrund).

Hier soll unterschieden werden zwischen impliziten und expliziten Leistungsnormen gesellschaftlicher und individueller Art. Zur Vorstellung der balancierten Normenerwartungen und Normenerfüllungen gehört, dass nicht nur explizit gesellschaftlich formulierte Normen erfüllt werden, sondern dass ein gewisser Spielraum der Devianz von diesen Normen (implizite Normen) erlernt und realisiert wird. Balance als Fliessgleichgewicht ist nur vorstellbar, wenn nicht-normenkonformes Verhalten in einem bestimmten Toleranzbereich vom Individuum und den seine Normerfüllung bewertenden Interaktionssystemen toleriert werden kann. Implizite gesellschaftliche Normen enthalten diese Toleranzbreite nichtnormenkonformen Verhaltens, d.h. die Vorstellung eines Schülers ohne Rechtschreibprobleme ist an sich bereits wieder normendeviant, da als «normal» gilt, dass jeder Schüler eine bestimmte Zahl von Rechtschreibfehlern unter bestimmten Bedingungen macht.

### 2.4.1 Der Prozess der Festlegung von Erwartungen und Forderungen an den Schüler

Verläuft die individuelle Entwicklung im Sozialisationsprozess modal (d.h. wächst ein Kind in einer mittleren Einkommensschicht der Bundesrepublik ohne grössere emotionale Störungen auf), so wird zum Beginn der Schulzeit ein Kind mit stabilen emotionalen, sozialen und kognitiven Selbstwertgefühlen zu einer gesicherten Ich-Identität gelangt sein [72].

Es wird erwartet, dass in Leistungssituationen die Hoffnung auf Erfolg überwiegt und die Furcht vor Misserfolg [46, 47] gering ist. Das Kind wird erwarten, dass es in der überwiegenden Zahl der Situationen, in denen Leistung gefordert wird, diese Leistungen auch erfüllt. Kann es die selbst gesetzten Normen erfüllen, so werden die Selbstwertgefühle stabil bleiben, die Ich-Identität wird unverletzt sein. Aus der Interdependenz dieser Variablen der Persönlichkeitsstruktur resultiert dann die Handlungskompetenz des Individuums, wobei von einem Handlungsbegriff nach HILLER und SCHÖNBERGER [49] ausgegangen wird (vgl. 1.2.3).

Die an sich selbst gestellten Erwartungen des Individuums hängen nun aber vor der Schulzeit bereits von den Erwartungen der Eltern und der Erfüllung bzw. Nicht-Erfüllung der Erwartungen der Eltern in der Vorschulzeit ab. In der Schulzeit treffen nun diverse weitere Erwartungen auf das Kind. Es muss seine eigenen Normerwartungen und vor allem seine Normerfüllungen mit diesen Erwartungen ausbalancieren.

### 2.4.2 Anforderungen durch die Familie

Vater und Mutter stellen an ihr Kind Leistungsanforderungen in seiner Entwicklung, die von ihren eigenen unerfüllten oder erfüllten Lebenserwartungen abhängen. Dabei können Vater und Mutter konkordant oder diskrepant in ihren Erwartungen sein. Die Folgen diskrepanter Normerwartungen zwischen Mutter und Vater können sich in frühkindlichen neurotischen Abweichungen vor allem im Bereich der emotionalen und sozialen Entwicklung zeigen. Die Anforderungen der Eltern werden durch die

Erfüllung dieser Erwartungen durch das Kind bestimmt. Überforderung bzw. Unterforderung können zu ersten Formen diskrepanten Normverhaltens beim Kind führen. Nichterfüllung von Leistungsnormen kann schon im Vorschulalter ein Signal für unbalancierte Erwartungen zwischen den Eltern oder unbalancierte Erwartungen der Eltern an das Kind sein. Die ökonomische und ökologische Lebenssituation der Familie kann – oft in Zusammenhang mit erfüllten oder nichterfüllten Lebenserwartungen der Eltern – weiter den Erwartungshorizont für das Kind bestimmen. Sind Eltern z.B. einer mittleren ökonomischen Einkommensschicht unter ökologischen Bedingungen äusserer Einschränkung zu leben gezwungen, so kann allein die Unbalance zwischen ökonomischen und ökologischen Bedingungen zu unbalancierten Erwartungen an das Kind führen, die mit relativ geringer Wahrscheinlichkeit balanciert vom Kind erfüllt werden können.

### 2.4.3 Schulische Forderungen

Der Kreisprozess zwischen Normerwartung – Normerfüllung – Selbstwertgefühlen – Ich-Identität – Handlungskompetenz, der durch Motivation des Individuums und durch die Erwartungen und Bewertungen des Interaktions-Systems Familie beeinflusst wird, wird nun mit Schuleintritt noch von weiteren Faktoren beeinflusst. Dies sind: die Erwartungen der Mitschüler an das Individuum, die Einschätzung der Mitschüler durch das Individuum, die Erfüllung der Normen der Schule durch das Individuum und durch die Mitschüler, die Erwartungen des Lehrers an das Individuum, an die Klasse (vielleicht auch an die Eltern) und die Erfüllung der Erwartungen des Schülers an den Lehrer und an das Organisationssystem Schule. Ein ausserordentlich wichtiger, aber in der gegenwärtigen Literatur relativ wenig beachteter Punkt im balancierten Normensystem ist die Relevanz der Unterrichtsinhalte (im weitesten Sinne also des «Themas» nach RUTH COHN [26]) für die Motivationslage des Lehrers und der Schüler. Mangelnder Bezug zur Lebensrealität auf seiten der Unterrichtsinhalte kann bei Schülern und Lehrern sinnhaftes Handeln erschweren.

«Lernstörungen» können auch dadurch entstehen, dass die Erwartungen der Mitschüler an den Schüler im kognitiven, verbalen, sozialen, emotionalen und psychomotorischen Bereich nicht erfüllt werden. Sie können auch daraus erwachsen, dass die Mitschüler die Normen der Schule nicht erfüllen, der einzelne Schüler diese Normen aber übererfüllt (Streberproblem – Überkonformität). Der Unterrichtsstil des Lehrers, seine Balance zwischen seinen individuellen Leistungsnormen und den Normen von

Schule und Gesellschaft können zu unterschiedlichen Erwartungen führen. Ist er – wie die Eltern – konkordant zu gesellschaftlichen Leistungsnormen, so wird es für die Schüler leichter sein, sich balanciert anzupassen, als bei einer Diskrepanz zu gesellschaftlichen Leistungsnormen.

### 2.4.4  Verhaltensnormen aus Arbeit und Beruf

Die Interaktionssysteme Familie und Schule, die wiederum wechselseitig miteinander in Verbindung stehen (u.a. besonders intensiv dann, wenn Lernstörungen im Individuum zur Interaktion führen), hängen wiederum vom Interaktionssystem Arbeit und Beruf ab. Dazu zählt zum einen die vom Individuum selbst angestrebte Berufskategorie oder Berufsposition (meist im Sinne einer Dominanzposition), die Frage, ob diese Position von den Eltern gewünscht wird (eventuell Vorstellungen der Eltern, die sie selbst nicht erreichen konnten) und die Frage, inwieweit ökonomische Besserstellung und Dominanzstreben als andauernde Leistungsmotivation vom Individuum, der Familie und dem Interaktionssystem Schule angesehen werden.

### 2.4.5  Gesellschaftliche Verhaltenserwartungen

Die in den Interaktionssystemen Arbeit und Beruf, Familie und Schule akzeptierten Normen hängen nun wiederum vom Interaktionssystem Gesellschaft und den dort geltenden Leitlinien ab. Geht man von den Leitnormen der gegenwärtig dominierenden Gesellschaftssysteme in Ost und West aus, so zählen Leistungsorientierung, Konkurrenzdenken, Streben nach Erfolg unbestritten zu den alltagsethischen Grundlagen. Von der alltagsethischen Prämisse, dass der wissenschaftlich-technische Fortschritt auch zur Progression des Menschen und seiner Entwicklung führen muss, ist es ein kurzer Weg zur individuellen Leitlinie, stets um fast jeden Preis Erfolg haben zu müssen und Leistung zeigen zu müssen. Der Erfolg des Individuums hängt von der Erfüllung von Leistungsnormen ab. Da in den östlichen und westlichen Industrienationen bis auf wenige Unterschiede ideologischer Art in bezug auf Leistungsnormen und Leistungserwartungen für die schulische Leistungsbalance relativ ähnliche Bedingungen herrschen, soll hier jedoch von einer genaueren Analyse abgesehen werden. Es ist jedoch wichtig, für die Analyse der Bedingungen von andauernden globalen Normendiskrepanzen (Schulversagen) auf die gesellschaftstheoretischen Analysen von JANTZEN [54, 55], PROBST [101] und anderen hinzuweisen.

Geht man von der Ansicht aus, dass schulische Lernstörungen Signale für normendiskrepante Lernprozesse sind, die sich in Interaktionssystemen abspielen, so wird man für die Beschreibung solcher Prozesse, für die Folgen dieser Prozesse und für die Intervention neue Kategorien finden müssen. Die Ansätze zur Systemtheorie in der Soziologie, den Wirtschafts- und Sozialwissenschaften könnten fruchtbare Wege darstellen [82, 115]. Die durch das individualpsychologische Paradigma nahegelegten und seit VON STRÜMPELLS Pädagogischer Pathologie [129] auch für die Betrachtung von Lern- und Leistungsstörungen festgelegten Kategorien der Epidemiologie, Symptomatologie, Diagnose, Therapie müssen ersetzt werden durch prozessorientierte Kategorien, mit denen deviante Aneignungsprozesse, Signale und Signalbezüge, beeinträchtigte Kommunikationsformen, Interaktionsketten, Krisenintervention und Krisenmanagement sowie Prophylaxe und Prävention normendiskrepanter Lernprozesse beschrieben werden können.

Hier sei eingefügt, dass eine solche Beschreibung letzten Endes nur dann möglich ist, wenn eine Reflexion der übergeordneten gesellschaftlichen Normen erfolgt oder zumindest eingeschlossen ist. Die Problematik eines systemtheoretischen, interaktionistisch orientierten Ansatzes ist es, dass er wegen der wechselseitigen Bedingtheit hierarchisch übergeordneter Subsysteme die Analyse nicht auf eine einzige Ebene beschränken kann (wie es z.B. bei der traditionellen Betrachtung von Lernstörungen in der Beschränkung auf die Ursachen der im Individuum liegenden Faktoren gegeben ist), sondern dass die Ebenen der Analyse die Erscheinungsebene, die theoretische Fassung der Phänomene und die wissenschaftstheoretische Reflexion umfassen müssen.

Im folgenden Text soll eine Übersicht über mögliche *Erscheinungsformen* von schulischen Lernstörungen im skizzierten Modell gegeben werden. Diskrepanzen zwischen schulischen Leistungsanforderungen und schulischem Leistungsvermögen können sich ergeben aus devianten Aneignungsprozessen oder normendiskrepanten Kommunikationsprozessen. Beginnt zum Zeitpunkt des Schuleintritts ein Kind bereits seine Schulkarriere mit Deviationen im Aneignungsprozess aufgrund individueller Normendeviationen (Entwicklungsstörungen, Krankheiten usw.) oder subkultureller Normendeviationen (ökonomische oder ökologische Abweichung von gesellschaftlichen Modal-Normen), so kann es im kognitiven, verbalen, psychomotorischen, sozialen oder affektiven Bereich bereits zu Beginn seiner Schullaufbahn so stark vom erwarteten Normenverhalten des Schulkindes abweichen, dass bereits dadurch die deviante Schulkarriere festgelegt ist (eine solche Abweichung könnte z.B. auch darin liegen, dass bereits ein Bruder oder eine Schwester eines Schülers die

Sonderschule besuchen). Besonders intensiv sind die sozialen Normendiskrepanzen untersucht worden (z. B. im Zusammenhang mit Untersuchungen der Sozialschichtenproblematik im Hinblick darauf, dass Lehrer der Mittelschicht mit Kindern der Unterschicht aufgrund unterschiedlicher Sprachvarianten, kognitiver Stile usw. nicht konkordant kommunizieren können). Dabei spielen vor allem die die soziale Wahrnehmung betreffenden ästhetischen Dimensionen der Kommunkation eine entscheidende Rolle. Deformationen des Körpers führen zu ästhetischen Abweichungen, die wiederum zur Erwartung auch normendiskrepanten Leistungsverhaltens führen [4].

Deviante schulische Leistungskarrieren können also aufgrund devianter Aneignungsprozesse oder aufgrund von Stigmatisierungsmerkmalen eintreten. Zu den Stigmatisierungsmerkmalen können subkulturelle Normendeviationen, ästhetische, kognitive, soziale, emotionale, psychomotorische und verbale Normendeviationen gezählt werden. Diese individuellen oder sozialen Normendeviationen führen häufig zu Abweichungen von schulischen Leistungsnormen. Die Verstärkung bzw. Abschwächung individueller oder sozialer Normendeviationen erfolgt durch die Interaktionssysteme Familie, Sozialschicht, Schule. Je nach der Bewertung der Deviationen durch diese Faktoren können im Wechselspiel sensorischer, motorischer, kognitiver, verbaler, emotionaler und sozialer Entwicklung Verstärkung von Diskrepanzen oder der Ausgleich derselben erreicht werden. So kann z. B. ein sozial engagierter Lehrer, der selbst der sozialen Unterschicht entstammt, durchaus subkulturelle Normendeviationen bei Schülern ausgleichen, indem er verbal sozialisationsangemessen artikuliert, dadurch die kognitive und emotionale Entwicklung fördert, Lernbereitschaft und Leistungsmotivation aufbaut und so soziokulturelle Deviationsprozesse ausgleicht. Subkulturelle Normendeviationen werden auch durch das System Schule bzw. den Systemfaktor der Schulform beeinflusst. Ausgleich bzw. Verstärkung von Normendeviationen kann aber auch durch individuelle Faktoren erfolgen.

Betrachtet man deviante Schulkarrieren, so sind mindestens vier Formen voneinander unterscheidbar: die vorübergehenden von den andauernden Störungen, die isolierten von den globalen. In einem Vierfelderschema ergibt sich also z. B. als vorübergehende isolierte Störung eine soziale Anpassungsstörung (nicht ruhig sitzen können), als vorübergehende globale Störung ein totaler Zusammenbruch der Leistungsmotivation aufgrund emotionaler Konflikte in der Familie (Scheidung der Eltern), als andauernde isolierte Störung eine Teilleistungsschwäche wie z. B. die sogenannte Legasthenie (wobei hierbei zu fragen ist, ob die Störung tatsächlich nur eine einzelne Leistung betrifft oder ob nur die Störung in einem einzelnen Leistungsbereich wahrgenommen wird, der für Lehrer und Eltern besonders bedeutungsvoll erscheint). Als andauernde globale deviante Schulkarriere kann der Schulversager angesehen werden, der sonderpädagogisch unter dem Begriff «lernbehindert» gefasst wird.

### 2.4.6 Die altersgemässe Entwicklung als Verhaltensnorm

Betrachtet man Lernstörungen als normendiskrepante Lernprozesse, so sind die alltagstheoretischen Vorstellungen über die einem bestimmten Lebensalter zuzuordnenden Fähigkeiten und Fertigkeiten wohl die direkteste Norm, mit der ein Individuum in seiner Entwicklung konfrontiert wird. Die alltagstheoretische Annahme hinter dem dreistufig gegliederten Schulsystem, das vom Jahrgangsprinzip und der Klassenstufung ausgeht, ist die Vorstellung, dass alle Kinder in der gleichen Zeit (einem Schuljahr) die gleichen Lernfortschritte machen werden, wenn sie nach den unterschiedlichen Graden ihrer Begabung rechtzeitig selegiert und den ihrer Begabung entsprechenden Schulformen zugewiesen worden sind. Auch die Einschulung unterliegt diesen Vorstellungen, denn es ist auch heute noch nicht ungewöhnlich, dass zu kleine Kinder, zu junge Kinder oder Kinder mit Geschwistern in Sonderschulen von der Einschulung zurückgestellt werden, im wesentlichen, weil sie einer Altersnorm nicht entsprechen, die biologisch orientiert ist. Das Prinzip altershomogener Gruppen in der Klasse, der Versetzung mit dem Lebensalter, des Sitzenbleibens («Nachreifens») sowie das Prinzip der gegeneinander abgegrenzten Schulformen des Gymnasiums, der Realschule, der Hauptschule und der Sonderschule gehen auf diese Vorstellung zurück.

Die von HEIDER [48] und LAUCKEN [78] ansatzweise systematisierte naive Verhaltenstheorie mit der Annahme einer linearen, durch biologische Reifung bedingten psychologischen Entwicklungszunahme mit dem Lebensalter bei einer zum Zeitpunkt der Geburt bereits weitgehend festgelegten Position, findet sich auch in den Anfängen der Psychologischen Diagnostik (von Lernstörungen) in der Entwicklung von Intelligenztests durch BINET [17] und im Konzept der Schulreifetests. Darin drückt sich der Wunsch aus, die vielfältige Realität mit ihren oft nur noch wenig überschaubaren Wechselbeziehungen zu reduzieren. So steht sozusagen neben jedem Kind in seiner Entwicklung das «Schema» des altersgemäss «normal» entwickelten Kindes, mit dem Leistungen, Fähigkeiten und Fertigkeiten des Kindes bewertend verglichen werden. Diese chronologischen Altersnormen, die in hohem Masse schichtenspezifisch differieren dürften und innerhalb verschiedener Subkulturen in ihrer Betonung einzelner

Aspekte des Verhaltens sich gleichfalls stark unterscheiden dürften, sind darüber hinaus nur selten positiv definiert. Das Kind kann die Umrisse dieses Schemas allenfalls über die Sanktionen erahnen, die mit einer negativen Abweichung verbunden sind.

Das Interesse auch der psychologischen Forschung am abweichenden Verhalten ist ausserordentlich gross im Vergleich zu den relativ geringen Bemühungen, Bedingungen für eine ungestörte Sozialisation zu beschreiben. Kategoriale Beschreibungen «normaler» Entwicklung und ihrer Bedingungen sind relativ selten in der Literatur anzufinden. Eine Ausnahme findet sich bei LOUISE DESPERT [28], auf deren tiefenpsychologisch fundiertes Modell an anderer Stelle eingegangen wird.

Die Gefahren der scheinbaren Prägnanz vereinfachender alltagstheoretischer Vorstellungen von einem Lernen durch Reifung und von Analogien zum Wachsen und Werden im Bestreben des Menschen, die Vielfalt wechselseitiger Abhängigkeiten in der industriellen Gesellschaft zum besseren Verständnis eindimensional zu reduzieren, sollten nicht unterschätzt werden. Beim Erkennen und bei der Intervention bei Lernstörungen spielt die Auffassung, «das Kind wächst sich noch aus», als Hoffnung und als ein Wegschieben des Problems eine entscheidende Rolle.

## 3. Formen von Lernstörungen

### 3.1 Lernstörungen im epochalen Wandel

Bei einer Betrachtung der Erscheinungsformen von Lernstörungen fällt auf, dass auch bei gesellschaftlichen Veränderungen in der Literatur unverändert ein Begriff benutzt wird, der inhaltlich oft verschieden gefüllt wird. So kann man annehmen, dass Lernstörungen in der psychologischen Literatur vor 20 Jahren sicher von Erscheinungsformen und Verursachung her anders auftraten, als in der Literatur der siebziger Jahre. Der epochale Wandel in Gesellschaften und die Veränderung der wissenschaftlichen Begriffsbildung haben gleichermassen Sichtweise und Erscheinungsform von Lernstörungen beeinflusst.

### 3.2 Lernstörungen aufgrund abweichender Aneignungsprozesse

Im folgenden Text soll der Versuch unternommen werden, Zusammenhänge zwischen Störungen des Aneignungsprozesses und Deviationen in bestimmten Entwicklungsbereichen anhand vorliegender empirischer Untersuchungen zu beschreiben.

## 3.2.1 Deviationen der kognitiven Entwicklung

Von der lange Zeit am individualpsychologischen Paradigma orientierten Pädagogischen Psychologie wurde Schulerfolg bzw. Schulversagen in erster Linie als Ergebnis individueller Fähigkeits- und Motivunterschiede erklärt mit der Konsequenz, dass Ursachen für Lernstörungen weitgehend in Persönlichkeitsmerkmalen des Schülers gesehen wurden. Betrachtet man jedoch die Untersuchungsbefunde über den Zusammenhang von Intelligenz und Schulleistung, dann wird man feststellen, dass er im allgemeinen nicht sehr hoch ist. Am häufigsten wurden Korrelationen von 0.50 ermittelt, d. h. 25% der Schulleistungsvarianz lassen sich durch Intelligenzunterschiede aufklären. Werden mehrere Intelligenztestwerte mit einbezogen, kann die Varianzaufklärung auf 50% erhöht werden. Die ermittelten Korrelationen hängen auch von der Art des verwendeten Intelligenztests und dem Schulleistungskriterium (Noten, Schulleistungstests usw.) ab. Des weiteren ist zu berücksichtigen, dass als Kriterium für die Validität von Intelligenztests im Schulalter oft die Schulleistung herangezogen wird.

Unter den den Schulerfolg mitbestimmenden Faktoren ist die Intelligenz zwar von der Objektivität her ein brauchbarer Einzelprädiktor, jedoch sind langfristige Vorhersagen der Schulleistung nur beschränkt möglich [132]). Die in unserem Schulsystem gestellten Schulleistungsprognosen stützen sich jedoch weitgehend auf Intelligenztests, so z. B. beim Übergang auf weiterführende Schulen oder im Überweisungsverfahren zur Sonderschule. SCHMID und WACKER ([118], S. 22) stellen die Bedeutung des Intelligenzbegriffs für die Institution Schule heraus: «Grundsätzlich spielt die Frage nach der «Begabung» eines Individuums dort eine wichtige Rolle, wo Entscheidungen über die Zuteilung von Ausbildungs-, Erfolgs- und Sozialchancen gefällt und legitimiert werden. Der Institution Schule kommt hier eine zentrale Funktion zu, da die Eröffnung und Verweigerung von Schulkarrieren die Chancenverteilung entscheidend beeinflussen. Voraussetzung ist allerdings, dass der Verteilungsmodus als gerecht dargestellt werden kann; der Begriff der «Begabung» nimmt dabei eine Schlüsselstellung ein». Da jedoch die Intelligenz als Prädiktor zur individuellen Feinprognose nicht ausreicht, liegt die Bedeutung des Intelligenzbegriffs im Schulsystem in der Funktion als Legitimationsinstrument für Selektionsprozeduren. Im Zusammenhang mit dem Überweisungsverfahren für die Sonderschule für Lernbehinderte, das sich vor allem auf die Intelligenztestanwendung stützt, stellen TRÖGER und KRÜGER ([137], S.138) fest: «Die Problematik des diagnostischen Vorgehens mittels Intelligenztests ist wohl darin zu sehen, dass das Verhältnis von Schulsystem, Lehrer und Schüler auf das Verhältnis von «Schülerintelligenz» und «Schulleistung» (hier nicht die Leistung der Schule) reduziert wird.»

Das globale Intelligenzkonzept, das hier nicht einer Analyse unterzogen werden kann [117], liefert keine hinreichende Erklärung für individuelle Differenzen zwischen Schülern in der Schulleistung.

WEINERT und ZIELINSKI ([140], S. 301) stellen im Zusammenhang mit der Rolle kognitiver Dimensionen für Schulerfolg folgende These auf: «Was, wieviel, wie schnell und wie gut gelernt wird, hängt weitgehend von der Wissensstruktur des Lernenden und von seinen Fähigkeiten ab, neue Informationen effektiv zu verarbeiten.» Sie weisen darauf hin, dass sich «in jüngster Zeit das Forschungsinteresse von der Analyse psychometrisch definierter Fähigkeiten auf Untersuchungen über die Bedeutung der Gedächtniskapazität, der Wissensstruktur und der Strategien der Informationsverarbeitung für den Erwerb neuer Kenntnisse und Einsichten verlagert (hat)» (ebd.). Die bisher vorliegenden Untersuchungsbefunde können hier nicht im einzelnen referiert werden [66]. Unterschiede im Lern- und Leistungsverhalten werden insbesondere von der Forschung zum kognitiven Stil analysiert, die die kognitive Strukturiertheit von Schülern, d.h. ihre Strategien bei der Informationsverarbeitung als eine wesentliche personale Lernbedingung herausstellt. Nach Untersuchungsergebnissen von CHI ([24] in [140] S. 301) sind nicht nur allgemeine Strategien der Informationsverarbeitung für den Erwerb von Kenntnissen und Fertigkeiten von Bedeutung, sondern auch aufgaben- und wissensspezifische Strategien. Bei der Betrachtung individueller Differenzen zwischen Schülern sollte berücksichtigt werden, dass das allgemeine Lern- und Leistungsverhalten auch gleichzeitig Produkt der bisherigen Lern- und Entwicklungsbedingungen ist und insofern von familialen, aber auch schulischen Sozialisationsprozessen mitbestimmt wurde und noch wird.

### 3.2.2 Verbale Kompetenz und Lernstörungen

Schulische Lern- und Leistungsprozesse vollziehen sich weitgehend über das Medium der Sprache. Bei Schuleintritt muss ein Kind über entsprechende sprachliche Fähigkeiten und Fertigkeiten verfügen, denn die Sprache ist sowohl Instrument begrifflichen Denkens als auch Kommunikationsmittel. Schon im Vorschulalter bestehen jedoch erhebliche interindividuelle Variationen in den sprachlichen Leistungen, die sich im Laufe der Schulzeit noch weiter verstärken können. Diese interindividuellen Differenzen sprachlicher Leistungen sind insofern von Bedeutung, als sie die gesamte schulische Sozialisation mitbestimmen, da verbale Leistungen in mündlicher als auch in schriftlicher Form im schulischen Kontext eine zentrale Stellung gegenüber nichtverbalen Leistungen einnehmen.

KEMMLER [61] verglich die durchschnittlichen Fähigkeitsprofile von erfolgreichen und versagenden Grundschülern und stellte fest, dass im wesentlichen sprachliche Leistungen beide Gruppen diskriminieren. Nach ROEDER [108] scheitert die Hälfte aller Sitzenbleiber in der Sexta u. a. am Deutschunterricht; in den weiterführenden Schulen versagen die meisten Schüler in den Fremdsprachen. Verbale Leistungen beeinflussen aber auch das Urteil des Lehrers über einen Schüler erheblich, da Kinder mit hohen verbalen Fähigkeiten gegenüber Kindern mit weniger hohen verbalen Fähigkeiten bei vergleichbarer Intelligenz besser eingeschätzt und bewertet werden. Im Zusammenhang hiermit ist auch die überragende Bedeutung der Rechtschreibleistung in unserem Schulsystem zu sehen, die den Grundschulerfolg mitbestimmt und damit die Schulkarriere festlegt [63]. Dabei wird vor allem auch angenommen, dass eine gute Rechtschreibung Indikator für eine hohe allgemeine Begabung ist, obwohl der Zusammenhang zwischen Intelligenz und Rechtschreibung gering ist. WILKENS [144] ermittelte eine Korrelation von nur $r = 0.23$.

Diese Untersuchungsbefunde machen deutlich, dass sprachliche Leistungen von Schülern eine zentrale schulische Norm darstellen. Für die Erfüllung dieser Norm besteht jedoch für verschiedene Schülergruppen schon bei Schulbeginn eine unterschiedliche Wahrscheinlichkeit. Aufgrund unterschiedlicher primärer Sozialisationsverläufe in Abhängigkeit von der Sozialschicht verfügen die einzelnen Schüler einer Klasse über unterschiedliche sprachliche Kompetenzen. Diese schichtenspezifischen Sprachvarianten sind insofern bedeutsam, als in der mittelschichtorientierten Institution Schule sich die Kommunikation über die Sprachvariante der Mittelschicht vollzieht. BERNSTEIN [15] und OEVERMANN [92] haben die Bedeutung schichtspezifischer Sprachmodi für den Schulerfolg herausgestellt. Ihrer Defizit-Hypothese steht die Differenz-Hypothese gegenüber [16, 95], auf die hier nicht näher eingegangen werden soll.

Man kann jedoch davon ausgehen, dass der Übergang von der Familie in die unpersönliche, Leistung und Einordnung fordernde Situation der Schule sehr unterschiedliche Anpassungsprobleme mit sich bringt, die nicht nur im kognitiven und sozialen Bereich liegen, sondern auch im Bereich der sprachlichen Kompetenz. Kinder aus der Unterschicht werden dabei einen stärkeren Anpassungsprozess an schulische Normen zu vollziehen haben, so dass diese Kinder nicht die gleiche Chance haben, schulisch erfolgreich zu sein, wie Kinder aus der Mittelschicht, denn die schulischen Sprachnormen stellen ebenso wie ihre Verhaltens- und Leistungsnormen als Beurteilungsmassstäbe den Ausgangspunkt für Stigmatisierungsprozesse dar [80]. Nach SCHWARZER [124] beeinflusst der sozioökonomische Status erheblich das Urteil des Lehrers über einen Schüler. Sprachlich gewandte Kinder der Mittelschicht werden als sympathisch, begabt usw. beurteilt, was auf die Wirksamkeit des ‹Halo-Effektes› im schulischen Interaktionsprozess hinweist. In bezug auf die Erfüllung der schulischen Sprachnormen stellt der Lehrer bestimmte Erwartungen an seine Schüler, deren Nicht-Erfüllung zu Sanktionen führt. So werden schriftliche Arbeiten ebenso wie wenig differenzierte verbale Aussagen im mündlichen Unterricht negativ beurteilt, wenn sie den Erwartungen des Lehrers nicht entsprechen.

Nach KNURA [67] kann aufgrund vorliegender Untersuchungsergebnisse der Schluss nahegelegt werden, «dass jede Sprachbehinderung zugleich ein Risiko für die Persönlichkeitsentwicklung des Betroffenen und seine soziale Integration darstellt. Vermutlich ist es so, dass die vielfältigen Missverständnisse, die sich aus der gestörten sprachlichen Kommunikation ergeben, auf das Selbstverständnis des sprachbehinderten Kindes zurückwirken ... Nicht der Bedeutungsgehalt seiner sprachlichen Kundgabe, sondern das unvollkommene Werkzeug Sprache selbst rückt in den Mittelpunkt der Aufmerksamkeit» (S.135ff.). Das Kind wird in der Interaktion mit anderen verunsichert, sein Selbstvertrauen wird beeinträchtigt. Das sich erst durch die Reaktionen der Umwelt entwickelnde Störungsbewusstsein des Kindes nimmt zu und wird auch seine Mitteilungsbereitschaft reduzieren, so dass es immer mehr in eine Isolation gerät, die nun ihrerseits wieder negative Reaktionen der Umwelt provoziert. Diese «kommunikativen Störungen im interpersonellen Feld» ([67], S.136) können sich nachteilig auf das Lern- und Leistungsverhalten auswirken und zu einer Lernstörung beitragen.

Der hier skizzierte Teufelskreis zwischen einer vorübergehend auftretenden Normabweichung, den Reaktionsmechanismen der Umwelt und der Verunsicherung des Individuums, in dem aus Lernstörungen Behinderungen entstehen können, gilt letztlich auch für die anderen im folgenden zu schildernden Zusammenhänge zwischen funktionellen Auffälligkeiten und Lernstörungen. So ist die entscheidende Störung des Stotterers die kommunikative Einengung, die seinen sozialen Handlungs- und Erlebensspielraum verändert und im Laufe der Entwicklung dominanter als die abweichende Sprachvariante ist.

### 3.2.3 Lernstörungen aufgrund motorischer Deviationen

Die Bedeutung der psychomotorischen Aktivität für die Entwicklung des Kindes gewann erst in jüngerer Zeit an Beachtung, obwohl motorische Leistungen als komplexes Geschehen eng mit der Gesamtentwicklung verbunden sind. Die Beziehungen zu kognitiven Funktionen, aber auch zur Sprachentwicklung sowie zur affektiven Entwicklung sind wesentlich. PIAGET [99] hat besonders deutlich die enge Verwobenheit von kognitiver und motorischer Entwicklung in den frühen Entwicklungsphasen herausgestellt (sensomotorisches Entwicklungsstadium). «Verzögerte sensomotorische Lernprozesse sind damit sowohl Ursache als auch Folge behinderter kognitiver Lernprozesse» ([116], S.7). Diese Annahme wird durch Untersuchungsbefunde der Körperbehindertenpädagogik gestützt und mit dem Begriff «somatogene Intelligenz-Entwicklungshemmung» ([120], S.218) bezeichnet. Bei frühgeschädigten Körperbehinderten ohne frühkindliche Hirnschädigung, wie z.B. bei Dysmeliekindern, treten Beeinträchtigungen intelligenten Verhaltens gehäuft auf. «Es handelt sich dabei vielmehr um die durch eine Schädigung des motorisch-statischen Apparates, also somatisch bedingte Hemmung kognitiver Lernprozesse. ... Weil die kognitiven Prozesse dieses Lebensabschnittes (sensomotorische Intelligenz, Anm.d.Verf.) ganz wesentlich auf der Koordination perzeptorischer (Sehen, Hören, Tasten) und motorischer (Greifen, Halten, Loslassen usw.) Verhaltensschemata beruhen, wirkt sich ihre Hemmung durch eine motorische Schädigung später vorwiegend im Perzeptorisch-Kognitiven aus» ([120], S.218). Perzeptionsstörungen können daher als das Leitsymptom der somatogenen Intelligenz-Entwicklungshemmung angesehen werden.

Die Beziehungen zwischen Motorik und kognitiven Leistungen werden im allgemeinen durch unterschiedlich hohe Korrelationen in Abhängigkeit vom Alter und Entwicklungsniveau dargestellt. Bei einem Vergleich des motorischen Leistungsprofils von normalen Grundschülern, Lernbehinderten und geistig Behinderten stellte EGGERT [32] fest, dass die beiden letzten Gruppen eine retardierte motorische Entwicklung aufweisen, wobei die motorische Leistung mit abnehmendem IQ sinkt.

Aufgrund empirischer Untersuchungen [35] lässt sich für die Entwicklung normaler und behinderter Kinder zum Verhältnis von Motorik und Intelligenz folgendes Modell aufstellen: Bei normalen Kindern sind in den frühen Entwicklungsphasen Intelligenz und Motorik eng gekoppelt und hängen vom erreichten Entwicklungsniveau ab. Später verlieren sich die Zusammenhänge zwischen Intelligenz und Motorik, beide Fähigkeiten entwickeln sich unabhängig voneinander weiter. Motorik ist bis zu einem gewissen Alter ein Messinstrument des erreichten Entwicklungsniveaus. Bei geistig behinderten Kindern bleiben die Zusammenhänge zwischen Intelligenz und Motorik auch im höheren Alter vorhanden.

Für den Aufbau vielfältiger Bewegungsmuster, die erst eine optimale Anpassung an wechselnde Situationen der Umwelt ermöglichen, müssen unterschiedliche und vielfältige Anregungen geboten werden. Fehlen sie bzw. sind sie nicht ausreichend vorhanden, kommt es zu einem gestörten Anpassungsprozess im motorischen Bereich, wie es WIEGERSMA [143] in seiner Untersuchung bestätigen konnte. Er stellte fest, dass die Umweltbedingungen von Binnenschifferkindern (geringer Lebensraum, isoliertes Dasein, Einschränkungen der verbalen Aktivität infolge einer Signalsprache) zu Deprivationen im motorischen und sprachlichen Bereich führen, was auf einen Zusammenhang motorischer und sprachlicher Fähigkeiten hinweist. Auch die Untersuchungsbefunde der Sprachbehindertenpädagogik weisen auf ein Zusammenspiel von Sprache und Motorik hin. Insbesondere bei der Gruppe der Stammler und Sprachentwicklungsverzögerten zeigt sich häufig neben der Sprachstörung auch eine gestörte oder retardierte motorische Entwicklung [81].

Darüber hinaus besteht aber auch eine Wechselwirkung zwischen motorischer und emotional-sozialer Entwicklung, indem die Motorik nicht nur die Persönlichkeit mitformt, sondern emotionale und soziale Faktoren wiederum auch den motorischen Ausdruck determinieren. Bewegungsverhalten ist damit eng mit Emotionalität und Sozialverhalten verbunden. Schon in den frühen Entwicklungsphasen ist Motorik zugleich Psychomotorik, sie ist Ausdruck des Erlebten und insofern auch Kommunikationsmittel. Die erste Kommunikation des Kindes mit seiner Umwelt erfolgt über die Motorik. Dabei lernt es zunehmend den Einsatz von Bewegungen in der Kommunikation mit anderen Personen. Über die Motorik werden Stimmungen, Gefühle usw. ausgedrückt, die als Botschaften bzw. Signale auf die Umwelt einwirken und in der Reaktion der Umwelt auf das Individuum zurückwirken.

Die Bedeutung der Motorik für die Gesamtentwicklung und auch für mögliche Fehlentwicklungen gerade im Schulkindalter stellt NICKEL ([89], S. 85) heraus: «So wie körperliche und psychomotorische Leistungen, insbesondere solche der Koordination und Geschicklichkeit, von verschiedenen Persönlichkeitsvariablen, wie z. B. emotionale Stabilität und Motivation, sowie vom sozialen Status innerhalb der Bezugsgruppe abhängen ..., so beeinflussen diese ihrerseits auch wieder Geltung, Ansehen und Selbstbewusstsein eines Individuums und damit seine gesamte Persönlichkeitsentwicklung.» Motorische Fähigkeiten bestimmen wesentlich das soziale Ansehen und die Beliebtheit in der Altersgruppe [143]. Jungen mit besonderen sportlichen Leistungen nehmen oft eine Führungsposition in Gruppen oder Klassen ein.

### 3.2.4 Affektive und soziale Verhaltensweisen

#### 3.2.4.1 Angst

Für eine Betrachtung der Entstehung von Angst im schulischen Kontext und ihre Auswirkung auf Lern- und Leistungsprozesse müssen gesellschaftliche Faktoren berücksichtigt werden, denn in der Schule, in der Familie und anderen Institutionen werden jene Ängste und Zwänge sichtbar, die unsere Gesellschaft durch das in ihr vorherrschende Leistungs- und Konkurrenzverhalten produziert. DUHM ([31], S.50) stellt hierzu fest: «Das Leistungsprinzip regelt die menschlichen Beziehungen nach Leistung und dem Können der einzelnen. Die Polarität Können – Nichtkönnen wird zum vorrangigen Urteilsschema in fast allen Lebensfragen, das Leben zu einem Ablauf von angsterregenden Bewährungssituationen ... Das Leistungsprinzip führt unweigerlich zur Versagensangst, und je tiefer sich das Leistungsprinzip einnistet in all unsere Tätigkeiten und Beziehungen, desto mehr wird die Versagensangst zu einem Grundbestandteil unseres ganzen Lebens.» Aus der Bewertung der eigenen Leistung, die aus dem Vergleich zur Leistung anderer resultiert, ergibt sich, dass der Mitmensch zum Konkurrenten wird. In einer leistungsorientierten Gesellschaft regelt das Leistungsprinzip aber auch noch auf andere Weise die menschlichen Beziehungen, denn die Leistung stellt ein Bewertungskriterium für die Beurteilung von Menschen dar, d.h. der Grad der emotionalen Zuwendung wird abhängig gemacht von Leistung. Diese an Bedingungen gebundene Zuwendung führt damit zwangsläufig zu «angsterregenden Bewährungssituationen» [31]. Angst kann daher auch zu Lernstörungen führen und damit die Schulkarriere gefährden.

Die im folgenden aufgeführten Untersuchungsbefunde weisen darauf hin, dass sich Angst im allgemeinen leistungshemmend auf schulische Lernprozesse auswirkt, wobei komplexe Wechselwirkungen mit Moderatorvariablen (wie z.B. Intelligenz, Geschlecht) angenommen werden müssen.

Die Mehrzahl der Untersuchungen über den Zusammenhang von Angst und Schulleistung kommen zu dem Ergebnis, dass schlechte Schulleistungen mit Angst korrelieren ($r = 0.10$–$0.40$) [113, 114, 125, 133]. WIECZERKOWSKI et al. [142] weisen darauf hin, dass die Beziehungen zwischen Angst und Schulleistung von verschiedenen anderen Variablen beeinflusst werden, wie Klassenzugehörigkeit, Alter- und Geschlechtsunterschiede und auch von der Art der Angstskalen. Von SCHWARZER [125] wird die Variable Leistungsangst für den zweitbesten Prädiktor neben der Intelligenz bezüglich des Schulerfolgs gehalten, während PROBST [101] den Vorhersagewert affektiver Merkmale für vergleichsweise gering hält. Die Untersuchungsbefunde über den Zusammenhang von Schulangst und Schwierigkeitsgrad einer Aufgabe sind uneinheitlich. SCHELL [114] konnte die Annahme von SARASON [113], dass Ängstliche leichte Aufgaben besser lösen als Nichtängstliche, nicht bestätigen. Er ermittelte demgegenüber, dass Ängstliche auch bei leichteren Aufgaben weniger Lösungen erzielen als wenig Ängstliche. Die leistungshemmende Wirkung der Angst ist ebenso abhängig von der Komplexität der Aufgabe. Bei komplexen Aufgaben, wie sinnentnehmendem Lesen, schneiden Hochängstliche schlechter ab als Nichtängstliche. Verbale Leistungen werden von Angst besonders beeinträchtigt [41]. Nach NICKEL et al. [90] sinkt die Mitarbeit im Unterricht mit steigenden Angstwerten, was insbesondere für Mädchen zutrifft. Über den Zusammenhang von Lehrerverhalten und Angst bei Schülern liegen kaum Untersuchungen vor. Unfreundliche, nervöse Lehrer schaffen eine ungünstige emotionale Situation für die Schüler und erhöhen damit die Angst des Schülers im Unterricht [131].

Weitgehende Übereinstimmung herrscht in der Annahme, dass die Angst auch eine intelligenzhemmende Variable darstellt [41, 90, 125, 148]. Es besteht jedoch ein höherer Zusammenhang zwischen Schulleistung und Angst als zwischen Angst und Intelligenz.

Angst in der schulischen Situation, die zu Lernstörungen führen kann, ist in einem interdependenten Beziehungsgeflecht verschiedenster Faktoren zu sehen. Die Annahme, dass Angst allein durch schulische Bedingungen, wie Verhalten des Lehrers oder der Mitschüler entsteht, ist einseitig, denn die Genese und Entwicklung von Angstreaktionen ist auch an die Bedingungen der Primärsozialisation gebunden, wie z.B. Eltern-Kind-Beziehung (gefühlsmässige Zuwendung, Nervosität der Mutter usw.), Erziehung zum Leistungsverhalten und den damit verbundenen Einstellungen zum Erfolgs- bzw. Misserfolgsstreben. Angst ist insofern auch von sozioökonomischen Bedingungen abhängig, denn Schulangst tritt am häufigsten bei Kindern der Unterschicht auf.

### 3.2.4.2 Aggressivität

Schulische Normen, an denen der Lehrer als Rollenträger der Kontrollinstanz Schule das Verhalten von Schülern bewertet und beurteilt, sind nicht nur Leistung, sondern auch bestimmte positive Ausprägungen des

Arbeits- und Sozialverhaltens von Schülern. Wie die bei LÖSEL [80] angeführte Untersuchung von FESHBACH [38] deutlich macht, bevorzugen Lehrer jene Schüler, die Verhaltensweisen wie Konformität, Ordentlichkeit, Passivität, Fügsamkeit usw. zeigen und lehnen dagegen selbstbewusste, aggressive, nonkonforme Schüler ab. LÖSEL ([80], S. 10) zieht daraus das Fazit: «Von den Lehrern wird vor allem ein Schülertyp gewünscht, der den Unterrichtsablauf und Unterrichtserfolg nicht gefährdet. Neben der Leistung sind Fleiss (Leistungsmotivation) und selbstkontrolliertes Wohlverhalten zentrale schulische Werte und die Grundlage entsprechender Verhaltensnormen. Es dominiert die Forderung nach Anpassung.» Stellvertretend für ein von den Erwartungen des Lehrers abweichendes soziales Verhalten von Schülern wird im folgenden aggressives Verhalten und seine Auswirkungen für die Genese von Lernstörungen angeführt.

Die häufigste Form abweichenden sozialen Verhaltens findet sich in Form aggressiver Verhaltensweisen. Der folgende Abschnitt widmet sich deshalb vorwiegend diesem Problemverhalten. Die geringe Zahl an Untersuchungen zu regressivem abweichendem Verhalten (Kontaktarmut, Selbstisolation, Isolation usw.) steht jedoch nicht im korrelativen Zusammenhang mit der Bedeutung des Problems, da vor allem bei Mädchen aufgrund ihrer geschlechtsrollenspezifischen Sozialisation oft unentdeckte regressive Formen abweichenden Verhaltens zu Beeinträchtigungen oder Störungen schulischer Lernprozesse und zur Verringerung der Möglichkeiten sinnhaften Handelns führen.

Folgt man einem interaktionistischen Ansatz in der Sicht von Lernstörungen, dann kann der Zusammenhang aggressiven Verhaltens mit schulischen Lern- und Leistungsprozessen nur im Rahmen eines komplexen Bedingungsgefüges betrachtet werden. Es ist zum einen nach den Bedingungen zu fragen, die zur Bezeichnung eines Verhaltens als aggressiv bzw. unerwünscht führen und zum anderen sind die sozialen Beziehungsfelder zu untersuchen, wie Lehrer–Schüler, Schüler–Eltern, aber auch Schüler–Schüler sowie die gesellschaftlichen Rahmenbedingungen, die aggressives Verhalten mit hervorbringen.

Die Bezeichnung eines Verhaltens als aggressiv hängt von den jeweiligen Norm- und Wertvorstellungen derjenigen Gruppe ab, in der es als solches definiert wird. So wird aggressives Verhalten einmal als sozial gebilligte und ein anderes Mal als sozial unerwünschte Verhaltensform interpretiert. Dabei spielen gesellschaftliche Macht- und Abhängigkeitsverhältnisse eine bedeutsame Rolle. Verhaltensformen werden dann nicht als aggressiv interpretiert, wenn sie gesellschaftliche Normen mitkonstituieren. Man kann auch annehmen, dass eine Gesellschaft, in der Konkurrenzverhalten, Rücksichtslosigkeit und Egoismus legitime Wege zum Erfolg darstellen, selbst zum Modell destruktiv gerichteter Aggressionsbeziehungen wird [1].

Aggressives Verhalten wird ebenso wie andere Verhaltensformen im Sozialisations- und Erziehungsprozess aufgebaut und «bildet seine individuelle und situationsspezifische Form im Laufe der wechselseitigen Auseinandersetzung zwischen Individuum, Gruppen und Gesellschaft aus» ([119], S. 27). Für die Entstehung aggressiven Verhaltens sind nicht nur die schulischen Interaktionsprozesse von Bedeutung, sondern auch die diese mitbestimmenden Ereignisse der Primärsozialisation. So konnte die Sozialisationsforschung zeigen, dass in Abhängigkeit von sozioökonomischen und soziokulturellen Bedingungen verschiedene Konfliktbewältigungsmechanismen erworben werden. Diese werden durch schichtspezifische Verhaltensmuster, Erziehungsstile, Wertorientierungen beeinflusst. Nach Untersuchungsbefunden [43, 112] stellt autoritäres Erzieherverhalten eine wichtige Variable für die Entstehung von Aggression dar. So weisen auch lerntheoretische Erkenntnisse darauf hin, dass die Strafe als häufigste Erziehungsmethode oft zu aggressivem Verhalten von Kindern führt. Aber auch in den Massenmedien werden Modelle für Aggression und Gewalt dargestellt.

Zeigt ein Schüler aggressives Verhalten in schulischen Situationen, in denen ein alternatives Verhalten erwartet wird, kann dies auch auf das Leistungsverhalten einwirken: Häufung von Strafmassnahmen, verzerrte Leistungsbeurteilung und Ausbleiben von Anerkennung erbrachter Leistungen durch den Lehrer können beim Schüler ein Absinken der Lernmotivation und schliesslich auch der Schulleistung zur Folge haben.

## 4. Diagnostische Strategien im funktionalen Zusammenhang mit der Intervention bei Lernstörungen

In der klinischen Praxis entfällt gegenwärtig noch der grösste Zeitanteil auf den Prozess der Diagnostik der Lernstörungen (in der Schulpsychologie, der Erziehungsberatungsstelle und ähnlichen Institutionen). Das diagnostische Inventar (Tests, Beobachtungsverfahren und anderes) wächst ständig. Der Anteil der Diagnostik an der Psychologenausbildung ist beträchtlich. Die Rolle der Psychologie in der sonderpädagogischen Praxis besteht in der Ausbildung der Sonderschullehrers zur pädagogisch-psychologischen Untersuchung, in der mit Mitteln der psychologischen Diagnostik eine Schullaufbahnentscheidung getroffen wird, die verwaltungsrechtlich abgesichert ist. So werden in der Bundesrepublik wahrscheinlich jährlich sehr viel mehr Kinder von Sonderpädagogen psychologisch untersucht als in Erziehungsberatungsstellen oder anderen klinisch-psychologischen Einrichtungen. Etwa 10% der Kinder eines Grundschuljahrgangs werden im weiteren Sinne sonderpädagogisch betreut oder erfasst. Man kann annehmen, dass bei der Hälfte dieser Kinder eine psychodiagnostische Untersuchung durchgeführt wird.

Für den Bereich der pädagogischen Diagnostik haben BARKEY, LANGFELDT & NEUMANN [10] den Versuch unternommen, gegenwärtig praktizierte Strategien kritisch zu überprüfen und angesichts der eingangs skizzierten Diskussion Möglichkeiten für neue Handlungsstrategien zu formulieren. «Pädagogische Diagnostik entwickelt sich mehr und mehr zum Ritual, das sich immer weiter von der Wirklichkeit der Schule und den Bedürfnissen der Schüler entfernt ... Pädagogische Diagnostik leidet an einem relativen Mangel an Theoriediskussion» ([10], S. 9). Das Problem der Diagnostik von Lernstörungen, von Schulversagen oder von Lernbehinderung ist nach ihrer Ansicht prinzipiell nicht aus der pädagogischen Psychologie herauslösbar.

Die Beurteilung abweichender Lernprozesse und damit die Definition von Lernstörungen geschieht in der Schule in der Regel über Zensuren und Zeugnisse, allenfalls ergänzt durch informelle Tests und deren Ergebnisse. Wenn HOPF ([52], S.5) mit pädagogischer Diagnostik «alle Verfahren, Vorgänge und Massnahmen zusammenfasst, die der Messung und Beurteilung des Input, Output und des Verlaufs des pädagogischen Geschehens dienen», so findet man in der gegenwärtig praktizierten schulischen Bewertung lediglich eine Output- oder Produktbewertung. Der Lehrer als Bewertungsinstanz ist durch die übergrosse Schülerzahl und dem Widerspruch zwischen der *ständigen* Aufgabe der optimalen Gestaltung schulischer Lernprozesse und der *gelegentlichen* Aufgabe der Bewertung von Leistungsprodukten so überfordert, dass seine Bewertungskriterien zum einen subjektiv (nicht nach den Lernprozessen und deren Verlauf ausgerichtet sind) und zum anderen in hohem Masse invariant sind. Von den von HOPF [52] weiter aufgeführten Funktionen pädagogischer Diagnostik, wie Beeinflussung des Lernvorgangs, Selektion, Klassifikation, Prognose, Information sowie Forschung und Entwicklung bleibt im schulischen Alltag lediglich die Selektion dominant (in der Regel beim Wechsel zwischen verschiedenen Schulformen).

Insofern scheint für die Diagnostik von Lernstörungen die Entwicklung organisatorischer Strategien gerade für situative und Lehrprozessvariablen vordringlich erforderlich.

# 5. Interventionsmodelle und -strategien bei normendiskrepanten Lernprozessen

Die Kritik KAMINSKIS [58] am traditionellen diagnostisch-therapeutischen Vorgehen hat einerseits zu einer Veränderung der Sichtweise diagnostischer Handlungsstrategien geführt, andererseits aber auch zu einer Infragestellung tradierter Interventionsmethoden und Kategorien. Aus einem Verständnis von Lernstörungen als normendiskrepante Lernprozesse in strukturierten Interaktionssystemen muss sich so der Versuch ergeben, interaktionstheoretische Ansätze für die Strukturierung von Interventions*plänen* bei Lernstörungen zu finden. Dabei ist der Prozess der historisch-gesellschaftlichen Bedingtheit der Entwicklung therapeutischer und pädagogischer Interventionsformen zum Gegenstand von Forschung geworden. Der folgende Abschnitt versucht zum einen mögliche Interventionsformen bei Lernstörungen zu skizzieren und zum anderen die vorliegenden therapeutischen und pädagogischen Interventionsmethoden in ihrer Entwicklung als Antwort auf sich verändernde Definitionsansätze von Lernstörungen zu sehen.

## 5.1 Pädagogische Interventionsformen

Geht man von den durch die Schulgesetzgebung vorgegebenen Interventionen aus [91], so ist bei schulischen Lernstörungen eine Abfolge von *Förder*unterricht (in der Regel durch speziell ausgebildete Grundschullehrer), *Sonder*unterricht (beim Verbleiben des Kindes in der Grundschule spezieller Unterricht durch einen Sonderpädagogen) und *Sonderbeschulung* (Ein- und Umschulung in die Sonderschule) vorgesehen. Hierbei wird deutlich, dass Lernstörungen in Orientierung am individualpsychologischen Paradigma als in der Person des Schülers liegend betrachtet werden. Merkmale des schulischen Kontextes, die an der Entstehung des Problemverhaltens beteiligt sind, werden in der Regel nicht zum Ansatzpunkt einer Intervention gemacht

Folgt man hingegen einer interaktionistischen Sichtweise und berücksichtigt damit die Wechselwirkung personaler und situativer Faktoren (Lernstörungen auch als von den Bedingungsfaktoren des Schulsystems abhängig), so tritt an die Stelle vorzeitiger Aussonderungsstrategien bei schulischen Lernstörungen eine Überprüfung der Frage, ob die Schule alle im Rahmen ihres pädagogischen Handlungsspielraumes stehenden Möglichkeiten nicht nur der individuellen Förderung der Schüler, sondern vor allem auch der Prävention, d.h. der Vermeidung der Entstehung von

Lernstörungen genutzt hat. Wenn auch die gesellschaftlichen Funktionen der Schule [37] und die damit verbundenen Strukturmerkmale der Lernsituation pädagogischem Handeln Grenzen setzen, so sind dennoch gewisse Handlungsspielräume vorhanden, die Veränderungen von Bedingungen der Lernumwelt, insbesondere der Art und Qualität von Unterricht, zulassen. Zur Neugestaltung schulischer Lernprozesse sind verschiedene didaktische Konzeptionen entwickelt worden, die im folgenden skizziert werden.

### 5.1.1 Remedialer Unterricht

Individuelle Unterschiede in den Leistungen von Schülern werden in einem starren Schulsystem, in dem der Unterricht für alle in gleicher Weise durchgeführt wird, wie z.B. beim Frontalunterricht, im Laufe der Schulzeit immer grösser. Dieses als «Schereneffekt» bezeichnete Phänomen entsteht dadurch, dass die individuellen Lernvoraussetzungen von Schülern nicht berücksichtigt werden, was insofern von Bedeutung ist, als schulisches Lernen überwiegend auf relevanten Vorkenntnissen aufbaut, Lernprozesse also *kumulativ* organisiert sind. Bei Schülern mit geringen Eingangsleistungen (aufgabenbezogenen Kenntnissen und allgemeinen kognitiven Fähigkeiten) entstehen im traditionellen Unterricht dann *kumulative Lerndefizite,* die zu einer Erhöhung der Leistungsvarianz zwischen den Schülern führen. Unter dem Aspekt der Prävention von Lernstörungen sind also Unterrichtsformen anzustreben, die adaptive Lernumwelten für alle Schüler herstellen. Nach SCHWARZER [126] beinhalten entsprechende didaktische Konzeptionen folgende miteinander in Zusammenhang stehende Elemente:

- Individualisierung des Unterrichts,
- kumulative Organisation von Unterricht,
- Sicherung der Lernvoraussetzungen,
- Verfügung über die notwendige Lernzeit und
- Bereitstellung alternativer Lehrmaterialien.

Im remedialen Unterricht wird das Ziel verfolgt, die spezifischen Lernvoraussetzungen eines kumulativ organisierten Lernprozesses für die Bewältigung eines Lehrzieles zu sichern, indem Lücken frühzeitig identifiziert werden. «Remediales Lehren ist dann «lücken-schliessendes Lehren» und erfolgt über gezielte didaktische Interventionen. Didaktische Interventionen sind vorhelfende oder nachhelfende Eingriffe des Lehrers in Lernprozesse von Schülern mit der Absicht, das Lernverhalten so zu steuern, dass die gesetzten Lernziele erreicht werden» ([126], S.337). Voraussetzung für den gezielten Einsatz dieser didaktischen Interventionen (Variation der Lernzeit und der Methoden) ist eine unterrichtsbegleitende Diagnostik, die sich vor allem auf informelle Tests als Entscheidungsgrundlage bezieht.

### 5.1.2 Kommunikativer und offener Unterricht

Konzeptionelle Entwicklungen der letzten Jahre haben zu Bestimmungsmerkmalen von Unterricht als organisiertem Lernen geführt, die von der bisher vorherrschenden Vermittlungsdidaktik zu einer Didaktik des Lernarrangements führen [19]. Ziel dieser Überlegungen ist eine Neubestimmung sowohl der Lehrer-Schüler-Beziehungen als auch der Lerninhalte und -anforderungen, so dass der Vermittlungs- wie der Beziehungsaspekt von Unterricht gegenüber dem herkömmlichen Unterricht umdefiniert wird. Ebenso wie Vermittlungs- und Beziehungsaspekt sich wechselseitig bedingen, so sind auch die mit dem kommunikativen und offenen Unterricht verbundenen Begriffe der «Kommunikativen Didaktik» und «Offenen Curricula» aufeinander bezogen und können nicht unabhängig voneinander realisiert werden.

Im *kommunikativen Unterricht* wird versucht, eine *symmetrische Kommunikation* in der Lehrer–Schüler-Beziehung herzustellen. Unterricht wird damit zu einer Kommunikationssituation, in der eine Gleichheit der Beziehungen und eine Verringerung von Unterschieden zwischen den Partnern angestrebt wird. «Dann stellt sich das Lehrer–Schüler–Verhältnis als Kommunikationsgemeinschaft erkenntnis- und handlungsfähiger Subjekte dar, die zu ihrer Konstituierung einer Verständigung über Sinnorientierung und Handlungsziele und zu ihrer Existenzerhaltung ständig der Metakommunikation bedarf» ([19], S.138). Diese Zielvorstellungen lassen sich nur dann realisieren, wenn gleichzeitig eine *offene Lernsituation* geschaffen wird. Im Rahmen allgemeiner curricularer Vorgaben sollen den Schülern Mitbestimmungsmöglichkeiten gegeben werden, um ihre Interessen und Bedürfnisse zu einem wesentlichen Bestimmungsmoment schulischen Lernens werden zu lassen.

Unterricht als kommunikativer Prozess und offene Lernsituation führt zu einer Veränderung der traditionellen Lehrer- und Schülerrolle. Während die von Dominanz geprägte Rolle des Lehrers durch eine Rolle des Beraters abgelöst wird, ergibt sich bei den Schülern ein Wechsel von der Objekt- zur Subjektrolle. Dadurch wird aber auch gleichzeitig der Kontext schulischen Lernens verändert. Kommunikativer und offener

Unterricht kann eine präventive Funktion haben, wenn sich die mit der Entstehung von Lernstörungen im Zusammenhang stehenden psychosozialen Konflikte, die sich im interpersonalen Bereich des schulischen Beziehungsgefüges ergeben, durch eine Umstrukturierung des schulischen Kommunikationsfeldes reduzieren lassen.

### 5.1.3 Therapeutischer Unterricht

Sowie aus der klientenzentrierten Gesprächspsychotherapie Konsequenzen für einen schülerzentrierten Unterricht [131] auf pädagogischer Seite gezogen wurden, können auch pädagogische Interventionen unter therapeutischen Zielsetzungen erfolgen. RICHTER [107] geht mit seiner Vorstellung eines therapeutischen Kunstunterrichts von einem Begriff von Therapie aus, als «Initiieren und Lenken sozialer Lernvorgänge bzw. Korrektur gestörter oder unterentwickelter Fähigkeiten, Aktivierung des Individuums» [18] in einem besonders strukturierten Erziehungsfeld. Für den Bereich der ästhetischen Erziehung geht RICHTER davon aus, dass Sozialisationshilfen als Konflikthilfen und Lernhilfen durch den Kunstunterricht im therapeutischen Sinne vor allem bei der Therapie von Verhaltensauffälligkeiten eingesetzt werden und zieht den Schluss, dass man auch präventiv und therapeutisch arbeiten könne. RUTH KONRATH [69] versteht in Anlehnung an SEIDENFADEN [127] Therapie als «ein auf Rationalität und Bewusstsein und auf die Befreiung von psychischen Zwängen und Zufälligkeiten zielendes Verfahren mit dem Ziel, dem Individuum ein möglichst wenig entfremdetes Leben zu ermöglichen». Die Einheit von Wahrnehmung und Fühlen, Empfindung und Verstand wird aus der ästhetischen therapeutischen Intervention erwartet. Dies schliesst innerhalb der Psychologie an die Verwendung ästhetischer Produktionen (z.B. Zeichentests) im diagnostischen Bereich an. Die therapeutische Wirkung des Malens wird von KONRATH [69] aus dem Prinzip der Betroffenheit abgeleitet. Die künstlerische Aktivität wird von ihr nicht nur als direkter Ausdruck der Persönlichkeit interpretiert, sondern als Versuch der kompensatorischen Bewältigung von Aussen- und Innenwelt und als der Versuch der Vermittlung von Sozialem und Psychischem in einer dem Ich verträglichen Form. Die bildnerische Produktion ist als Stabilisierungs- oder Harmonisierungsversuch zu verstehen. Hier schliessen diese Vorstellungen an gruppendynamische Vorstellungen von RUTH COHN [26] und an die Persönlichkeitspsychologie von ROGERS [111] als Grundlage der Gesprächspsychotherapie an. ARMIN KONRATH [68] betont, dass im ästhetischen Unterricht sowohl in den sensomotorischen als auch in den symbolischen Erfahrungen in Spiel und Handlung (hier anknüpfend an PIAGET [99]), der Kunstunterricht die engste Bindung an die Kinderpsychotherapie besitze, was sowohl von schulischer als auch von therapeutischer Seite oft übersehen worden sei.

### 5.1.4 Psychomotorische Interventionen

In der Behindertenpädagogik hat es immer eine sehr schmale Übergangszone zwischen Psychotherapie, pädagogischer Intervention und schulischer Förderung gegeben. Sämtliche therapeutischen Ansätze der Psychologie sind insbesondere bei der Therapie sprachbehinderter, körperbehinderter, verhaltensgestörter Kinder, aber auch bei den anderen Formen von Behinderung eingesetzt worden. Als eine vorwiegend in der Behindertenpädagogik entwickelte psychologisch-pädagogische Form der ganzheitlich orientierten Intervention hat sich in den letzten Jahren die psychomotorische Förderung oder «psychopädagogische Bewegungserziehung» [34] etabliert, in der sich präventive Ziele (Vermeidung kognitiver Überlastung von Schule durch Betonung psychomotorischer Ziele in der Vorschule), pädagogische Zielsetzung (Bewegungserziehung als Methode der Organisation sozialer und kommunikativer Lernprozesse) und therapeutische Ziele (sozial-integrative Therapie non-verbaler Art über Bewegung) vermischen. Die entwicklungspsychologische Fundierung liegt in strukturalistisch-dynamischen Theorien, die die Bedeutung der Bewegung für die Entwicklung betonen. Formen des «psychomotorischen Trainings» [33] stellen eine Integration anglo-amerikanischer Ansätze der «Learning Disabilities», französischer Ansätze der «éducation psychomotrice» und deutscher behindertenpsychologischer Ansätze dar (vgl. hierzu die Übersichtspublikationen von EGGERT & KIPHARD [35], MÜLLER, DECKER & SCHILLING [88] und EGGERT [33]).

### 5.1.5 Lernstörungen, Schulversagen und Schulorganisation

Inwieweit Lernstörungen und Behinderungen auch durch die jeweilige Organisationsform der Institution Schule definiert und eventuell aufrechterhalten oder verringert werden können, hat in Frankreich die Veränderung der Betreuung von lerngestörten und behinderten Kindern gezeigt [25]. Durch die Einführung der G.A.P.P. (groupes d'aides psychopédagogiques) als präventive Massnahme in die Grundschule hat sich die Zahl der in Sonderschulen überwiesenen Kinder seit 1970 um etwa

40% reduziert. Zu einem G.A.P.P. gehören ein (Schul-)Psychologe, ein Sonderpädagoge und ein «reéducateur psychomotrice», also ein Psychomotorik-Therapeut. Bei Kindern mit Lernstörungen in der Grundschule tritt das G.A.P.P.-Team auf Wunsch des Grundschullehrers unterrichtsbegleitend nach einer Beobachtungsphase therapeutisch in Aktion und entwickelt einen abgestuften Interventionsplan. Das Kind bleibt in seiner Klasse und Schule, und die Therapie findet unterrichtsbegleitend statt, dazu gibt es spezielle Räume in der Schule. Bei andauernder Problematik kann die Übernahme in eine «classe d'adaptation» erforderlich sein, etwa einer Beobachtungsklasse, in der eine Sonderschullehrerin unterrichtet, die aber auch an der Grundschule installiert ist.

### 5.2 Konsequenzen des interaktionistischen Modells für die psychologische Intervention bei Lernstörungen

In einem interaktionistischen Ansatz ergeben sich für die Intervention bei Lernstörungen eine Reihe aufeinander folgender Schritte, die mit Massnahmen der *Prävention,* der *mittelbaren* und der *unmittelbaren Intervention* gekennzeichnet werden können. Unter Prävention sollen dabei vorbeugende Eingriffe verstanden werden, während unter mittelbarer Intervention eine Krisenintervention verstanden werden soll, die in der natürlichen Umgebung des Probanden unter Mithilfe seiner bedeutungsvollen Bezugspersonen ansetzt. Als letzte Interventionsstufe bei schwerwiegenden Störungen ist die der unmittelbaren Intervention anzusehen, wo die therapeutische Hilfe in einer Gruppen- oder dyadischen Interaktion zwischen Proband und Therapeut besteht. Wollte man die Bereiche verschiedenen wissenschaftlichen Disziplinen zuordnen, so bliebe die Möglichkeit, den Bereich der Prävention und der mittelbaren Intervention der Pädagogik, insbesondere der Behindertenpädagogik zuzuweisen, den Bereich der mittelbaren und vor allem der unmittelbaren Intervention der Psychologie und Psychotherapie. RUTH COHN ([26], S.41) meint dazu: «Psychotherapie dient der Auflösung fehlgeleiteter fixierter Strebungen oder dem Erwecken verkümmerter Möglichkeiten; Pädagogik bezieht sich auf die Erfüllung und Erweiterung des freien Potentials ... Pädagogik ist die Kunst, Therapien antizipierend zu ersetzen. Therapie ist nachträgliche Pädagogik.»

Betrachtet man die gegenwärtige gesellschaftliche Realität der verwendeten Interventionstechniken und der an der Intervention beteiligten Organisationen, so ergibt sich die – vielleicht volkswirtschaftlich wenig ökonomische – Rechnung, dass am häufigsten organisatorisch Verfahren und

Institutionen der unmittelbaren Intervention eingesetzt werden, dass mit Methoden der mittelbaren Intervention experimentiert wird und die Prävention bislang weder in Psychologie noch in Pädagogik oder Sonderpädagogik eine bedeutsame Rolle spielt[1].

Man kann grob drei Entwicklungstendenzen in einer historischen Sichtweise der Entwicklung psychotherapeutischer Schulen als Antwort auf sich verändernde gesellschaftliche Verhältnisse voneinander unterscheiden:
1. Die Entwicklung von der dyadischen Situation zwischen Therapeut und Patient zur Gruppensituation zwischen verschiedenen Klienten, einer signifikanten Bezugsperson und einem Therapeuten als Supervisor.
2. Von der Beschränkung auf die ökonomische Mittel- und Oberschicht (wegen der hohen Kosten vor allem psychoanalytischer Verfahren) zur Ausweitung auf Kassenpatienten (in der Bundesrepublik noch unter allzu enger Restriktion).
3. Die Entwicklung von der engen Indikation innerhalb der Psychiatrie zur Sozialmedizin, Psychologie und zur sozialpädagogischen Indikation.

Entlang dieser Tendenzen ist sowohl eine Entwicklung innerhalb der Anwendungsbereiche psychotherapeutischer Schulen erfolgt, die von der Veränderung der traditionellen psychoanalytischen Schulen FREUDS, ADLERS, JUNGS zur amerikanischen Kulturschule einerseits, zur Erweiterung auf die nichtdirektiven Therapieformen und die gruppendynamischen Formen andererseits geführt hat, die aber auch in der theoretischen Reflexion – etwa beginnend mit der Kulturschule – aus der Analyse von Psychotherapien zum Aufbau der theoretischen Beziehungen zwischen Gesellschaftsstruktur, Therapiebedürftigkeit und Therapiemöglichkeit geführt hat. Dabei ist interessant, dass z. B. in der französischen Soziologie die Verbindungen zwischen Marxismus als Gesellschaftstheorie und Psychoanalyse als mögliche gesellschaftsbezogene Intervention intensiv erforscht und beschrieben werden [77, 128]. Generell lässt sich festhalten, dass mit dem Aufbau der psychotherapeutischen Schulen um die Jahrhundertwende das Interesse der Öffentlichkeit für psychologische Mechanismen bei Krankheiten geweckt war und gleichzeitig ein ständig steigendes Bedürfnis nach therapeutischer Hilfe in einer immer grösser werdenden Zahl von Lebensbereichen sich entwickelte.

Die wesentlichen unmittelbaren Therapieansätze der Gegenwart finden sich in der psychoanalytischen Kindertherapie, der klientenzentrierten Gesprächspsychotherapie und der Verhaltenstherapie.

In diesen drei Schulen hat sich eine Veränderung in vier Schritten vollzogen:

---

[1] Bis zum Abschnitt 5.5 folgt der skizzierte Gedankengang einer Arbeit von INGRID MEYER-KIPKER [149], die eine Zusammenfassung der Entwicklung und Veränderung therapeutischer Methoden erstellte.

1. Die Intervention richtete sich zuerst direkt auf das Kind und fand in einer Zweierbeziehung statt.
2. In die Intervention wurde dann die Modifikation des Verhaltens der Eltern einbezogen.
3. Die Intervention fand dann zunehmend auch in Gruppen statt (Gruppentherapie und Gruppendynamik).
4. Die Therapie schliesst endlich die Veränderung der natürlichen Umwelt mit ein.

### 5.2.1 Tiefenpsychologische Interventionen

Die *psychoanalytischen Kindertherapien* sind in ihrer Entwicklung stets von zwei Grundproblemen aus ihrem historischen Entstehungszusammenhang begleitet worden: 1. Die starke theoretische Bindung an das Schicksal der Libido (Überbetonung aufgrund der zu FREUDS Zeit gültigen viktorianischen Sexualmoral). 2. Die Bindung an das individualpsychologische Paradigma (aus der biologisch-medizinischen Orientierung SIGMUND FREUDS). So ergab sich eine lange anhaltende Konzentrierung auf die Frage: Was geschieht *im* Kind?

Die Grenzen analytischer Verfahren bei gestörten Eltern–Kind–Interaktionen ergeben sich aus den konstituierenden Merkmalen der Methode:

1. Die Zwei-Personen-Beziehung (Analytiker-Patient),
2. die hohe Behandlungsfrequenz (3–5mal wöchentlich),
3. die Langfristigkeit der Behandlung,
4. den begrenzten Indikationsbereich (nur auf Patienten, die nicht strukturell Ich-gestört sind) und
5. die Beschränkung auf konfrontierend-interpretierende Intervention ([40], S.36)

An diesem Ansatz ist Kritik geübt worden: BASTINE [11] betont die grossen zeitlichen und finanziellen Opfer des Patienten und ihre Rolle bei der Indikationsstellung. E.FROMM [39] ist der Meinung, die Analyse widerspreche dem «industriellen Geist» der Zeit, indem sie das Kosten-Nutzen-Prinzip durch einen ungeheuren Zeitaufwand für eine einzige Person missachte.

Die Reaktion auf das veränderte Therapiebedürfnis im industriellen Zeitalter war die Entwicklung gruppentherapeutischer und kurztherapeutischer Verfahren. Dies steht im Zusammenhang mit dem gesellschaftlichen Druck im Hinblick auf eine Erweiterung des therapeutischen Repertoires und der Beratung sowie auf eine Vergrösserung des Personenbestandes an Therapeuten.

### 5.2.2 Gruppentherapie

Die Weiterentwicklung zur Gruppentherapie kann entweder als «Kind der Not» [29] verstanden werden, aber auch als Arrangement der Gruppe aus einem neuen Heilungsbedürfnis [106]. Gruppenpsychoanalyse, Psychodrama und die Transaktionale Analyse können zu dieser Entwicklungslinie gezählt werden. Die Erweiterung des therapeutischen Arrangements auf die Gruppe bietet nun nicht mehr im engeren Sinne therapeutischen Zielsetzungen eine Realisierungsmöglichkeit, sie ist durchaus darüber hinaus eine Möglichkeit, soziale Strukturen zu ändern.

### 5.2.3 Die psychoanalytische Familientherapie

Aus den Erfahrungen der analytischen Kinderpsychotherapie, der Beschäftigung mit Schizophrenen und dem Umgang mit Partnerproblemen entwickelte sich die psychoanalytische Familientherapie als Methode des therapeutischen Umgangs mit bereits *bestehenden* Gruppen. Blieben bei der älteren psychoanalytischen Literatur die Eltern vielfach im Hintergrund (im Sinne von «Klimafaktoren» [105]), so ist es vor allem H.E. RICHTER [104] zu verdanken, die Art der Interaktion innerhalb von Familien und Partnerschaften als Ursache und Therapieziel anzusehen. Neurosen sind Symptome eines Familienkonfliktes, und das neurotische Verhalten eines Familienmitgliedes dient dazu, das labile Gleichgewicht der Familie aufrechtzuerhalten [2]. Aus der psychoanalytischen Familientherapie entwickelte sich so die Kommunikationstheorie. Untersuchungen an schizophrenen Patienten führten zur Entdeckung der verwirrenden Kommunikationsformen des «double-bind» [12]. In den Konzepten der Familientherapie wird die Bedeutsamkeit der Väter und ihre Mitarbeit besonders hervorgehoben, wie BONDY [20] bereits forderte.

### 5.3 Klientenzentrierte Gesprächspsychotherapie

Im Unterschied zu den psychoanalytischen Verfahren geht die klientenzentrierte Gesprächstherapie von den gegenwärtigen Problemen des Klienten aus. ROGERS [109, 110] und in Deutschland in seiner Folge TAUSCH [130] gehen von der grundlegenden Vorstellung aus, dass der menschliche Organismus die Tendenz besitze, sich selbst zu verwirklichen, d.h. dass er alle Fähigkeiten zur Aufrechterhaltung und Förderung seiner selbst beinhalte. Ziel der Therapie ist Selbstkonzept und die Erfahrungen des Organismus in Übereinstimmung zu bringen, den Menschen zu einer voll funktionsfähigen Person zu machen. Besteht ein Widerspruch zwischen der Aktualisierungstendenz des Selbst, dann entsteht Spannung und innere Verwirrung und die Entwicklung neurotischen Verhaltens.

In einer klientenzentrierten Gesprächspsychotherapie als Einsichtstherapie ist die Veränderung der Interaktionen und der äusseren Umstände des Klienten im Grunde sekundär, wenn auch U. PLOG [100] nachweisen konnte, dass gerade die Veränderung dieser Interaktionen tiefgreifender ist als bei verhaltenstherapeutischen Methoden.

Wegen der relativ kurzen Behandlungsdauer (8–12 Kontakte genügen für eine spürbare Besserung [130]) genügt dieser therapeutische Ansatz dem Prinzip der Ökonomie eher als vergleichbare Ansätze.

### 5.3.1 Die nicht-direktive Spieltherapie

Die vor allem von ROGERS und AXLINE [6] entwickelte nichtdirektive Spieltherapie überträgt diese Zielsetzungen auf das therapeutische Spiel mit Kindern. Aus dem inneren Erleben soll äusseres Verhalten verändert werden. Ziel ist eine positive Umweltauseinandersetzung über eine Veränderung der Persönlichkeitsstruktur [131]. Neuere Entwicklungen beschreibt SCHMIDTCHEN [150].

### 5.3.2 Mediatoren in der klientenzentrierten Therapie

Zielt die Spieltherapie (wenngleich auch noch indirekt) auf eine Veränderung des Beziehungsverhältnisses zwischen Eltern und Kindern bzw. Kindern und Lehrern ab, so sind in der Erweiterung des Ansatzes durch TAUSCH & TAUSCH [131], GORDON [42] und CARKHUFF [23] die Interaktionen selbst das Ziel. Trainingssitzungen mit Eltern und Lehrern gliedern sich in schriftliches und mündliches Formulieren von Erzieheräusserungen in Konfliktsituationen und das Besprechen aktueller Probleme. GUERNEY [44] hat vor allem bis zu diesem Punkt die Veränderung der Therapieform unter dem Eindruck ökonomischer und gesellschaftlicher Notwendigkeit (hoher Anstieg therapiebedürftiger Personen) beschrieben. Er bezeichnet den von ihm vorgeschlagenen Ansatz als Filialtherapie, wenn Eltern unter Supervision des Therapeuten in der natürlichen Umgebung neue Interaktionsformen mit ihren Kindern lernen.

## 5.4 Entwicklung und Veränderung der Verhaltenstherapie

Die Verhaltenstherapie auf der Grundlage der Lerntheorie bemüht sich nicht um die Veränderung intrapsychischer Mechanismen, sondern um das der Beobachtung zugängliche Verhalten und dessen Veränderung. Die Verhaltenstherapie sieht gegenüber den anderen Therapierichtungen ihre Vorteile darin, dass die Behandlungszeit verkürzt werden kann (höchstens 30 Stunden), dass die Kosten vermindert werden können, die Effekte systematisch kontrolliert werden, die Erfolgsquote höher sei [36] und der Indikationsbereich erweitert werden könne. Durch den Einsatz von Mediatoren kann zudem der Kreis der Helfer vergrössert werden, da Methoden der Verhaltenstherapie dem ärztlichen Hilfspersonal, Krankenschwestern, Eltern, Lehrern usw. leicht mitgeteilt werden können. Verhaltenstherapie kann ambulant, stationär, in Heimen, in Schulen, Familien usw. angewandt werden.

### 5.4.1 Elternarbeit in der Verhaltenstherapie

In einem weiteren Entwicklungsschritt der Verhaltenstherapie wurde aus der Arbeit in der Laborsituation eine Beratung der Eltern und dann ein Übergang zur Verhaltensmodifikation von Eltern und Kindern in der natürlichen Umgebung. THARP & WETZEL ([134], S.18) meinen dazu: «Verhaltensmodifikatorische Techniken zielen darauf ab, Rollenverhalten von Individuen in der natürlichen Umgebung des Klienten zu spezifizieren, um das Verhalten des Klienten zu ändern.» Nach Ansicht der Autoren befinden sich in der jeweiligen sozialen Umgebung eines Kindes die wichtigsten Verstärker für erwünschtes bzw. unerwünschtes Verhalten. Aufgabe des Therapeuten ist es, das gesamte Verhaltensrepertoire des Kindes festzustellen, seine situative Lage miteinzubeziehen und die potentiellen Verstärker herauszufinden. Der geeignete Ort für eine Verhaltensänderung ist die individuelle Umgebung, in der das Verhalten auftritt.

In einer Erweiterung des klassischen therapeutischen Zieles aus der Zweierbeziehung und der Gruppenbeziehung in der Laborsituation hinaus in die therapeutische Modifikation in der natürlichen Umgebung wird die Verhaltensmodifikation «zu einem Gebiet der Gärung, der Unruhe und Unstimmigkeiten. Kurz, sie zeigt alle Züge wissenschaftlicher Progression» ([134], S.29).

## 5.4.2 Ko-Therapeuten

GUERNEY [44] hat vor allem die Ausbildung von signifikanten Bezugspersonen oder «social agents» als Ko-Therapeuten vorangetrieben. Eltern, Lehrer, Kindergärtner, Pflegepersonal in Heimen und Krankenhäusern sollten in ehrenamtlicher oder nebenberuflicher Tätigkeit eingesetzt werden, indem sie nach Rücksprache mit dem Therapeuten und ständiger Rückmeldung Instruktion und das Training selbst übernahmen.

THARP & WETZEL verwandten das Modell von HOMME (1966) des Kontingenz-Managements, indem sie aus der dyadischen Beziehung in der Therapie ein triadisches Modell entwickelten. «Die Logik der Verhaltensmodifikation schreibt vor, dass jene Individuen, die tatsächlich die Verstärker besitzen, eine Position zwischen dem Berater und dem Klienten, der das eigentliche Ziel des Verhaltenseingriffs darstellt, einnehmen sollten» ([134], S. 51). Das Modell kennt folgende Elemente: Der mittelbare Therapeut wirkt auf den unmittelbaren Therapeuten ein, der wiederum auf die Zielperson einwirkt. Mittelbarer Therapeut ist der Berater, unmittelbarer Therapeut z. B. die Mutter, Zielperson das Kind. Der Berater ist derjenige, der über die lernpsychologischen Kenntnisse und Zusammenhänge verfügt, den Plan der Verhaltensmodifikation zusammen mit dem Mediator entwickelt, der über die effektivsten Verstärker verfügt. Der Mediator soll diejenige Bezugsperson sein, die von anderen Seiten auf die Zielperson einwirkende Kontingenzen in Richtung des Behandlungsplanes lenken kann.

Verschiedene Autoren berichten über Möglichkeiten zur Ausbildung der Eltern (z. B. [3, 79, 97]). Dabei werden Lernen durch Information, Lernen durch Training und Lernen in Gruppen voneinander unterschieden. Am erfolgversprechendsten scheint die Kombination aller drei Verfahren zu sein, wie Beate MINSEL [85] nachweisen konnte. Aus dem Anwendungsbereich dieser Elterntrainingsmodelle ergibt sich eine Frage, die MÜLLER ([87], S. 14) stellt: «Es ist eine fast unglaubliche Tatsache, dass Eltern normalerweise weder die Gelegenheit haben, effektives Erziehungsverhalten zu lernen und einzuüben noch Methoden zur Verfügung haben, mit deren Hilfe sie bei Erziehungsschwierigkeiten Lösungen gewinnbringend erarbeiten können.» Damit ist die Frage gestellt, ob eingreifende Verfahren bei aktuellen Konflikten nicht im Sinne des Krisenmanagements zu einem bereits zu späten Zeitpunkt eingesetzt werden und es wird die Frage nach dem Zeitpunkt des Einsatzpunktes von Interventionsmassnahmen überhaupt gestellt.

## 5.5 Zur Rolle der Prävention

Betrachtet man die Entwicklung psychotherapeutischer Verfahren als die Antwort des psychologischen Wissenschaftsprozesses auf den ständig ansteigenden Bedarf an therapeutischer Intervention bei zunehmenden neurotischen Konflikten in der hochindustrialisierten Gesellschaft unserer Zeit, so wendet sich – vielleicht aus der Erkenntnis der letzlich nicht zu lösenden Zwickmühle zwischen Ökonomieprinzip und Bedürftigkeit – das Augenmerk auf die *Prävention* psychischer Störungen.

Zwar erfolgt in der Schule und der Berufsausbildung eine sehr differenzierte Vorbereitung auf die Arbeitswelt, aber keine Vorbereitung auf die Erziehung von Kindern, die letzlich aus den eigenen Erfahrungen mit dem Vorbild der Eltern gesteuert wird. Die Grenzen der Erziehungsfähigkeit von Eltern in unserer Zeit liegen dort, wo in einer sich rasch verändernden Gesellschaft die Fähigkeit der Anpassung erlischt. Zusammen mit dem Verlust tradierter Selbstverständlichkeiten ist die erzieherische Rolle von Eltern allein durch die Übernahme von Normen des Elternhauses nicht mehr lösbar. Eine wichtige Rolle in der Prävention von Erziehungskonflikten und von schulischen Konflikten ist deshalb einer gezielten Elternausbildung oder Elternschulung zuzuweisen, die schon in der Schule konzentriert einsetzen müsste. Welche gesellschaftlichen Widerstände dabei überwunden werden müssen, kann man am Beispiel der Problematik der Sexualpädagogik sehen, die in der Bundesrepublik als Unterrichtsgegenstand noch nichts an ihrer Problematik verloren hat.

Praktische Erfahrungen mit präventiven Formen von Elterntraining liegen im Institut für Frühpädagogik in München vor ([87]). Das Lernen aus Versuch und Irrtum, aus Fehlern und Erfolgen scheint ein wenig angemessener, wenig verantwortungsvoller Weg zum Erlernen eines adäquaten Erziehungsverhaltens zu sein ([131], S. 23). Im präventiven Elterntraining wird ein Verhaltenstraining und ein Kommunikationstraining durchgeführt. Die Schwerpunkte des präventiven Elterntrainings liegen in der Prävention, der Gruppenarbeit und der Entprofessionalisierung. Im Verhaltenstraining lernen die Eltern Voraussetzungen für Verhaltensänderungen zu schaffen, problematische Erziehungssituationen im Verhaltensspiel darzustellen, Interaktionen zu erfassen, zu protokollieren und zu bewerten, das Verhalten am Erfolg zu orientieren, alternatives Verhalten einzuüben und in der Praxis einzusetzen und Selbstkontrolle anzuwenden. Im Kommunikationstraining lernen sie, Gefühle wahrzunehmen und den Unterschied zwischen direkten und indirekten Ausdruck von Gefühlen, sie lernen Formen des Zuhörens, die Wahrnehmung eigener und fremder nichtverbaler Kommunikation, sie lernen es, konstruktive Rückmeldungen zu geben und zu empfangen und Konflikte mit Kind und Partner konstruktiv zu lösen. Trainingsziel ist, Konfliktsituationen vermeiden zu lernen oder aber erfolgreich und selbständig zu intervenieren, um ernstere Verhaltensprobleme und Störungen in der Interaktion in der Familie zu vermeiden.

Mit diesem Stand der psychotherapeutischen Bemühungen sowohl innerhalb der Psychoanalyse, der klientenzentrierten Gesprächstherapie und der Verhaltenstherapie zur Multiplikation der therapeutischen Agenten und zum Schritt in die natürliche Umgebung bis hin zu den vorgeschlagenen Methoden der Prävention deutet sich ein Wandel in der Antwort der Psychologie auf gesellschaftliche Anforderungen an, den man als dialektischen Prozess verstehen könnte. Die sich verändernde spätindustrielle Gesellschaft entfremdet den Menschen in seiner Lebenssituation. Die Antwort der Psychotherapie geht dahin, die Entfremdung durch eine Veränderung der Lebenssituation aufheben zu wollen.

## 5.6 Die Ziele therapeutischer Intervention

Hier können wir an den Anfangspunkt der Überlegung zur Genese und Intervention von Lernstörungen anknüpfen. Sind Lernstörungen Ist-Soll-Diskrepanzen im Sinne normendiskrepanter Lernprozesse, so schliesst die therapeutische Intervention das Erreichen von Soll-Zuständen ein. Wer definiert die Soll-Zustände? Aus welchem Interesse werden Soll-Zustände definiert und die Techniken zu ihrer Erreichung eingesetzt? Sind Ziele wie Selbstverwirklichung, Verbesserung der Lebensqualität, Verbesserung der Genussfähigkeit, Verbesserung der zwischenmenschlichen Beziehungen, Erlangung oder Wiederherstellung der Arbeitsfähigkeit, Einsicht in die eigenen Konflikte, besseres Fertigwerden mit Konflikten und Belastungen usf. allgemeine humanitäre Ziele, die der Fortentwicklung des Menschengeschlechtes in der Versöhnung des einzelnen mit seiner Umwelt dienen oder sind sie lediglich eine Versöhnung mit Machtinteressen des Kapitals, die eine immer intensivere Ausnutzung der Arbeitskraft ermöglichen? Die Frage führt letzten Endes zur Diskussion der ethischen Prämissen des Therapeuten oder der therapeutischen Schulen und zur Frage der Leitbilder von Gesellschaften. Jeder Therapeut wird zum einen in eigener Verantwortung des Ergebnis seiner eigenen Analyse in bezug auf diese Zielvorstellungen realisieren müssen, zum andern sowohl sich als auch sein Handeln in gesellschaftlichem Zusammenhang reflektieren müssen. Geht die Zielrichtung des therapeutischen Prozesses über die Korrektur abweichenden Verhaltens hinaus und führt sie bei Kindern und Eltern (und Therapeuten) in einem dialektischen Prozess auch zur Erkenntnis der Abhängigkeiten und Bedürfnisse von gesellschaftlichen Bedingungen und zur Formulierung und Durchsetzung von Veränderungstrategien, so ist dies eine vollständige Abkehr vom individualpsychologischen Paradigma hin zu einer Umsetzung interaktionistischer Vorstellungen unter der Zielperspektive emanzipatorischer Ziele. «Therapiemassnahmen können zwar mit Sicherheit kein Ersatz für soziale Revolution sein, sie sind aber andererseits auch nicht nur systemstabilisierend wirksam» ([65], S. 116).

*Literatur*

[1] ABE, I., PROBST, H., GRAF, S., KUTZER, R., WACKER, G., KLODE, W., WAGNER, H. Kritik der Sonderpädagogik (2. Aufl.). Giessen: Achenbach, 1974.
[2] ACKERMAN, N.W. The psychodynamics of family life. New York: Wiley, 1958.
[3] ALLEN, K.E., HARRIS, F.R. Elimination of a childs's cratching by training the mother in reinforcement procedures. Behaviour Research and Therapy, 1966, 4, 79-84.
[4] ALTEMÖLLER, R. Ästhetische Dimensionen von Behinderungen. Unveröffentlichte Diplomarbeit, Universität Hannover, 1979.
[5] ASPERGER, H. Heilpädagogik (5. Aufl.) Wien: Springer, 1968.
[6] AXLINE, V.M. Kinder-Spieltherapie im nicht-direktiven Verfahren. München: Reinhardt, 1972.
[7] BABEL, M. Übersicht über theoretische Grundlagen und Zielvorstellungen einiger psychotherapeutischer Schulen in der BRD. In D. Eggert, Emotionales und soziales Verhalten bei Kindern. Begleitskriptum zur Vorlesung, PHN, Abt. Hannover, 1975, 260-269.
[8] BACH, H. Geistigbehinderte unter pädagogischem Aspekt. In Deutscher Bildungsrat, Gutachten und Studien der Bildungskommission, Bd. 34, Sonderpädagogik 3. Stuttgart: Klett, 1974, 17-115.
[9] BANDURA, A. Principles of behavior modification. New York: Holt, Rinehart & Winston, 1969.
[10] BARKEY, P., LANGFELDT, H.P., NEUMANN, G. Pädagogisch-psychologische Diagnostik am Beispiel von Lernschwierigkeiten. Bern: Huber, 1976.
[11] BASTINE, R. Auf dem Wege zu einer integrierten Psychotherapie. Psychologie heute, 1975, 2. 53-58.
[12] BATESON, G., JACKSON, D.D., LIDZ, T., SEARLES, H.F., WYNNE, L.L. Schizophrenie und Familie. Frankfurt: Suhrkamp, 1969.
[13] BAUMGARTEN, H., BUCHWEITZ, H., MOLLMANN, H. Intelligenz, Sprache, Motorik und affektive Persönlichkeitsmerkmale als Determinanten des Schulversagens. Unveröffentlichte Examensarbeit, PHN, Abt. Hannover, 1976.
[14] BERGOLD, J.B. Psychotherapie. Zwischen Selbstentfaltung und Selbstkontrolle. München: Urban & Schwarzenberg, 1973.
[15] BERNSTEIN, B. Studien zur sprachlichen Sozialisation. Düsseldorf: Schwann, 1972.
[16] BERTRAM, H., BERTRAM, B. Soziale Ungleichheit, Denkstrukturen und Rollenhandeln. Weinheim: Beltz, 1974.
[17] BINET, A. Nouvelles recherches sur la mesure du niveau intellectual chez les enfants d'école. Année psychol., 1911, 17, 145-201.
[18] BITTNER, G., ERTLE, C., SCHMID, V. Schule und Unterricht bei verhaltensgestörten

Kindern. In Deutscher Bildungsrat, Gutachten und Studien der Bildungskommission, Bd.35, Sonderpädagogik 4, Stuttgart: Klett, 1974. 13-102.
[19] BÖNSCH, M. Kommunikativer und offener Unterricht. Erziehung und Unterricht, 1978, 128, 137-151.
[20] BONDY, C. Einführung in die Psychologie. Unter Mitarb. von D.Eggert. Frankfurt: Ullstein, 1967
[21] BRUSTEN, M., HOHMEIER, J. (Eds.) Stigmatisierung (2 Bde.). Neuwied: Luchterhand, 1975.
[22] BUSS, A.H. Psychopathology. New York: Wiley, 1966.
[23] CARKHUFF, R.R. Helping and Human Relations. New York: Wiley, 1969.
[24] CHI, M.T.H. Knowledge structure and memory development. In R.Siegler (Ed.) Children's thinking: What develops? Erlbaum, Hillsdale (N.J.), 1978 (in press).
[25] CLIZANT, R. La politique generale et la pratique de l'adaptation et readaptation des enfants inadaptées en France. Centre National de la Pédagogique Spéciale, Beaumont, 1978.
[26] COHN, R. Von der Psychoanalyse zur themenzentrierten Interaktion. Stuttgart: Klett, 1975.
[27] DAHRENDORF, R. Frankfurter Rundschau vom 10.8.1978.
[28] DESPERT, L. The emotionally disturbed child. An Inquiry into Family Patterns. Garden City, NY: Anchor Books, 1970.
[29] DIECKMANN, J., BOLSCHO, D. Gesellschaftswissenschaftlicher Unterricht. Bad Heilbrunn: Klinkhardt, 1975.
[30] DITTMAR, N. Soziolinguistik. Frankfurt/M.: Athenäum, 1973.
[31] DUHM, P. Angst im Kapitalismus (11. Aufl.). Lampertheim. 1975.
[32] EGGERT, D. Motometrische Verfahren nach Oseretzky: eine Übersicht, ein Bericht über ein neues Kurzverfahren und ein Versuch zu einem Modell. In D.Eggert, E.J.Kiphard (Eds.) Die Bedeutung der Motorik für die Entwicklung normaler und behinderter Kinder. Schorndorf: Hofmann, 1972, 166-209.
[33] EGGERT, D. (Ed.) Psychomotorisches Training. Ein Projekt mit lese-rechtschreibschwachen Grundschülern. Weinheim: Beltz, 1975.
[34] EGGERT, D. Von der Psychomotorik zur psycho-pädagogischen Bewegungserziehung: Zeitschrift für Sportpädagogik, 1978 (i.Vorb.).
[35] EGGERT, D., KIPHARD, E.J. (Eds.) Die Bedeutung der Motorik für die Entwicklung normaler und behinderter Kinder. Schorndorf: Hofmann, 1972.
[36[ EYSENCK, H.J., RACHMAN, S. Neurosen – Ursachen und Heilmethoden (6.Aufl.). Berlin: VEB Deutscher Verlag der Wissenschaften, 1973.
[37] FEND, H. Gesellschaftliche Bedingungen schulischer Sozialisation. Weinheim: Beltz, 1974.
[38] FESHBACH, N.D. Student teacher preferences for elementary school pupils varying in personality characteristics. Journal of Educational Psychology, 1969, 126-132.
[39] FROMM, E. Haben oder Sein. Die seelischen Grundlagen einer neuen Gesellschaft. Stuttgart: Deutsche Verlagsanstalt, 1976.
[40] FÜRSTENAU, P. Probleme der vergleichenden Psychotherapieforschung. In C.H. Bachmann (Ed.) Psychoanalyse und Verhaltenstherapie, Frankfurt: Fischer, 1972, 18-57.
[41] GÄRTNER-HARNACH, V. Angst und Leistung (2.Aufl.). Weinheim: Beltz, 1973.
[42] GORDON, T. Familienkonferenz. Die Lösung von Konflikten zwischen Eltern und Kind. Reinbek bei Hamburg: Rowohlt, 1972.
[43] GOTTSCHALDT, K. Zur Psychologie der Wirgruppe. Zeitschrift für Psychologie, 1959, 3/4.

[44] GUERNEY, B.G. (Ed.) Psychotherapeutic Agents – New Roles for Nonprofessionals, Parents and Teachers. New York: Holt, Rinehart & Winston, 1969.
[45] HARRE, R., SECORD, P.F. The Explanation of Social Behavior. Oxford: Basil Blackwell, 1972.
[46] HECKHAUSEN, H. Leistungsmotivation. In H.Thomae (Ed.) Handbuch der Psychologie (Bd.2). Göttingen: Hogrefe, 1965, 602–704.
[47] HECKHAUSEN, H. Motive und ihre Entstehung. In F.G.Weinert, C.F.Graumann, H.Heckhausen, M.Hofer (Eds.) Funk-Kolleg Pädagogische Psychologie (Bd.1). Frankfurt: Fischer, 1974, 133–171.
[48] HEIDER, F. Naive Psychologie. In A.L.Baldwin, Theorien primärer Sozialisationsprozesse (Bd.1). Weinheim: Beltz, 1974, 15–57.
[49] HILLER, G.G., SCHÖNBERGER, F. Erziehung zur Geschäftsfähigkeit – Lernen als Zusammenarbeit. In *Fachbereich Sonderpädagogik der pädagogischen Hochschule Reutlingen* (Ed.) Handlungsorientierte Sonderpädagogik. 25 Jahre Studium der Sonderpädagogik in Baden-Württemberg. Rheinstetten: Schindele, 1978.
[50] HOFER, M. Die Schülerpersönlichkeit im Urteil des Lehrers (3.Aufl.). Weinheim: Beltz, 1974.
[51] HOMME, L.E. Contiguity theory and contingency management. Psychological Record, 1966, 16, 233–241.
[52] HOPF, D. Differenzierung in der Schule. Stuttgart: Klett, 1974.
[53] HUBER, G.L., MANDL, H. Erklärungsansätze für Schulschwierigkeiten. Unterrichtswissenschaft, 1977, 5, 305–316.
[54] JANTZEN, W. Sozialisation und Behinderung. Studien zu sozialwissenschaftlichen Grundfragen der Behindertenpädagogik. Giessen: Focus, 1974.
[55] JANTZEN, W. Konstitutionsprobleme materialistischer Behindertenpädagogik. Fulda: Andreas Achenbach Lollar, 1977.
[56] JANTZEN, W. Persönlichkeitstheorie – Behindertenpädagogik – Therapie. Köln: Pahl Rugenstein, 1978.
[57] JETTER, K., SCHÖNBERGER, F. Verhaltensstörung als Handlungsveränderung. Beiträge zu einem Förderkonzept Körperbehinderter. Bern: Huber, 1978 (im Ersch.).
[58] KAMINSKI, G. Verhaltenstheorie und Verhaltensmodifikation. Stuttgart: Klett, 1970.
[59] KANE, J.F., KANE, G. Geistig schwer Behinderte lernen lebenspraktische Fertigkeiten. Bern: Huber, 1976.
[60] KANFER, F.H., PHILLIPS, J.S. Learning foundations of behavior therapy. New York: Wiley, 1970. Dt.Ausg. Lerntheoretische Grundlagen der Verhaltenstherapie, München: Kindler, 1975.
[61] KAUTTER, H., MUNZ, W. Verfahren der Aufnahme und Überweisung in die Sonderschule – Schwerpunktmässig dargestellt an der Schule für Lernbehinderte. In *Deutscher Bildungsrat* Gutachten und Studien der Bildungskommission, Bd.34, Sonderpädagogik 3. Stuttgart: Klett, 1974, 235–385.
[62] KECKEISEN, W. Die gesellschaftliche Definition abweichenden Verhaltens. München: Juventa, 1974.
[63] KEMMLER, L. Erfolg und Versagen in der Grundschule. Göttingen: Hogrefe, 1967.
[64] KEUPP, H. Der Widerspruch von Präventionsgedanken und «medizinischem Modell» in der Schulberatung. Gruppendynamik, 1975, 6, 415–436.
[65] KEUPP, H., BERGOLD, J.B. Probleme der Macht in der Psychotherapie unter spezieller Berücksichtigung der Verhaltenstherapie. In C.H.Bachmann (Ed.) Psychoanalyse und Verhaltenstherapie. Frankfurt: Fischer, 1972, 105–140.
[66] KLEBER, E.W., FISCHER, R., HILDESCHMIDT, A., LOHRIG, K. Lernvoraussetzungen und Unterricht. Weinheim: Beltz, 1977.

[67] KNURA, G. Sprachbehinderte und ihre sonderpädagogische Rehabilitation. In *Deutscher Bildungsrat*, Gutachten und Studien der Bildungskommission, Bd. 35, Sonderpädagogik 4. Stuttgart: Klett, 1974, 103-198.

[68] KONRATH, A. Voraussetzungen und Ansatzpunkte eines therapeutisch ausgerichteten sozialen Lernens in der ästhetischen Erziehung. In H.-G. Richter (Ed.) Therapeutischer Kunstunterricht. Düsseldorf: Schwann, 1977.

[69] KONRATH, R. Der Stellenwert von therapeutischen Bemühungen in den verschiedenen Konzepten zur ästhetischen Erziehung. In H.-G. Richter (Ed.) Therapeutischer Kunstunterricht. Düsseldorf: Schwann, 1977.

[70] KORNMANN, R. Verhaltensmodifikation in der Schulberatung. Psychologie in Erziehung und Unterricht, 1978, 25, 231-242.

[71] KRAPP, A. Bedingungsfaktoren der Schulleistung. Psychologie in Erziehung und Unterricht, 1976, 23, 91-109.

[72] KRAPPMANN, L. Soziologische Dimensionen der Identität. Stuttgart: Klett, 1969.

[73] KRAUSS, BUDENHÖLZER. Eine Untersuchung zur Schulkarriere von Geschwistern von Sonderschülern. Unveröffentlichte Examensarbeit, PHN, Abt. Hannover, 1974.

[74] KUHLEN, V. Verhaltenstherapie im Kindesalter. Grundlagen, Methoden und Forschungsergebnisse (3. Aufl.). München: Juventa, 1973.

[75] KUHN, T. Die Struktur wissenschaftlicher Revolutionen. Frankfurt: Suhrkamp, 1967.

[76] KUTSCHER, H. J. (Ed.) Beurteilen oder verurteilen. München: Urban & Schwarzenberg, 1978.

[77] LACAN, J. Ecrits. Paris: Press Universitaire, 1974.

[78] LAUCKEN, U. Naive Verhaltenstheorie. Stuttgart: Klett, 1974.

[79] LINDSLEY, O. R. Operant research across graduated classrooms. Paper presented at the meeting of the CED. Toronto, Canada, April, 1966.

[80] LÖSEL, F. Prozesse der Stigmatisierung in der Schule. In M. Brusten, J. Hohmeier (Eds.) Stigmatisierung - Zur Produktion gesellschaftlicher Randgruppen (Bd. 2). Neuwied: Luchterhand, 1975, 7-32.

[81] LUCHSINGER, R., ARNOLD, G. E. Handbuch der Stimm- und Sprachheilkunde. Wien: Springer, 1970.

[82] LUHMANN, N. Soziologische Aufklärung. Aufsätze zur Theorie sozialer Systeme (2. Aufl.). Opladen: Westdeutscher Verlag, 1971.

[83] MERTON, R. K. Sozialstruktur und Anomie. In F. Sack, R. König (Eds.) Kriminalsoziologie. Frankfurt: Fischer, 1968.

[84] MILLER, G. A., GALANTER, E., PRIBRAM, K. H. Strategien des Handelns. Pläne und Strukturen des Verhaltens. Stuttgart: Klett, 1973.

[85] MINSEL, W.-R., MINSEL, B., KAATZ, S. Training von Unterrichts- und Erziehungsverhalten. Evaluation eines Curriculums. München: Urban & Schwarzenberg, 1976.

[86] MINSEL, W.-R., v. ONDARZA, G., HÜMME, E. Schulversagen. In L. J. Pongratz (Ed.) Handbuch der Psychologie, Bd. 8 Klinische Psychologie, 2. Halbband. Göttingen: Hogrefe, 1978.

[87] MÜLLER, G. F. Präventives Elterntraining. Psychologie heute, 1976, 3, 13-18.

[88] MÜLLER, H.-J., DECKER, R., SCHILLING, F. (Red. u. Bearb.) Motorik im Vorschulalter. Wissenschaftliche Grundlagen und Erfassungsmethoden. Schorndorf: Hofmann, 1975.

[89] NICKEL, H. Entwicklungspsychologie des Kindes- und Jugendalters (Bd. 2). Bern: Huber, 1975.

[90] NICKEL, H., SCHLÜTER, P., FENNER, H.-J. Angstwerte, Intelligenztest- und Schullei-

stungen sowie der Einfluss der Lehrerpersönlichkeit bei verschiedenen Schularten. Psychologie in Erziehung und Unterricht, 1973, 20.

[91] Niedersächsisches Schulgesetz. Gesetzesblatt, 1976.
[92] OEVERMANN, U. Sprache und soziale Herkunft. Frankfurt: Fischer, 1972.
[93] OLWEUS, D. Der moderne Interaktionismus von Person und Situation und seine varianzanalytische Sackgasse. Zeitschrift für Entwicklungspsychologie und Pädagogische Psychologie, 1976, 8, 171–185.
[94] OPP, K.-D. Abweichendes Verhalten und Gesellschaftsstruktur. Darmstadt: Luchterhand, 1974.
[95] ORT, M. Sprachverhalten und Schulerfolg. Weinheim: Beltz, 1976.
[96] PARSONS, T. Sozialstruktur und Persönlichkeit. Frankfurt 1968.
[97] PATTERSON, G.R., GULLION, E. Living with children. New methods for parents and teachers. Champagne, Illinois: Research Press, 1968.
[98] PAWLIK, K. (Ed.) Diagnose der Diagnostik. Beiträge zur Diskussion der psychologischen Diagnostik in der Verhaltensmodifikation. Stuttgart: Klett, 1976.
[99] PIAGET, J. Gesammelte Werke. Studienausgabe in 10 Bänden. Stuttgart: Klett, 1975.
[100] PLOG, U. Differentielle Psychotherapie (Bd.2). Bern: Huber, 1976.
[101] PROBST, H. Lernbehinderte und Normalschüler. Bern: Huber, 1976.
[102] REDLIN, W. Verhaltenstherapie. Bern: Huber, 1977.
[103] REINCKE, W. Frühkindliche Hirnschädigung als Psychosyndrom. Zeitschrift für Heilpädagogik, 1974, 25, 667.
[104] RICHTER, H.-E. Eltern – Kind – Neurose. Reinbek: Rowohlt, 1969.
[105] RICHTER, H.-E. Patient Familie. Reinbek: Rowohlt, 1970.
[106] RICHTER, H.-E. Die Gruppe. Reinbek: Rowohlt, 1972.
[107] RICHTER, H.-G. (Ed.) Therapeutischer Kunstunterricht. Düsseldorf: Schwann, 1977.
[108] ROEDER, P.-M. Sprache, Sozialstatus und Schulerfolg. In b:e Redaktion (Ed.) Familienerziehung, Sozialschicht und Schulerfolg. Weinheim: Beltz, 1974, 1–20.
[109] ROGERS, C.R. Counseling and Psychotherapy. Boston, 1942. Dt. Ausg.: Die nichtdirektive Beratung. München: Kindler, 1972.
[110] ROGERS, C.R. Client-Centered Therapy. Boston, 1951. Dt. Ausg.: Die klient-bezogene Gesprächstherapie. München: Kindler, 1973.
[111] ROGERS, C.R. On Becoming a Person. Boston, 1961. Dt. Ausg.: Entwicklung der Persönlichkeit. Stuttgart: Klett, 1973.
[112] RUPPERT, I.P. Die seelischen Grundlagen der sozialen Erziehung. (6. Aufl.). Weinheim: Beltz, 1967.
[113] SARASON, S.B., DAVIDSON, K.S., LIGHTHALL, F.F., WAITE, R.R., RUEBUSH, B.K. Angst bei Schulkindern. Stuttgart: Klett, 1971.
[114] SCHELL, H. Angst und Schulleistung. Göttingen: Hogrefe, 1972.
[115] SCHENK, K.-E. Systemanalyse in den Wirtschafts- und Sozialwissenschaften. Berlin: Duncker & Humblot, 1971.
[116] SCHILLING, F. Motorik bei Geistigbehinderten. Skriptum, Universität Marburg, 1976.
[117] SCHMID, R. (Ed.) Intelligenzforschung und pädagogische Praxis. München: Urban & Schwarzenberg, 1978.
[118] SCHMID, R., WACKER, A. Begabung und Intelligenz in Pädagogik und Psychologie – Darstellung und Analyse der Problemstellungen seit 1945. In R. Schmid (Ed.) Intelligenzforschung und pädagogische Praxis. München: Urban & Schwarzenberg, 1978, 15–71.
[119] SCHMIDT-MUMMENDEY, A., SCHMIDT, D. (Eds.) Aggressives Verhalten (3. Aufl.). München: Juventa, 1975.

[120] SCHÖNBERGER, F. Körperbehinderungen – Ein Gutachten zur schulischen Situation körperbehinderter Kinder und Jugendlicher in der Bundesrepublik Deutschland. In *Deutscher Bildungsrat,* Gutachten und Studien der Bildungskommission, Bd. 35, Sonderpädagogik 4. Stuttgart: Klett, 1974, 199-279.

[121] SCHÖNBERGER, F. Kooperative Didaktik – Prüfstein einer handlungsorientierten Sonderpädagogik. Arbeitsunterlagen zu einer Vorlesung an der PHN, Abt. Hannover, 1977.

[122] SCHRÖDER, P. Sprachnorm, Sprachbarrieren, Sprachpolitik. In H. Bühler, G. Mühle (Eds.) Sprachentwicklungspsychologie, Weinheim: Beltz, 1973, 263-294.

[123] SCHULTE, D. (Ed.) Diagnostik in der Verhaltenstherapie. München: Urban & Schwarzenberg, 1973.

[124] SCHWARZER, C. Lehrerurteil und Schülerpersönlichkeit. Kognitive Stile und Sozialschicht als Einflussgrösse für die Beurteilung bei Schulbeginn. München: Kösel, 1976.

[125] SCHWARZER, R. Schulangst und Lernerfolg. Düsseldorf: Schwann, 1975.

[126] SCHWARZER, R. Remedialer und adaptiver Unterricht. Unterrichtswissenschaft, 1977, 5, 333-345.

[127] SEIDENFADEN, F. Der Vergleich in der Pädagogik. Braunschweig: Westermann, 1966.

[128] SÈVE, L. Marxismus und Theorie der Persönlichkeit (2. Aufl.). Frankfurt: Verlag Marxistische Blätter, 1973.

[129] STRÜMPELL, V. G. Pädagogische Pathologie. Berlin, 1896.

[130] TAUSCH, R. Gesprächspsychotherapie. Göttingen: Hogrefe, 1973.

[131] TAUSCH, R., TAUSCH, A.-M. Erziehungspsychologie. (7. Aufl.). Göttingen: Hogrefe, 1973.

[132] TENT, L. Auslese von Schülern für weiterführende Schulen. Möglichkeiten und Grenzen. Göttingen: Hogrefe, 1969.

[133] TEWES, U. Zusammenhang zwischen Ängstlichkeit und Leistungsverhalten bei Schulkindern. Zeitschrift für erziehungswissenschaftliche Forschung, 1971, 5, 107-118.

[134] THARP, R. G., WETZEL, R. J. Verhaltensänderungen im gegebenen Sozialfeld. München: Urban & Schwarzenberg, 1975.

[135] THIMM, W. Lernbehinderung als Stigma. In M. Brusten, J. Hohmeier (Eds.) Stigmatisierung – Zur Produktion gesellschaftlicher Randgruppen (Bd. 1). Neuwied: Luchterhand, 1975, 125-144.

[136] TIEDEMANN, J. Leistungsversagen in der Schule. München: Goldmann, 1977.

[137] TRÖGER, H., KRÜGER, K. Intelligenztests und ihre Anwendung im Bildungswesen. In R. Schmid (Ed.) Intelligenzforschung und pädagogische Praxis. München: Urban & Schwarzenberg, 1978, 120-160.

[138] ULICH, D. Pädagogische Interaktion – Theorien erzieherischen Handelns und sozialen Lernens. Weinheim: Beltz, 1976.

[139] WEINERT, F. E. Fähigkeits- und Kenntnisunterschiede zwischen Schülern. In F. E. Weinert, C. F. Graumann, H. Heckhausen, M. Hofer (Eds.) Funk Kolleg Pädagogische Psychologie (Bd. 2). Frankfurt: Fischer, 1974, 763-793.

[140] WEINERT, F. E., ZIELINSKI, W. Lernschwierigkeiten – Schwierigkeiten des Schülers oder der Schule. Unterrichtswissenschaft, 1977, 5, 292-304.

[141] WELLENDORF, F. Der Alltag in der Schule und die Rede des Lehrers von «Intelligenz», «Begabung» und «Dummheit». In R. Schmid (Ed.) Intelligenzforschung und pädagogische Praxis. München: Urban & Schwarzenberg, 1978, 161-209

[142] WIECZERKOWSKI, W., NICKEL, H., JANOWSKI, A., FITTKAU, B., RAUER, W. Angstfragebogen für Schüler (AFS), Handanweisung. Braunschweig: Westermann, 1974.

[143] WIEGERSMA, P. H. Psychomotorik, Körperschema und Körpererleben. In D. Eggert, E. J. Kiphard (Eds.) Die Bedeutung der Motorik für die Entwicklung normaler und behinderter Kinder. Schorndorf: Hofmann, 1972.

[144] WILKENS, K. Empirische Untersuchungen zur Bedeutung der Intelligenz für die Diagnose und Therapie der Legasthenie. Unveröffentlichte Diplomarbeit, PHN, Abt. Hannover, 1974.

[145] WOLFF, G. Kindliche Verhaltensstörungen als sinnvolles Signalverhalten. Zeitschrift für Heilpädagogik, 1978, 29, 145-155.

[146] WULF, C. Der Lehrer als Berater. In Deutsches Institut für Fernstudien an der Universität Tübingen (Ed.) Funkkolleg Beratung in der Erziehung, Studienbegleitbrief 10. Weinheim: Beltz, 1976, 11-30.

[147] YATES, A. J. Behavior therapy. New York: Wiley, 1970.

[148] ZIELINSKI, W. Beziehung zwischen Ängstlichkeit, schulischer Aktivität, Intelligenz und Schulleistung bei 9 bis 11 jährigen Volksschülern. Schule und Psychologie, 1967, 14, 265-272.

[149] MEYER-KIPKER, I. Veränderung der Psychotherapie in Abhängigkeit vom gesellschaftlichen Wandel. Unveröffentlichte Examensarbeit, PHN, Abt. Hannover, 1976.

[150] SCHMIDTCHEN, S. Handeln in der Kinderpsychotherapie. Stuttgart: Kohlhammer, 1978.

# Sachregister

Abbauquotient 235
Abstinenz 218
Abwehrformen 166
Abweichendes Verhalten 201, 277
Aggressivität 294f.
Alcohol Addiction Text 212
Alkoholismus
- Abstinenz 218f.
- Ätiologie 197f., 210f.
- Definitionen 196f., 220f.
- experimentelle Alkoholisierung 212f.
- Genetik 202f.
- Klassifikation 204f.
- Konsumverhalten 205f.
- kulturelle Bedingungen 201
- Lernfähigkeit 208
- lerntheoretisches Modell 198f.
- Macht-Theorie 200f.
- Milieubedingungen 201f.
- Persönlichkeit 202f., 209f.
- psychoanalytisches Modell 197f.
- Restitution 208
- sozialpsychologisches Modell 200f.
- Spannungsreduktion 199 f.
- Stimmung 213
- Therapie 214f.
- Verlaufsform 204f.
- Wirkungen 206f., 212f.
Altersabbau 227, 235, 240
Altersstörungen
- Diagnostik 232f.
- Epidemiologie 227f.
- Evaluation 244f.
- Gruppentherapie 246
- Interventionskonzepte 236f.
- Interventionsstrategien 245f.
- Klassifikation 229f.
- Milieutherapie 254, 257
- Realitätsorientierung 247f.
- Rehabilitation 242f.
- Remotivation 250f.
- Resensibilisierung 249f.
- Resozialisierung 252
- Revitalisierung 252f.
- Verhaltenstherapie 255f.

Amine 25f., 30f.
- Abbau 27
- Probenecid-Methode 27
- Synthese 27
- Umsatz 27
Amphetamin 36f.
Angst 140f., 213, 293f.
Anankasmus-Skala 148f.
Aufmerksamkeit 207f.
Autogenes Training 216
Aversionstherapie 216

Basisstörungen 144
Befindlichkeits-Skala (Bf-S, Bf-S') 134f.
Behandlungsvertrag 217
Behindertenbegriff 273
Behindertenpädagogik 267f.
Beschwerden-Liste (B-L, B-L', B-L°) 134f.
Beta-Rezeptorenblocker 37
Biochemie
- Biorhythmen 31f.
- Depression 25f.
- Emotionen 41
- experimentelle Vorgehensweise 21f., 42f.
- Neurosen 39f.
- Pharmakotherapie 30f., 34f., 39f.
- Schizophrenien 34f.
- Schwachsinn 38f.
- Stress 41f.
Biochemische Substanzen
- Abkürzungen 27
- Alpha-Methyl-para-Tyrosin 27
- Catechol-o-Methyl-Transferase 25, 27, 30, 43
- Dopamin-Beta-Hydroxilase 23, 27, 35, 37, 42
- Homovanillinmandelsäure 27, 29, 34
- 5-Hydroxy-Indolessigsäure 27
- 5-Hydroxytryptamin (Serotonin) 23, 26, 27, 34
- Monoaminoxidase 25, 27, 30, 37
- 3-Methoxy-4-Hydroxyphenyl-Glycol 27, 29

- Noradrenalin 23, 26, 29
- Vanillinmandelsäure 27, 29, 34, 41
Bioelektronik
- Biosignalaufnahme 54f.
- Biosignalverstärkung 56f.
- Biosignalverarbeitung 59f.
Biofeedback 66f., 218
Biogene Amine s. Amine
Biorhythmen 31f.
Biosignalaufnahme 54f.
Biosignalverarbeitung 59f.
Biosignalverarbeitungskette 53f.
Biosignalverstärkung 56f.

Charakterstruktur
- Alkoholiker 197f.
- depressive 165, s. Depression
- hysterische 165
- orale 197f.
- progressive vs. regressive 165
- schizoide 148f., 165
- zwangshafte 148f., 165
CIPS (Collegium Internationale Psychiatriae Scalarum)-Manual 133f.

Datenanalyse 111f.
Datenebenen 91
Datengewinnung 94f.
Dehnungsmessstreifen 56
Demenz 38f.
Depression
- Alkoholismus 213
- Amitriptylin 39
- Biorhythmik 31f.
- bipolar 26, 28, 33, 147
- Cortisol 33
- Diagnostik 136, 140f., 144
- Elektroheilkrampf 30, 138
- endogene 25f., 33f., 39
- Homovanillinmandelsäure 34
- Hydroxytryptamin 34
- hypothalamische Funktionsstörung 33
- Imipramin 40
- Indolaminmangelhypothese 25f., 30f.
- Katecholaminmangelhypothese 25f., 30f.
- Klassifikation 39
- Körpertemperatur 33
- Labordepression 43
- MAO 28f.

- neurotische 39
- Pharmakotherapie 30, 39f.
- Plasmatryptophan 29
- Plasmatyrosin 33
- Psychotherapie 39f., 180f., 254
- prämorbide Persönlichkeit 147
- reaktive 228, 234
- Schlafentzug 32
- Tagesschwankungen 137f.
- unipolar 26, 34, 147
- Vanillinmandelsäure 34
Depressivitäts-Skala (D-S, D-S') 134f.
Desensibilisierung 217
Diagnostik s. auch Fragebögen
- Alkoholismus 206f.
- Altersstörungen 229f.
- klinisch psychiatrische 130f.
- Lernstörungen 296f.
- Mehrebenen- 145
- systemtheoretische 166f.
Diagnostikeffekte 93
Didaktik 299f.
Differentialdiagnostik 144f.
Doppelbindung 183
Drift 58
Drucksonden 56

ECDEU (Early Clinical Drug Evaluation Unit)-System 133
Eigenschaftswörterliste (EWL) 134f.
Eingangsoffsetstrom 57
Eingangsoffsetspannung 57
Eingangswiderstand 58
Einzelgespräch 187
Elektrodermale Aktivität 53
Elektroencephalogramm 52
- EEG Verarbeitung 60f., 69f.
- EEG Feedback 62
- EEG Artefakt 62
Elektrogastogramm 53
Elektroheilkrampf 30, 138
Elektrokardiogramm 52
- EKG Schaltung 64f.
Elektrolyten 55
Elektromyogramm 52
- EMG Verarbeitung 62f.
- EMG Feedback 62f.
Elektronenleitung 54f.
Elektronystagmogramm 53
Elektrooculogramm 52

Elterntraining 308, 310
Emotionalitätsskalen 141f.
Emotionsforschung 40
Endorphine 44
ENNR-Fragebogen 150, 152f.
Enzyme 26, 28, 30
Enzymdefekte 38
Epidemiologie
- Alkoholismus 201
- Altersstörungen 227f.
Erfolgserwartung 82f.
Erziehung zur Geschäftsfähigkeit 271f.
Exploration 223f.

Familientherapie
- Alkoholismus 215f.
Filter 61
- Frequenzgang 61
- Durchlassbereich 61
- Sperrbereich 61
Forschungsmethoden 21f., 42f., 72f., 244f.
- Behandlungsrealisierung 101f.
- biologische Psychiatrie 21f., 42f.
- Datenanalyse 111f.
- Datenauswertung 95
- Datenebenen 91
- Datenerhebung 94
- Diagnostikereffekte 93
- Evaluationskontrolle 244f.
- externe Validität 76
- Generalisierbarkeit 74f.
- Glaubwürdigkeit 82f.
- Instruktion 85f.
- interne Validität 75f.
- Katamnese 97f.
- Klinischer Status der Vpn/Ptn 106f.
- Konklusivität 74f.
- Konstruktvalidität 76f.
- Kontrollgruppen 83f.
- Kontrollstrategien 81f.
- Kriterienkataloge 112f.
- Messinstrumente 92
- Operationalisierung 78f., 90f.
- Patientenselektion 104f.
- Setting 87f.
- statistische Validität 76
- Therapeutenmerkmale 99f., 102
- Versuchsleitereffekte 98f., 103
- Vpn/Ptn Ausfall 109f.

Fotodioden 56
Fragebögen 130f., 205, 233f., s. CIPS, ECDEU
- Alkoholismus 210, 212
- Altersstörungen 233f.
- Auswahlgesichtspunkte 133, 135
- Auswertung 131
- Differentialdiagnostik 144
- Einsetzbarkeit 132
- Faktorenstruktur 141
- Herstellung 131
- Homogenität 142
- Indikation 145
- Interpretation 131
- Konstruktion 130
- Nachteile 130, 132f.
- prämorbide Persönlichkeit 148f.
- Selbst- vs. Fremdbeurteilung 139, 144f., 147f.
- symptom-orientierte 136f.
- Syndrombereiche 139f.
- Transparenz 130
- Validierung 142f.
- Veränderungsmessung 143
- Vorteile 130f.
Freiburger Beschwerdeliste (FBL) 135f.
Frequenzbereich 57

Gedächtnis 207f.
Gegenübertragung 175, 191
Gehirngewebe 26
Genetik
- Alkoholismus 201f.
Gerontologie s. Altersstörungen
Gesprächsführung
- Doppelbindung 183
- Einstreutechnik 182
- Grundhaltung 188
- Konfusionstechnik 183
- paradoxes Rollenspiel 184
- Umdeutung 175f.
- Verschreibung 175f., 178f.
- Verstärkung/Übertreibung 180f
- Vorgabetechnik 181
Gesprächspsychotherapie
- Alkoholismus 213
- Familientherapie 186
- Lernstörungen 306
Gestaltübungen 188f.
Glaubwürdigkeit 82f.

Gruppenpsychotherapie
- Alkoholismus 215
- Altersstörungen 246f.

Handlungstheorie 270f.
Heilpädagogik 267f.
Hemisphären 176f.
Hilflosigkeit, gelernte 43
Hirnareale
- striatum 35
- Mesolimbisches System 35
- Neostriatum 36
Hirnleistungsschwäche 235
Hypnose 216
Hysterie-Skala 148f.

Integration 163f.
Intelligenz 207
- Alter 234f.
- fluide vs. kristallisierte 235
- Lernstörungen 287f.
Interaktionismus 270
Intervention 236f.
- Management von Problemsituationen 242f.
- Optimierung 241
- pädagogische 298f.
- psychomotorische 302
- Rehabilitation 242f.
- Strategien 245f.

Joining 178

Katamnese 97f.
Klassifikation
- Alkoholismus 204f.
- Altersstörungen 229f.
- Depression 39
- Lernstörungen 286f.
Kontrollgruppen 83f.
Körperliche Behinderungen
- im Alter 228f.
Kognition
- Kompetenz 234f.
- Strukturen 287f.
Kollusion 164f.
Kommunikationstheorie 170
Kommunikationstherapie 164, 167f., 187, s. Gesprächsführung

Kompetenz
- kognitive 234f.
- verbale 288f.
- soziale 186
Konditionierung 21f., 35, 42
Kontrolliertes Trinken 218
Kontrollverlust 204, 213, 219f.
Konzentration 207f.
Kurzfragebogen für Alkoholgefährdete 212

Längsschnittstudium
- Alkoholismus 210f.
Lebenszufriedenheit 234
Leistungsforderungen
- durch Familie 280f.
- durch Schule 281f.
- durch Beruf 282
- durch Gesellschaft 282f.
Leistungsnormen 277f.
Leistungsverhalten 278f.
Lernfähigkeit 209
Lernstörungen
- Aggressivität 294f.
- Angst 293f.
- Bedingungsfaktoren 274f.
- Definitionen 267f.
- Diagnostik 296f.
- Elternarbeit 308
- Gesprächspsychotherapie 306f.
- Handlungstheorie 270f.
- individualpsychologisches Paradigma 268f.
- Intelligenz 287f.
- interaktionistisches Paradigma 270
- Interventionsmodelle 298f.
- Klassifikation 286f.
- Kommunikativer Unterricht 300f.
- Ko-Therapeuten 309
- Motorik 291f.
- remedialer Unterricht 299f.
- Theorien 268f.
- Therapieentwicklung 304f.
- tiefenpsychologische Interventionen 305f.
- Verhaltenstherapie 308f.
Lerntheorie 198f., 209
Linearität 57
Liquor 26f.
Lithium 44

Macht 200
Manie 27, 29
Manipulation 169 f.
MAO-Hemmer 30
Manson Evaluation Test 212
Mediatoren 307
Mikrokomputer 69
Mikroprozessoren 67 f.
Milieutherapie 254
MMPI 131, 139, 212, 230, 233
Modellernen 217
Motorik 207 f., 291 f.
Musiktherapie 252 f.
Münchener Alkoholismus Test 212
Münzverstärkungssysteme 217

Narzisstische Störungen 187 f.
Neurosen 39, 165, 228
- anankastische 148
- hysterische 148
- orale 148

Ökologische Massnahmen 257 f.

Operantes Konditionieren 255
Operationalisierung 78 f., 90 f.
Oralitäts-Skala 148 f.
Overachievement 269 f.

Paardynamik 165
Paranoid-Depressivitäts-Skala (PD-S, PD-S') 134 f.
Partnertherapie
- anthropologische Dimension 185 f.
- Änderungsstrategien 174 f.
- bewusst vs. unbewusst 163
- Diagnostik 178
- Individuum vs. Gruppe 163
- Integrationstendenz 163 f.
- Kollusionsmodell 164 f.
- Kombination vs. Integration 164
- Kommunikationstherapie 167 f.
- Rolle des Einzelgesprächs 187 f.
- Rolle des Individuums 184 f.
- Struktur vs. Prozess 163
- Therapieziele 173 f.
- Traumdeutung 188 f.
Patienten/Versuchspersonen
- Ausfall 109 f.
- Beschreibung 108

- Freiwilligkeit 107 f.
- Klinischer Status 106 f.
- Selektion 104 f.
Persönlichkeit 146 f., 202 f., 209 f., 271 f., s. Charakterstrukturen
Persönlichkeitsmodell
- intrapersonales vs. interpersonales 164
Pharmakotherapie s. Psychopharmaka
Phenylketonurie 38
Phonokardiogramm 53
Plethysmographie 53
Prämorbide Persönlichkeit
- Alkoholismus 209 f.
- Neurosen 148
- Schizoidie 148
- Skalen 148 f.
- Zyklothymie 148
Prävention 236 f., 299, 301, 302 f., 310 f.
Probenecid-Methode 27 f.
PSYCHIS (Psychiatrisches Informationssystem) München 134 f.
Psychoanalyse 197 f.
- Alkoholismus 214
- Altersstörungen 245 f.
- intrapersonales Modell 164
- interpersonales Modell 165
- Familientherapie 306
- Kindertherapie 305
- Therapieziele 171
Psychopharmaka
- Amitriptylin 39
- Antidepressiva 25, 30
- Butyrophenone 30
- Imipramin 40
- Lithium 30
- Neuroleptika 35
- Phenotiazine 30
- Thiotixen 22
- Wirkspektrum 40
- Zielsymptome 40
Psychosen 36, 37, 228, s. Depression, Schizophrenien
Psychotizismus 140 f.

Rauschen 58
Realitätsorientierungstherapie 247 f.
Rehabilitation 236 f.
Remotivation 250 f.
Resensibilisierung 249 f.
Resozialisierung 252
Revitalisierung 252 f.

Schaltungen 59
- analoge 59
- digitale 59
- integrierte 60
Schizoidie 148
- Skala 148 f.
Schizophrenien 28, 34, 141, 144, 256
- Amphetamin 36 f.
- Dopaminstoffwechselstörung 35 f.
- Filterstörung 38
- Hirnareale 35 f.
- L-DOPA 37
- pink-spot-Hypothese 35
- Transmethylierungshypothese 35
Schlafentzug 32
Schulleistung 274 f.
Schulorganisation 302 f.
Schulschwierigkeiten 275 f.
Schwachsinn 38
16 PF 230, 233 f.
Selbstbehauptungstraining 217
Selbstbeurteilungs-Fragebögen 130 f., s. Fragebögen
Selbstbildtherapie 253
Selbsthilfetraining 258
Selbstkonfrontation 217
Self-Rating Anxiety Scale (SAS) 135 f.
Self-Rating Depression Scale (SDS) 135 f.
Self-Report-Symptom-Inventory (SCL-90-R) 135 f.
Serum 28
Shaping 217, 256
Sonderpädagogik 267 f.
Sozialpsychologie
- Alkoholismus 200 f.
Spannungsreduktionshypothese 199 f.
Spieltherapie 307
Sprache
- Lernstörungen 288 f.
Sprache des Therapeuten 176 f.
State dependent learning 209
Störvariablen 80 f.
Stigmatisierung 221, 277
Stress 41
Sucht 44
Suizid 26, 31, 234
Syndrome
- emotionelle Beeinträchtigung 139 f.
- körperliche Beeinträchtigung 139 f.
- paranoide Tendenz 139 f.

Systemtheorie 163 f., 166 f., 185, 283
- Therapieziele 171 f.
Tanztherapie 252 f.
Therapie
- Alkoholismus 214 f.
- Altersstörungen 245 f.
- Anthropologie 185 f.
- Autogenes Training 216
- Aversionstherapie 216
- Behandlungsvertrag 217
- Biofeedback 66 f., 218
- Depression 30, 32, 39 f., 180 f., 254
- Desensibilisierung 217
- Elternarbeit 308, 310
- Familientherapie 215 f.
- Gesprächspsychotherapie 186, 215, 246 f., 306 f.
- Gesprächsführung 174 f., 180 f., 188
- Gruppentherapie 215, 246 f.
- Hypnose 216
- Kommunikationstherapie 164, 167 f., 187
- Kunstunterricht 301 f.
- Lernstörungen 298 f.
- Mediatoren 307
- Milieutherapie 254
- Modellernen 217
- Musiktherapie 252 f.
- Münzverstärkung 217
- Partnertherapie 162 f.
- Pharmakotherapie 25, 30, 39 f., 216
- Psychoanalyse 164 f., 171, 197 f., 214, 245 f., 304 f.
- Realitätsorientierungstherapie 247 f.
- Rehabilitation 236 f.
- Remedialer Unterricht 299 f.
- Remotivation 250 f.
- Resensibilisierung 249 f.
- Resozialisierung 252
- Revitalisierung 252 f.
- Schlafentzug 32
- Selbstbehauptungstraining 217
- Selbstbildtherapie 253
- Selbsthilfetraining 258
- Selbstkonfrontation 217
- Selbstkontrollverfahren 217
- Shaping 217, 256
- Spieltherapie 307
- Tanztherapie 252 f.
- Therapeutischer Unterricht 301 f.

- Verhaltenstherapie 163, 169, 216f., 255f., 308f.
Therapieverständnis
- entfaltungsorientiertes 168f.
- strategisches 168f.
Therapieziele 171f., 185f., 273f., 311f.
Thermistor 55f.
Tierexperiment
- Analogieschlüsse 24
Traumdeutung 188f.
Typus manicus 152
Typus melancholicus 148f.

Underachievement 269f.
Unterernährung 38
Unterricht
- remedialer 299f.
- offener 300f.
- therapeutischer 301f.
- kommunikativer 300f.
Urin 29, 34, 41

Validität
- externe 76
- interne 75f.
- Konstrukt- 76f.
- Kriterien der 112f.
- statistische 76
Veränderungsmessung 136f., 143
Verbale Kompetenz
- Lernstörungen 288f.
Verhaltenstherapie 163, 169, 255f., 308f.
- Alkoholismus 216f.
- Elternarbeit 308, 310
- Ko-Therapeuten 309
- Paartherapie 186
Verstärkung 57
- Differenz- 56
- Gleichtakt- 57
- Wechselspannungs- 57
- Operations- 59
Versuchsleitereffekte 98f., 103

Wachstumshormon 41, 44
Wechsler-Tests 234f.
Widerstand 170f., 177f.

Zyklothymie 148

# Klinische Psychologie –
# Trends in Forschung und Praxis

Herausgegeben von U. Baumann, H. Berbalk, G. Seidenstücker
im Verlag Hans Huber, Bern/Stuttgart/Wien.

Beiträge im Band 1 (1978):

*A. Grundlagen*

I. Ökopsychologie und Klinische Psychologie
   (G. KAMINSKI)
II. Genetische Aspekte psychischer Störungen
   (E. ZERBIN-RÜDIN)

*B. Methodik*

III. Wissenschaftstheoretische Grundlagen Klinischer Psychologie
   (H. WESTMEYER)

*C. Diagnostik*

IV. Multimethodale Diagnostik
   (G. SEIDENSTÜCKER, U. BAUMANN)

*D. Therapie*

V. Gruppenpsychotherapie
   (G.-W. SPEIERER)

*E. Klinische Gruppen*

VI. Zwangsstörungen
   (L. SÜLLWOLD)
VII. Psychosomatik
   (H. BERBALK)